THE GREAT GAME

伟大的博弈

华尔街金融帝国的崛起

（1653—2019年）

[美] 约翰·S.戈登 ◎著
祁斌 ◎编译

（第三版）

The Emergence of Wall Street as a World Power(1653-2019)

中信出版集团｜北京

图书在版编目（CIP）数据

伟大的博弈 /（美）约翰·S.戈登著；祁斌编译
. -- 3 版. -- 北京：中信出版社，2019.2（2025.4重印）
 书名原文：The Great Game
 ISBN 978-7-5086-9978-3

Ⅰ.①伟… Ⅱ.①约…②祁… Ⅲ.①金融—经济史
—研究—美国 Ⅳ.① F837.129

中国版本图书馆 CIP 数据核字（2019）第 006150 号

The Great Game by John Steele Gordon
Copyright © 1999 by John Steele Gordon
Simplified Chinese translation copyright © 2019 by CITIC Press Corporation
Published by arrangement with Brockman Inc.
ALL RIGHTS RESERVED
本书仅限中国大陆地区发行销售
本书插图系原文插图

伟大的博弈

著　　者：[美] 约翰·S.戈登
编 译 者：祁斌
出版发行：中信出版集团股份有限公司
　　　　　（北京市朝阳区东三环北路 27 号嘉铭中心　邮编 100020）
承 印 者：北京通州皇家印刷厂

开　　本：787mm×1092mm　1/16　印　张：40　字　数：500 千字
版　　次：2019 年 2 月第 3 版　印　次：2025 年 4 月第 29 次印刷
审 图 号：GS 京（2023）2504 号　京权图字：01-2010-4672
书　　号：ISBN 978 7 5086 9978 3
定　　价：98.00 元

版权所有·侵权必究
如有印刷、装订问题，本公司负责调换。
服务热线：400-600-8099
投稿邮箱：author@citicpub.com

资本市场的博弈牵动着大国的博弈和兴衰。

——译者题记

目　录

第三版译者序——资本市场与大国兴衰 … VII

再版译者序——华尔街的辉煌与窘迫 … XIV

首版译者序 … XVII

致中国读者 … XIX

穿越华尔街的历史风云 … XXI

前　言 … XXXIV

第一章
"人性堕落的大阴沟"（1653—1789年）… 1

作为世界金融中心的纽约，起初只是北美殖民地一个小小的贸易窗口，依靠其独一无二的地理优势，在当地荷兰裔移民商业精神的催化下，逐步成长为一个繁荣的都市。华尔街也正是从这里起步，走向世界舞台的。然而，在美国开国元勋杰斐逊的眼里，纽约却一直是"人性堕落的大阴沟"。

— 伟 大 的 博 弈 —

第二章

"区分好人与恶棍的界线"（1789—1807 年）… 35

资本市场从其诞生的第一天起就充满争议。来到市场的人形形色色，有普通的投资者，也有恶意操纵市场的庄家。和此后数百年无数的政府精英一样，汉密尔顿绞尽脑汁，试图找到一条"区分好人与恶棍的界线"。

第三章

"舔食全美商业和金融蛋糕上奶油的舌头"（1808—1836 年）… 67

19 世纪早期，伊利运河修建成功。这条连接美国东西部的物运和交通枢纽使得纽约一举成为美国的经济中心，吸纳和汇聚越来越多的全美乃至全球的经济金融资源。美国的其他地区倍感威胁，对纽约敌意顿生，它们把纽约称为"舔食全美商业和金融蛋糕上奶油的舌头"……

第四章

"除了再来一场大崩溃，这一切还能以什么收场呢？"（1837—1857 年）… 103

铁路的出现，带来了美国经济的飞速增长，也极大地提升了资本市场的规模和影响力；电报的产生迅速确立了华尔街作为美国资本市场中心的地位；而 1848 年加利福尼亚金矿的发现带来了美国经济和华尔街新一轮的快速增长，人们过着销金蚀银的挥霍生活。然而到了 1857 年，各种衰退的迹象开始显现，"除了再来一场大崩溃，这一切还能以什么收场呢？"……

第五章

"浮华世界不再是个梦想"（1857—1867 年）… 143

南北战争在给美国带来巨大灾难的同时，也带来了战争融资的巨大需求，并因此推动了美国资本市场的发展，使之一跃成为仅次于伦敦的世界第二大资本市场。在随之而来的无比繁荣的牛市中，"浮华世界不再是个梦想"……

第六章

"谁能责备他们——他们只是做了他们爱做的事而已"
（1867—1869 年）… *181*

伊利铁路的股权争夺战充满了硝烟和血腥，股市操纵者们肆意囤积股票，立法官员们与他们狼狈为奸，而当时社会上屡见不鲜的政府腐败和证券法规的严重缺失，使这一切仿佛变成再正常不过的事情，"谁能责备他们——他们只是做了他们爱做的事而已"……

第七章

"面对他们的对手，多头们得意扬扬（1869—1873 年）… *213*

1869 年 9 月，美国爆发了历史上著名的黄金操纵案。多头投机者古尔德和菲斯科精心组织了一个黄金囤积计划，他们一度控制了数倍于纽约黄金市场供应量的黄金合约，于是，黄金价格一路飙升，"面对他们的对手，多头们得意扬扬"……

第八章

"你需要做的就是低买高卖"（1873—1884 年）… *245*

华尔街的历史舞台上，先后登场了无数形形色色的人物，各自演绎了多姿多彩的人生。他们中有的人开创了华尔街的新时代，唤回了华尔街缺失已久的诚信和社会责任感，这些人中的杰出代表是摩根；有的人却以吝啬和爱财如命而闻名，如海蒂·格林，然而，这样一位彻头彻尾的守财奴同时又是一位出色的投资家，在股市的惊涛骇浪中表现得游刃有余，她说："你需要做的就是低买高卖"……

第九章

"您有什么建议？"（1884—1901 年）… *275*

在美国历史上，1895 年发生了一起特别事件，黄金从国库大量外流，导致国库中黄金的数量不到法定黄金储备量的一半。在此危急时刻，作为当时已是世界强国之一的美利坚合众国的总统，格罗弗·克利夫兰不得不屈尊向"华尔街的领袖"摩根求援。他向摩根问道："您有什么建议？"……

第十章
"为什么您不告诉他们该怎么做呢，摩根先生？"（1901—1914 年）… 309

20 世纪初期，极度繁荣的美国经济险些被一次由铜矿股票投机案引发的股市危机带入深渊，股市的危机同时也引发了银行的挤兑和连环破产，华尔街岌岌可危。华尔街的巨头们齐聚摩根的书房，一筹莫展。摩根的助手问道："为什么您不告诉他们该怎么做呢，摩根先生？"

第十一章
"这种事情经常发生吗？"（1914—1920 年）… 343

1914 年，第一次世界大战爆发，对美国和华尔街来说，这是一次历史性的机遇。到 1918 年战争结束的时候，美国超越了欧洲强国，纽约超越了伦敦。刚刚成为世界金融中心的华尔街遭受了一次巨大爆炸的冲击，惊魂未定的来访者战战兢兢地问华尔街人："这种事情经常发生吗？"

第十二章
"交易所想做什么就可以做什么"（1920—1929 年）… 373

进入 20 世纪 20 年代，纽约证券交易所虽已成为世界上最大的股票市场，但就其制度和运行方式而言，却和 1817 年它刚建立时没太大差别。从本质上讲，它仍然是一个私人俱乐部，其宗旨仍是为交易所的会员谋取利益，而不是保护公众投资者。在大多数情况下，"交易所想做什么就可以做什么"……

第十三章
"不，他不可能那么干！"（1929—1938 年）… 407

1929 年，美国股市发生了历史上最著名的一次股灾。这次股灾及随后而来的大萧条迫使罗斯福总统实施"新政"，并开始了对华尔街的实质性改革。同时，纽约证券交易所这个已存在百余年的私人俱乐部也面临最尴尬的历史时刻，时任总裁、保守势力的代表人物理查德·惠特尼因盗用他人款项等罪行锒铛入狱，就连与他相识多年的罗斯福总统也不敢相信，惊呼："不，他不可能那么干！"……惠特尼丑闻令华尔街抵制改革的保守派势力遭受重创，客观上为改革的推行创造了有利条件。

第十四章

"华尔街也是……主街"（1938—1968 年）… 441

第二次世界大战和随后的经济繁荣巩固了华尔街作为世界金融中心的地位。美里尔开创的美林帝国使股票进入千家万户，而证券分析手段使得理性投资成为可能。这一切都为华尔街最终的起飞奠定了基础。华尔街一向被认为是美国实体经济——主街的附属品，然而，随着华尔街在美国经济生活中起到越来越重要的作用，越来越多的人开始认为："华尔街也是……主街。"

第十五章

"或许是为贪婪说句好话的时候了"（1968—1987 年）… 473

20 世纪 60 年代和 70 年代初期，通货膨胀、越南战争、第一次石油危机以及随之而来的股市持续低迷，令人们对华尔街的前景再一次感到迷茫。这时，一位华尔街作家写道："如果说贪婪和恐惧是华尔街上仅有的两种心态的话，我想，或许是为贪婪说句好话的时候了……"

第十六章

"这种趋势会不会继续下去呢？"（1987—1999 年）… 509

进入 20 世纪 80 年代的华尔街，技术的巨大进步使得人类在短短几年之内就实现了全球化，并使得世界金融市场实现了一体化。20 世纪 90 年代的股市更是一路高歌猛进。在资本市场的推动下，微软、英特尔、谷歌、苹果等一大批高科技企业脱颖而出，成为引领美国新经济增长的引擎。在世纪之交的前夕，道琼斯指数首次突破了 1 万点。人们不禁要问："这种趋势会不会继续下去呢？"

第十七章

不平静的新世纪（2000—2019 年）… 531

互联网泡沫的破裂远非 21 世纪初华尔街最重要的事件，2001 年发生的"9·11"恐怖袭击事件使得世界意识到恐怖主义时代的来临，2007 年 7 月开始上演的次贷危机成了华尔街最大的噩梦。这场危机不断蔓延，最终演变成波及全球的金融危机，把当今世界复杂交织在一起的金融系统带到了崩溃边缘。时至今日，很多国家和地区的经济仍然受到那场危机阴影的影响，我们甚至无法判断危机是否真的已经结束……

尾　声 … 575

随着金融危机的可怕记忆慢慢淡去，华尔街在游说政府放松监管方面的努力似乎在特朗普当选之后开始得到回报。与此同时，在意识到数字化浪潮不可逆转之后，金融业已成为走在数字化前列的行业之一，随之带来了实体交易大厅的没落和从业人数的减少，这些正在彻底改变华尔街的形态。但是作为实体经济和投资者之间的纽带和社会资源配置的平台，华尔街的重要性并不会减弱。正如华尔街在过去两三百年推动美国崛起并成就了自身全球金融中心的地位，中国资本市场也正在以前所未有的速度发展并推动着中国经济的崛起……

附录——本书译者专栏索引 … 591

第三版译者序

资本市场与大国兴衰

2018年,"中美贸易战"的硝烟中,西方世界出现"中国威胁论"。翻开《伟大的博弈》,我们可以看到,100年前的世界正在流行"美国威胁论"。历史总是不乏惊人的相似之处。了解历史,有助于我们穿越现实的迷雾,照亮前行的道路。

《伟大的博弈》是一部讲述华尔街历史的著作,展现了华尔街和纽约崛起成为世界第一大资本市场和全球金融中心,以及与此相伴相生,美国经济和社会从原始混沌走向现代文明和第一大经济强国的历程,跨越了350多年的时间维度,呈现了一幅波澜壮阔的历史画卷。研读华尔街和美国经济的历史,能够帮助我们把握时代的脉络和世界的走向,探索中国资本市场和中国经济的崛起之路,推动中华民族的伟大复兴。

2000年,我离开华尔街,回国加入中国证监会,参与到中国资本市场的建设和改革中。作为一个"新兴加转轨"的市场,年轻的中国资本市场面临着改革和制度建设的巨大挑战,社会各界对于这个市场的看法和期许也千差万别。而中国资本市场上每天演绎的博弈和悲喜剧，在华尔街的早期，甚至今天的美国资本市场上都能找得到它们的影子。在实际工作中，我越来越深切地感受到，应该将世界上最发达的资本市场——华尔街的历史全貌介绍给中国读者。从2003年起，我对美国金融经济历史学家约翰·戈登先生的 The Great Game: The Emergence of Wall Street as a world Power（1999）一书开始了近两年的翻译和整理工作。2005年1月，中文版《伟大的博弈》的首版正式出版。2011年1月，在全球金融危机的余波中，《伟大的博弈》中文版的珍藏版出版。截至2018年12月，《伟大的博弈》中文版的首版和珍藏版共计印刷86次。

《伟大的博弈》的读者范围显然超越了金融或资本市场专业人群。其被广泛阅读的背后，是中国读者对中国社会现实和未来的关切，对人类社会基本发展规律的探索，对美国迅速超越欧洲列强并长期保持领先优势的深层次原因的探究，以及对我们怎样借鉴美国和华尔街的经验和教训，更好地建设中国经济和资本市场的思考。

美国建国之初，如何将广袤而荒蛮的北美大陆迅速联结起来，在依靠马车和步行的时代，是个无法想象的艰巨任务。从19世纪上半叶开始，华尔街支持运河和铁路的兴建，将美国早期相互分割的区域经济体连接在一起，第一次形成了真正意义上的全国性经济体。马克思在《资本论》中指出："假如依靠单个资本积累到能够修建铁路的程度，估计直到今天世界上还没有铁路。通过股份公司集中资金，转瞬间就把这件事完成了。"到19世纪末期，美国的钢铁、化工、橡胶、石油、汽车等产业依托华尔街的融资和并购活动迅速崛起，一举完成重工业化并超越欧洲列强，产生了通用电气、美国钢铁、通用汽车、杜邦等世界级企业。千百万人在资本市场这个博弈场中低买高卖追逐自己的利益，客观上推动了美国社会资源的市场化配置，华尔街得以成为全球第一大资本市场，纽约得以成为全球金融中心，美国得以成长为真正意义上的现代经济体。在美国经济走向世界舞台中央每一步的背后，我们都能够看得到华尔街的影子。

1941年，日本偷袭珍珠港，美国太平洋舰队仅有的三艘航母恰巧不在港内，得以侥幸逃脱。但到1942年，美国已经拥有了约50艘航母。它们来自哪里？来自华尔街支持的美国经济强大的工业生产能力。到"二战"末期，美国已经拥有逾百艘航母。大国崛起离不开资本市场的强有力支持。在国家和世界命运的转折点，资本市场的强弱可以是决定性的。

20世纪50年代，在昔日"淘金热"造就的旧金山南部郊区的农场中，斯坦福大学的两位年轻人创立了惠普公司，这一片原本以果园为主的山谷随后演变成为至今仍然独步天下的全球高科技圣地——硅谷。在半个多世纪的时间里，美国的创业者们与华尔街的结合创造了无数的奇迹，推动了个人电脑、通信、互联网和生物制药等新兴产业的出现，培育了微软、思科、苹果、甲骨文和亚马逊等一大批世界级公司，并使得美国成为创新大国。

20世纪30年代，通用汽车首任总裁威尔逊主张鼓励工人用养老金来购买股票，当时美国的右翼人士问他：这样工人不就会成为资本家了吗？威尔逊回答说：正应该如此。马克思曾深刻地指出，资本主义的根本矛盾是社会化大生产和极少数人占有生产资料的矛盾。1929年，美国拥有股票的人只占2%，而今天，已经有超过50%的美国人拥有股票。20世纪80年代，美国推出了401（K）计划，数千万美国家庭将养老金源源不断地投资于资本市场并与其实现了良性互动和协同增长，每个家庭养老金账户的平均财富与道琼斯指数在过去几十年中的相关系数超过90%。《伟大的博弈》的作者戈登先生认为，在过去100年里，美国社会发生的最深刻的社会变化是，更多的人成了"资本家"。在一定程度上，资本市场实现了股份的高度多元化和社会化，有助于缓解社会矛盾，实现共同繁荣。

正因如此，《伟大的博弈》所讲述的历史，不仅仅是一部简单的美国金融市场或资本市场的发展历史，其背后既折射了美国经济与华尔街交互作用并共同崛起在世界舞台上的变迁历史，也全方位地揭示了与此相伴相生的美国社会从原始蒙昧和混乱腐败走向现代文明的演进历程。

《伟大的博弈》同样启迪我们资本市场发展的一些基本规律。

华尔街跌宕起伏的历史表明，金融市场必须与实体经济相互结合，凡是两者结合得比较好的时候，就会产生事半功倍的效果，否则就离危机不远。华尔街历史上最大的两次危机正源于此，也证明了放任自流的金融和经济发展模式会给无数人带来灾难。在20世纪20年代，"一战"后美国经济的复苏催生了股市的繁荣，也带来了全社会的疯狂投机，加之监管的缺失和过度自由的经济发展模式，造就了1929年的股灾。2000年前后，华尔街在高科技泡沫、房地产非理性繁荣和过度证券化的催生下，再次踏上了不归之途，2008年的全球金融危机几乎在瞬间波及世界的每一个角落，甚至十年后的今天，很多国家仍然未能走出这场危机的阴影。

华尔街的历史也告诉我们，资本市场走向成熟是一个曲折的过程。早期的华尔街是一片蛮荒之地，投机盛行，欺诈猖獗，法律缺失，监管缺位。在19世纪"运河股"和"铁路股"的投机狂潮中，很多发行的股票纯属欺诈，项目从未动工；而过度投机和过度建设又使得很多建成的运河或铁路从未启用。而那个时代的美国社会，深陷腐败的泥潭中，股市的庄家往往与法官和议员相互勾结，翻云覆雨，兴风作浪。这些都是随着时代的进步和制度的完善而逐步得以改变的。

《伟大的博弈》还讲述了一个危机带来变革的经典案例。1912年，"泰坦尼克号"触礁后发出求救信号，很多在相邻海域的船只却因为无线电报务员睡着了而未能收到信号，因此，本可得救的大量落水者

— 第三版译者序 —

最终被冰冷的海水吞噬。悲剧发生后，国际社会制定了加强北大西洋海域航运安全的公约，要求每一艘船只必须有至少一位无线电报务员醒着。这一制度的进步，使得在随后的一百多年中，人类社会再也没有出现类似的悲剧。金融市场的历史也是如此。正是1929年的股灾，带来了罗斯福的"金融新政"和现代金融体系的基本监管和法律框架。同样，也正是2008年的金融危机使得人们认识到需要对过度创新加强约束和监管，并寻求全新的全球治理体系。

借鉴美国历史上过度自由的经济体制和华尔街早期缺乏监管的发展模式所带来的危害，也汲取苏联僵化的计划经济所带来的国民经济崩溃的教训，中国选择了社会主义市场经济的道路，中国资本市场也在市场化改革的持续推进和监管体制的不断完善中发展壮大。今天资本市场已经成为我国社会主义市场经济体系的重要组成部分，并有力地支持和推动了中国经济社会的改革和发展。

党的十九大指出，我国社会主要矛盾已经转化为"人民日益增长的美好生活需要和不平衡不充分的发展之间的矛盾"。中国经济社会面临着新的挑战和机遇，迫切要求我们加快资本市场更高水平的改革开放，为全社会的发展创新提供强大的活力和动力。他山之石，可以攻玉。在这样一个历史阶段，了解以美国为代表的发达国家的发展历程，借鉴其经验，吸取其教训，洞悉经济和金融市场的发展规律，尤为重要。

《伟大的博弈》的中文版并不停留于对英文原版的准确翻译。戈登先生的原著出版于1999年，2005年中文版首版出版时，我邀请戈登先生续写了其间发生的2001年的"9·11"事件。在2011年的中文版第二版中，我和戈登先生共同增添了2008年全球金融危机及随后的金融改革等内容。此次第三版中，我邀请戈登先生续写了特朗普当选等最新的重大事件，并编辑整理成为新增的第17章和"尾声"。《伟大的博弈》英文原著没有任何注释，在中文版中，我加入了数百条注释和阐释性文字，以帮助中国读者更好地理解原文的内容和当时美国经济社会的背景。在每章的正文前，我提炼整理了"译者题注"和"译者导读"，以便读者能快速准确地了解该章的要义。第三版相对于前两版是一个全新的改版，前后耗时近两年。除了对所有译文和导读进行了全面的校对和修订以外，我添加了上百幅照片，其中一些是在造访纽约和华尔街的间隙拍摄的，一些是从视觉中国购买的。我也挑选了每个章节中最为精彩的一些段落，穿插在正文中，以增加读者对其的关注度并提高阅读的趣味性。此外，我整理和撰写了"荷兰鲜花市场与资源配置"和"汉密尔顿与杰斐逊之争及美国的政党演进"等几十个专栏，补充到原著中。希望这些对历史的提炼和总结，能使得本书成为读者学习经济和金融的工具书，并帮助读者更好地寻找历史的脉络，把握其规律并照应现实。

《伟大的博弈》第三版的修订，得到了戈登先生的鼎力帮助，也得到了我的很多朋友和同事的大力支持，他们中的很多人利用业余时间帮助我整理和修订了书中大量内容。他们分别是刘烜、殷索亚、胡越、王尔康、黄卫东、查向阳、周宇、黄伟斌、毛克疾、王蕴哲、王美真、李丰也、李加宁、王林晚、李则安、孙美芳、刘世盛、尹钰、顾兆安、桂莅鑫、郑凯、衣然、唐泽龙、崔立、董士君、范雅婷、朱钦琦、王锦、吴撼地、杨忠良等。尚福林先生、易纲先生、吴晓灵女士、常振明先生、梅建平先生等分别为本书的前两版作了序、跋和推荐语。视觉中国的梁军女士帮助提供了大量图片，林广、张瑞津两位先生帮助绘制了这本书中的曼哈顿和伊利运河两张地图。中信出版社的王斌先生和章文、王颖女士为本书的出版提供了帮助。在此对他们表示诚挚的谢意。从《伟大的博弈》的首版至今，我得到了很多师长、领导、同事、朋友、家人以及千千万万的读者一如既往的支持、帮助和指导，在此一并表示感谢。

1792年，纽交所成立。时年乾隆五十七年，正值康乾盛世的巅峰时期，但闭关锁国的清王朝对大洋彼岸蛮夷之地发生的变化毫无所知，而后者因武装了先进的经济金融制度而蓄势待发。

同治八年，即 1869 年，最后一支使用"太平天国"年号的残余捻军被消灭。同年，高盛公司成立，并将在随后的 100 多年中伴随着美国和华尔街的崛起成为全球最重要的投资银行。

光绪三十四年，即 1908 年，离清王朝的轰然崩塌还有三年。这一年，通用汽车成立，并将在半个世纪后成长为世界第一大汽车公司。

1978 年，中国共产党召开十一届三中全会，开启了改革开放的大幕。1990 年，上海和深圳证券交易所相继成立。1992 年，邓小平发表南方谈话表示，"股市、证券，是不是资本主义特有的东西，社会主义能不能用，允许看，但要坚决地试"。同年，中国证监会成立。2001 年，中国加入世界贸易组织并扩大开放资本市场。2010 年，中国经济总量超越日本，通用汽车在中国市场销售的汽车量超过美国。2017 年，中国 A 股市场加入 MSCI 全球新兴市场指数。今天，中国经济为世界第二大经济体，中国资本市场为世界第二大资本市场。

这些历史对照节选自我编辑整理在中文版每章后的"同一时代的东方与西方"。跨越数百年的东西方对比，让我们能够清晰地看到中华民族在近代沉痛错失的历史轨迹，以及历经沧桑后在世界舞台上重新崛起的宏大趋势。

2018 年，中国隆重庆祝改革开放 40 年，习近平总书记宣布中国进一步向世界开放金融体系和资本市场。年轻的中国资本市场正迈着坚定的步伐，推动着中国经济社会的现代化进程，并不断融入国际金融体系，与华尔街交相辉映，演绎着中国版的"伟大的博弈"。谨以这本书的出版作为纪念。

2019 年 1 月

再版译者序

华尔街的辉煌与窘迫

2008年9月15日,超过百年历史的华尔街投行雷曼兄弟公司轰然倒塌,揭开了全球金融危机的大幕。在短短的几个月内,危机将北至冰岛、南至阿根廷的各国经济体带到了衰退的边缘,世界金融市场也遭受重创。在大规模经济救助计划的刺激和各国共同协作的努力下,全球经济逐步走上了漫漫复苏之路。无疑,此次金融危机是在世界经济金融加速一体化的进程中,发生的一次波及几乎所有国家和社会各个层面的全方位裂变,它深刻地影响了第二次世界大战以来形成的世界格局,也引发了人们对于既有经济、金融,乃至社会发展模式的深刻反思。

危机的硝烟逐步散去,人们不无惊奇地发现,人类的金融世界在过去的一个世纪中发生了巨大的变化。今天,规模急剧扩张、产品高度复杂、资本快速流动、风险更为隐蔽、监管缺乏协作、兼具高效性和脆弱性的现代金融世界与1929年的华尔街已不可同日而语。但与

— 再版译者序 —

此同时，回望华尔街的历史，我们也清晰地看到，在这一切纷繁复杂的背后，依然是不变的人性。在此次金融危机中表现出来的贪婪和恐惧，几乎和 350 年前人类第一次大规模投机事件"郁金香泡沫"别无二致。历史往往惊人地相似，正如《伟大的博弈》中一位历史上著名的投机家说过的："世界上不会有任何其他地方的历史会像华尔街历史一样，如此频繁和千篇一律地不断重复自己。当你看着现实生活中上演的资本市场起起落落时，最让你震惊的是，无论是市场投机，还是市场投机者本身，千百年来都几乎没有丝毫改变。这个资本的游戏亘古未变，同样亘古未变的还有人性。"

这也就是为什么从 2005 年《伟大的博弈》中文版出版以来，该书被重印了 35 次[①]，并在社会上引发较大反响的根本原因。因为历史是最好的教科书。《伟大的博弈》告诉我们：一部金融史也是一部金融投机史和金融危机史，更是一部不断出现危机、不断修正和不断完善监管体系的历史。

2010 年 11 月，我有机会再次造访华尔街，距我离开华尔街回国参加中国资本市场的建设已经 10 年。弹指一挥间，10 年巨变，令人感慨万千。10 年前，大部分华尔街人尚未听说过中国资本市场，10 年之后，华尔街每个交易员清晨第一件需要做的事，就是看一看前一天晚上中国股市是涨是跌。短短 10 年内，中国资本市场已成长为规模仅次于华尔街的全球第二大资本市场，背后是中国经济的崛起和中国资本市场的不断改革创新。但同时，我们也应该非常清醒地看到中国资本市场在效率、机制和结构等方方面面与发达市场还有巨大的差距，更应该洞悉当今国际资本市场上交易所跨国并购、上市资源竞

---

① 截至 2011 年，《伟大的博弈》第一版共印刷 36 次。截至 2016 年年底，《伟大的博弈（珍藏版）》（第二版）共印刷 50 次。两者共计 86 次。——译者注

争、国际金融监管合作等新的全球博弈格局和严峻挑战，为此，中国资本市场需要迈上真正走向世界一流资本市场的征程。与此同时，中国经济面临转型的巨大挑战，为中国经济的可持续成长和现代化步伐提供不竭的动力，中国资本市场同样任重而道远。2005年，《伟大的博弈》首次出版的时候，我曾在扉页上写过"资本市场的博弈牵动着大国的博弈和兴衰"这样一段话，过去的百年如此，今天的世界更是如此。

2010年11月

首版译者序

《伟大的博弈》或许可以为正在现代化道路上匆匆前行的中国提供一个历史的参照。在过去的 200 多年中，美国作为一个新兴国家，成功地超越了欧洲列强，而美国的资本市场——华尔街在这一过程中的核心作用，无疑是这段历史风云向世人昭示的最重要的启示之一。在近几十年里，全球高科技产业迅速崛起，方兴未艾，成为世界经济发展的新动力，而这些高科技产业的兴起在很大程度上也得益于华尔街的发现和推动。因此，对于全世界的经济学家和历史学家，华尔街的历史是一个永远研究不尽的题目，而对于正在发展和转型中的中国，它更具有非常现实的借鉴意义。

亚当·斯密在 1776 年提出了"看不见的手"的概念，为自由市场经济提供了朴素而深刻的理论基础。而资本市场的出现，将这一概念大大深化和拓展了，从此，人们不仅能在有形的市场中交换商品，也可以在资本市场这个无形的平台上投资和交易，而现代企业则从资本市场上吸取它们发展所需要的营养，逐渐壮大和成熟。借助这个市场，人类社会在更广阔的范围内实现了更高的资源配置效率。在全球竞争日趋激烈的今天，金融体系资源配置的效率，对一个国家的核心竞争力有着重大的影响。

　　1995年，我从科学领域转到经济领域，就读于芝加哥大学，开始理解一个有效的市场体系对于经济发展的重要意义。1997年，我来到纽约，开始在华尔街工作，逐步感受到资本市场这个触角遍及全球各地的金融枢纽是在怎样永不停息地推动着世界经济不断地向前发展的。从那时起，我就一直希望找到一本关于华尔街历史的书，以期对美国资本市场和经济发展的历史有一个较全面的认识。2001年，纽约大学的梅建平教授向我推荐了《伟大的博弈》，我读后觉得这是一本文风比较朴实，同时很有内涵的书。它没有堆砌枯燥的历史事实和数据，相反，它用生动的笔触描写了一些栩栩如生的历史人物和惊心动魄的历史事件，让我们在轻松的阅读中，浏览了数百年的历史画卷，而掩卷深思，又能悟出一些哲理。在我们面临建设一个新兴资本市场所必然遇到的那些困惑时，这些历史背景或许能够为我们提供一些参考，毕竟，历史是最深刻和最有教益的。于是，我决定把这本书译成中文，把它介绍给正在为中国的繁荣富强而辛勤工作的人们。

2004年冬于北京

致中国读者[1]

我非常高兴中国的读者能读到我的书。在过去 20 年里，中国经济取得了举世瞩目的卓越成就，而在中国经济的未来发展中，没有什么比资本市场更为重要了。致力于发展中国资本市场的人们，或许能从华尔街的历史中得到一些启示。

200 年前，美国是一个极不发达的国家，财政状况也极为恶劣。但是，随着美国经济的发展，华尔街开始与其一起成长，并且有力地推动了美国经济的发展，事实证明，资本市场已经是现代经济生活中不可或缺的重要组成部分。华尔街也曾经有过失误，而且是很多的失误。但是，它从这些失误中吸取了教训，建立了新的制度，保证不再犯相同的错误。当华尔街最终出现在世界舞台上的时候，美国已经是世界强国之一了，而华尔街使得美国在世界金融体系中扮演重要角色成为可能。

我希望中国的读者能够从华尔街的历史中得到一些资本市场发展

---

[1] 这是这本书 2005 年首版前作者应译者之邀所写的"致中国读者"。——译者注

的经验和教训，希望这些经验和教训对于正在世界舞台上崛起并正在成为世界强国的中国有一些帮助。

2004年11月于纽约

穿越华尔街的历史风云

——作者和译者的对话

时间：2004 年 10 月
地点：纽约

译者与作者的合影，2017 年于纽约。本文是 2005 年《伟大的博弈》首版前，译者根据与作者的对话整理节选而成的，当时题为《华尔街的昨天和今天》。

祁斌：戈登先生，很高兴见到您，《伟大的博弈》中文版虽然尚未出版，但是读过译稿的人都觉得很受启发。这本书对美国的经济起飞史以及华尔街在其中所发挥的作用做了比较全面的介绍，相信出版之后，会对中国的读者有一些有益的启示。今天是一个难得的机会，我们可以一起就中国读者可能关心的问题做一些探讨。

戈登：首先很感谢您把我的书介绍给广大的中国读者。我也很高兴有机会和您见面，并与您分享我对一些问题的看法。

祁斌：您研究美国经济和金融史多年，而美国经济和金融的发展是迄今为止西方各国中最为成功的。当然，美国相对于很多其他国家也有一些得天独厚的优势，比如，美国的自然条件非常优越，也没有经过两次世界大战的洗劫，等等。但是，除此之外，应该还有一些更深层次的原因。

戈登：我认为，在过去的200多年中，美国经济和金融，包括华尔街，取得了非凡的成就，最根本的原因在于：美国是一个自由经济体。在这样一个经济体中，人们能够自由地谋求他们自己的利益。

美国相对其他国家来说更为成功的另一个原因，还在于它是一个完全崭新的国家。美国的宪法只存在了200多年，这个时间对美国人来说已经是很长的时间了。因此，在美国建国之初，它有机会画最新的图画。马克思在《路易·波拿巴的雾月十八日》中有一句至理名言：

> 马克思在《路易·波拿巴的雾月十八日》中有一句至理名言："人们自己创造自己的历史，但是他们并不是随心所欲地创造，并不是在他们自己选定的条件下创造，而是在直接碰到的、既定的、从过去承继下来的条件下创造。"

"人们自己创造自己的历史，但是他们并不是随心所欲地创造，并不是在他们自己选定的条件下创造，而是在直接碰到的、既定的、从过去承继下来的条件下创造。"

美国这个国家历史不长，早期的美国人都是欧洲移民，其中大部分是英国人的后裔。他们漂洋过海，横跨3 000英里[①]的大西洋——这在当时是一个非常艰苦的旅程，

---

① 1英里≈1.61千米。——编者注

需要长达一个月的时间，有时甚至两个月。但这样一个漫长的旅途也使他们有机会在途中摒弃很多文化垃圾——传统文化的垃圾，而在新大陆开始一种完全不同的生活。

因为美国是一个崭新的国家，所以它不像欧洲其他国家那样存在很多阻碍经济自由发展的壁垒。例如在法国大革命①爆发之前，国王和贵族可以肆意对城镇征收税赋。一袋货物从鲁昂运送到马赛②，900多千米的路上会被征收50多次税。同一时期的美国则截然不同，州和州之间没有任何贸易壁垒，商品可以自由流通。这是美国经济起飞的秘密所在。这也是后来其他国家试图效仿美国的地方，它们努力减少贸易壁垒，让商品自由流通。在有些国家，这些自由贸易壁垒是以革命的方式被消灭掉的，在另一些国家，则是以相对和平的方式消除的。即使今天的美国也不是真正意义上完美的自由经济社会，过于庞大的政府在国内生产总值中占到20%，③而在1929

---

① 法国大革命，1789—1799年，法国政治体制在这期间发生变化，民众的革命使得统治法国多个世纪的绝对君主制与封建制度土崩瓦解。——译者注
② 鲁昂位于法国的西北部，马赛位于法国的东南部，二者之间的路大致横穿整个法国，相距900多千米。——译者注
③ 美国财政支出占当年GDP的比例在1972年至2011年之间的平均值大致为22%。2016年，特朗普在其竞选和随后执政的过程中，提出了大规模减税的方案。——译者注

《国富论》全名为《国民财富的性质和原因的研究》，作者为苏格兰经济学家、哲学家亚当·斯密，其出版标志着经济学作为一门独立学科的诞生，对资本主义社会和现代经济起了重大的促进作用，被誉为"第一部系统的伟大的经济学著作"。（译者根据公开资料整理）

美国还有一点很幸运，那就是在建国初期，经济学在人类历史上首次成为一门真正的科学。亚当·斯密的《国富论》出版于1776年，与美国建国在同一年，这在历史上是一个巨大的巧合。

年，这个比例只有3%。

美国从一开始就有一项传统，如果没有什么既定的法律限制你不能做什么事，你就可以做，直到颁布法律不允许你再做，而在很多其他国家则恰恰相反，你做任何事都需要政府颁发执照，这和美国有很大的不同。美国《宪法》的立法宗旨是给予政府足够的权力，让其正常发挥功能，但又不给它太多的权力，以免其滥用职权。

美国还有一点很幸运，那就是在建国初期，经济学在人类历史上首次成为一门真正的科学。亚当·斯密的《国富论》出版于1776年，与美国建国在同一年，这在历史上是一个

祁斌：美国华尔街和资本市场的发展经历了比较曲折的过程，在美国历史上发生过无数次大大小小的股市崩溃。在金融危机或股市崩

溃中，政府应该扮演什么样的角色，这在世界范围内都是一个颇有争议的话题。美国历史上众多的市场崩溃和围绕政府与市场关系进行的长期论战似乎是华尔街发展过程的重要特色。

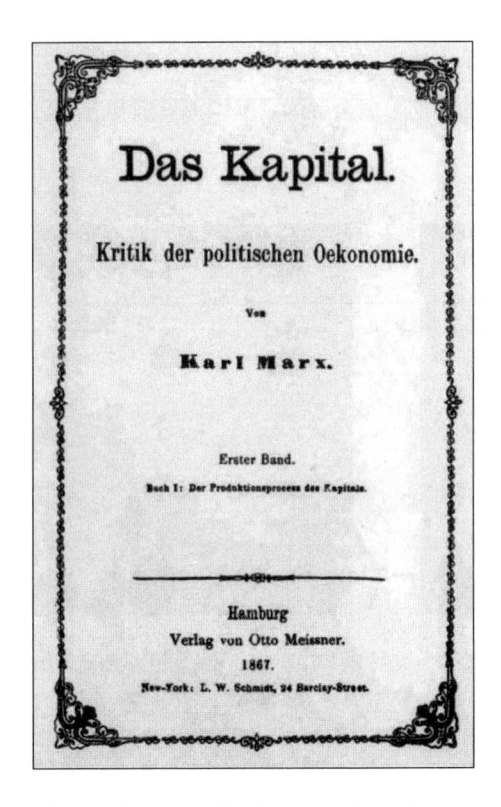

戈登：美国早期的财政部部长汉密尔顿积极介入金融危机的化解，以避免市场崩溃对经济造成长期危害。汉密尔顿建立了一个以合众国第一银行为中心的金融体系。合众国第一银行是早期美国政府调控货币政策的主要手段，客观上扮演了一个中央银行的角色。很不幸，20

《资本论》1867年第一版。马克思在《资本论》第一卷第25章第2节中论述道："假如必须等待积累使个人资本增长到足以修筑铁路的程度，恐怕直到今天世界上还没有铁路。但集中通过股份公司转瞬之间就把这件事完成了。"（译者根据公开资料整理）

年后合众国第一银行被关闭了，所以在随后长达100多年的历史中，[①]美国没有调控货币政策的手段，美国资本市场的发展也不是一帆风顺的。这使得美国在历史上经历了比其他国家更为剧烈的经济震荡。

关闭合众国第一银行的是杰斐逊主义者，他们的鼻祖是汉密尔顿

---

① 1913年，美国联邦储备委员会（即美联储）成立，美国的中央银行正式诞生。——译者注

的政敌——杰斐逊。杰斐逊是个伟大的历史人物，可是在经济问题上却糟糕透顶，汉密尔顿建立的早期美国金融体系基本上被杰斐逊主义者破坏了。

亚历山大·汉密尔顿（左图）与托马斯·杰斐逊（右图）。汉密尔顿强调政府的作用，推崇商业，推动了早期华尔街的发展，主张在金融危机时政府予以一定救助；杰斐逊崇尚人权、有限政府及地方分权，是美国广大农场主和下层群众利益的代言人，主张重农抑商。他们俩及其追随者之间的理念之争开启并影响了贯穿美国200多年的党争。（译者根据公开资料整理）

经济周期是人性导致的必然结果。当经济好的时候，人们对未来过于乐观，盲目扩张，该裁减的冗员没有裁减。于是，坏年景很快就来了，人们又变得过于悲观，这样周而复始，循环往复。当市场崩溃时，每个人都想要现金或黄金，可是，此时市场恰恰最缺乏流动性。因为没有作为最后贷款人的中央银行，人们就会失去信心，在很长的一段美国历史中，放任自流的模式占主导地位，也缺乏一个真正意义上的中央银行，历史上的华尔街和美国经济经常面临恐慌，经历了比其他国家更为迅猛的繁荣和更为深重的崩溃，美国经济周期的振幅也远远大于欧洲。

但是，有趣的是，这些市场崩溃也有对美国经济有利的一面。在历史上相当长的时间里,英国比美国富有得多,美国人修建铁路、开办工厂都需要资金,英国人则到美国市场来投资。美国人修成了铁路和工厂,英国人成为这些铁路和工厂的所有者。但是,当市场崩溃时,英国人就会把这些股票低价抛售给美国人。结果,美国人既得到了铁路和工厂,又拿回了这些铁路和工厂的所有权,变相地洗劫了英国的财富。

> 在很长的一段美国历史中,放任自流的模式占主导地位,也缺乏一个真正意义上的中央银行,历史上的华尔街和美国经济经常面临恐慌,经历了比其他国家更为迅猛的繁荣和更为深重的崩溃,美国经济周期的振幅也远远大于欧洲。

祁斌:在一个缺乏中央银行和证券监管机构的金融体系中,美国资本市场在很长一段时间内都处在一个自我演进、自我探索、自我修复的过程之中,也就不可避免地有很多股市甚至金融体系的崩溃,而股市或金融体系的每一次崩溃,无疑会给经济带来沉重的打击,使得全社会为之付出高昂的成本,这是不是一个资本市场发展的最优路径?我们从反思历史的角度来看这个问题,在美国资本市场发展的早期,政府是不是可以做一些更有远见的路径规划和框架设计,以降低这种震荡式发展给社会带来的高昂成本?

戈登:我觉得这是一件非常困难的事。在美国经济发展的早期,政府对市场的影响非常小。最初,美国只是一个殖民地,只有一些进出口贸易,到19世纪末,美国成为世界上最大的制造基地,卡内基一家公司的钢铁产量超过了英国生产的钢铁总量。而在整个19世纪,美国政府对经济的干预都很少。当华尔街在1860年第一次成为一个巨大的资本市场时,它仍然还像西部片里那样,是一个"牛仔们厮杀的地方"。你猜猜是谁首先改变了这种情况?是华尔街自己。华尔街的经纪人队伍与市场有着共同的利益,他们的生存有赖于市场的长期发展和繁荣,他们和此前那些只顾操纵市场的投机者不同,他们从自己的利益出发，开始了对市场的自律约束和规范，从而使华尔街逐步走上正轨。

所以，美国的经济发展是一个不断试错的过程，人们可以做任何事，直到政府立法来规范。最典型的例子是：洛克菲勒在石油行业蚕食竞争对手，后来他的帝国几乎完全垄断这个行业，直到1911年政府强行将标准石油公司拆分为34家公司以维持竞争格局。

祁斌：您觉得美国华尔街和金融体系发展历程中最大的教训是什么？

戈登：必须有一个强有力的中央银行。就像我们刚才讨论的那样，美国在很长一段时期内没有中央银行，其后果是灾难性的。在19世纪后半叶金融危机来临的时候，美国不得不依靠J. P. 摩根个人来扮演中央银行的角色。

祁斌：1929年股市崩溃之后，美国政府认识到，完全依靠市场自我演进式的发展，可能要支付过高的社会成本。因此，美国在1929年股灾后建立起了证券监管机构——美国证监会。在1987年股市崩溃中，美国政府介入，维护了市场的信心，减少了股灾对经济的危害。此外，政府在一个市场中还应起到制定规则和维护市场秩序的作用。

戈登：从长期来看，一个完全自由的市场是一定会崩溃的。胡佛曾说过，资本主义的最大问题是资本家本身——他们太贪婪，他们总是牺牲市场整体利益来服务于他们自己的利益。任何一个市场都需要警察和裁判，你可以想象，在一个没有警察的社会里，人们甚至会在停车场里相互残杀，一场没有裁判的橄榄球赛将会是一场灾难。一个

从长期来看，一个完全自由的市场是一定会崩溃的。胡佛曾说过，资本主义的最大问题是资本家本身——他们太贪婪，他们总是牺牲市场整体利益来服务于他们自己的利益。

自由的市场并不是一个没有监管的市场,市场需要有人仲裁,也需要有人来制定规则。但我们必须要保证裁判的公正性,要特别小心是谁在制定规则,规则又服务于谁的利益。

祁斌:纵观历史,华尔街在最近几十年取得了突飞猛进的发展。

戈登:的确。开始的时候,华尔街非常小,但它不断成长,它犯过错误,从中吸取教训,逐步增强自我约束。直到今天,它还在不断变化、进步和完善之中。现在,如果到纽约证券交易所大厅,你会看到上千个电子屏幕,你几乎无处立足。而在短短几十年前,同一个交易大厅空旷得人们可以跑来跑去。1971年微处理机芯片的发明使我们的时代日新月异,这也许是从农业社会以来人类最重要的发明,比蒸汽机还要重要。现在,我用一个手机按几个键就可以打电话到上海,而在1971年的时候,这完全是不可想象的,那时候,你可能需要AT&T(美国电话电报公司)的接线员的帮助才能接通,当然,当时给中国打电话在政治上也不允许。30多年时间,人类发生了多么巨大的变化。活在这个年代,真是一种幸运。

在1929年的市场大崩溃中,纽约证券交易所创下了1 600万股的日交易量纪录,美国股市用了39年的时间,在1968年再次赶上了这个纪录。可是今天,纽约证券交易所只需一瞬间就能完成1 600万股的交易。每天9点30分市场开盘,9点30分01秒时,纽约证券交易所的交易量就超过了1 600万股。1929年时,全美国只有2%的美国人持有纽约证券交易所交易的股票,今天有超过50%的美国人持有股票或共同基金。这个国家过去几十年中发生的最大变化是:更多的人成了"资本家"。

祁斌:我一直想找一本书,它能将华尔街的真实历史介绍给中国读者,但又希

1929年时,全美国只有2%的美国人持有纽约证券交易所交易的股票,今天有超过50%的美国人持有股票或共同基金。

望它不只是局限于历史事实,我希望它简洁、生动并有寓意。我觉得《伟大的博弈》是一本比较理想的书,它能唤起读者对很多问题的思考。您是什么时候开始对华尔街历史产生兴趣的?

戈登:我不是一个经济学家,我研究经济史。我喜欢讲故事,喜欢用故事来诠释历史。我从来没有想过创作,我只喜欢写真实的历史和人物,因为真实的历史和人物本身的绚丽多彩才是最吸引人的。

我的家族有写作的传统,我的曾祖父曾是《纽约先驱报》的编辑。我的祖父和外祖父都是纽约证券交易所的经纪人。我的祖父总是给我讲华尔街的故事。他第一次来到华尔街是1898年,当时他只有16岁,是个跑腿者(runner,也译作传递员,指早期华尔街递送证券和文件的人)。当我刚刚学会骑自行车时,我就从我的祖父那里知道了怎么通过"卖空"(short-selling)来赚钱——在高价时将股票卖出去,再在低价时将股票买回来。你知道,没有太多6岁的孩子会知道什么叫"卖空"。20世纪70年代,我开始尝试写作,我记起我的祖父曾给我讲述过的关于伊利铁路股票大战的故事。但是,当我去图书馆查阅资料时,我非常吃惊地发现,最后一本关于发生在1869年的伊利铁路股票大战的书出版于1871年,此后这个话题再也无人问津了,于是我就写了一本关于伊利铁路股票大战的书,于是就有了《华尔街上的娼妓》(*The Scarlet Woman of Wall Street*)这本书。后来,我成了经济史和金融史的专栏作家。我发现自己很适合这项工作,因为没有太多人能把经济史写得通俗易懂。

祁斌:今天早上我散步到华尔街,经过摩根大楼,看到一个士兵荷枪实弹地站在门口,在人们的印象中,华尔街是自由市场经济的象征,摩根大楼前的士兵是个很有意思的景象。

戈登:没办法,我们生活在一个恐怖主义时代。有人曾说,"9·11"事件中,如果恐怖分子的飞机撞上纽约证券交易所而不是世贸中心，那么对世界金融体系的破坏可能还要严重得多。

祁斌：20世纪90年代之后，道琼斯指数一路上升，从1990年的2 000多点到1999年突破10 000点，①其间虽然也有很多起伏，但总体而言，发展比较稳定，华尔街似乎进入了一个从此远离崩溃的繁荣时期。

2001年9月11日，两架被劫持的客机撞击了纽约曼哈顿岛的世贸中心双子楼。该事件对世界造成巨大冲击，纽交所也因此连续4天闭市。（译者根据公开资料整理）

戈登："9·11"之后，道琼斯指数曾跌到7 500点，但后来又回升了。美国股市会不会再发生像1929年那种程度的崩溃呢？如果发生了，道琼斯要缩水89%，就会回到1 200点。

谁知道呢？但我相信，人类都是不断从失败中吸取教训的。"泰坦尼克号"沉没后，英美两国都举行了听证会。于是才有了针对北大西洋海域的《国际冰山巡逻公约》②(International Ice Patrol)，吸取"泰

---

① 2017年1月25日，道琼斯指数收盘价格历史上第一次突破20 000点。——译者注
② 1913年由"国际海上生命安全公约组织"[Safety of Life at Sea (SOLAS) convention]制定，时至今日，这一组织仍在发挥着重要作用。从早期由飞机、船只跟踪检测冰山，到现在利用人造卫星，人们已经搜集了很多资料，发现了一些冰山运动的规律。——译者注

坦尼克号"的惨痛教训，该公约中有一条严格的规定，要求每条船必须装备24小时有人值守的无线通信装置。从那时到现在，100多年过去了，虽然也发生过其他海难，但再也没有因类似问题而酿成如此惨痛的悲剧。

1912年，"泰坦尼克号"沉没时，仅仅10英里之外就有另一艘轮船，但不幸的是，船上的无线电报务员睡着了，没有听到正在沉没的"泰坦尼克号"的呼叫，否则就不会有1 500多人葬身大西洋底了。（译者根据公开资料整理）

同样，虽然我们还会在股市中遇到各种各样的挫折和灾难，但是像1929年那样的股市崩溃及其随之而来的大萧条却不太可能再发生了。今天，你再也不能只交10%的保证金① 就买股票，也不能在股价下跌的时候卖空——而这些投机操作在1929年的股市中司空见惯。1929年的美联储非常软弱，受杰斐逊主义的影响，那时美国政府和美联储几乎无所作为，结果，股市的崩溃给美国经济带来了长期的负面影响，美国经济也进入了"大萧条"。而在1987年美国股市崩溃时，美联储给所有人打电话："你需要钱吗？如果需要，我们可以提供。"而且它确实也这样做了——有了这些进

---

① 相当于9倍杠杆，即投资者只需支付10%，其余90%由证券公司或银行提供贷款。——译者注

步，也许我们就再也不会见到 1929 年那样的股市崩溃了。①

从帝国大厦向南俯瞰曼哈顿，远处最高的建筑为建于世贸中心原址的新大楼，早年的华尔街乃至整个城市都只是那附近一片很小的区域。（译者摄于 2017 年）

---

① 2008 年 9 月 15 日，华尔街的雷曼兄弟公司倒闭，随后一场大规模的金融危机席卷全球。与 1929 年美国股灾后政府的无所作为不同，这次美国和很多国家都采用了宽松的货币政策以挽救经济。——译者注

前 言

本书讲述的故事涵盖了350多年的历史。在这样一段历史中，人类经济活动的主体从使用铁犁的农民变成了使用电脑的白领；人类对外层空间的观测工具，从伽利略手工制造的2英寸望远镜变成了直径10米的成对的凯克天文望远镜（Keck Telescope）[①]，观测能力也从尚不能清晰辨认土星的光环，提升到能够探测距地球120亿光年的太空；人类的信息传播速度也从马车的速度提高到了光速。因此，这是一部波澜壮阔、跨越巨大时间尺度的历史，因此，其内容必然只能涉及伟大人物、宏大主题和世界强权（great powers）。

经典政治学给世界强权所下的定义为："其利益必须被其他国家考虑的国家或主体。"这就是为什么处于经济困境中的俄罗斯依然是一个世界强国的原因，没有人胆敢不考虑一个军火库中存有千百万核武器的国家的利益。但是，如果我们进一步探究世界强权是否必须是

[①] 凯克天文望远镜（建成于1996年），位于太平洋夏威夷岛上的一座天文望远镜，坐落在海拔4 200多米的莫纳克亚山上，是世界上最大的光学望远镜之一。——译者注

— 前 言 —

经典政治学给世界强国所下的定义为:"其利益必须被其他国家考虑的国家或主体。"……所以,不要怀疑华尔街已经成为一个可与世界强国比肩而立的金融帝国。

一个国家,答案显然是否定的。中世纪的罗马教会肯定是一个世界强权,尽管它只控制相对较少的领土和人口。的确,教会的"王国"固然是宗教性质的,但其影响绝不仅限于此。同样,早在1818年,当法国不得不向银行举债来偿还战争欠款时,[①] 路易十八的首辅大臣黎塞留公爵[②]感叹道:"在欧洲有六大强权:英格兰、法兰西、普鲁士、奥地利、沙皇俄国,以及巴林兄弟银行[③]。"他说的并不是一句戏言。

如今,金钱的威力远比其在19世纪初期时强大,而国家控制世界经济,也就是控制金钱的能力却被大大削弱,所以,不

2016年,当今世界上最大的单口径射电望远镜(FAST)在中国贵州的层峦叠嶂间投入使用,其500米口径的镜面足有30个足球场大,可以接收137亿光年外的信号(光年是长度单位,约为9.46×10^{12}千米)。它与德国波恩100米望远镜相比灵敏度提高约10倍,更使得10米口径的凯克望远镜无法与之同日而语。(译者根据公开资料整理)

---

① 滑铁卢会战失败后,法国被迫签订了两次《巴黎和约》,向战胜国赔付7亿法郎,以发行公债的办法分15次在5年内还清。

② 指阿尔芒·埃马努埃尔·德·维涅罗·迪·普莱西,第五代黎塞留公爵(Armand Emmanuel de Vignerot du Plessis, 5e duc de Richelieu, 1766—1822年),为复辟时期的法国外交部长和法国首相。

③ 巴林兄弟银行(Baring Brothers Bank),始建于1763年,创始人为弗朗西斯·巴林爵士,是英国历史悠久、声名显赫的商人银行集团。1995年,巴林兄弟银行因投资失败而倒闭,以1英镑的象征性价格被荷兰国际集团收购。——译者注

xxxv

要怀疑华尔街已成为一个可与世界强权比肩而立的金融帝国。虽然在地理上它并不占有多大的面积，仅仅是位于"一块墓地和一条河流之间"①的6个狭长街区，但长期以来，作为纽约金融市场的代名词，"华尔街"一直是独一无二的。当人类迈进第三个千年时，这个市场已经成为世界经济跳动的心脏。在今天的世界上，所有的国家，所有的市场，乃至我们每一个人，都必须密切关注华尔街，否则必然会遭受损失。

然而，这条其貌不扬的小街是如何成长为这样一个强大金融帝国的象征的？而纽约——这个一直默默无闻（除了18世纪末期一段短暂的时间②）、未能成为美国首都，甚至未能成为纽约州首府的城市，又是怎样在世界金融体系中占据了如同太阳系中太阳一般的地位的呢？回答这些问题，正是本书的目的所在。

纽约的崛起缘于它众多的天然优势。它拥有北大西洋最优良的海港，也秉承了荷兰移民一心经商与和平共存（Live and let live）的传统，但成为金融中心却并非天生注定。历史总是充满侥幸——威灵顿公爵③曾说，滑铁卢战役的胜负仅在"毫厘之间"，而华尔街的历史也不例外。如果在1812年詹姆斯·麦迪逊总统④关于续签合众国第一银

---

① 指华尔街的地理位置位于纽约下城三一教堂旁的墓地和东河之间。——译者注
② 指纽约在18世纪末期即独立战争期间和此后一段时间内曾作为美国的临时首都。1789年，乔治·华盛顿在纽约宣誓就任美国第一任总统。——译者注
③ 威灵顿公爵（Duke of Wellington），英国将军和政治家，在滑铁卢战役（1815年）中打败了拿破仑，从而结束了拿破仑战争，后曾任英国首相。——译者注
④ 詹姆斯·麦迪逊（James Madison, 1751—1836年），美国第四任总统（1809—1817年）。——译者注

行特许状①的投票陷入僵局时，时任副总统乔治·克林顿②持赞同意见而不是反对的话，那么如今的电视主持人在播报晚间财经新闻时就可能会说："今天在切斯纳特街③（Chestnut Street）上……"如果他的侄子德·威特·克林顿州长没有力排众议说服立法机构通过修建伊利运河的议案，今天的纽约也可能只是美国东海岸的几个主要城市之一，而不会成为西半球最伟大的城市。④

华尔街之所以成为华尔街，还因为美国很幸运。它建国于亚当·斯密《国富论》出版的同一年，而《国富论》是人类历史上一部开创性的、系统性的经济学研究著作。作为一个新生国家，美国不存在那些历史悠久的社会中根深蒂固的、束缚生产力发展的特权。有人曾经估算过，在大革命爆发前的法国，如果一个人要从鲁昂横跨整个国家运货到马赛（尽管在现实中，那时绝对不会有人愿意这样做），他将不得不缴纳多达50种以上的税赋。这些征税权是由王室分别授予各地贵族和领主的。而美国立国后不久，就在1787年的立宪大会提出禁止对货物的跨州流通征收任何税赋或设置其他限制。这使

---

① 美国建国时为解决债务问题，于1791年通过授权建立一个国民银行的法案，由此建立了合众国第一银行（Bank of the United States, BUS），但国会只批准其经营20年，20年后，即1812年必须获得国会批准才能继续存在。投票陷入僵局，时任副总统乔治·克林顿投了反对票，合众国第一银行未能续签。——译者注
② 乔治·克林顿（George Clinton, 1739—1812年），托马斯·杰斐逊和詹姆斯·麦迪逊时期的美国副总统（1805—1812年）。——译者注
③ 切斯纳特街位于合众国第一银行所在的费城。这里的意思是说，如果副总统乔治·克林顿同意而不是反对合众国第一银行续签的话，那么费城将有可能成为美国的金融中心，今天的电视主持人报道的就是切斯纳特街而不是华尔街的新闻了。——译者注
④ 这里指克林顿力主修建并最终建成的伊利运河大大降低了美国中西部农产品运到纽约的成本，对纽约成为美国的商业中心起了决定性作用，也对华尔街最终成为世界金融中心起到了重要的推动作用。——译者注

得美国有机会成为一个巨大的共同市场，而后来它也确实做到了这一点。

不仅如此，正如工业革命为西方文明的进步提供了经济基础，亚当·斯密的伟大著作也为政府减少对经济干预的理念提供了思想基础，从而使得美国经济和华尔街的发展受益于政客们最低程度的干扰。在现实生活中，政客和资本家差不多，都非常自私。

然而，金融业之所以成为华尔街的主业，华尔街之所以成为世界金融中心，并不只是靠运气。

在数学意义上，准确地说，一个自由市场就是一个博弈场，而每一种博弈——从扑克游戏到世界大战——都有参与者、博弈策略和计分规则。但是与扑克游戏不同的是，自由市场的博弈并不是一个零和游戏。在扑克游戏中，之所以有赢家，在某种程度上，只是因为有输家。而在自由市场的博弈中，如果参与者是完全理性的，并拥有完备的信息，那么博弈的结果有可能是所有参与者都是赢家。当然，现实生活中并不存在完全理性的人，信息完备的理想状态也只能接近，却永远无法达到。不过，这对于历史学家们来说可能是一种幸运，因为，在一个完美的世界中，一切都可以完全预测，可以想象那将会多么沉闷和令人窒息。但是，现实世界的不完美意味着，在自由市场中也总会有输家。

尽管如此，长期来看，一个自由市场中参与者获得的利益总和将远远超过损失的总和，这在资本市场上是再明显不过的事情。资本，这个曾一度被称为"罪恶之源"的东西，实际上和劳动力、资源、技术一样，是任何国民经济中不可或缺的要素。没有工人或原材料就不

> 在自由市场的博弈中，如果参与者是完全理性的，并拥有完备的信息，那么博弈的结果有可能是所有参与者都是赢家……现实世界的不完美意味着，在自由市场中也总会有输家。

可能造出汽车，没有工厂同样也不可能造出汽车，而工厂、原材料、工人的薪水和一个成功的经济活动所必需的无数其他要素，都需要有资本才能获得。

但是，请注意前面这段中的第一句话里的"长期来看"这个短语。时间恰恰是一个自由市场最缺乏的。因为，如果一个自由市场完全依靠自我运行，它往往会很快趋于崩溃。原因很简单：市场是由谋求自身利益的人组成的。事实上，亚当·斯密早就认识到了这个问题。他在《国富论》中写道："同行是冤家，他们甚少相聚，即使是为了娱乐或消遣。但如果他们聚首，交谈的结果往往也是合谋损害公众利益，或者设法哄抬价格。"也就是说，自由市场的正常运作需要游戏规则，需要裁判监督，并需要这些规则被强制执行，否则，市场参与者们就会自己毁掉这个市场，正如一句广为人知的格言所说："如果社会主义的问题是机制上尚存缺陷的话，那么资本主义的问题就是资本家（的贪得无厌）。"①

但在华尔街发展的一个关键阶段，规则和裁判恰恰是它最缺乏的——早期的华尔街市场如此之小，小到维持游戏的公平只需要舆论监督的压力，就像左邻右舍玩扑克游戏时一样。但是，南北战争使得华尔街突然成为地球上第二大资本市场，每天有数十亿美元的资金在交易，原先陈旧的、非正式的体系迅速崩溃，但一时还没有新的体系取而代之。在19世纪60年代，人们还没有认识到，联邦政府应该在市场监管方面有所作为，而当时的纽约州政府和市政府都深陷腐败的泥潭，大部分官员都被金钱买通。

在那一段时间里，那些只关心下一次获取暴利机会的投机者可以

---

① 此处原文为"If the trouble with socialism is socialism, the trouble with capitalism is capitalists"。——译者注

为所欲为。人性使然，他们也是这样做的。但是，经纪人队伍的利益有赖于市场长期的稳定，随后他们开始主导市场，制定并执行抑制投机者投机的规则，①华尔街逐步成为一个可以长期运行的资本市场。

在19世纪60年代，人们还没有认识到，联邦政府应该在市场监管方面有所作为，而当时的纽约州政府和市政府都深陷腐败的泥潭，大部分官员都被金钱买通。

从结果看，我们可能很难找到一个比华尔街更能证明亚当·斯密"看不见的手"发挥作用的例证了。华尔街的经纪人只是在寻求他们自己的利益，而这有赖于资本市场的稳定和公正，他们在寻求自己利益的同时，客观上为美国经济的工业化提供了一个稳定的融资渠道，而美国也借此很快成为世界上规模最大、实力最强的经济体。在这一过程中，华尔街获得了巨大的繁荣，而美国经济收获了更大的繁荣，并使得"美国世纪"②成为可能。

在这个美国世纪中，经纪人的利益和投资者（请注意不要与投机者相混淆）的利益又渐渐发生冲突，因此需要进一步的改革。正如75年前投机者抵制经纪人推动的改革一样，这一次，经纪人起初也抵制这些改革，所以，这一次改革在很大程度上是依靠政府的推动才获得

---

① 1868年，针对以"伊利铁路"股票为代表的投机活动，华尔街的经纪商和交易所为了维持自己的长期利益，开始制定新股发行的相关制度，这构成了今天美国《证券法》的基础，详见后文。——译者注

② 指20世纪。由于美国在20世纪中的经济繁荣和对世界的影响力，有人把20世纪称为"美国世纪"，该词由1941年《时代周刊》的共同创办人亨利·卢斯（Henry Luce）最先提出。——译者注

— 前言 —

1929年的股灾及1934年美国证监会的成立，使得华尔街第一次被纳入联邦政府的监管体系之中。在其永恒不变的追逐自身利益的过程中，华尔街将证券投资引入了美国中产阶级家庭，再一次彻底改变了美国经济的面貌，并使得千家万户走向富足。

成功的。[1]1929年的股灾及1934年美国证监会的成立，使得华尔街第一次被纳入联邦政府的监管体系之中。在其永恒不变的追逐自身利益的过程中，华尔街将证券投资引入了美国中产阶级家庭，再一次彻底改变了美国经济的面貌，并使得千家万户走向富足。

历史上，美国的普通民众[2]几乎很难涉足华尔街，然而，计算机这一新技术的出现，使一切都不一样了。它带来的经济革命至少不亚于早年的蒸汽机。这一技术的主要成果之一就是使华尔街的影响力迅速拓展至全球各个角落。

所以，我下面要讲的是一个金融帝国、一个特殊的"世界强权"崛起的故事。正如2 500年以前的罗马帝国一样，华尔街刚出世时非常弱小，微不足道，完全不为世界列强所注意，但是地理条件、政治格局、技术进步，还有纯粹的运气——运气往往是所有伟大事物必不

---

[1] 指1929年"大萧条"后，美国政府针对华尔街所做的一系列改革。1933年，美国取消金本位制，颁布《证券法》和《格拉斯－斯蒂格尔法案》；1934年，美国颁布《证券交易法》；同年，依据该法成立了美国证监会；1940年，美国颁布《投资公司法》和《投资顾问法》。至此，美国资本市场在自我演进超过百年之后，第一次出现了关于证券发行、交易和投资基金的法律，也第一次建立了监管机构，这一系列制度建设形成了现代金融体系监管的基本框架，也为随后几十年美国金融市场的发展奠定了基础。——译者注

[2] 这里的原文为 Main Street，译作普通民众或"主街"，泛指美国的实体经济如制造业等，也有一般社会民众的意思。在美国文化中，Wall Street 与 Main Street 往往对立使用，前者指以华尔街为代表的金融界，后者指一般社会群众或实体经济，本段的意思是指在很长的历史时期中，华尔街都是高高在上的，美国一般民众无法参与金融市场，而计算机的出现改变了这一切。——译者注

可少的特质——都促使其成长，使其超越了左邻右舍，成功地，当然也常常是痛苦地，应对其内部的冲突，最终成为世界舞台上的一个金融帝国，并使得所有其他世界强权无法藐视它的存在，否则只会给它们自己带来麻烦。

当然，也同罗马的故事一样，华尔街的故事是一段值得向人们讲述的传奇。因为，正如罗马人一样，在华尔街这个伟大的博弈场中的博弈者，过去是，现在还是，既伟大又渺小，既高贵又卑贱，既聪慧又愚蠢，既自私又慷慨——他们都是，也永远是普通人。

美国证监会（SEC）成立于1934年，是罗斯福新政的重要举措，奠定了美国证券业现代监管体系的基础。（译者根据公开资料整理）

正如罗马人一样，在华尔街这个伟大的博弈场中的博弈者，过去是，现在还是，既伟大又渺小，既高贵又卑贱，既聪慧又愚蠢，既自私又慷慨——他们都是，也永远是普通人。

第一章
"人性堕落的大阴沟"（1653—1789 年）

- 译者题注 -

作为世界金融中心的纽约，起初只是北美殖民地一个小小的贸易窗口，依靠其独一无二的地理优势，在当地荷兰裔移民商业精神的催化下，逐步成长为一个繁荣的都市。华尔街也正是从这里起步，走向世界舞台的。然而，在美国开国元勋杰斐逊的眼里，纽约却一直是"人性堕落的大阴沟"。

- **译者导读** -

- 你也许不会想到，纽约最终成为一座世界性的商业都市和金融中心，竟然与17世纪荷兰的"郁金香泡沫"有着无法分割的必然联系。
- 作为人类历史记载中最早的投机活动，荷兰的"郁金香泡沫"包含了此后人类社会一切投机活动，尤其是金融投机活动中的各种主要要素和环节：资产价格的迅速上涨引发了公众对财富的狂热追求，资产价格被进一步推高，令更多的人越发疯狂地投入，直至理性的完全丧失和泡沫的最终破灭，千百万人倾家荡产，流离失所。此后的人类历史不断上演金融危机大戏，循环往复，无休无止。可以说，一部金融史，也是一部投机史和金融危机史。
- 但是，人们往往只看到"郁金香泡沫"投机狂热的破坏性，却忽视了荷兰人可贵的商业精神。当和其他欧洲人一起漂洋过海来到北美洲这片新大陆时，荷兰人将他们的商业精神带到了纽约——那时它的名字叫作新阿姆斯特丹。在新大陆的各个殖民地中，纽约最好地继承了荷兰人的商业精神，包括他们的投机文化。除了纽约自身的地理条件外，大街小巷无处不在的商业精神，或许是成就纽约，推动其逐渐发展成为世界最大的都市和金融中心的最重要因素。
- 荷兰人在"郁金香泡沫"时练就的投机技术，很快就被运用到了北美新大陆。发生在这块处女地的第一次金融投机活动是针对当时的原始货币——贝壳串珠进行的投机。这次金融投机揭开了北美350年的金融史——同时也是350年的金融投机史的序幕。这些投机技术在以后的历史中被反复应用，投机者们沉溺其中，乐此不疲。

- 18世纪下半叶，两位历史人物开始登场，他们不同的理念和他们之间的斗争对美国这个当时还处于襁褓中的新生国家的发展路径起了决定性的作用，也影响了华尔街的未来。他们同是美国的开国元勋，一位是亚历山大·汉密尔顿，另一位是托马斯·杰斐逊，他们开启了美国随后200多年的党争。汉密尔顿推崇市场的作用，扶持和鼓励商业活动，主张政府要在建立金融体系和维护经济秩序中发挥积极作用。而杰斐逊则憎恶任何投机活动，他把充斥着各种投机行为的纽约称为"一条人性堕落的大阴沟"。在此后数百年的北美金融史中，几乎在每一个重大事件里，你都会依稀看到汉密尔顿和杰斐逊的影子，看到他们各自的追随者一直在捍卫着这两种截然不同的理念。

- 第一章 -
"人性堕落的大阴沟"（1653—1789 年）

纽约有许多鲜明的特色，其中一个与众不同的地方是，它是美国唯一曾经被围墙包围起来的大城市。

17 世纪 50 年代，建成尚不足 30 年的新阿姆斯特丹①的港口已经非常繁荣。它是世界上最大的也是最优良的天然海港之一，同时也是荷兰人对外贸易的窗口，其繁荣使得在新英格兰地区②的英国殖民者都对它垂涎三尺，1652 年爆发的首次英荷大战更是威胁着新阿姆斯特丹的未来。

荷兰人早年在纽约为防御英国人入侵而修建的"墙"。它的存在并没有实现保护纽约的初衷，但墙边的一条街道（"墙街"，Wall Street，音译为"华尔街"）却成了华尔街名字的起源。

这块殖民地的荷兰统治者彼得·斯特文森③市长曾经是一名军人，并习惯以军人的方式思考问题，由于担心新英格兰会从陆路进攻，斯特文森决定在城市的北部建立一道防御城墙。他从当地商人的手中借了 6 000 荷兰盾，并命令每一个有劳动能力的人都要帮助建造城墙。

---

① 即后来的纽约。——译者注
② 指美国现在的马萨诸塞州、缅因州等地，是英国移民早期活动的地方，故称"新英格兰地区"，在现在纽约市的北方。——译者注
③ 彼得·斯特文森（Peter Stuyvesant，1592?—1672 年），荷兰殖民统治者，他是新阿姆斯特丹最后一位荷兰统治者（1646—1664 年），因为残酷的统治而不受人们欢迎，于 1664 年被迫将该殖民地拱手让给英国。——译者注

墙用圆木建成，每根圆木长约 16 英尺（约 5 米，3 英尺约合 1 米），其中 1/4 埋于地下，顶部被削尖。该墙东起当时临海的珍珠街，西至今天的三一教堂，全长 2 340 英尺（约 713 米）。教堂的西侧邻近哈德逊河畔[①]陡峭的悬崖，是一道天然的屏障。城墙设有两个大门，一个建在东河口，是船只卸货的地方；另一个建在与百老汇街的交会口，是向北的主要陆地通道。

当斯特文森将修筑城墙的预算单呈给刚刚成立的市政委员会（成立于 1653 年 2 月 2 日）要求其拨款时，委员会犹豫不决。那些刚被任命的自以为是的委员认为，筑墙的费用应由该殖民地的所有者荷兰西印度公司[②]（Dutch West India Company）负担，而不应由市政委员会支付。直到斯特文森同意上缴酒税作为补偿后，委员会才批准了市长筑墙的预算。

但斯特文森犯了一个常见的军事错误，他的新阿姆斯特丹防御方案忽略了海上的威胁。1664 年，一支英国舰队从南边驶向这个港口，将全城置于炮火之下，从火力上完全压倒了港口处的新阿姆斯特丹守军，斯特文森所担心和防范的陆路入侵最终也没有发生。

斯特文森丝毫不为所动，准备誓死守城。但是城里的商人，包括他自己的儿子，却不是这样想的。他们联名写了一份请愿书，恳求市

[①] 哈德逊河（Hudson River），发源于美国纽约东北的安迪朗达克山脉中的一条河，向南流经约 507 公里，至纽约市附近的纽约北湾入海。——译者注

[②] 16、17 世纪的欧洲人将如今的印度、东南亚等国家称为"东印度"，而将现在的美洲、加勒比海一带称为"西印度"。而荷兰西印度公司是一个跨国殖民贸易公司，主要进行奴隶、贵金属、烟草、糖贸易，以及海盗、殖民活动，主要活动范围包括西非、整个美洲和大西洋北方。成立之初只是为了打破西班牙及葡萄牙对西方贸易权的垄断，以及将对西战争的压力从本土转移到泛大西洋地区。在 17 世纪初期到 18 世纪曾对整个西半球的贸易、殖民、海盗等各方面拥有巨大的影响力。——译者注

— 第一章 —
"人性堕落的大阴沟"（1653—1789年）

长开门投降，以免城堡和他们的财富都在炮火中毁于一旦。斯特文森最终被迫同意了他们的请愿。第二天，他所深爱着的新阿姆斯特丹被命名为新约克郡（New York，简称纽约），作为生日礼物献给了约克公爵（英王查理二世的弟弟及继承人）。

斯特文森留在了纽约，一直生活在远离城市的北方庄园里，[①] 直到1672年去世。他的庄园南北贯穿今天的第5街到第17街，东西横跨公园大道到东河，这个巨大的庄园足以使他的后裔到19世纪依然富有。

斯特文森雕像矗立于纽约23街和第二大道交界处的斯特文森广场，人们以此纪念新阿姆斯特丹即后来的纽约的第一任市长。（译者摄于2017年）

那道城墙此时已毫无意义，它很快就荒废了，并于1698年被拆除。这一年，最早的三一教堂（Trinity Church）开始修建，它就建于该墙的西端。如果到此为止的话，那道墙也不过是历史中一个微不足道的脚注。但是紧接着墙后的一块30米长的空地被保留下来，以用于军队调动，因此那里当时不允许建任何建筑。随着交通发展逐步成为曼哈顿[②]的一个难题（直到今天，纽约的交通依然是个难题），这块

---
① 这个时期的纽约市区很小，所以斯特文森的庄园被称为"远离城市"，如今斯特文森庄园所在的地区早就成为纽约曼哈顿市区的组成部分。——译者注
② 曼哈顿（Manhattan）是美国纽约市5个行政区之中人口最稠密的一个，也是最小的一个行政区。——译者注

空地不可避免地很快被改建成一个十字路口，而紧挨围墙的这条街也顺其自然地被命名为"墙街"①，也就是华尔街。这条小小的街道，得

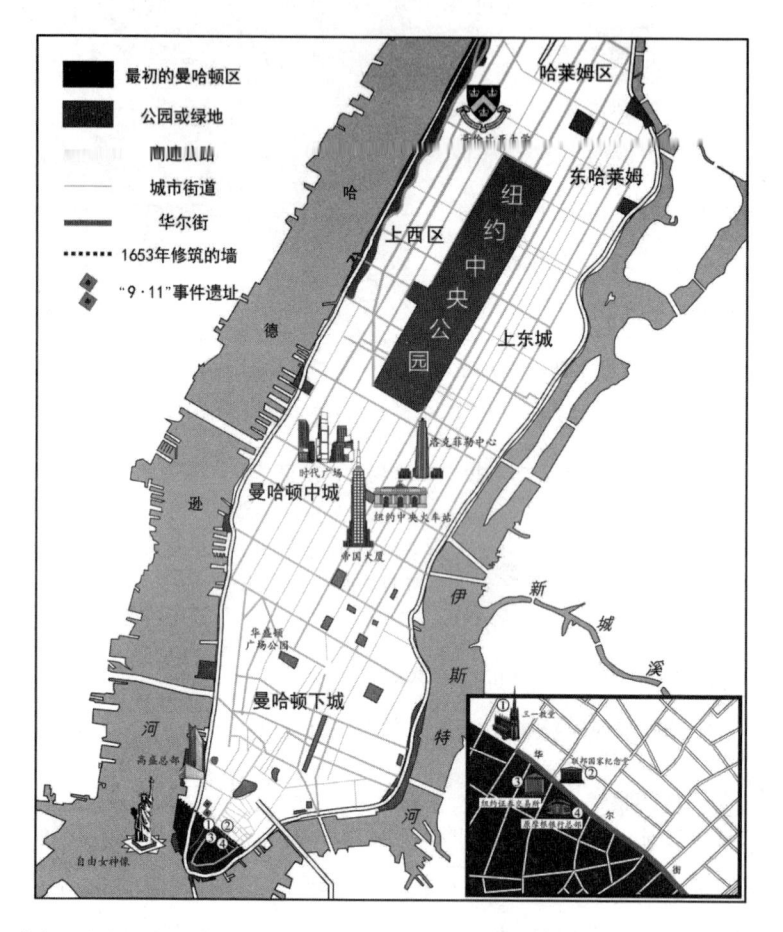

华尔街位于曼哈顿下城，图中的深灰色区域，其上方的边界线即华尔街。历经300多年的发展，这条只有8个街区长的街道已经成为美国金融业的代名词，曼哈顿的商业区也不断向北扩展，最终纽约成为世界上最大的金融中心。（译者根据公开资料整理）

---

① 墙街（Wall Street），Wall 在英文中是墙的意思，音译为华尔，Street 是街的意思。——译者注

— 第一章 —
"人性堕落的大阴沟"（1653—1789 年）

益于一个与荷兰有关的传统，并将从这里起步，最终发展成为世界上最著名的街道之一。

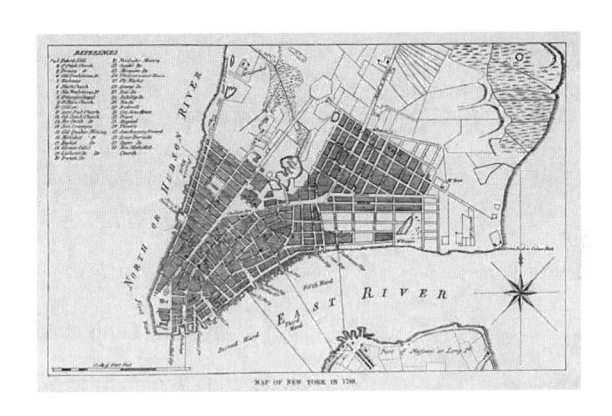

1800 年的纽约曼哈顿地图。

这个传统就是纽约继承自荷兰人的商业精神。早在 17 世纪初期，荷兰人就发明了现代资本主义制度。尽管资本主义制度的许多基本概念最早出现在意大利文艺复兴时期，但荷兰人，尤其是阿姆斯特丹市民，才是现代资本主义制度的真正创造者。他们将银行、证券交易所、信用、保险和有限责任公司有机地统一成一个相互贯通的金融和商业体系。由此带来爆炸式的财富增长，使荷兰这个小国短暂地跻身欧洲一流强国。

> 尽管资本主义制度的许多基本概念最早出现在意大利文艺复兴时期，荷兰人，尤其是阿姆斯特丹市民，才是现代资本主义制度的真正创造者。他们将银行、证券交易所、信用、保险和有限责任公司有机统一，组成一个相互贯通的金融和商业体系。由此带来爆炸式的财富增长，使荷兰这个小国短暂地跻身欧洲一流强国。

荷兰人发明了最早的操纵股市的技术，例如卖空（short-selling，指卖出自己并不拥有的股票，希望在股价下跌后购回以赚取差价）、

9

空头袭击（bear raid，指内部人合谋卖空股票，直到其他股票拥有者恐慌并全部卖出自己的股票导致股价下跌，内部人得以低价购回股票以平仓来获利）、对敲（syndicate，指一群合谋者在他们之间对倒股票来操纵股价），以及操纵市场（corner，也称杀空或坐庄某一只股票，或囤积某一种商品，指个人或集团秘密买断某种股票或商品的全部流通供应量，逼迫任何需要购买这种股票或商品的其他买家不得不在被操纵的价位上购买）。

同样也是在荷兰，曾经爆发了"郁金香泡沫"（Tulip mania），这是人类历史上第一次有记载的金融泡沫。16世纪中期，郁金香被从土耳其引入西欧，迅速引发了人们的狂热追捧。到17世纪初期，一些郁金香珍品被卖到了不同寻常的高价，而富人们也竞相在他们的花园中展示最新鲜和最稀有的品种。到17世纪30年代初期，这一时尚导致了一场经典的投机狂热。人们购买郁金香已经不再是为了其内在的价值或作为观赏之用，而是期望其价格能无限上涨并因此获利（这种总是期望有人愿意出价更高的想法，长期以来被称为投资的博傻理论[①]）。

图为郁金香泡沫时期荷兰只有两株的稀有郁金香品种 Semper Augustus（意为"伟大的皇帝"），单株售价高达4 600弗罗林，约等于38头公牛的价格。（译者根据公开资料整理）

---

① 博傻（Theory of Greater Fool）是指在高价位买进股票，等行情上涨到有利可图时迅速卖出，这种操作策略通常被市场称为"傻瓜赢傻瓜"，所以只能在股市处于上升行情中适用。从理论上讲，博傻也有其合理的一面，博傻策略是高价之上还有高价，其游戏规则就像接力棒，只要不是接最后一棒都有利可图，只有接到最后一棒者倒霉。——译者注

— 第一章 —
"人性堕落的大阴沟"（1653—1789年）

1635年，一种叫Childer的郁金香品种的单株卖到了1 615弗罗林（florins，荷兰货币单位）。为让读者对17世纪初期荷兰的物价水平有大致了解，不妨举两个例子：17世纪早期，在荷兰4头公牛只要480弗罗林就能买到，1 000磅（约454千克）奶酪也只需120弗罗林。可是，郁金香的价格还是继续上涨，第二年，一株稀有品种的郁金香（当时的荷兰全境只有两株）以4 600弗罗林的价格售出，而购买者还需要额外支付一辆崭新的马车、两匹灰马和一套完整的马具。

荷兰鲜花市场与资源配置

在荷兰的阿姆斯特丹，有一个全欧洲最大的鲜花交易市场。每天上午，欧洲各地生产的鲜花被源源不断地运到这里。下午，通过"荷兰式拍卖"，所有鲜花的价格都被确定；然后，这些鲜花被迅速地分装、打包，运往世界各地。第二天，不论是伦敦、纽约，还是东京，或是世界上其他任何一个主要城市，从阿姆斯特丹运来的鲜花，都会在这些处于不同时区的都市的清晨，不约而同地准时在街头出现。

是谁将鲜花准确无误地送到了这些城市？

是市场，是"无形的手"，是鲜花市场的参与者们在追逐自己利益的同时，将这些鲜花送到了需要它们的地方。鲜花如此，资本亦如此。怎样将一个社会的金融资源送到需要这些资源的地方？需要依靠一个高效的资本市场。

而同时，我们需要"有形的手"发挥作用，需要政府在鲜花市场和航运市场的交易中维持秩序和公平，确保鲜花不会在街上被人抢劫。在资本市场上，政府的监管同样不可或缺。

也就是说，我们应该让市场在资源配置中发挥决定性作用，同时更好地发挥政府的作用。"无形的手"配置资源，"有形的手"维护市场秩序，做社会的"守夜人"，同时不断改进监管，优化市场基础设施，提高市场效率，帮助市场更好地配置资源。（译者根据公开资料整理）

位于荷兰阿姆斯特丹附近的阿斯米尔（Aalsmeer）鲜花交易市场拍卖大厅。该鲜花交易市场几乎有200个足球场大，每天，有约2 000万株玫瑰、郁金香、菊花等花卉绿植在此交易，年交易额约为20亿欧元。拍卖从凌晨5点开始，采用"荷兰式拍卖"，拍卖钟的指针由卖家设定的初始价格开始，逐渐向更低的价格旋转，直到有买家按下按钮，指针停止的价格即成交价——也就是该花卉在全球市场的基准价。（译者根据公开资料整理）

但顾名思义，所有的金融泡沫都极为脆弱。当人们意识到这种投机并不能创造财富，而只能转移财富时，总有人会清醒过来，这个时候，郁金香泡沫就该破灭了。当某个时刻的某个无名小卒卖出郁金香——或者更有勇气一些，卖空郁金香时，如果有其他人跟从，卖出的狂热将很快与此前购买的狂热不相上下。于是，郁金香的价格崩溃了，成千上万的人在这个万劫不复的大崩溃中倾家荡产。

而北美洲哈德逊河口这块小小殖民地的创建者，正是当年演绎如此空前局面的一群人。从一开始，这块殖民地就有别于那个时期在北美洲东海岸建立起来的其他殖民地。新英格兰的清教徒[①]（Puritan）、

[①] 指要求清除英国国教中天主教残余的改革派。"清教徒"一词于16世纪60年代开始使用，源于拉丁文的Purus，意为清洁。清教徒的先驱者出现在玛丽一世统治后期，流亡于欧洲大陆的英国新教团体中。之后，部分移居至美洲。——译者注

– 第一章 –
"人性堕落的大阴沟"（1653—1789 年）

宾夕法尼亚的教友派教徒①（Quakers）和马里兰的天主教徒（Catholics），都是为获得宗教自由而来到这个新大陆的。对于这些殖民者来说，他们每到一地所能想到的，也是首先要做的，就是修筑金碧辉煌的教堂和城市，建立一个其虔诚和美德为别人所追随的首善之区。

> **阿姆斯特丹金融中心与荷兰的兴衰**
> 阿姆斯特丹作为 17 世纪世界金融中心的兴起与荷兰的崛起是相辅相成的。1602 年，世界上第一家证券交易所——阿姆斯特丹证券交易所即成立于此。银行、证券交易所、信用、保险和有限责任公司有机地统一成一个相互贯通的金融和商业体系。发达的金融体系为荷兰在全球的贸易和殖民扩张提供了不可或缺的资本支持，使这个地域狭小且 1/4 国土位于海平面以下的国家得以成为当时的世界霸主。然而，1637 年"郁金香泡沫"的破灭不仅沉重打击了阿姆斯特丹交易所，更使荷兰全国的经济陷入混乱，加速了荷兰由一个强盛的殖民帝国走向衰落的步伐。17 世纪下半叶，荷兰的地位受到英国有力的挑战，世界金融的中心也随即由阿姆斯特丹移向英吉利海峡彼岸的伦敦。（译者根据公开资料整理）

可是，当荷兰人在他们全新的殖民地开始经营的时候，他们的目的只有一个——赚钱。他们如此全神贯注地追逐财富，以至于在 17 年内都没有建造一座合乎体统的教堂。当最终修建了一座教堂时，他们将它命名为圣尼古拉斯（St. Nicholas）教堂，从此圣诞老人就成了纽约不太为人所关注的守护神。②

---

① 基督教的一个教派，又称教友派或者公谊会，是基督教新教的一个派别。该派成立于 17 世纪，创始人为乔治·福克斯。教友派教徒曾受到英国政府迫害，与清教徒一起移民到美洲，但又受到清教徒的迫害，大批教友会教徒逃离马萨诸塞州而定居在罗得岛州和宾夕法尼亚州等地。该教会坚决反对奴隶制，在美国南北战争前后的废奴运动中起过重要作用。——译者注
② 在欧洲，圣尼古拉斯和圣诞老人（Santa Claus）是一回事。此处的意思是：荷兰人一心想赚钱，并不太在意宗教信仰，以至在修建教堂时，也只是用圣诞老人作为他们的神来敷衍了事。——译者注

纽约这种独特的文化渊源和气质，使得它一开始就与其他殖民领地的关系很紧张。即使随后纽约向北的扩张止于市政公园旁的圣保罗教堂，极其憎恶纽约的托马斯·杰斐逊[①]也还是把纽约称作"人性堕落的大阴沟"。这种紧张关系即使到了今天也依稀存在。对美国的其他地方而言，纽约经常是邪恶与危险的象征。而对纽约人来说，这个国家的其他地方充斥着自命不凡的卫道士，最重要的是，他们都装模作样，非常无聊。

> **荷兰的东印度公司和西印度公司**
>
> 1602年，极富商业头脑和冒险精神的荷兰人为了开辟前往东方的航线，成立了世界上第一家向公众发行股票融资的公司——联合东印度公司，以筹集远洋航行所需的大量资金。荷兰东印度公司募集到的资本金是一年前率先起步的英国东印度公司的10倍以上。此后，这家跨国公司存续了近200年，被荷兰国会赋予贸易垄断、建立殖民地、夺取外国船只等诸多特权，赚得盆满钵满，每年给股东派息高达约18%。1621年，荷兰政府又成立了西印度公司，旨在开拓美洲殖民地。1622年荷兰获得哈德逊河口的曼哈顿岛，建立新阿姆斯特丹，即后来的纽约。1624年，西印度公司在曼哈顿建立了第一个长期代表机构。股份制公司和金融的发展把荷兰的社会闲散资金集聚起来，使得当时风险极高的海外开拓和贸易紧密联系成为可能，这也是荷兰这么一个地理上的小国得以称霸海上的重要原因。（译者根据公开资料整理）

刚开始，荷兰人非常成功。许多新的殖民地是由专门成立的股份有限公司（即现代企业的前身）建立的，但很快这些公司都破产了，他们建立的殖民地也被王室接管。而荷兰西印度公司却通过蔗糖和奴隶贸易大发横财，已经站稳了脚跟。公司只花了2万荷兰盾就建立了新阿姆斯特丹这块殖民地，而从新阿姆斯特丹运回的第一船毛皮就价

---

① 托马斯·杰斐逊（Thomas Jefferson，1743—1826年），美国第三任总统。他曾起草《独立宣言》，并创办了弗吉尼亚大学，是美国历史上的政治理论家、教育家和建筑师。——译者注

– 第一章 –
"人性堕落的大阴沟"（1653—1789 年）

值 4.5 万荷兰盾，投资回报率是 125%。

荷兰西印度公司的暴利时代并没有持续多久，这主要归功于往往表现得很无能的政府——纽约从它的荷兰祖先那里继承下来的一个不够幸运的遗产，但是殖民地的居民却比该公司的命运好得多。新阿姆斯特丹，这块由已经学会一心经商与和平共处（live and let live）的荷兰人建立起来的纯

这幅油画描绘了 13 世纪下半叶马可·波罗从威尼斯出发前往中国的情景，他在游记中刻画的富庶东方成为欧洲诸国海外贸易和殖民的巨大诱惑。进入 14 世纪，文艺复兴运动兴起，资本主义萌芽开始在威尼斯、佛罗伦萨等地首先出现。（译者根据公开资料整理）

商业领地，很快就具备了一个世界性都市的特质。当彼得·斯特文森市长——一个荷兰改革教会[①]（Dutch Reform Church）的虔诚会员试图将定居在新阿姆斯特丹的犹太人和教友派信徒驱逐出境的时候，西印度公司直截了当地告诉他不要多管闲事，好让犹太人和教友派信徒好好做自己的营生。17 世纪 40 年代，一个法国牧师来到这个人口不到 1 000 人的小镇，发现街上的人说着 18 种以上的语言，他们到这里来的目的只有一个——赚钱。很快，除了毛皮，各种各样的物品，例如面粉、奴隶、木材和无数其他商品，都开始在曼哈顿进行交易。而这

---

① 这一教派是新教三大宗加尔文宗在荷兰的教派，后来成为荷兰的国教，并流传至北美、南非、亚洲、南美等地。——译者注

新阿姆斯特丹，这块由已经学会一心经商与和平共处的荷兰人建立起来的纯商业领地，很快就具备了一个世界性都市的特质。17世纪40年代，一个法国牧师来到这个人口不到1 000人的小镇，发现街上的人说着18种以上的语言，他们到这里来的目的只有一个——赚钱。

里的商人已经和欧洲的市场密不可分了。很快，他们又开始在地中海、西印度群岛甚至印度洋等更大的范围内寻找低买高卖的机会。

因此，当该城市被英国人接管时，纽约的市民仍旧保持着他们那种一贯只对金钱感兴趣的传统，也就很快适应了英国的统治和法律。到了今天，除了一些荷兰语地名，比如布鲁克林（Brooklyn），一些荷兰语单词，比如小甜饼（cookie），以及一些荷兰语人名，如罗斯福以外，荷兰人在哈德逊河畔40年的历史似乎没有留下什么痕迹。但实际上并非如此，因为他们留下了荷兰人的商业精神。

今天，在纽约这个超级大都市的深处，那个小小的、吵吵嚷嚷的、每个人都忙着做生意的新阿姆斯特丹的影子仍无处不在，正如在

今天，在纽约这个超级大都市的深处，那个小小的、吵吵嚷嚷的、每个人都忙着做生意的新阿姆斯特丹的影子仍无处不在，正如在每个人身上都可以依稀看到他的孩提时代一样。而赚钱本身，不论是正大光明地，还是不择手段地，依然是这个城市的至爱。

每个人身上都可以依稀看到他的孩提时代一样。而赚钱本身，不论是正大光明地，还是不择手段地，依然是这个城市的至爱。

*　　*　　*

这种商业精神早在1666年就已经非常明显了。那是在英国人取得控制后的第二年，弗雷德里克·菲利普斯通过囤积贝壳串珠（北美印第安人用作货币和装饰品），策划了北美洲历史上第一起金融操纵案。

- 第一章 -
"人性堕落的大阴沟"（1653—1789年）

菲利普斯1626年出生于荷兰，1647年随其父迁到新阿姆斯特丹，曾是木工学徒的他参与过建造斯特文森下令修建的城墙。但是菲利普斯从事木匠工作的时间并不长，相反，他选择了一条通向财富的捷径：和一个有钱的寡妇结婚。用妻子的财力武装自己的菲利普斯开始和当地的印第安人、西印度群岛人以及荷兰人交易各种各样的商品，他很快就表现出了敏锐的市场嗅觉。

贝壳串珠（Wampum）是北美印第安部落用于以物易物、记录历史的重要媒介，往往以线绳串联或者编织到毛皮上。欧洲殖民者提高了生产贝壳串珠的效率，进而诱发通货膨胀，最终导致这种原始的"货币"停止流通。（译者根据公开资料整理）

那时印第安人生产的毛皮是当地殖民地经济中最赚钱的商品，但他们不愿意毛皮的购买者付给他们金币或银币。尽管这些金币或银币被欧洲人视为至宝，但印第安人对它们一无所知，认为它们一钱不值，因此在交易中，印第安人要求欧洲人用"真正的钱"——贝壳串珠来支付。贝壳串珠的原材料取自北美东部河流和湖泊中盛产的一种淡水蚌，制作时取出里面的小珠，用复杂的手法将其编成串状。

1650年，6颗白色珠子或者3颗黑色珠子值1个斯图弗（Stuiver，荷兰货币单位，1斯图弗等于1/20荷兰盾，大约相当于5美分）。对荷兰商人来说，不幸的是，通货膨胀开始了，到1659年16颗白色珠子才值1斯图弗。不仅毛皮的价格因为通货膨胀而一路飙升，而且这也搅乱了殖民者和印第安人以贝壳串珠为介质的日常交易，严重破坏了当地的经济。斯特文森试图用政府通常采用的方法——价格控制来解决这个问题，而他也得到了这种方法通常得到的结果：市场无视这种价格控制。这时候，菲利普斯开始买进贝壳串珠，并囤积起来。他

17

把贝壳串珠装在桶里埋在地下，以减少贝壳串珠的流通量。几周之内，他就控制了串珠市场，成功地抬高了串珠的价格。1666年，3颗白色珠子就相当于1斯图弗。

中央银行的概念直到17世纪末期才形成［英格兰银行（Bank of England）于1694年建立］。可是菲利普斯早在此前30多年就通过囤积贝壳串珠而像中央银行那样实现了对货币供应量的控制，并借此为自己获得了不菲的利润。之后，他又和第二位有钱的寡妇结了婚，以此成为纽约最富有的人，从事贸易的范围远达东印度群岛和马达加斯加。

至于贝壳串珠，一直到美国独立战争前还被当成一种常用货币。后来，有一种可以廉价仿制贝壳串珠的机器被发明出来，将贝壳串珠的价值彻底摧毁。

这种一心经商与和平共处的生活态度并没有让纽约变得易于管理，过去如此，现在也如此。纽约的市民一向爱闹事，他们甚至曾经绞死过州长雅各布·雷斯勒①，这在北美殖民地绝无仅有。1651年首次通过的《航海条例》②（The Navigation Acts）是北美殖民地完全为英国利益服务的保证——条例禁止在北美发展大部分制造业，并要求外来

---

① 雅各布·雷斯勒（1640—1691年），新阿姆斯特丹的德国殖民者，通过毛皮和烟草贸易致富。趁着英国光荣革命自顾不暇之际，1689年纽约州爆发起义，雷斯勒成为该州的实际掌权者。1691年，雷斯勒向英王新任命的纽约州总督投降，最终被处以绞刑。——译者注

② 指1651年10月，克伦威尔领导的英吉利共和国议会通过的第一个保护英国本土航海贸易垄断的法案。那以后，该法案不断修改完善，为此还引发了与海上强国荷兰的战争。但是航海条例也限制了英国殖民地经济的发展，最后成为美国独立战争的发生背景之一。主要内容包括以下4个方面：1. 只有英国或其殖民地所拥有、制造的船只可以运装英国殖民地的货物；2. 政府指定某些殖民地产品只准许贩运到英国本土或其他英国殖民地，包括烟草、糖、棉花、靛青、毛皮等；3. 其他国家制造的产品，必须经由英国本土，而不能直接运销殖民地；4. 限制殖民地生产与英国本土竞争的产品，如纺织品等。——译者注

– 第一章 –
"人性堕落的大阴沟"（1653—1789 年）

商品必须经由英国控制的港口运输（因此也必须缴纳英国关税）。但是这个法案被执行的力度从一开始就强弱不一，在实际生活中，人们通过行贿，抑或通过偷偷在纽约港无数的小港湾和出海口卸货来逃避关税。于是，这块殖民地日渐繁荣起来。

苏格兰人约翰·劳（John Law）。1716 年，约翰·劳在法国国王路易十五以及法国政府授权下建立了带有中央银行性质的法国通用私人银行。凭借政府的支持以及银行的资本金，他建立了一系列相当成功的公司，包括密西西比公司。该公司垄断了殖民地密西西比、路易斯安那地区与法国之间的贸易及矿产开采权。通过虚假宣传，密西西比公司的股票获得了法国民众和权贵的追捧，股价疯涨。为了维持股价、支付股息，约翰·劳利用通用私人银行的货币发行权印刷了大量的纸币，酿成恶性通货膨胀，最终泡沫破灭、股价暴跌，劳不得不仓皇逃离法国。（译者根据公开资料整理）

到斯特文森的城墙被拆除的时候，曼哈顿人口已达 4 937 人（根据北美洲的首次人口普查结果）。大部分人居住在该岛的南端，华尔街那时还是曼哈顿的北城。[①] 随着在宽街和华尔街交界处建立起三一教堂和在 1700 年建立起第二座市政大厅，曼哈顿岛的西端成了一个

---
① 曼哈顿岛（纽约市最重要的商业和居民区）早期的商业区很小，集中在岛的南端。——译者注

时尚住宅区。

那时，只有在华尔街的东端，靠近珍珠街的岸边，才是华尔街的商业区。首先在这里定期进行的大规模商业活动是奴隶贸易。纽约州是唯一一个有大量奴隶的北方殖民地（1698年，奴隶占曼哈顿人口的14%），同时也是一个奴隶贸易中心，奴隶从这里被运往南方的弗吉尼亚和北卡罗来纳。

殖民者发现小麦能在哈德逊河流域生长，于是谷物与毛皮、奴隶一样也成了纽约的经济支柱。大部分谷物被加工成面粉和饼干，出口到西印度群岛以换取糖浆和朗姆酒。纽约市的市徽上不只有一只海狸①，还有一个面粉桶，面粉对于这座城市的重要性可见一斑。纽约也出口鲸鱼油和烟草到英格兰，以换取在殖民地不能生产的商品。

纽约成为一个繁忙的港口一点儿都不奇怪。纽约港拥有无与伦比的自然条件，它有长达数英里的海岸线，水位很深，船只很容易通过纳罗斯海峡②进入广阔的外海。此外，新泽西的两条河拉里坦河和哈肯赛克河、纽约的哈德逊河和长岛海峡像漏斗一样将无数船只汇向纽约。1699年，英国驻美总督贝雷蒙特爵士将纽约称为"美洲发展最快的城市"，不过这种说法多少有一点儿夸张。在17世纪和18世纪，出海的船只仍然很小，它们可以利用纽约地区其他很多小海港，如长岛上的牡蛎湾和南安普敦港，还有哈德逊河上的小镇，如彼克斯基

---

① 海狸皮是早期北美毛皮贸易的主要品种。大约从16世纪开始，欧洲的消费时尚出现了变化，用海狸毛皮制作的毡帽成为欧洲上流社会追逐的新宠。在欧洲人来到北美之前，北美估计有1 000万只海狸，白人殖民者从土著那里以低廉的成本交换毛皮，运到欧洲加工后，一张海狸皮至少可以增值1 000%，有时甚至可以获得200倍以上的利润。在17—18世纪的时候，一张好的海狸皮可以在欧洲市场上卖到90先令，相当于2005年的400英镑左右。——译者注
② 纳罗斯海峡（Narrows），纽约东南的一个海峡，介于布鲁克林和纽约市的斯塔滕岛之间，连接纽约湾的上端和下端。——译者注

- 第一章 -
"人性堕落的大阴沟"（1653—1789 年）

（Peekskill），这些小镇如今已经没有人再把它们当港口了。

此外，费城在 1680 年建立后没多久，就拥有了比纽约更多的人口，并且成为富庶的宾夕法尼亚领地唯一的港口。同时，波士顿是人口稠密的新英格兰地区的港口，查尔斯顿[①]港口也靠出口大量的大米和靛蓝（一种染料）而繁荣。因此到殖民时代的后期，纽约人尽管在商业上野心勃勃，但其在殖民地所有的港口中只排名第四。1770 年，费城进口商品 4.7 万吨，波士顿进口了 3.8 万吨，查尔斯顿进口了 2.7 万吨，而纽约那一年仅仅进口了 2.5 万吨商品。

尽管此时纽约已经成为一个商业逐渐繁荣的活跃港口，但它还不是一个金融中心。在 18 世纪，北美殖民地经济呈现跨越式发展（因而英国政府极欲对其征税，随后引发了一系列事件并最终引爆了美国独立战争），其生铁出口占世界总量的 1/7，并拥有世界上第二大商业船队，仅次于英国。但是，从很多方面看，它还是一个较为原始的经济体。例如，受英国政府的禁令所限，此时的殖民地还没有银行，自然也没有真正意义上的货币供应，只有贝壳串珠在一些地区作为货币流通。

在殖民地很难见到英格兰银行发行的纸币，也很少有任何英国的铸币流通。此时殖民地所谓的货币供应实际上是一个大杂烩，包括其他国家的硬币、殖民政府发行的纸币，以及一些临时被用作货币的东西，例如烟草公司的收条——这在殖民地南部地区被广泛使用。最常见的铸币是西班牙的里亚尔银币（Spanish real），它经常被切成 2

---

① 查尔斯顿（Charleston），美国南卡罗来纳州东南一城市。——译者注

块、4块、8块来找零钱。这就是为什么直到今天，美元25美分（a quarter）被叫作2个12.5美分（two bits）[①]，纽约证券交易所还是以1美元的1/8为最小单位来报价，而不是1/10。然而，美国独立战争摧毁了纽约作为主要港口和商业中心的地位。在战争期间，纽约是唯一被敌军占领长达7年之久的城市（在现代战争史上，的确还没有什么别的城市被敌军占领这么长的时间）。那些爱国商人没有别的选择，只能抛家舍业离开纽约。而那些留下来继续和英国人做生意的亲英商人，则在1783年11月25日（该日随后成为纽约一个主要节日）美国人重新收复纽约时被逐出了纽约。

纽约城市面貌的损毁与其商业实力上的损失同样惨重。在英军占领期间，两场大火席卷了纽约城。第一场发生在1776年9月21日，大火从宽街的东端烧起，毫无阻拦地燃烧到曼哈顿岛的西端，将大约1/3的繁华地区烧成一片废墟。无数的商业建筑被烧毁，同时被毁的还有493幢房子和第一座三一教堂，其在此后的15年内都是一片黑色的废墟。第二场大火发生于1778年8月3日，克鲁格斯码头（东河边繁华的商业区）烧毁的大楼比第一次还多64幢。总的来看，在独立战争的动荡中，纽约的人口减少了一大半，国内生产总值（尽管那时还没有这个统计概念）也至少缩水了一半。但战争刚一结束，英国人离开后，纽约就以令人吃惊的速度迅速恢复。随着老居民重归家园，其宽容、重商的社会氛围也吸引了很多新居民。其中就包括来自德国莱茵兰[②]华尔道夫（Waldorf）地区、年仅21岁的约翰·雅克布·阿斯

[①] "bit"意为西班牙小银圆，如今在美国、加拿大的口语中代表12.5美分。——译者注

[②] 莱茵兰，也称"莱茵河左岸地带"，包括今天德国的北莱茵－威斯特法伦州、莱茵兰－普法尔茨州。——译者注

– 第一章 –
"人性堕落的大阴沟"（1653—1789年）

特①，其于1784年到达纽约。仅仅用了4年的时间，纽约的人口就恢复到了战前的水平。新英格兰地区的人们也离开他们的小镇，源源不断地迁徙到开放的纽约，而不是乏味、自满的波士顿。1790年，首次全美范围的人口普查表明，纽约的人口已经超过了费城。

这些新迁徙来的人继承了纽约作为一个移民城市的传统，这一传统延续至今。但是18世纪纽约移民中最著名的人物已于1772年先一步来到了纽约，他就是亚历山大·汉密尔顿②，他对纽约后来成为商业和金融的中心产生了最深远的影响。

* * *

在美国的开国元勋中，汉密尔顿在许多方面是独一无二的。他在英属西印度群岛的内维斯岛出生，是唯一一个不在美国本土出生的开国元勋。而且，除了那时已经备受世人尊敬的本杰明·富兰克林③外，他是另外一个出生于平民之家的显要人物。事实上，用约翰·亚当斯④也许并不完全准确却令人难忘的话来说，汉密尔顿是个"苏格兰小贩的私生子"。

汉密尔顿确实是一个私生子，但他的父亲并不是一个小贩，而是

---

① 德裔美国皮毛业大亨及财经专家，1848年去世时的遗产有2 000万美元，是那个时代的美国首富，其家族在美国历史上最富有的家族中排名第四（排名标准是其个人财富占美国当时GDP的比例），后曾拥有纽约著名的华尔道夫酒店。——译者注

② 亚历山大·汉密尔顿（1755—1804年），美国的开国元勋之一，《宪法》的起草人之一，美国的第一任财政部部长。——译者注

③ 本杰明·富兰克林（1706—1790年），18世纪美国最伟大的科学家，著名的政治家和文学家。——译者注

④ 约翰·亚当斯（1744—1818年），美国第一位副总统及第二任总统（1797—1801年），《独立宣言》的起草者及美国宪法的设计完成者。——译者注

一个平庸的商人，而且是凯布斯克斯[①]领主的小儿子。因此，汉密尔顿的家族比亚当斯的家族还要久远和显赫得多。但是汉密尔顿的父亲很快就遗弃了他的情妇和她的两个儿子，汉密尔顿的母亲只好在圣克罗伊（当时属于丹麦维尔京群岛的一部分）开了一个小店养家糊口。

10美元钞票上亚历山大·汉密尔顿的头像（左图）。音乐剧《汉密尔顿》（右图）以嘻哈风格阐释了汉密尔顿充满戏剧色彩的一生，自2015年亮相百老汇之后，得到媒体、白宫和公众的交口称赞，被《纽约时报》称为"值得人们变卖房产、抵押孩子买票来看"的神作，接连斩获普利策、格莱美、托尼等多项大奖。该剧影响如此之大，以至于有消息称美国财政部因此暂停了将汉密尔顿头像从10美元钞票撤下的计划。该剧使得公众有机会重新认识汉密尔顿在开国之初对于美国财政金融体系建立以及纽约最终能够成为全美乃至全球金融中心的卓越贡献。（译者根据公开资料整理）

汉密尔顿在9岁的时候就开始为一个叫尼古拉斯·克鲁格的纽约商人工作，后者在圣克罗伊经营了一家商栈。汉密尔顿极高的天分和远大的理想给克鲁格留下了异常深刻的印象。当克鲁格因为健康原因返回纽约时，他让年仅13岁的汉密尔顿管理他的商栈。两年后，他资助汉密尔顿前往纽约，汉密尔顿的余生都将在此度过。

汉密尔顿在国王学院（现在的哥伦比亚大学）学习法律，并在独立战争期间成为乔治·华盛顿的幕僚。当华盛顿成为美国总统时，他请汉密尔顿担任财政部部长，处理新联邦政府最紧迫的问题：混乱的

[①] 凯布斯克斯（Cambuskeith），苏格兰一地名。——译者注

第一章
"人性堕落的大阴沟"（1653—1789年）

财政和金融状况。汉密尔顿不仅做到了，且用时之短令人惊叹。

当时大陆会议①能从法国和荷兰借款，并从这些国家购买武器，但它却不能在国内发行足够的国债来筹资以支援战争。他们没有办法，只有求助于硬性贷款，签发借据强制征用各种物资，并发行法币②，也就是所谓的"大陆币"。法币之所以成为钱仅仅是因为政府说它是钱而已，像所有的法币一样，大陆币也引发了严重的通货膨胀。在短短的几年内，国会不得不将以前发行的纸币重新定值（只有原有面值的2.5%）。在之后的100多年里，美国人都习惯用"一个大陆币都不值"③来形容毫无价值的事物。

即使在战争期间（那时纽约仍被英军占领），在纽约也存在对国债、借据以及大陆币的投机活动。投机商在咖啡屋（这种地方曾产生

美国第一任总统乔治·华盛顿。为了缅怀他，美国首都取名华盛顿，还建造了华盛顿纪念碑，并规定周围的建筑高度不得高于该纪念碑。碑内壁刻有当时各国及美国各州赠送的碑文，其中包括中国福建巡抚徐继畲在《瀛寰志略》里的评价——盛赞华盛顿"创古今未有之局"，为西方世界第一人。（译者根据公开资料整理）

---

① 大陆会议（Continental Congress, 1774—1789年），指在美国独立战争前后成立的由13个北美殖民地组成的联邦立法机构。——译者注
② 法币，不兑现纸币（Fiat Money），指由政府批准，但不能与金银进行兑换的法定货币。——译者注
③ 原文为"Not worth a continental"，意为毫无价值。——译者注

过许多金融机构，包括伦敦证券交易所①和劳合社②）拍卖各种证券，但这些活动只是零星和非正式的，并没有引起人们的注意。但是当汉密尔顿按照新的《宪法》重塑国家的金融架构时，如何监管证券投机活动就成了当时美国重大的政治问题之一。

汉密尔顿试图做三件事情：第一，他寻求建立一个完善的联邦税收体系，以保证国家有一个稳定的财政来源（在此前的联邦体制下，联邦政府没有征税的权力，只能被迫向各个州要钱）；第二，他想用美国政府信用作为担保，以优厚的条件发行新的债券，去偿还旧的国债（包括国内的和国外的），以及战争期间几个州的债务；最后，他想按照英格兰银行的模式建立中央银行，以代表政府管理金融并监管国家的货币供应。

但是，一批政治家追随他们著名的领袖杰斐逊，极力反对汉密尔顿，他们被称为"杰斐逊主义者"。杰斐逊主义者认为，那些以低价买进旧债券和其他票据的人都是投机者，不能允许他们兑换新券来获利，只有初始的债券拥有者才应该获得盈利。但这在实际中是不可操

---

① 1773年，英国的第一家证券交易所在伦敦柴思胡同的乔纳森咖啡馆成立，1802年，交易所获得英国政府正式批准。——译者注

② 劳合社（Lloyd's）是一个名叫埃德温·劳埃德（Edward Lloyd）的英国商人于1688年在泰晤士河畔塔街所开设的咖啡馆演变发展而来。其咖啡馆临近一些与航海有关的机构，如海关、海军部和港务局，因此这家咖啡馆就成为经营航运的船东、商人、经纪人、船长及银行高利贷者经常会晤交换信息的地方。后来，咖啡馆的79名商人每人出资100英镑，于1774年租赁皇家交易所的房屋，在劳埃德咖啡馆原业务的基础上成立了劳合社，从事保险业务。——译者注

第一章
"人性堕落的大阴沟"（1653—1789年）

作的，因为确定这些债券最初的持有者会耗费大量的时间，而且通常是不可能的。

位于华盛顿的杰斐逊纪念堂。杰斐逊起草了《弗吉尼亚宗教自由法》和《独立宣言》，前者实现了政教分离，后者宣告了美国独立。他在出任美国第一任国务卿期间组建了美国国务院，总统任内从法国购买了路易斯安那，使美国领土扩大了近一倍。杰斐逊逝世于1826年7月4日，正好是《独立宣言》50周年纪念日，而他关于有限政府、个人自由和重农抑商等思想至今还在影响着美国。（译者摄于2017年）

汉密尔顿这一偿债法案最终在国会得以通过，但是也经过了一番激烈的讨价还价，例如，为了让杰斐逊主义者接受偿还国债的方案，汉密尔顿不得不做出让步，从而使纽约失去了成为新联邦首都的机会（当然我们无法知道，如果纽约不仅是这个国家的商业、文化和金融中心，而且也是这个国家的政治中心的话，那么历史将如何演进。但有一点是毋庸置疑的：如果纽约成为首都，那么纽约本身乃至整个美国，都会和今天完全不同）。

汉密尔顿的计划开始实施后，便对新生美国的经济产生了非凡而迅速的影响，而其政治对手对他的敌意对美国发展格局的影响也延续至今。事实上，整个美国政治史基本上可以被看作汉密尔顿主义者和

事实上，整个美国政治史基本上可以被看作汉密尔顿主义者和杰斐逊主义者之间一场旷日持久的斗争。由于华尔街成为美国的金融中心，在很大程度上，华尔街一直被杰斐逊主义者及其后来的追随者（从安德鲁·杰克逊[①]、威廉·詹宁斯·布赖恩[②]到拉尔夫·纳德[③]）认为是美国所有丑恶一面的标志。

不过那是后来的事情了。对18世纪90年代的美国来说，重要的是，汉密尔顿的计划直接带来了美国经济的繁荣。18世纪80年代的美国处于金融混乱之中，有点儿像20世纪90年代的俄罗斯，但是到了1794年，美国已经在欧洲市场获得了最高的信用等级，它的债券能够以10%的溢价出售。塔列朗（他很快就将成为法兰西的外交部部长，但此刻正在北美流亡）解释了这一现象。他说，这些新债券"安全且不会下跌。它们以非常稳健的方式在市场发行，而这个国家的经济正在以一日千里的速度发展，没有人会怀疑它的偿付能力"。

---

① 安德鲁·杰克逊（Andrew Jackson，1767—1845年），美国第七任总统（1829—1837年）。杰克逊是美国历史上第一位平民出身的总统。在第二次对英战争（1812年）中，他成为举国闻名的英雄。1828年，杰克逊脱离杰斐逊创立的"民主共和党"，创立了"民主党"。——译者注

② 威廉·詹宁斯·布赖恩（William Jennings Bryan，1860—1925年），美国律师，政治家。分别于1896年、1900年和1908年竞选总统，均告失败。他在充满激情的演说《黄金十字架》中提倡白银自由流通。——译者注

③ 拉尔夫·纳德（Ralph Nader）（1934— ），美国工艺事务组织主席、律师、作家、公民活动家、现代消费者权益之父，曾催生汽车召回制度。曾5次参加美国总统竞选，其中最出名的是2000年作为绿党总统候选人赢得了2.7%的选票，事实上他帮助小布什战胜了艾伯特·戈尔。——译者注

— 第一章 —
"人性堕落的大阴沟"（1653—1789 年）

> **汉密尔顿与杰斐逊之争及美国政党的演进**
>
> 　　汉密尔顿与杰斐逊同为美国的开国元勋，在政治上是竞争对手，在理念上泾渭分明。美国建国初期，围绕是否要建立一个强大的中央政府，他们出现了意见分歧。以汉密尔顿为代表的联邦党人强调政府的作用，针对当时的混乱和无政府状态，建立起了税收和财政制度，他们推崇商业，鼓励制造业发展和美国从农业国向工业国的转变，也推动了早期纽约和华尔街的发展，并主张在金融市场发生危机时政府予以一定的救助，在外交上主张与英国和解。他们成立的党派被称为联邦党。以杰斐逊为代表的民主共和党人则崇尚人权、有限政府以及地方分权，他们是美国广大农场主和下层群众利益的代言人，主张重农抑商，对华尔街和金融市场的发展持否定的态度，在外交上亲法仇英。从长远来看，汉密尔顿对美国的经济制度影响深远，而杰斐逊则更多地影响了美国的政治理念。
>
> 　　汉密尔顿和杰斐逊的追随者开启了美国随后 200 多年旷日持久的党争。联邦党原本占据上风，但随着 1800 年杰斐逊当选美国第三任总统、1804 年汉密尔顿在决斗中身亡和 1812 年爆发第二次美英战争，联邦党逐渐走向消亡。与此同时，失去对手的民主共和党也走向分裂，一派以安德鲁·杰克逊为首，于 1828 年创立民主党，即今天美国民主党的前身；另一派则创立了国家共和党，即当今美国共和党的前身。近代的民主党和共和党，分别成为劳工阶层和资本拥有者的利益代言人。在 2016 年的美国大选中，特朗普作为共和党候选人参选并赢得胜利，但他也挑战了民主党和共和党的精英阶层，自称反对既得利益集团的"反建制派"，并被英国《经济学人》称为"白宫里的叛乱者"。应该说，正如早期汉密尔顿和杰斐逊之争主要反映了当时以新兴工业和工商阶层为代表的城市群体与以种植园主为代表的乡村群体的利益矛盾，美国 200 多年来的历次党争和大选归根结底反映的都是当时社会的主要矛盾和主要利益群体的不同诉求。（译者根据公开资料整理）

　　到 18 世纪 90 年代，尽管费城的发展速度远远低于纽约，但它依然是那时美国的金融中心。美国的第一家银行北美银行（Bank of North America）是在费城成立的；1790 年费城证券交易所（Philadelphia Stock Exchange）成立，成为美国的第一家证券交易所。而且由于华盛顿尚在建设之中，费城按计划仍将暂代美国首都十年，汉密尔顿的中央银行合众国第一银行（Bank of the United States①）也于1791年花落费城。

　　但在汉密尔顿的计划实施之后，纽约的各种金融活动也大大活跃起来，而且，纽约成为金融中心的各种要素已经具备。纽约的商业迅速发展，人口也急剧增长。整个国家和纽约地区的经济都蒸蒸日上，商人们对信贷、保险和其他金融服务的需求日渐增长。汉密尔顿在1784年成立了纽约第一家银行——纽约银行（Bank of New York）。按照汉密尔顿的计划，美国建立起了一个信誉良好的、统一的货币供应体系，币值不再像以前那样变化无常。那些熟悉金融和风险的市场投机者及经纪人开始跃跃欲试，寻求赚钱的机会。这些人已经准备好了，他们愿意也能够为一个金融市场的繁荣提供必需的流动性。从他们的荷兰先人那里传承下来的各种投机技巧，则为那些最大胆和最狡诈的纽约人做好了大发横财的一切准备。于是，一座城市、一条街道和它们注定的命运走到了一起。

同一时代的西方和东方②

西方	年份	东方
郁金香泡沫经济瓦解，被认为是世界上最早的泡沫经济事件	1637	
英国资产阶级革命爆发	1640	

---

① 这里的美国银行并非现在的 Bank of America（美国银行）。——译者注
② 每一章后"同一时代的西方和东方"的内容均为译者所加。——译者注

— 第一章 —
"人性堕落的大阴沟"（1653—1789 年）

（续表）

西方	年份	东方
	1644	李自成建立大顺政权，农民军攻占北京，明亡。清军入关，中国历史上的最后一个封建王朝——清朝建立
时任新阿姆斯特丹市市长的荷兰统治者彼得·斯特文森，为防备英国殖民者的入侵，在城市北部建立了一道防御木墙（Wall），即后来华尔街（Wall Street）名字的来源	1653	
	1655	清政府施行"禁海"，下令沿海省份"无许片帆入海，违者置重典"
	1661	清政府加强"禁海"，强制江、浙、闽、粤、鲁等省沿海居民分别内迁 30~50 里，设界防守，严禁逾越
	1662	郑成功收复台湾。1662—1796 年，清朝康乾盛世，中国是当时最强大的国家，国内生产总值约占世界的 1/3
英军攻占新阿姆斯特丹，将其改名为新约克郡——简称纽约，第二次英荷战争随即爆发	1664	
弗雷德里克·菲利普斯通过囤积贝壳串珠策划了北美洲历史上第一个金融操纵案	1666	
	1667	北京出现银行和票号的行业组织——银号会馆
	1681	自 1638 年起，历时 43 年，清朝在东北边界修筑起 1 300 余公里长的壕沟土堤，并派八旗兵巡查驻守，施行"禁边"

（续表）

西方	年份	东方
	1689	中俄签订《尼布楚条约》，划定两国东段边界
英格兰银行成立	1694	
俄国彼得一世开始进行经济改革，向西欧先进国家学习，大力发展工业，整顿财政税务制度	1697	
	1712	清政府规定"滋生人丁，永不加赋"，废除了新生人口的人头税
南海泡沫事件	1720	
	1723	清政府开始普遍推行"摊丁入亩"，把固定下来的丁税平均摊入田赋中，征收统一的地丁银
	1723	清朝开始正式施行"禁教"，禁止天主教传播
英国通过巫术法案，禁止宣扬巫术，终结了女巫狩猎	1735	乾隆登基，时年25岁，清朝GDP约占全球1/3
	1757	清政府宣布对欧洲商人封闭闽、浙、江三海关，仅保留粤海关，通过广州一处口岸进行对外贸易来往
	1762	设伊犁将军，新疆完全置于清朝中央政府控制之下
	1771	土尔扈特部脱离沙俄统治，重返中国
	1774	清政府借由编纂《四库全书》之机，开始施行"禁书"
美国独立战争爆发	1775	

第一章
"人性堕落的大阴沟"（1653—1789 年）

（续表）

西方	年份	东方
英国亚当·斯密的《国民财富的性质和原因的研究》（简称《国富论》）出版	1776	
英国人瓦特制成联动式蒸汽机。	1782	
	1784	美国商船"中国皇后"号来华通商，中美关系由此开始
立宪会议在费城召开，约定美国13个州之间不允许设立贸易壁垒，同一时期，从法国鲁昂运送一车货物到马赛需要缴纳50次以上的关税	1787	
美国联邦政府成立，乔治·华盛顿宣誓就任第一任美国总统	1789	
法国爆发大革命，废除封建制，并通过《人权宣言》	1789	乾隆五十四年，清军干涉安南（越南）内乱失败

第二章
"区分好人与恶棍的界线"（1789—1807年）

- 译者题注 -

资本市场从其诞生的第一天起就充满争议。来到市场的人形形色色，有普通的投资者，也有恶意操纵市场的庄家。和此后数百年无数的政府精英一样，汉密尔顿绞尽脑汁，试图找到一条"区分好人与恶棍的界线"。

- 译者导读 -

- 1775年4月19日,莱克星顿的一声枪响,改变了新大陆的历史航道,并由此升级为一场历时8年(1775—1783年)的独立战争,美国赢得了独立,也为经济的发展扫除了外部障碍。

- 1783年独立战争的胜利,1787年美国《宪法》的制定,1789年美国联邦政府的成立(即美国建国),使得一个新生的美国进入了欣欣向荣的历史时期。从此以后,这个新的国家不仅有了统一的政府,也有了统一的市场、统一的货币和统一的税收。

- 美国第一任财政部部长汉密尔顿大规模发行国债,直接导致了纽约资本市场的活跃,而1791年美国历史上第一只大盘蓝筹股——合众国银行的上市,则启动了这个国家第一轮股市投机狂潮。

- 资本市场的繁荣催生了第一批专业的证券经纪人,他们需要一个专用的交易场所;为了防止在门口偷听价格"搭便车"的场外交易发生,也为了防止经纪人无休止地杀低交易佣金,他们签订了著名的《梧桐树协议》(The Buttonwood Agreement)。这份协议一向被认为是纽约交易所的源头,它本质上是一个卡特尔——价格同盟,而纽约交易所的大楼要在25年之后才真正建成。

- 在美国第一次股市投机狂热中,出现了资本市场的一类典型参与者、资本市场阴暗面的代表之———内幕交易者。当时联邦政府财政部长助理——威廉·杜尔,是这场投机狂热中的弄潮儿,他公然利用公权力获取内幕消息进行投机，最后只得在监狱度过余生。他是此后300多年各类内幕交易者的鼻祖。

- 从这个时候起，华尔街和美国政府的精英就一直竭尽全力地试图找到一条分界线，来区分像杜尔这样的无赖赌徒和受人尊敬的投资者。三个多世纪以来，他们的努力得到的"充其量不过是一个喜忧参半的结果"。
- 杜尔的疯狂投机和迅速溃败引发了美国历史上第一次金融恐慌，汉密尔顿下令财政部购进大量联邦证券对市场进行流动性支持，他的果断行动成功地阻止了金融恐慌的蔓延，使得这次金融危机没有对美国经济造成长期的负面影响。
- 在这一时期，有限责任制度——现代企业制度的基石得以奠定，美国各州通过了普通公司法，这带动了新一轮的经济增长，从1792—1817年，联邦税收在25年内增长了9倍。
- 这是一个破旧立新、改天换地的时代，也是一个良莠不齐、泥沙俱下的时代。后来成为美国副总统的伯尔，此时正打着为纽约市民提供生活用水的幌子，骗取了建立一家银行的特许证。
- 伯尔是杰斐逊的忠实同党，汉密尔顿的政治对手之一，同时也是汉密尔顿的决斗对手（汉密尔顿在1804年7月与伯尔的一场决斗中身亡）。他建立的这家银行后来叫作大通曼哈顿银行，曾是全美最大的银行之一；而汉密尔顿创办的纽约银行至今仍然屹立在华尔街上，其"华尔街1号"的地址格外引人注目。汉密尔顿死后被埋葬在华尔街的三一教堂旁，与他钟爱的纽约银行隔街相望，见证着华尔街200多年来的风云变幻。

- 第二章 -
"区分好人与恶棍的界线"（1789—1807年）

华尔街最初在全美闻名并不是因为金融，而是出于政治上的原因。1789年4月30日，在位于华尔街和宽街交界处的纽约市政大厅的二层，乔治·华盛顿依据新的《宪法》①宣誓就任美国第一任总统。作为临时的国会大厦，纽约市政大厅被重新命名为联邦大厅。在此之前，纽约市花费了3.2万美元对其重新装修，在其檐口和中楣上都增加了很多美国标志性的装饰，如橄榄枝包围的13颗小星星和13个箭头②。这栋建筑在19世纪30年代被拆除，以便建造新的海关大楼，如今这座海关大楼还在，作为联邦大厅国家纪念馆对公众开放，而当时联邦大厅的所有遗迹只剩下了华盛顿宣誓时面前的一段铁栏杆，它被保留在纽约历史博物馆里。

联邦大厅国家纪念馆（Federal Hall National Memorial），位于纽约市华尔街26号，毗邻纽约证券交易所，建于1842年，曾作为海关大楼，坐落在联邦大厅（Federal Hall）原址。该纪念馆是一座古希腊风格的大理石建筑，华盛顿的全身青铜雕像位于台阶下正中央。1789年，乔治·华盛顿在位于此处的当时的联邦大厅宣誓就任美国第一任总统。（译者摄于2017年）

---

① 1787年，美国当时的13个州召开制宪会议并通过新的《宪法》，取代了原先的邦联条例，从此联邦体制取代了更为松散的邦联体制。——译者注
② 13颗小星星和13个箭头指的是美国独立时的13个州。——译者注

由华尔街望向三一教堂（左图），1846年落成，由褐色砖石构成，高84米，其规模在当时的纽约前所未有；以及坐落于三一教堂庭院内的汉密尔顿的墓碑（右图）。（译者摄于2017年）

华尔街上的三一教堂

三一教堂是华尔街上著名的地标建筑。1940年和1989年，美国分别有两部关于华尔街的畅销书《客户的游艇在哪里》和《说谎者的扑克牌》，这两本书的扉页都不约而同地引用了一句俚语："华尔街一端是河流，另一端是坟墓，而位于两者之间的是一个'幼儿园'。"意为华尔街的一端是东河，另一端为三一教堂及教堂庭院里的墓地，而两者之间的华尔街上数百年不断上演的很多贪婪、投机和崩溃的游戏其实是非常幼稚和可笑的。三一教堂还与一个重要的名字联系在一起，那就是汉密尔顿。教堂的对面曾是汉密尔顿的办公地，而教堂北侧的墓地是汉密尔顿的长眠之地。早年的三一教堂已毁于火灾，今天的三一教堂已经是历史上的第三座了。（译者根据公开资料整理）

在这个蒸蒸日上的时期，联邦大厅并不是华尔街上唯一的建设项目。从这里向西一个街区，第二座三一教堂即将竣工，此时它200英尺（约61米）高的尖塔还被包裹在脚手架中，不到一年之后，它就将开始接受教徒们的顶礼膜拜，总统也将出席它的揭幕典礼。华尔街西端的很多住宅也都在这时拔地而起，被提名为财政部部长的亚历山

第二章
"区分好人与恶棍的界线"（1789—1807 年）

大·汉密尔顿搬了过来，其官邸就在华尔街和威廉大街交界处。

随着汉密尔顿的财政方案对经济增长的快速推动，留给这些漂亮而古典的宅邸的风光日子就屈指可数了，华尔街的商业区很快挤占了这些官邸楼阁。1791 年，纽约银行迁到华尔街和威廉大街街口的麦克伊文斯大楼，正对着汉密尔顿的官邸。（汉密尔顿曾帮助创建了纽约银行，但是当他就任财政部部长时，为了避免利益冲突，他卖掉了自己在纽约银行所有的股份。）

华尔街的东段一直延伸到东河，这里向来以商业而非金融业为主。由于风向的原因，出海航行的船长们都愿意在曼哈顿东边靠港，这些船只所需要的各种服务（从仓储到杂货买卖）带动这里成为纽约商业区的中心。这里很多的建筑都是两层高的小楼房，一楼是理发店、裁缝店和蜡烛店之类的小商店，而二楼则住着这些小商店的店主，还有一些房子出租给各种经纪人（broker）。

18 世纪末期，经纪人这个概念的含义要比今天宽泛得多。这个词早在 14 世纪就从法语的"brocour"引入英语，它的法语原意是：把一桶酒按杯或按瓶分装再卖出的人。在 17 世纪之前，这个词一直特指零售商和批发商，此后，它就完全被用来特指自己不直接参与生产的中间人。到这个时期，"经纪人"的含义逐渐演变为：将买方和卖方撮合在一起，并对促成的交易收取佣金的人。

今天，经纪人通常是高度专业化的人士，只从事某一种产品或一些相关产品的经纪服务，例如保险和房地产经纪人。直到近代，"经纪人"这个词才开始特指专门从事证券买卖的专业人士。而在美国刚成立的时候，纽约的"经纪人"是一个很宽泛的概念，经纪人们可以同时在很多不同的领域里撮合交易，因此，我们可以把他们称为"一般性经纪人"。在当时，经常可以看到一个经纪人在买卖证券的同时，

直到近代,"经纪人"这个词才开始特指专门从事证券买卖的专业人士。而在美国刚成立的时候,纽约的"经纪人"是一个很宽泛的概念,经纪人们可以同时在很多不同的领域里撮合交易,因此,我们可以把他们称为"一般性经纪人"。兼营私人彩票,并为海运货物提供保险,还卖唐提式养老保险[①](一种寿险和赌博的混合物,很久以前就被宣布为非法),并且是一家私营银行的合伙人。

此时的美国除了造船业和生铁生产以外,鲜有能够称得上具有工匠水准的制造业,所以大部分的"生意人"其实都是经纪人,但他们仅仅是当时社会中的一小部分人。在18世纪的美国,大部分人以农业为生,而住在城里的人,大部分是小店主、用人,以及律师和牧师等专职人员。

汉密尔顿的计划使市场上突然涌现大量可交易的证券,包括国债、新发行的州政府债券、新特许设立的银行发行的股票(在1790年只有三家州立银行,到1800年已有29家)和保险公司的股票。这些新的可交易证券大大增加了那些"一般性经纪人"的证券业务量,但此时离真正出现专门从事证券交易的经纪人还有一代人的时间。

尽管联邦债券和州政府债券是这些新的证券经纪业务中的主流产品,但最热门的证券还是合众国银行[②]的股票,它的市值高达 1 000 万美元,这在当时是一个天文数字。它的规模和它作为联邦财政独家代理的垄断地位,使它在一定程度上成为美国第一只"蓝筹股"(blue-

---

① 唐提式养老保险(Tontines),即联合养老金制,是一种集资办法,所有的参与者共同使用一笔基金,每当一个参股者去世,剩下的人就会得到一份增加的份额,最后一个活着的人或过了一定时间依然活着的人获得剩下的所有金额。——译者注

② 合众国银行(1791—1811年)及合众国第二银行(1816—1836年)都是美国早期经国会特许成立的全国性私立银行,事实上起到了央行的作用。——译者注

第二章
"区分好人与恶棍的界线"（1789—1807年）

chip stock，尽管这个词本身直到多灾多难的 1929 年才被发明出来）。联邦政府有义务购买该银行 20% 的股份［汉密尔顿通过阿姆斯特丹的霍普公司（Hope and Company）① 在欧洲发行债券筹集资金，购进了这些股票］，其余 80% 的股份向公众出售，但是不允许任何个人持有超过 1 000 股。认购者需要用黄金支付股票价格的 25%，剩下的部分可以用汉密尔顿偿债方案中所发行的年利率为 6% 的政府债券支付。

华尔街早期街景。图中的左侧建筑就是唐提咖啡馆（Tontine Coffee House），最右侧的建筑是商人咖啡馆——《梧桐树协议》签订的地方。早在 17 世纪，咖啡馆在英国就成了人们获取资讯和分享信息的场所。第一家咖啡馆在美国的波士顿开业之后，很快风行开来，咖啡馆成了报纸的重要发行渠道和信息来源，更孕育了包括证券交易所在内的若干金融创新。在随后的岁月里，这种对资讯的渴求促成了电报、广播、电视乃至互联网的发明和普及，对美国及其资本市场的发展起到了至关重要的作用。（译者根据公开资料整理）

---

① 该公司和荷兰东印度公司关系密切，和当时许多国家如法国、西班牙和美国都有商业往来。1804 年，霍普公司发行股票为美国购买路易斯安那州融资。20 世纪末，该公司被荷兰银行收购。——译者注

合众国银行股票（很快被简称为"BUS"）的发行前交易①在1791年春就已经开始了。这一年7月初，该股票正式发行，并在一小时之内全部卖光，随后股价一路攀升。这个新生国家的第一次大规模股票公开发行（IPO）点燃了它的第一轮牛市。

> 这个新生国家的第一次大规模股票公开发行点燃了它的第一轮牛市。

欧洲公司开始向美国输送大量的代理人和资金，漂洋过海来参与这个新生市场。卖空以及现在所谓的"看涨期权"和"看跌期权"（指在将来的时间以一个商定的价格买卖证券的权利）这两种交易技术在美国被首次应用（虽然在欧洲，这两种技术早就为人所知了），这大大地增加了投机的可能性和市场的活跃度。随着交易量的日益增加，报纸也开始关注这个新生市场了。当然，随着市场价位的进一步攀升，各种关于股市灾难的预言也开始出现了。1791年8月31日，《纽约公报》(*New York Gazette*) 甚至刊出了一首题为《投机》的打油诗：

> 什么魔力绕其间，能使花柱②变宝塔？
> 被投机的魔杖点燃，疯狂传遍了整个国家。
> 真理早晚会应验，万物大小终复原。

---

① 发行前交易（When-Issued，简称WI）指在股票或债券获准发行后、正式发行前即开始交易，是承销商为了吸引潜在投资者的一种方式，需等到证券正式发行并交付投资者后才算完成交易。发行前交易市场被称为灰色市场（grey market）。——译者注

② 花柱，May Pole，指五朔节（May Day）的五月柱。五朔节是源于欧洲国家并随移民传入美国的节日，每年5月1日举行，人们围绕着五月柱跳舞庆祝春天的来临。此处意指牛市中股票价格飙升，仿佛五月柱突然放大成宝塔。——译者注

第二章
"区分好人与恶棍的界线"（1789—1807 年）

所有致命的旅途都有死亡在等待，

千万人会为 scripts 懊悔一生。

scripts 是认购股票（subscription stock）的缩写，它相当于我们现在所谓的证券。① 当时，股票和债券这两个术语已经开始使用，但常常可以互相替代。直到 19 世纪晚期，股票的含义才被特指为代表所有权的证券，而债券被特指为代表债权的证券。关于这一演变过程，那个时代的经纪人和他们的客户应该都很清楚，但当时的一些作家和后来很多历史学家却经常搞不清楚。

当一些经纪人的金融业务开始增多时，他们需要一个场地进行交易。就像一个多世纪前或更早期阿姆斯特丹和伦敦的咖啡屋一样，很多当地的咖啡屋乐于为这些经纪人提供交易场所，当这些经纪人通过促成交易来谋利时，他们靠卖食物和饮料挣钱。但当时还没有足够多的经纪业务来占据经纪人所有的精力，他们只能靠传播流言蜚语或用扑克及骰子赌博打发时间。在这个时期，两个无聊的纽约经纪人会打赌法国的某个政治家是否会在某一特定的日期之前被送上断头台②，当时的投注单还留存至今。

一些更为成功的经纪人，如麦克伊文斯和巴克莱、伦纳德·布里克以及约翰·平塔德，为了适应新的业务要求，开始在他们的办公室里举行定期的证券拍卖。随后，1792 年初，约翰·萨顿和他的合

> 在这个时期，两个无聊的纽约经纪人会打赌法国的某个政治家是否会在某一特定的日期之前被送上断头台，当时的投注单还留存至今。

---

① 证券，通常指股票和债券，随着现代资本市场的发展，证券的品种越来越丰富，包括期货、期权和大量资产证券化产品都是证券。——译者注
② 当时的法国正处于大革命时期。——译者注

伙人本杰明·杰以及其他一些人决定在华尔街22号建立一个拍卖中心，并称之为证券交易所。意欲售出股票者将想卖的股票存放在交易所内，拍卖人根据交易量收取佣金。经纪人或为自己，或为自己的客户，参加拍卖，购买股票。

可是这个体系很快就崩溃了。许多外围的经纪人参加拍卖会只是为了获知最新的股票价格，他们随后在外面售出同样的股票，但收取更低的佣金。这迫使场内经纪人也不得不经常在场外进行交易。为了解决这一问题，这些场内经纪人巨头于1792年3月21日在克利斯酒店聚会，试图签订一个协议来制止场外交易。他们同意建立一个新的拍卖中心，约定该中心于同年4月21日开业，并进一步达成协议："今日我们在此签字，作为股票买卖的经纪人庄严宣誓并向彼此承诺：从今天起，我们为任何客户买卖任何股票的佣金费率将不低于0.25%，同时在任何交易的磋商中，我们将给予会员以彼此的优先权。"

《梧桐树协议》，陈列于华尔街的美国金融历史博物馆。它被公认为纽约证券交易所的最初起源，但本质上却是一个经纪人的卡特尔[①]，纽约证券交易所的这一本质直到180多年后才得以改变。该协议原件现存于纽约证券交易所内。（译者摄于2017年）

21个经纪人和三家经纪公司签订了这个协议，这就是众所周知的《梧桐树协议》，因为

---

① 卡特尔（cartel），为协调生产、价格和商品市场而组成的独立的商业组织联合体或同业联盟。——译者注

第二章
"区分好人与恶棍的界线"（1789—1807 年）

> **《梧桐树协议》与美国资本市场的演进**
>
> 　　1792 年，21 位早期的华尔街经纪人和三家经纪公司签订了著名的《梧桐树协议》，其本质是经纪人为避免相互杀价而形成的价格卡特尔，同时也以此阻止在股票拍卖中心之外进行的证券销售行为，即所谓的场外交易。《梧桐树协议》客观上成了纽约交易所的起源，尽管第一座真正的纽约证券交易所还要再等 25 年才得以建成。近 200 年后的 1971 年，遍布美国各地的场外交易通过电子联网形成了统一的交易平台——纳斯达克（NASDAQ），2006 年，纳斯达克获美国证监会批准成为交易所。
>
> 　　今天，美国除了纽约和纳斯达克两大证券交易所以外，还有美国证券交易所等数个小型证交所、粉单市场、OTCBB（美国场外柜台交易系统）市场和数以百计的另类交易系统（ATS）。此外，美国还有专注于期货交易的芝加哥商品交易所（CME）和洲际交易所（ICE）等。美国交易所的发展，折射出金融市场不断满足经济社会需求的演进历程，这也是交易所市场与场外市场相互博弈共同成长的过程。（译者根据公开资料整理）

　　据传协议是在华尔街 68 号门外的一棵梧桐树下签订的，天气好的时候，经纪人们经常会在这里碰头交易。无论协议是否真的在这棵树下签订，这棵在 1792 年时便已有了几百年历史的巨大梧桐树，从此成为世人公认的华尔街标志，直到 1865 年 6 月 14 日，它在一次暴风雨中被刮倒。

　　新交易所的首次会议是在商人咖啡屋举行的。当年冬天，会员们决定建立一个自己的聚会场所，但是他们并没有建立一个证券交易所，因为那时的股票和债券的交易量还没有大到需要建立交易所的程度。他们在华尔街和沃特街交界处开了一家唐提咖啡屋，之所以如此命名，是因为它是以唐提式保险的方式进行筹资而开设的。当时共发行了 203 股，每股 200 美元，财产由公司持有，直到初始股东只剩下 7 个人时才会变卖公司财产，再由这 7 个人平均分配。虽然咖啡屋对所有人开放，但只有会员才能参加这里的证券拍卖，实力稍弱一些的经纪人只能继续在街上和他们自己的办公室交易股票。

尽管纽约证券交易所①25年后才正式成立，但《梧桐树协议》一向被认为是纽约证券交易所的起源。事实上，这是一个操纵市场价格的卡特尔——它是一个封闭的俱乐部，只吸纳纽约最有钱的经纪人，以保证内部人受益，而外部人被排斥在外。证券交易所这个卡特尔始终以交易所会员（即经纪人）的利益为先，并在一定程度上将这种封闭的运作方式保持了175年之久，即使是在纽约证券交易所成为世界上最大、最重要的交易所之后很长的时间里，这一点也没有改变过。

位于华尔街和宽街交界处的纽约证券交易所。（译者摄于2017年）

---

① New York Stock Exchange，直译为纽约股票交易所，该交易所早期主要交易股票，但随着时代发展，交易的品种逐步丰富，包括股票、债券和其他多种证券，所以现在一般称其为纽约证券交易所，简称纽交所。——译者注

第二章
"区分好人与恶棍的界线"（1789—1807年）

*　　*　　*

华尔街早期的牛市加快了纽约证券交易所的诞生。纽约交易所的创立者之一威廉·杜尔，是牛市的一个大玩家。此后的每一轮牛市都会出现像他一样的人物，直至今日。

杜尔1747年出生在英国，父亲在西印度群岛[①]经营一片成功的种植园，他毕业于伊顿公学，曾随克莱夫[②]的军队在印度服役。杜尔曾在西印度群岛管理过他父亲的产业，然后定居纽约，在这里，他获得了一单利润丰厚的业务——为英国皇家海军供应船桅和船樯。他在纽约的萨拉托加附近买了一大片林木茂盛的土地来进行生产，并盖了一座大庄园。

美国独立战争爆发时，他站在了反抗英国的一边，并当选大陆议会的议员。卸任后，他靠给大陆军供应物资发了横财，并娶了凯瑟琳·亚历山大，也就是美国人所熟知的凯蒂小姐为妻。凯蒂小姐的父亲威廉·亚历山大将军不仅富可敌国，而且一生自称苏格兰的斯特灵勋爵。[③]

独立战争后，杜尔和他的妻子住在纽约的豪宅里过着王室般的生活，由穿着制服的仆人服侍，每一顿饭饮用多达15种不同的酒。他之所以能够维持这样一种奢华的生活方式，主要得益于18世纪80年

[①] 西印度群岛（West Indies），位于北美洲东南部与南美洲北部的群岛。——译者注

[②] 罗伯特·克莱夫（Robert Clive, 1725—1774年），英国将军、政治家，在保卫大不列颠在印度的利益中起过重要作用。——译者注

[③] 亚历山大在1757年曾到苏格兰，以求获得第五代斯特灵伯爵继承人身份的确认，并在1759年获苏格兰上议院确认，但被英国上议院在1762年否决。然而亚历山大一生都自称为斯特灵勋爵，北美的居民也广泛接受了这个称号。——译者注

代一系列涉及土地和独立战争债券的投机。1785年，他被任命为依照《联邦条例》(Articles of Federation)设立的美国国家财政委员会(Treasury Board)的秘书长，这个职位简直就是为获得内幕信息而专设的。1789年，汉密尔顿（他的妻子是杜尔妻子的表亲）任命杜尔为财政部部长助理。

汉密尔顿本人很正直，从来没有想要通过他在政府的职位来谋取私利，也从来没有向他的朋友提供过内幕信息。当他的朋友亨利·李向他打听有关财政偿债计划的消息时，他拒绝透露任何消息。相比之下，杜尔就没那么洁身自好了，例如，他的密友威廉·宾厄姆，一个费城的有钱人，满怀信心地在阿姆斯特丹举债6万英镑（这在当时是一个不小的数目）用于联邦债券投机活动，虽然没有确凿的证据表明他得到过杜尔的消息，但人们可以想象，如果没有内幕信息帮助他提高胜算，他怎敢冒如此大的风险。

威廉·杜尔的画像。他历任大陆议会议员、财政部部长助理，因投机失败而破产，在狱中度过余生。（译者根据公开资料整理）

联邦法律禁止财政部官员参与任何联邦证券的投机活动，但杜尔宁可辞职也不愿遵守法律。他对在财政部建立各种关系的兴趣远比对自己本职工作的兴趣要大，也非常乐于让别人觉得他在财政部"各种关系"。他频繁地参与各种投机，直到汉密尔顿觉得有必要提醒一下这位前部下。汉密尔顿在1790年初秋给杜尔的一封信中写道："我很担心，你的这些做法会危及你的安全和公众利益。你我之间的友谊，以及我对公共事业应尽的义务也将受到威胁。"由于没有书面材

— 第二章 —
"区分好人与恶棍的界线"（1789—1807年）

料保留下来，杜尔有没有回信已无从得知，但是汉密尔顿的提醒并没有促使杜尔对他的行为做出丝毫改变。

为了他自己和他的同伙们，杜尔继续参与投机。为他提供投机本钱的债主中有亨利·诺克斯①，时任美国战争部部长。杜尔和他同伙的主要投机对象是合众国银行的股票，该股票的发行价是每股100美元。在1791年9月下跌之前，它的价格曾高达每股185美元，却从未跌破130美元，并且很快就又回升到170美元左右。

1791年年底，杜尔开始与亚历山大·麦科姆合伙经营，麦科姆是纽约最富有和最出名的人之一。他们计划合作一年，对股票特别是对纽约银行的股票进行投机。麦科姆持有股票并以他的名义交易，但杜尔才是真正的幕后操作者。实际上，这一协议将麦科姆的财富和杜尔的投机天赋及他拥有的与财政部的关系网紧密地结合在了一起，他们将在年底平分利润。

当市场传说合众国银行打算收购纽约银行作为其在纽约的分行时，杜尔开始买进纽约银行的股票。如果传言属实，股价肯定会上涨，杜尔和麦科姆将大赚一笔。但杜尔似乎在玩更深的计谋，他用麦科姆的账户在市场上买进纽约银行股票的同时，又用他自己的账户做空这只股票。在他的建议下，几个利文斯顿家族（纽约最有权势的家族）的人也跟着做空。这样，杜尔公开地在赌纽约银行将被收购，但私下里，他同时在赌这不会发生。即便收购没有发生，杜尔和麦科姆合作的股票账户损失惨重，杜尔也依然能够大发其财。由于杜尔与麦科姆的合作投机只使用了麦科姆的钱，而没有用他自己的钱，因此他这样暗地里两面"下注"的做法牺牲的顶多是他自己的信誉，对杜尔

---

① 亨利·诺克斯（Henry Knox, 1750—1806年），美国独立战争中的将军，他曾把在纽约提康德罗加要塞缴获的55门大炮运到了波士顿，乔治·华盛顿用这些大炮迫使英国军队撤出该城（1776年）。——译者注

来说，他是非常乐意做这种"牺牲"的①。

由于杜尔与麦科姆的合作投机只使用了麦科姆的钱，而没有用他自己的钱，因此他这样暗地里两面"下注"的做法牺牲的顶多是他自己的信誉，对杜尔来说，他是非常乐意做这种"牺牲"的。

当投机狂热逐渐升温时，又有几家银行宣布合并。纽约州百万银行（The Million Bank of the State of New York）如其名字所喻拥有100万美元资本，它的公司章程允许它与纽约银行合并，市场估计这将发生在纽约银行和合众国银行的兼并之前。于是，百万银行的股票一发行，投资者就蜂拥抢购，该股票的认购权证很快就卖到了92美元。当坦慕尼②银行宣布发行4 000股股票以筹资20万美元的时候，银行收到的认购单超过了21 740份。

在这股狂热中，杜尔成为众人关注的焦点，似乎他不会出错。他的股票操作本应是很秘密的，却很快为公众所知，并被其他的投机者模仿。同时，杜尔四处借钱购买股票也是在为股市上涨火上浇油。他向银行和私人借款，其中包括在1792年3月初向沃尔特·利文斯顿借的20.3万美元。此外，他还跟很多名门望族签订了投机协议，这些人包括约翰·罗斯福和尼古拉斯·罗斯福。③他开始买进银行股远期合约，

---

① 随着华尔街的发展，近代出现的对冲基金，往往也采用这样对两种完全相反的市场趋势进行"两边下注"的做法，这也是"对冲"一词的来源。但杜尔与其不同的是，他在用麦科姆的钱（相当于客户的钱）赌纽约银行将被收购的同时，又暗中用自己的钱在赌收购不会发生，这是未能履行受托责任和没有职业道德的做法。——译者注
② 坦慕尼（Tammany），后来演变为美国民主党的一个政治集团，也称坦慕尼会或坦慕尼集团，在19世纪末，曾经一度控制了纽约的政治。——译者注
③ 尼古拉斯·罗斯福是美国的发明家和商人，他和他的兄弟约翰·罗斯福也是纽约土地的主要投机家。他们和后来的富兰克林·罗斯福总统同属一个家族。——译者注

第二章
"区分好人与恶棍的界线"（1789—1807 年）

期待着股价上涨，这样他在到期时就会大发横财。①

汉密尔顿十分震惊，他在 1792 年 3 月 2 日写道："这时候，应该有一条界线来区分好人和恶棍，来区分受人尊敬的股票投资者和纯粹的毫无原则的赌徒。"在此后的岁月里，华尔街和政府精英一直竭尽全力地寻找着这样一条界线，但他们殚精竭虑所得到的充其量不过是个令人喜忧参半的结果。

> "这时候，应该有一条界线来区分好人和恶棍，来区分受人尊敬的股票投资者和纯粹的毫无原则的赌徒。"在此后的岁月里，华尔街和政府精英一直竭尽全力地寻找着这样一条界线，但他们殚精竭虑所得到的充其量不过是个令人喜忧参半的结果。

在将银行股的远期合约卖给杜尔的人中，有好几个是利文斯顿家族的成员，他们当然希望看到股价下跌而不是继续上涨。为了达到这个目的，他们开始从银行存款中提取黄金和白银，以减少当地的货币供应，并迫使银行收回贷款。换句话说，他们启动了一轮信用收缩，利率飙升到日息 1%。

这对杜尔和那些借款很多的人来说是毁灭性打击，雪上加霜的是，审计查出杜尔所负责的财政部的账户上少了 23.8 万美元。汉密尔顿此前曾给过杜尔时间让他收拾好他的烂摊子，现在只得下令财政部起诉杜尔追索这笔款项。

杜尔不顾一切地试图借钱来填补这个窟窿，但那些仅在几周前还恨不得把钱扔向他的人，现在连一分钱都不愿意借给他。面对这么大的麻烦，杜尔仍强作镇定。3 月 22 日，他在给沃尔特·利文斯顿（他

---

① 远期合约是一种金融衍生工具。合约双方约定在未来某一时刻按事先约定的价格买卖约定数量的标的资产。在远期合约中，买入资产的一方被称为多头，他认为资产价格未来会上涨，当合约到期时，可以以事先约定的相对较低（比到期日市场价格低）的价格买入资产，从而获得收益。——译者注

曾借给杜尔巨额的款项）的信中写道："我现在很安全，敌人无法伤害我，我的心中充满了神圣，我独自一人在对抗着整个世界"。

毋庸置疑，他此刻绝对不是安全的，不到一天，他就因欠债不还而入狱，并在狱中了结余生。杜尔入狱后，市场恐慌随之而来，股价一路狂跌。第二天，在当时纽约这个还不算大的金融圈子里，就有25起经纪人破产案发生。沃尔特·利文斯顿，这个曾经在纽约的上流社区挨家挨户向大家保证他有还债能力的人，现在也宣布破产，而亚历山大·麦科姆早在4月初就已经破产，并锒铛入狱。

当时的国务卿杰斐逊在给朋友的信中写道："最终，我们的股票泡沫破碎了，杜尔的破产传染给了纽约其他人，他们像多米诺骨牌那样一个个倒下了。"杰斐逊一向痛恨投机者，此时几乎掩饰不住自己的兴奋，他算了一下，投机者损失总值达到了500万美元，这相当于当时纽约的房地产总值。他的结论是：股市恐慌所带来的损失跟自然灾害摧毁纽约所带来的损失差不多。

事实上，情况并不像他想象中那么糟。虽然很多投机者的确在股灾中遭受了灭顶之灾，但他们明白自己在玩什么游戏，要怪也只能怪自己。而且，他们中的很多人还很年轻，吃一堑，长一智，他们还有机会从失败中站起来。

同时，汉密尔顿迅速采取行动，以确保恐慌不会摧毁基本上还处于健康状态的金融机构，以免无辜的投资者（而不是投机者）受到伤害。他下令财政部购买数十万美元的联邦证券以支持市场，并要求银行不要收回贷款。此外，为了缓解货币流动性短缺，他允许商人用期限为45天的短期票据来支付海关进口关税，而此前，这些关税只能用黄金或合众国银行的票据支付。汉密尔顿高度赞扬财政部和这些银行，他说："只要这些金融机构保持健全，就不会发生真正的公共性灾难。"

汉密尔顿的做法正是一个社会的货币和财政当局在金融恐慌中应

第二章
"区分好人与恶棍的界线"（1789—1807年）

该做的。他周密的计划有效阻止了恐慌的蔓延，也确保了不管个别投机者受到怎样毁灭性的打击，市场的恐慌也不会对美国经济整体产生长期的负面影响。

汉密尔顿迅速采取行动，以确保恐慌不会摧毁基本上还处于健康状态的金融机构，以免无辜的投资者（而不是投机者）受到伤害。"只要这些金融机构保持健全，就不会发生真正的公共性灾难。"

不幸的是，汉密尔顿行动中所蕴含的经验并没有被杰斐逊主义者采纳，他们无法分辨投资者、投机者和赌徒，只认为汉密尔顿是在保释一群赌徒。他们执政后便摧毁了汉密尔顿构建的体系，一次又一次地陷国家于金融灾难之中。直到1987年[1]，也就是195年以后，联邦政府才再一次果断出手介入，阻止一场投机恐慌进一步演变成全国性的灾难。

杰斐逊主义的另一个后果是：政府的不作为导致华尔街在权力真空中发展，它仅有的领导机构和监管机制只在其内部产生。在此后的年代里，华尔街将建立自己的规则，设计自己的运作程序。这使得华尔街作为一个金融市场，比世界上其他任何市场都更为自由。但是一个缺乏监管的自由市场在本质上是不稳定的，在压力面前它很容易崩溃。

* * *

事实上，那些在投机最狂热时已经宣布成立的银行，比如纽约州百万银行，从未开张过。即使没有后来的金融恐慌，它们中能开张几家也是个未知数。在18世纪末期，一个公司要公开发行股票，必须

---

[1] 1987年10月19日"黑色星期一"，道琼斯指数暴跌22.6%，继而引发全球性股灾。与1929年不同，美国政府及美联储于次日对市场进行了救助。——译者注

要有公司执照，而这只能由州议会批准。

公司的概念是文艺复兴时期的发明，它对资本主义体系乃至现代社会的发展都至关重要。在公司制出现以前，一个人如果要投资，不管是以个人投资还是合伙的形式，他所有的个人财产都被置于风险之下。在现代公司制度下，一个公司至少在法律意义上是一个"人"（即法人）。公司可以被起诉，可以拥有财产，可以破产，甚至可以被指控刑事犯罪（尽管在现实中很难将一个公司关进监狱）。当然，公司也可以被征税。但是，公司的股东并不是公司本身，他们要对自己的行为负责，但不必对他们持股的公司的行为负责。同样，股东们所面临的风险损失也不会超过他们投在公司里的钱。

请注意，正是"有限责任"这一关键因素，使得公司制在现代经济社会的发展中获得了不可或缺的地位，投资者们得以集中资源以谋取利益，又不必将个人置于破产险境。

虽然任何人都可以成立合伙企业，但只有政府才能批准设立法人。在英国，这是王室的特权。在整个殖民时代，英国王室只在美洲殖民地批准设立了7家公司。独立战争之后，王室批设公司的权力移交给了它的继任者——各个州议会。就像所有的立法程序一样，相比其他（包括经济）因素，政治因素在公司的批设过程中起到了更为重要的作用。

有限责任制

有限公司制起源于19世纪的英国，1892年德国通过的《有限责任公司法》以及随后法国、日本等国家颁行的《有限公司法》，标志着公司法人制度的发展完善。出资者以所投入的资金为限，承担对外所负的经济责任。倘若有限公司被债权人清盘，债权人不可以从股东个人财产中索偿。美国著名法学家尼古拉斯·默里·巴特勒曾高度评价有限责任制是"现代社会最伟大的发明，就连蒸汽机和电都无法与之媲美，假若没有有限责任公司，蒸汽机和电的重要性也会相应大大降低。"（译者根据相关资料整理）

– 第二章 –
"区分好人与恶棍的界线"（1789—1807年）

今天的人们已很难想象，在19世纪中叶以前，美国的商业和政治是如何紧密相连、互相渗透的。当时，大部分的政府职位实际上具有兼职性质，公职人员在公务之外可以自由经营个人事业，也没有人觉得利用公职谋求私利有什么道德问题。一些人，如汉密尔顿和华盛顿，即使按现在的标准衡量也无可诟病，但与他们同时代的大多数人却并非如此。直到19世纪30年代，丹尼尔·韦伯斯特[①]还可先以律师身份给他的客户寄去一张500美元的账单，然后再以参议员的身份在一项立法中加入有利于这位客户的修正条款。无论是韦伯斯特，还是他的那位客户，或是任何人，都不会认为这在法律上或在道德上有什么不妥。

与此同时，那个时代，纽约的政治几乎和今天的一样复杂。约翰·亚当斯写道："从小到大，我在纽约政坛已经混了60年，但对我来说，政治仍像魔鬼一般难以理解。"结合这两个因素，我们大概就能明白为什么当亚伦·伯尔[②]这个与公私利益纠缠尤为紧密的纽约人想开一家银行时，不得不以自来水公司的名义迂回获得许可。

[①] 丹尼尔·韦伯斯特（Daniel Webster, 1782—1852年），美国政治家。曾任美国新罕布什尔州的众议员（1813—1817年），后任马萨诸塞州的众议员（1823—1827年）和参议员（1827—1836年和1845—1850年）。他曾两度出任国务卿（1841—1843年和1850—1852年）。——译者注

[②] 亚伦·伯尔（Aaron Burr, 1756—1836年），美国政治家。他作为托马斯·杰斐逊的副手而成为美国副总统（1801—1805年）。1804年7月11日，亚历山大·汉密尔顿应约与伯尔决斗并殒命，伯尔也因此无法在纽约立足，卸任副总统后，他的政治生涯戛然而止，后来还遭到好友告密，卷入一起分裂国家的叛国案中，但最终因证据不足无罪释放，得以安享晚年，终年80岁。——译者注

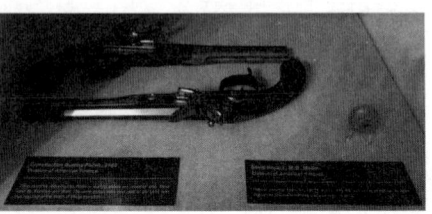

汉密尔顿与亚伦·伯尔在1804年决斗时用的滑膛枪复制品（右图），陈列于美国金融历史博物馆，及位于决斗场的汉密尔顿雕像（左图）。决斗造成汉密尔顿身亡，伯尔以谋杀罪被起诉但获无罪释放，后来还因为分裂国家罪两次被捕。200年后，双方的后人在哈德逊河畔"重演"祖先决斗的场景，一笑泯恩仇。（译者摄于2017年）

在杜尔破产案尘埃落定后，纽约只剩下两家银行继续营业——纽约银行（它并没有被合众国银行收购，相反，它至今仍保持独立）以及合众国银行纽约分行。这两家银行都是由亚历山大·汉密尔顿建立的，汉密尔顿厌恶投机高手伯尔，最终却死在了他的手里。虽然汉密尔顿并没持有两家银行的任何股份，但他依然深深地影响着这两家银行的运作，即使他在1795年卸任财政部部长后也是如此。作为纽约联邦党人的领袖，他能确保当地的杰斐逊主义派商人们难以获得贷款和其他的银行服务。

亚伦·伯尔，纽约州民主共和党的领导成员（民主共和党党员是杰斐逊主义者的新称号），决定打破这种局面。如果能够建立一家他能控制，或至少能施加重要影响的银行，将大大加强他和他政治同盟者的地位。这样一家银行还可以通过向那些动摇的联邦党人许诺提供金融援助，来引诱他们加入民主共和党阵营（当然，我们有理由推测，一向花天酒地的伯尔此时也正在考虑借此机会缓解自己混乱的财

— 第二章 —
"区分好人与恶棍的界线"（1789—1807 年）

务困境），问题的关键在于怎样从联邦党人控制的州政府那里拿到开办银行的营业执照或"准生证"。

伯尔当然知道，哪怕一点点他要开办一家银行的风声泄露出去，都会引起奥尔巴尼①立法者们的深深猜疑。作为美国历史上最聪明的政治家之一（他最终聪明反被聪明误，没有得到好下场），伯尔想出了一个绝妙的鬼点子，他名义上是为纽约居民提供急需的饮用水而开办一家自来水公司，但实际上，他将允许这家公司开办银行的授权条款巧妙地隐藏在了公司章程的小字里。

> 伯尔想出了一个绝妙的鬼点子，他名义上是为纽约居民提供急需的饮用水而开办一家自来水公司，但实际上，他将允许这家公司开办银行的授权条款巧妙地隐藏在了公司章程的小字里。

在世界上所有的大城市当中，只有纽约和香港四面被海水包围。在最早的时候，纽约的居民从井里打水，有些井是私人挖的，有些是政府挖的。但是到了 18 世纪末期，这些井被废弃物和日益增多的城市废水所污染。富人能够买得起水贩们从城外运进来的饮用水，但是其他人只好听天由命了。伤寒和霍乱等流行病越来越肆虐，而这些疾病和饮用水污染的关系直到 19 世纪中叶之后才被人们搞清楚。

纽约市的政府官员意识到，如果不能有效地解决水的问题，纽约的进一步发展将受到严重制约。1796 年，约瑟夫·布朗医生建议市政委员会向州议会申请建立一家私立自来水公司。布朗恰好是伯尔的妹夫，他这么做很可能是为了帮助伯尔。市政委员会采纳了布朗医生的想法，但向州议会建议授权纽约市政府建立并运营饮用水供给系统，

---

① 奥尔巴尼（Albany），纽约州政府和立法机构所在地，在纽约州的北部。——译者注

而不是成立一家私立公司，这当然不是伯尔希望看到的。

但是，伯尔巧舌如簧，他很快说服两个党派的5个主要领导人和他组成了一个委员会，负责向纽约市政府说明由私立公司而非政府来承揽这个项目的诸多好处。在这个委员会的名单里赫然可见汉密尔顿本人的名字，他甚至亲自为该委员会撰写正式的备忘录来说明私立公司的优势。

汉密尔顿当然清楚地知道纽约急需干净的水，但他可能完全没有意识到伯尔背后真正的阴谋。汉密尔顿一如既往，自始至终没有谋求过一点儿私利，但是，在这个过程中，很多联邦党人却钻了进来，而且，另一位妹夫——这回是汉密尔顿的妹夫，他将成为这家新公司的一名董事。

在确保能够得到纽约市政府的批准之后，伯尔立刻赶到奥尔巴尼，主持州议会委员会对该公司章程的起草。"为了向纽约城供应干净、卫生的水"，伯尔等到休会前的最后一刻才把他的议案提交上去，并在公司章程里悄悄地塞进了这样一个条款，"该公司的以下做法将被认定为合法，即该公司可以动用任何盈余资金购买公众股票或其他股票，或从事任何其他资金交易或业务经营……只要是为了该公司本身的利益"。将这段话从晦涩的法律术语中翻译过来，就意味着，这个新公司在建立一个供水体系的同时，实际上可以从事任何它想经营的业务，当然，也包括开办一家银行。

将这段话从晦涩的法律术语中翻译过来，就意味着，这个新公司在建立一个供水体系的同时，实际上可以从事任何它想经营的业务，当然，也包括开办一家银行。

联邦政府的立法委员们此时正急不可耐地等着休会，似乎根本没有人注意到这个条款。只有一位法案修订委员会（按照最初的州《宪法》，这个委员会具有否决权）的委员表示反对。其他人可能有充分

– 第二章 –
"区分好人与恶棍的界线"（1789—1807 年）

的理由保持沉默，例如，纽约州首席大法官罗伯特·R. 利文斯顿①就是其中一位，他持有可以购买这家新公司 2 000 股股票的期权。甚至联邦党州长约翰·杰也没有公开表示反对，他于 1799 年 4 月 7 日在该议案上签字，使其正式生效。

仅仅 5 个月后，这家公司就开设了一家银行，而供水业务系统连一根水管都还没铺设。汉密尔顿很快对自己在这样一家公司的成立过程中所起的作用感到后悔，他形容它说："从公司的设立原则上来看，这既是一个彻头彻尾的怪物，又是一个可以用来谋取利益和施加影响的方便工具。"

伯尔发现它的确非常方便。3 年后，当他辞去公司董事就任美国副总统时，他欠这家银行超过 64 903.63 美元，以当时的标准来看，这是一笔巨款。

最终，该公司经过百般折腾，还是建了一个简陋的供水系统，通过大约 25 英里（约 40 公里）的木制管道为城里近千户居民供水。这些里里外外被涂上厚厚焦油的管道，在今天纽约城的施工中还常常被挖掘出来。但这个系统供应的水从来就没有真正"纯净和卫生"过。当然，这个公司也从来没有把心思真正放在水务上，一旦有机会，它就马上抛弃了这项业务。在 19 世纪 40 年代，当市政新开凿的水渠把纽约上州②克罗顿河的河水引入纽约时，纽约才第一次拥有了可靠、清洁的供水系统。

而这家银行直到今天，都一直是纽约金融界的主要玩家。它现在

---

① 罗伯特·R. 利文斯顿（Robert R. Livingston, 1746—1813 年），美国独立革命领导人及外交家，曾任职于大陆会议并任驻法外交使节。他帮助起草了《独立宣言》，主持了乔治·华盛顿的总统就职宣誓，并与詹姆斯·麦迪逊共同购买了路易斯安那（1803 年）。——译者注
② 纽约上州（Upstate New York），通常指纽约州北部，也泛指纽约州中纽约市以北的地区。——译者注

61

而这家银行直到今天,都一直是纽约金融界的主要玩家。它现在的名字是大通曼哈顿银行,全美最大的银行。

的名字是大通曼哈顿银行(Chase Manhattan)[1],全美最大的银行。

如果不是因为后来的发展,批设公司的权力很可能会永远为各州的州议会所把持,毫无疑问,这将带来各种不利的影响。到了18世纪末期,开办公司的申请数目迅速增加。在18世纪90年代的最后4年中,美国共成立了335家公司,大部分公司主要从事公共工程建设,如修建运河和高速公路。进入19世纪,公司设立的步伐只会进一步加快。在1800—1860年,仅宾夕法尼亚州就有2 000多家新公司成立。

在这种情况下,各州不得不通过《普通公司法》(General Incorporation Laws),规定了在哪些特定的情形和规则下,公司不需要通过什么特别的法令就可以成立。纽约州在1811年率先通过了《普通公司法》,其他州很快纷纷仿效。

纽约州在1811年率先通过了《普通公司法》,其他州很快纷纷仿效。但各州的立法机构在放弃批设公司的权力的时候并不是心甘情愿的,因此,公司法的发展总是不能满足随后迅猛发展的工业革命所带来的经济社会需求。

最初,各州只允许那些特许批设的公司以有限责任公司的形式成立,而根据《普通公司法》设立的公司,其股东还必须像合伙制中的

---

[1] 大通银行成立于1799年。1955年,大通银行和曼哈顿银行公司合并,并更名为大通曼哈顿银行,总部位于纽约。2000年,它与J.P摩根合并,成为摩根大通银行(JPMorgan Chase Bank),现在它是一家跨国金融服务机构,也是美国最大的银行之一。——译者注

– 第二章 –
"区分好人与恶棍的界线"（1789—1807 年）

合伙人那样承担无限的个人责任。直到 19 世纪中叶，有限责任这一无比重要的制度才开始普及。在 19 世纪下半叶，尽管美国国内经济越来越一体化，但许多工业公司的运营仍经常受到各州狭隘的公司法的制约，例如，许多州的公司法禁止公司在其他州拥有财产。

*　　*　　*

随着美国经济的增长，在纽约、波士顿、费城以及巴尔的摩①等地，资本市场也开始发展起来。经济历史学家们只能追溯计算出 19 世纪 60 年代以后的国内生产总值，当然，年代越早，误差也就越大，但政府税收也可以作为国民经济增长的粗略估算依据。1792 年是有据可查的第一年，当时的联邦政府税收收入是 367 万美元；到 1808 年，收入是 1 706.1 万美元；到 1817 年，是 3 309.9 万美元，在短短 25 年的时间内增长了 9 倍。

由于拥有大银行，费城依然是国家的金融中心。合众国银行在 1811 年被关闭了，因为当时杰斐逊主义者在国会中占据绝对优势，尽管詹姆斯·麦迪逊总统坚持要求续签该银行的许可证，国会依然拒绝批准。费城船业大亨、美国顶级富豪斯蒂芬·吉拉德接管了该银行的资产，并开办了他自己的银行。

继国会拒绝续签合众国银行这一政府的主要财政代理机构和融资机构的许可证之后，美国又向当时唯一有能力与之进行军事抗衡的大英帝国宣战，这一愚蠢行为引发了财政灾难，使得财政部部长不得不向斯蒂芬·吉拉德低声下气地借钱，乞求他认购国债以维持战

---

① 巴尔的摩（Baltimore），马里兰州北部一城市，位于华盛顿特区东北部切萨皮克湾的一个分支处，自 18 世纪以来一直是繁忙的港口。——译者注

争。1816年，学乖了的美国国会终于批准建立了合众国第二银行（the Second Bank of the United States），它拥有注册资本3 500万美元，是当时美国最大的银行，也是唯一能够跨州经营的银行。当然，它的总部也设在了费城。

为1812年战争①而发行的巨额联邦债券推动了经纪业务在美国的发展，美国的国债由1811年的4 500万美元增加到1815年的1.27亿美元。大部分业务仍然集中在费城，因为这里有很多大银行和一家运营良好的证券交易所。②当时，纽约的主要经纪人仍按照粗糙的《梧桐树协议》运营，他们越来越觉得需要建立一个更正式的组织框架。1817年，他们派出一个叫威廉·拉姆的经纪人去费城考察费城证券交易所是如何运作的。当他回来后，纽约主要的经纪人于2月25日在塞缪尔·毕比的办公室聚会，起草了一个跟费城证券交易所章程几乎一模一样的章程。分属7家公司的28名经纪人成为经纪人委员会（Board of Brokers）的首任会员，很快它就被更名为纽约证券交易委员会（New York Stock and Exchange Board）。

章程要求由交易所总裁和秘书来主持每天的拍卖；至少具有一年经纪业务经验的经纪人才有资格成为新的会员，并且要由现有的经纪人来投票决定是否批准其加入；三张反对票就可以将一位候选人拒之门外；除特殊情形以外，委员会要求次日交割证券以防止过度投机；它也禁止"对敲"，也就是两个或更多的经纪人在他们自己之间进行交易，以给人造成价格波动的假象。最后这一条其实是难以被执行的，在之后长达一百多年的时间里，"对敲"将成为华尔街一个普遍的现象。

---

① 这里指美国第二次独立战争（1812—1815年），也称英美战争。美国独立后，英国一直试图夺回殖民地，同时，美国也想夺取英国在北美控制的领土。1812年6月18日，美国对英国宣战。1815年1月，战争结束。——译者注

② 这里指费城证券交易所，其发展早于纽约证券交易所。——译者注

– 第二章 –
"区分好人与恶棍的界线"（1789—1807年）

新的证券交易委员会租下了华尔街40号大楼的第二层，年租金为200美元，包含供暖费，这样纽约终于第一次有了真正的证券交易所。

纽约在1790年成为美国最大的城市以后发展迅猛，而费城仍然在努力守住阵地。当时，纽约拥有137 700名居民，而费城的人口数为112 000。而1817年开始的另一项工程，伊利运河（Erie Canal）将使纽约不仅成为美国最大的城市，还将成为唯一的大都市。直到今天，伊利运河仍是美国历史上影响最为深远的公共工程。

同一时代的西方和东方

西方	年份	东方
美国第一任财政部部长汉密尔顿开始进行财政金融改革，他向国会提交了关于国债、征税、建立银行的三个法案。为了让法案顺利通过，汉密尔顿做出重大让步，放弃将纽约作为首都的要求	1790	
费城交易所成立	1790	
杜尔操纵了北美第一次股市投机案	1791	
美国中央银行——合众国银行在费城成立；美国国债在伦敦和阿姆斯特丹两地上市；合众国银行股票发行（美国第一次股票公开发行）引发了证券投机风潮	1791	
美国国会通过《造币法》，在费城建造了一家造币厂。当时，费城政治、经济与社会的重要性超过纽约与波士顿	1792	
防止场外交易的《梧桐树协议》签订，这通常被认为是华尔街起步的标志	1792	乾隆五十七年，中国的GDP占全球的1/3左右

（续表）

西方	年份	东方
股市投机泡沫破灭，汉密尔顿要求财政部入市干预，成功阻止了金融恐慌，稳定了市场	1792—1793	1792年，英国马戛尔尼以贺乾隆八十大寿为名出使中国，这是西欧国家政府首次向中国派出正式使节，1793年抵达中国后提出开放口岸、降低关税等要求，但无功而返
欧洲市场给予美国国债最高信用评级，欧洲资金开始不断流入美国，帮助美国实现经济的快速增长和数十年的财政盈余	1794	
	1796	湖北、四川、陕西等地爆发白莲教起义
拿破仑发动"雾月政变"，发动兵变，掌握军政大权，开始长达15年的独裁统治	1799	乾隆驾崩，嘉庆亲政并诛杀权臣和珅。面对乾隆末年危机四伏的政局，嘉庆帝打出"咸与维新"的旗号，但成效甚微
法兰西银行在巴黎成立	1800	输入中国的鸦片已达2 000箱
美国从法国人拿破仑手中廉价购买路易斯安那，美国领土面积增加一倍	1803	
法国民法典正式颁布，它是第一部资本主义国家的和以资本主义经济制度为基础的民法典	1804	白莲教起义失败，这是清代中期规模最大的一次农民起义

第三章
"舔食全美商业和金融蛋糕上奶油的舌头"
（1808—1836年）

- 译者题注 -

19世纪早期，伊利运河修建成功。这条连接美国东西部的物运和交通枢纽使得纽约一举成为美国的经济中心，吸纳和汇聚越来越多的全美乃至全球的经济金融资源。美国的其他地区倍感威胁，对纽约敌意顿生，它们把纽约称为"舔食全美商业和金融蛋糕上奶油的舌头"……

- 译者导读 -

- 在19世纪初期美国西部开发的大潮中,交通运输是最大的瓶颈。修建运河提供了最初的解决方案。1825年,伊利运河历时8年修建成功,于是,美国西部丰富的物产可以通过五大湖和伊利运河沿水路源源不断地运送到纽约,成本只有原先的1/20,耗时为原先的1/3。这不仅造就了美国经济的巨大繁荣,也使纽约成为美国最大的经济中心。而修建运河所显现的巨大经济效益,也直接引发了人们对运河股票的狂热追捧,并启动了华尔街历史上的第一轮大牛市。

- 在这轮牛市中,出现了现代华尔街投机者的原型。他的名字叫利特尔,与杜尔不同的是,他是个独立的经纪人,没有任何政府关系,因此也无从获取内幕信息。他主要借助市场的短期波动来投机获利,并靠成功囤积莫里斯运河的股票而一举扬名华尔街。像利特尔这样的人物从在华尔街登场起,就再也没有离开过。他们有过一夜暴富的辉煌,也会经历倾家荡产的劫难,不断在天堂和地狱之间轮回。他们沉溺其中,和这个市场如影随形,成为华尔街不可分割的一部分,就像投机是股票市场不可分割的一部分一样。

- 华尔街第一次大牛市的来临还源于当时杰克逊总统的金融政策。一向厌恶欠债的杰克逊总统决心偿还所有国债,这一政策使得市场上的证券数量锐减,价格飙升——伴随而来的是不可避免的投机狂热,与之相伴的还有当时在美国西部开发中愈演愈烈的土地投机。憎恶这些投机活动的杰克逊总统决心彻底根绝投机活动，他强制推行《铸币流通令》，关闭合众国第二银行，这些政策成功地抑制了投机，同时也终结了美国历史上第一轮大牛市，将美国经济带入了萧条之中，并使得华尔街从第一轮大牛市直接进入了第一次大熊市。华尔街从此踏上了"狂热—恐慌—修正—狂热……"的成长之路，循环往复。

- 这次牛市终结和经济萧条沉重打击了纽约和华尔街，然而负债累累的费城——这座纽约在成为美国金融中心征程上的最有力的竞争者，遭受了更加沉重的打击，从此失去了与纽约争雄的机会。

- 在纽约金融中心的地位不断巩固的过程中，美国早期的中央银行经历了建立—废除—再建立—再废除的曲折历程。新政府成立不久，财政部部长汉密尔顿强烈建议国会成立类似于英格兰银行的私有中央银行。1791年2月，美国第一家央行——合众国第一银行成立，有效期为20年。1811年，美国第4任总统詹姆斯·麦迪逊上台执政的第二年，就毫无悬念地解除了合众国第一银行作为中央银行的经营权。因为当年他曾阻止央行成立，并与汉密尔顿因此绝交。

- 1812年，美英战争爆发，美国财政陷入危机。由于缺乏央行筹集战争资金，美国陷入了战争的窘境。尝到苦头的麦迪逊总统深深认识到，一个强硬的中央政府，需要有中央银行作为其坚强后盾。在此背景下，美国第二家央行——合众国第二银行于1816年成立。1823年被金融天才尼古拉斯·比德尔接手后，很快成为当时美国独一无二的"大腕儿"银行。遗憾的是，合众国第二银行遇到了总统安德鲁·杰克逊的反对——1832年，杰克逊动用总统否决权，解除了与合众国第二银行的续约。次年，他把政府存款从第二银行全部取走，转存在各州银行。第二银行失宠，1841年宣布倒闭。此后，银行回到了分散状态。70年间，美国再也没有任何形式的中央银行。如今在杰克逊的墓碑上，人们只能看到一句话："我杀死了银行！"[①]

[①] 这里特指合众国第二银行。——译者注

第三章
"舔食全美商业和金融蛋糕上奶油的舌头"（1808—1836 年）

无论怎么形容 19 世纪以前在美国大陆长途货运的困难及其对经济发展的制约都不为过。当时的道路很少，而且已有道路的路况也很糟糕，陆路运输货物的唯一工具就是马或牛拉的大车。在这种情况下，在美洲这块殖民地上，大多数长途货物运输都是通过河流完成的。但不幸的是，在东部海岸的河流上只有很短的距离适合大船航行。

美国独立后，这个矛盾变得更为尖锐。新生的合众国的大多数居民都住在阿巴拉契亚山脉①的东部，而它大部分国土却在山脉以西。②随着英国人限制西部居住的法令③被废除，以及大量土地被赠予独立战争中的老兵，独立战争刚一结束，就有越来越多的人开始跨越阿巴拉契亚山脉向西迁移。

高昂的运输成本使得西部的农产品翻山越岭到达东部市场变得极不现实。因此，中西部的农场主们实际上只有两种选择：要么本地消费自己生产的农产品，要么通过以下两条途径将产品运到东部市场。第一条经五大湖区、圣劳伦斯河④以及蒙特利尔⑤到达东部，但这条路

---

① 阿巴拉契亚山脉（Appalachian Mountains），位于美国东部，北起纽芬兰岛，南抵亚拉巴马州，长约 2 600 公里，海拔 1 000~1 500 米。——译者注
② 美国早期只有 13 块殖民地，大都在阿巴拉契亚山脉的东部，后随着国土面积的扩大，大部分国土都位于阿巴拉契亚山脉以西了，但是东部沿海地区仍然是人口最稠密的地区。——译者注
③ 1763 年 10 月 7 日，英国打败法国，赢得七年战争，发布了《1763 年皇家宣言》。该宣言实质上禁止了美洲殖民在阿巴拉契亚山脉以西的地方购买土地或定居，但当时已经有相当数量的殖民者在这些地方拥有土地，所以此宣言的发布令这些人相当不满，这是导致美国独立战争爆发的原因之一。——译者注
④ 圣劳伦斯河（St. Lawrence River），北美洲东部的大河。它的一段是美国和加拿大的界河，并流经蒙特利尔。——译者注
⑤ 蒙特利尔（Montreal），现在加拿大境内，时为法国人所控制。——译者注

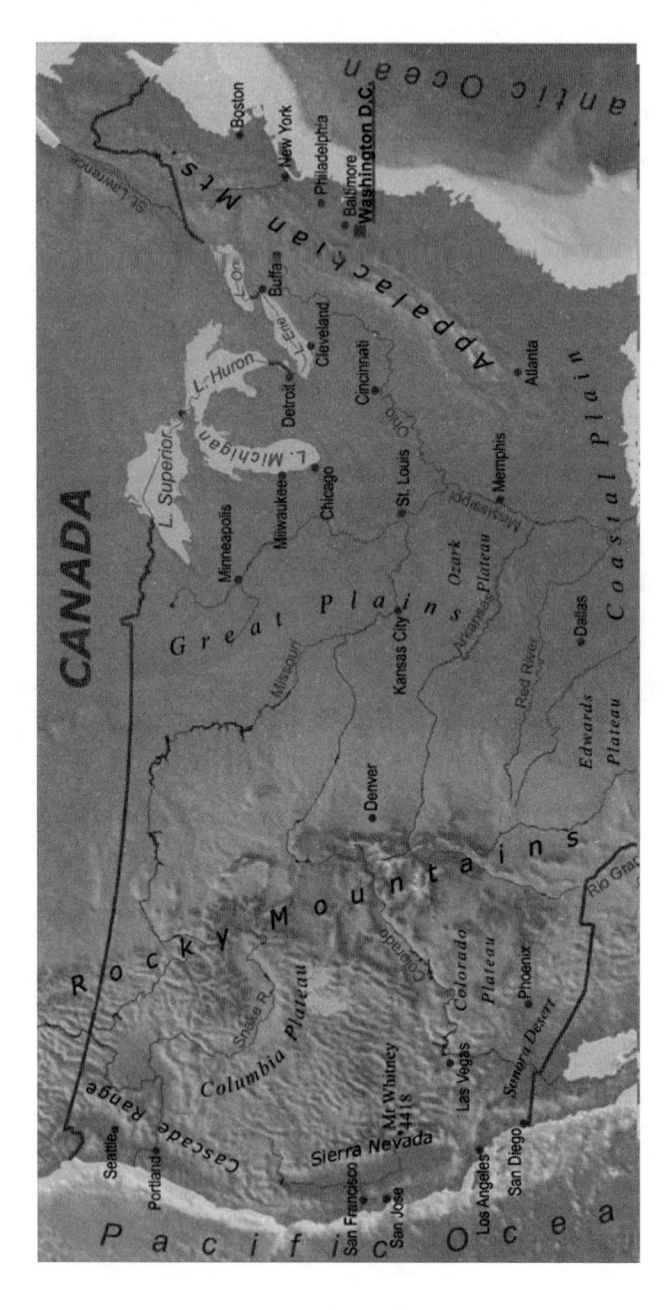

北美大陆东部的阿巴拉契亚山脉和西部的洛基山脉都是南北走向的，它们把美国本土分成了东海岸、中部大平原和西海岸三部分。美国早期建设铁路和运河都是为了打破地理障碍，促进全国性市场的形成和商品自由流通。（译者根据公开资料整理）

— 第三章 —
"舔食全美商业和金融蛋糕上奶油的舌头"（1808—1836年）

在途中需要通过水陆联运绕过尼亚加拉大瀑布。同时，这条水路在冬天是无法通航的，而且必须穿过当时被英国控制的殖民地。另一条经密西西比河和新奥尔良，穿过当时被西班牙控制的殖民地①抵达东部。18世纪90年代，如何将西部农产品运输到东部海岸是美国这个新生国家的领导人最关心的问题之一。华盛顿本人曾评价说，美国中西部居民的忠诚"悬于一线"，因为他们的经济利益更多地受制于新奥尔良和蒙特利尔，而不是东海岸。②

杰斐逊买下路易斯安那州③，解除了外国势力通过封锁密西西比河而对美国经济造成的潜在威胁，但这并没有扫除运输上的障碍。最终一个叫作德·威特·克林顿的纽约人解决了这个难题。克林顿在解决这一问题的同时，不仅帮助巩固了联邦政府的地位和它对西部领土的控制，更在无意中促使华尔街成为美国最重要的金融中心。

克林顿1769年出生在纽约一个显赫的政治世家，他的叔叔乔

---

① 1800年，法国从西班牙取得了路易斯安那的主权（路易斯安那自1762年起即成为西班牙殖民地）。——译者注
② 指英国和西班牙而非美国控制着西部向东部的运输线，从而对西部居民的忠诚度有巨大的影响力。——译者注
③ 在杰斐逊任职期间，他派人赴法国谈判，以期购买新奥尔良和西佛罗里达。当时，拿破仑急需战争经费，便答应了条件，出售从密西西比河到洛基山脉的一大片土地。这宗地产交易，经过讨价还价，最终以大约每英亩（1英亩≈40.47公亩）3美分的价格成交。路易斯安那购地所涉土地面积是今日美国国土的22.3%，与当时美国原有国土面积大致相当，使当时的美国版图扩大了近一倍 。——译者注

治·克林顿①曾是纽约州州长和美国副总统。克林顿身材魁梧，长相威严，天赋极高，年仅17岁就从哥伦比亚大学毕业，在毕业典礼上，他用拉丁语进行了毕业演讲。他很快就入选州参议院，并在1802年被任命为美国参议员。但是，第二年他就从参议院辞职，担任纽约市市长。当时纽约市市长的任期是一年，他在接下来的12年里多次连任成功。在纽约市市长任内，除了主持日常的市政管理，他还花费大量的时间关注州内民生大计，这其中就包括交通运输问题。

克林顿敏锐地看到纽约州两大得天独厚的地理条件所包含的巨大机遇。首先是纽约州境内的哈德逊河。从理论上来讲，哈德逊河流域大部分根本算不上河流，它实际上是入海口，在纽约州北边的奥尔巴尼甚至还可以看到巨大的潮汐。哈德逊河使得航海的船只可以直接驶进纽约州腹地。第二是它毗邻阿巴拉契亚山脉，这条山脉起于缅因州止于亚拉巴马州，在奥尔巴尼附近有一个缺口，莫霍克河（Mohawk River）在此从西面汇入哈德逊河。在奥尔巴尼和伊利湖之间，陆地的海拔低于600英尺（约183米），因此，修建一条运河，以较低的成本实现内陆长途货物运输是切实可行的。

克林顿下定决心要建造这样一条运河——也就是后来的伊利运河。在当时，这个设想是极其大胆的。从规模上来讲，伊利运河是南北战争之前美国最大的土建工程。1811年，当克林顿提出要修建这样一条运河的方案时，联邦政府拒绝提供任何帮助，因此纽约州只能以自己一己之力承担。

工程从一开始就遇到了很大的政治阻力。很自然地，在运河规划

---

① 乔治·克林顿（1739—1812年），美国独立战争的主要领导人之一，美国副总统（1805—1812年），忠实的杰斐逊的支持者。1811年，乔治·克林顿在参议院中投票反对恢复合众国第一银行的特许状，从而打破了赞成和反对票相同所形成的僵局。——译者注

— 第三章 —
"舔食全美商业和金融蛋糕上奶油的舌头"（1808—1836 年）

区内的居民都支持这项工程，对这些地区来说，无论这条运河从长远来看能否赢利，修建工程本身都蕴含着巨大的经济利益。但是纽约州大部分的居民都居住在纽约州的南部和纽约城，他们中许多人都短视地认为这个项目仅仅是纽约州北部

穿越山丘的伊利运河。伊利运河经由哈德逊河，在奥尔巴尼将五大湖与纽约连为一体，大大降低了美国东海岸与西部内陆间的运输成本（面粉等西部农产品的运输成本相当于原来的 1/20，所需时间约为原来的 1/3）。（译者根据公开资料整理）

一个无关紧要的装饰品，对他们毫无益处可言。于是他们激烈抵制，顽强抗争。但是，克林顿是个手腕老练的政治家，他最终设法促使州立法机构通过了提案。1817 年，就在他首次当选为纽约州州长的那一年，伊利运河工程动工了。

1817 年 7 月 4 日，克林顿为伊利运河举行了破土奠基仪式。当时很多人认为，这条运河即使能够建成，也将耗时几十年，但就像 150 年之后肯尼迪总统宣称将把人类送上月球一样，克林顿宣称"我们将在 10 年内看到，伊利湖的水流进哈德逊河。"同样也如"阿波罗"登月计划那样，在真正实现之前，这听起来有点儿不可思议。

伊利运河全长 584 公里，从伊利湖到哈德逊河要经过 83 道水闸，落差为 170 米。河道有 12 米宽，1.2 米深，全部由人工挖掘而成。当时联邦政府一年的财政支出还不到 2 200 万美元，而州立法机构为修建这条运河授权的借款就高达 700 万美元。

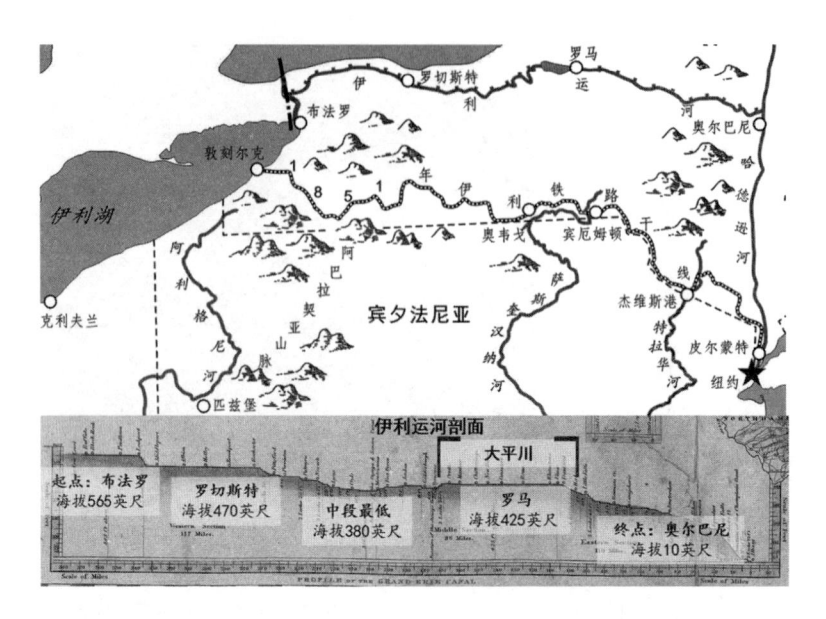

伊利运河的线路（上部）及沿线海拔高度（下部）。南北走向的阿巴拉契亚山脉在奥尔巴尼附近有一个缺口，莫霍克河在此从西面汇入哈德逊河。伊利湖的布法罗（水牛城）较奥尔巴尼高出约 560 英尺（约 170 米），存在高度差的地方可以设立多级船闸，因此修建一条运河是可行的。（译者根据公开资料整理）

为让运河工程尽快实现部分通航，克林顿将工作重点首先集中在"大平川"（long level），这一段位于锡拉丘兹（Syracuse，即雪城）和赫基默（Herkimer）之间，长 111 公里，不需要修建任何水闸。这一段运河在一年内就建好了，为该项工程赢得了坚定的政治支持。到 1821 年，354 公里长的运河河段已经建成并投入使用，但最艰难的部分还没有开始——必须挖两条水渠连接杰尼西河（Genesee River）和莫霍克河，它们分别长 244 米和 362 米，而且其间还需要修建多个水闸。

由于受到不能直接受益于伊利运河的选区的反对，克林顿几乎失去了州长职位。但在 1825 年，也就是比克林顿原定的截止日期提前两年时，运河终于修建成功。10 月 26 日，克林顿州长乘坐一艘由 4

— 第三章 —
"舔食全美商业和金融蛋糕上奶油的舌头"（1808—1836 年）

匹灰马拉动的装饰豪华的大驳船从布法罗①出发。随船装载了两桶伊利湖的湖水。在从运河到哈德逊河沿岸 800 公里的地区内，纽约州举行了为期两周的庆祝活动，以庆祝这条运河的诞生。就像一位演讲家所说的："这是全美最长的运河，开凿者以最少的经验、最短的时间和最低的成本实现了最大的公共利益。"

第一批货物通过伊利运河运抵纽约。（译者根据公开资料整理）

11 月 7 日，克林顿带领一支由小船、驳船和大船组成的满载欢庆队伍的船队，前往桑迪胡克②举行一场"汇水仪式"。克林顿亲自将伊利湖的水倾注汇集了来自莱茵河、刚果河、尼罗河以及世界上其他 12 条大河之水的大西洋之中。这个典型纽约风格的仪式预示了纽约作为世界商业中心的辉煌前景，正如另一位演讲家所说的："密西西比河

---
① 布法罗（Buffalo），也译作水牛城，美国纽约州西部城市，临近尼亚加拉大瀑布，为美国和加拿大边境城市。——译者注
② 桑迪胡克（Sandy Hook），美国新泽西州东部下纽约湾入口外一低半岛，该半岛将桑迪胡克湾与大西洋分隔开来，最早于 1609 年被发现。——译者注

谷的财宝……将通过已经建成或在建中的渠道,源源不断地汇入(纽约)这个商业中心。"

伊利运河刚刚正式开通,就取得了巨大的商业成功。仅1825年就有大约13 110艘船穿行于布法罗和奥尔巴尼之间,缴纳的通行费高达50万美元,足以支付纽约州为修建运河所借的债务了。这一年,有4万人经过尤蒂卡①小镇,而且旅客流量持续增加。一个早期的目击者写道:"站在运河无数大桥上的任何一个地方,你都会看到令人无法忘怀的景象,在运河上下两个方向目力所及的范围内,都可以看到长长的船队。到了夜晚,船头闪烁的灯光,就像一大群萤火虫在飞舞。"

坐船的许多乘客是想要离开新英格兰那些非常贫困的小山区的居民,他们准备到俄亥俄州或更西的地方寻找更好的落脚地,而纽约则是运河上绝大多数货船的始发地、中途站或目的地。中西部的农产品产量猛增,以前这些农产品被迫绕道密西西比河进行长途运输,现在可以通过克林顿修建的运河迅速运往东海岸。在运河开通前,在布法罗,一吨面粉的价格是40美元,将它运到纽约需要花三周的时间,运输成本是120美元,所以当面粉到达纽约的时候,价格相当于原来的4倍。可是运河开通之后,运送同样一吨面粉只需要8天的时间,而且运输成本只需6美元,也就是说,伊利运河建成后,运输面粉等西部农产品的成本相当于原来的1/20,所需时间约为原来的1/3。对于其他的商品来说,也是一样。

伊利运河建成后,运输面粉等西部农产品的成本相当于原来的1/20,所需时间约为原来的1/3。对于其他的商品来说,也是一样。

---

① 尤蒂卡(Utica),纽约州中部城市,在1825年伊利运河开航之后发展成为工业中心。——译者注

― 第三章 ―
"舔食全美商业和金融蛋糕上奶油的舌头"（1808—1836年）

事实上，短短几年后，正如波士顿诗人兼医生奥利弗·温德尔·霍姆斯①（他的儿子小奥利弗·温德尔·霍姆斯②曾任美国最高法院法官）所抱怨的，纽约已经成为"舔食全美商业和金融蛋糕上奶油的舌头"。

伊利运河建成后，带来的一个直接影响就是纽约市的人口开始爆炸式增长。1820年的纽约人口数为123 700，费城人口数接近112 000；到1860年，这两个数字就变成了1 080 330和565 529。同样令人吃惊的是纽约作为一个港口城市的迅猛发展：1800年，美国的外来商品大约只有9%通过纽约港进入美国，到1860年，这个比例已经跃升到62%。

纽约很快成了世界上有史以来最大的新兴城市，城区和未开发地区的界线在曼哈顿岛上以每年两个街区的速度向北推移。由于曼哈顿岛宽约2英里，这就意味着纽约每年要增加大约10英里的新街道。这些街道上经常堆积着大量建筑材料，阻碍了城市交通，导致纽约很快获得了"交通混乱"的恶名，从那个时代起直到现在，这一恶名始终同纽约如影相随。

纽约商业的繁华和人口的膨胀很自然地促成了经纪人业务的繁荣。但在19世纪20年代，这些"经纪人"仍然是一般意义上的"经纪人"（相对于专业化的证券经纪人而言），他们代理的品种范围包括证券、棉花和保险等。可是，伊利运河的修建在当时的美国引发了对运河概念证券的狂热，迅速增加了华尔街以及波士顿和费城等其他主

---

① 奥利弗·温德尔·霍姆斯（Oliver Wendell Holmes, 1809—1894年），美国医生和作家，哈佛大学解剖学及生理学教授（1847—1882年）。——译者注
② 小奥利弗·温德尔·霍姆斯（Oliver Wendell Jr. 1841—1935年），美国法官，曾任美国最高法院法官（1902—1932年），他的许多观点影响了美国法的概念。——译者注

莫里斯运河（上图）和俄亥俄运河的股票（下图），陈列于美国金融历史博物馆。（译者摄于2017年）

要资本市场的交易量。这些增加的交易量不少来自欧洲，因为欧洲资本也想从迅速发展的美国经济中寻找获利的机会。

那时，许多美国的运河公司实际上被伦敦的银行所控制，如巴林兄弟银行，其在纽约的代理人是精明的托马斯·沃德。到1823年年底，巴林兄弟银行所拥有的各种运河股票价值总和不低于24万美元，1824年又增加了8.2万美元。当时，英国人在美国市场的实力和影响不容小觑，并长达几十年之久，正如1833年一位美国国会议员开玩笑说："美国金融市场的晴雨表悬挂在伦敦交易所"。今天，情况刚好相反，世界所有金融市场的晴雨表都挂在美国的华尔街上。

由于对美国运河概念的狂热，运河证券的首次发行常常获得超额认购。为修建罗得岛州①普罗维登斯的布莱克斯通运河而发行的股票，

---

① 罗得岛州（Rhode Island），位于大西洋畔的美国东北部。它在1790年被接纳为最初的13个殖民地之一，在美国独立战争后开始工业化。——译者注

– 第三章 –
"舔食全美商业和金融蛋糕上奶油的舌头"（1808—1836 年）

受到超过首发规模 3 倍的认购。新泽西的莫里斯运河的股票后来成为华尔街很多投机活动的对象，在首发时也获得多倍的超额认购。这些运河即使最终付诸实施并成功建造，获得的回报也远没有信心十足的招股说明书上所宣称的那么高，有些是因为经营不善，有些完全就是欺诈。而其余的，由于遇到了原先没有预料到的附加成本而变得无法赢利。切萨皮克①和俄亥俄运河公司原计划建造一个伊利运河的南方版本，由于修建运河的过程中遇到无数工程上的难题，结果该项目变成了一个无底洞。到 1827 年，该工程的最终费用估算为 2 200 万美元，是伊利运河成本的 3 倍以上。因此，该项工程一直没有竣工。

在随后的工业革命进程中，随着新的商业机会不断涌现，我们会看到这种现象在华尔街不断地重复上演。对未来的瑰丽幻想引发人们盲目地投资于各种新生行业的证券，由此推动股价飞涨。而当公司正式开张进入运营阶段，面对现实的困境时，股价就崩溃了。在 19 世纪 40 年代和 50 年代铁路业开始兴起时，历史亦惊人地相似。同样，到了 20 世纪 20 年代，投资者狂热买入航空公司的股票，而大多数航空公司最终连一条航线也没有开通过。当时投资者急迫地想从航空业的美好前景中分一杯羹，他们疯狂抢购一家名叫海岸航空公司（Seaboard Air Lines）的股票，而这家公司实际上是一家铁路公司，与航空业毫不相关。20 世纪 60 年

---

① 切萨皮克（Chesapeake），美国弗尼吉亚州东南部城市。——译者注

1830年的商人交易所。纽约证券交易委员会租用了商人交易所楼上的一个房间。大楼的圆屋顶上面就是"旗语线"的第一站,通过旗语,纽约股市的开盘价格在大约半小时内可以传到费城。这种通信方式最终被电报所替代。信息的快速传递和对周边区域的覆盖客观上帮助纽约在金融中心的竞争中脱颖而出。

代,投资者蜂拥购买连锁公司股票,试图从麦当劳和肯德基所开发的连锁店市场中获利,而事实上,此类公司在股票首次发行之后,没有几家能够成功。

市场对新证券的需求不断增加,其中既有新公司发行的股票,也有州政府发行的债券,而此时,有关公司和证券的法律尚在襁褓之中。每一个经纪人,无论是经验老到的骗子还是初出茅庐的新手,都能很容易地将那些价值很令人怀疑的股票卖出去。此时(19世纪20年代),马里兰州和宾夕法尼亚州的资本市场和华尔街在规模和活跃程度上都相差无几,这两个市场允许公司甚至是州政府通过不断贷新款和发行新股票来筹集资金,以支付利息和股息。而纽约州的法律禁止这种类似庞氏骗局[①]的融资方式,这对于未来华尔街能够最终在各个资本市场的竞争中胜出并占据统治地位具有不可低估的影响。到1837年,这轮泡沫似的繁荣不可避免地落幕时,这一点就显现出来了。

---

① 庞氏骗局(Ponzi Scheme),指诱骗投资人向虚设的企业注资,用后来投资者的钱作为快速盈利付给最初的投资者,源自查尔斯·庞兹(Charles Ponzi,1882?—1949年)。——译者注

— 第三章 —
"舔食全美商业和金融蛋糕上奶油的舌头"（1808—1836 年）

* * *

在 19 世纪 20 年代末期的牛市行情中，许多经纪人发现他们可以放弃许多其他的经纪业务种类，如保险和彩票，而将精力集中在收益更高的股票和债券上。然而这场转变的重头戏并没有发生在纽约证券交易所（指纽约证券交易委员会租用的交易场地）。1821 年，交易所的理事会开始在宽街 21 号塞缪尔·毕比的办公室里举行会议，毕比是当时最为成功的经纪人之一。直到 1827 年，理事会才撤到华尔街南边威廉大街和汉诺威大街之间的商人交易所（Merchants' Exchange），拥有了自己的总部。

但是，这时候华尔街的大部分交易活动还是在大街上进行的，许多不能成为交易所会员的经纪人在路灯柱下买卖股票，这些交易者被称作路边交易者，或场外交易者。场外的交易量经常超过场内的交易量（至少根据交易的股票数量而不是根据市值来算是这样），这与现在如果按交易股数计算，纳斯达克[①]的交易量经常可以超过纽约证券交易所的交易量一样。很多新证券在交易所上市交易之前，是在承销商的办公室里开始交易的。交易所的日交易量经常不足 100 股，在 1830 年 3 月 16 日，纽约证券交易所的股票交易仅有 31 股，创下了开业以来交易量的最低纪录。

在这轮牛市行情中，另一个现代华尔街经纪人的原型人物出现

---

① 事实上，纳斯达克市场的出现正是源于场外交易，场外交易也被称为纳斯达克的"精神祖先"。——译者注

雅各布·利特尔的画像。他被誉为华尔街第一位伟大的投机者,他通过市场短期波动来获利,而不是长期投资于有发展潜力的企业。(译者根据公开资料调整)

了。此类人物在此之前尚未登场,但在此之后他们就再也没有离开过华尔街,直到今天。

他的名字叫雅各布·利特尔[①],他出生于马萨诸塞州的纽伯里波特[②],是一个造船匠的儿子。利特尔于1817年来到华尔街,这一年在纽约历史上是一个很特殊的年份:伊利运河开始动工了,纽约证券交易所也正式成立了,黑球航线公司(Black Ball Line)开始运营,这是首家横渡北大西洋的客运公司,定期往返于纽约和利物浦之间。在那个时候,定期的客运服务还是一个革命性的概念,但很快就会成为一种标准化服务,纽约也因此成为跨洋旅行最重要的起点站和终点站,它的这一地位一直延续到喷气机时代。

利特尔起初是在雅各布·巴克[③]的综合性经纪公司工作。1822年,利特尔在一个地下办公室成立了自己的经纪公司(在寸土寸金的华尔

---

① 雅各布·利特尔,19世纪早期华尔街著名投资人,股票市场史上最具影响力的投机者之一,人称"华尔街的大熊星"。——译者注
② 纽伯里波特(Newburyport),美国马萨诸塞州东北部城市,位于劳伦斯州东北偏东的梅里马克河口,1635年创建,早期主营造船业,是一个捕鲸港口。现在是个拥有多种轻工业的旅游胜地。——译者注
③ 雅各布·巴克,美国历史上知名金融家、律师。1815年创立纽约交易银行(Exchange Bank of New York),1816年任纽约州议员。曾因涉嫌保险欺诈被起诉,后被无罪释放。曾协助解救被非法扣押的路易斯安那州黑人。——译者注

— 第三章 —
"舔食全美商业和金融蛋糕上奶油的舌头"（1808—1836年）

街，地下办公室很常见）。在被几次投票否决之后，1825年他终于成了纽约证券交易所的会员。

利特尔和上一代的威廉·杜尔非常不同。杜尔的特长是获取政府内幕消息（或者更精确地说，他的特色是让别人觉得他能够获得政府的内幕消息），而且，杜尔在需要时会毫不犹豫地背叛他的合伙人，利用合伙人的钱为自己谋利。按照今天的标准来看，杜尔是个十足的骗子。

但是，利特尔是个独立经纪人，他没有任何政府关系，也没有长期合伙人。他有着超出旁人的市场判断力，尤其是在市场动荡、前景不明时，能准确预判市场走向，并运作自有资金低买高卖。换句话说，雅各布·利特尔是个投机者，他通过市场的短期波动来获利，而不是对有发展潜力的企业进行长期投资。

"投机"一直是一个颇受争议的名词，至少在华尔街以外的地方是这样。投机者经常被看成资本主义市场发展的寄生虫，他们并不创造财富，却能从中谋利。当然，经纪人们很乐于看到人们热衷于投机，因为他们可以借此进行频繁的交易为自己赚取大量佣金。但是，这些投机活动也大大增加了市场的流动性，提高了交易量，增加了市场的参与者，而这恰恰有助于确保市场形成最公正的价格。但是，"投机者"一向是华尔街一切不幸的"替罪羊"，他们总是会被指责为每一次市场狂热以及必然随之而来的熊市的罪魁祸首。

这些熊市的到来也不可避免地激怒了那些对市场运转不甚了解的人，他们想方设法将投机活动从国家金融体系中清除出去。可是，即使受到日益严厉的监管和诸如短期资本利得需要缴纳高额税赋等各种"歧视"，投机活动还是存活了下来，而且日渐繁

> "投机者"一向是华尔街一切不幸的"替罪羊"，他们总是会被指责为每一次市场狂热以及必然随之而来的熊市的罪魁祸首。

荣。这足以证明,事实上,投机不仅是不可避免的,而且在适当的监管下,也是顺应市场需求的。另外,投机很像色情,给它下个定义或许很难,但明眼人一眼就能辨别出来。如20世纪初,伟大的英国金融家欧内斯特·卡塞尔爵士所说:"当我年轻的时候,人们叫我赌徒;后来我的生意规模越来越大,我被称为一名投机者;而现在我被称为银行家。但其实我一直在做同样的事情。"

作为华尔街第一位伟大的投机者,雅各布·利特尔通常在市场行情下跌的时候进行操作,他喜欢赌股价的下落。正因如此,他是华尔街第一个以"大熊星"的绰号而闻名的人(但他绝不是最后一个)。然而,最初使他名声大噪的却是因为他准确判断了19世纪30年代最热的股票之一——莫里斯运河和银行公司(Morris Canal and Banking Company,以下简称莫里斯运河)的上涨行情。1834年,市场飞速上涨,莫里斯运河是这次牛市的龙头股,但利特尔知道华尔街的许多大玩家已经卖空了这只股票,正在等待它的下跌。

利特尔看到了机会。在那个时候,卖空者承诺在将来一个特定的时间以特定的价格交付股票,如果股价在卖出日和交付日之间下跌的话,卖空者可以在交付日从市场低价买入,进行交割而获得价差。

但是,如果股价上升的话,做空者将遭受损失。更糟的是,至少在理论上,股价是可以无限上涨的,因此对一个做空者来说,潜在的损失是无限的。华尔街有条古老而神圣的规则,下面这首著名的打油

– 第三章 –
"舔食全美商业和金融蛋糕上奶油的舌头"（1808—1836 年）

诗说的正是这个道理（很多人认为这首打油诗是丹尼尔·德鲁 ① 所作，但我们几乎可以肯定不是）：

> 如果本不是你的
> 让你卖了去
> 买不回来就得下大狱

利特尔组织了一个投机者团伙暗中买进莫里斯运河的股票。当那些卖空者为了交付股票而到市场上购买莫里斯运河的股票时，他们惊恐地发现利特尔和他的朋友们已经买断了这只股票，他们事实上控制了这只股票的所有流通股。利特尔一众以大约 10 美元的平均价格买进了这些股票，不用说，他们是绝对不会以这个价格将这些股票卖出的。在一个月之内，莫里斯运河的股价飞涨，达到每股 185 美元，利特尔和他的同伙大发了一笔横财。

一夜之间，利特尔成为华尔街最著名的投机者，并且保持这一名声长达 20 多年。尽管这期间他曾三次破产，但每一次他都能努力地从失败中站起来，仿佛一只不死鸟从破产的灰烬中重生。最终，他在 1857 年的市场恐慌中第四次破产，从此一蹶不振、潦倒余生。此后数年，他虽仍然混迹于华尔街直到离世，但只能零星交易一些小额股票，他那辉煌时代早已一去不返。威廉·沃辛顿·福勒 ② 关于华尔街的传记是 19 世纪 60 年代最畅销的书籍，他这样描述利特尔这类下场的人：

---

① 丹尼尔·德鲁（Daniel Drew, 1797—1879 年），美国股市投机家，他靠操纵股票价格为自己谋利。——译者注
② 威廉·沃辛顿·福勒（William Worthington Fowler, 1833—1881 年），那个时代的一名作家，他自己也是一名投机商。——译者注

凡是到过交易所的人，都会注意到一些经常光顾市场的毫不起眼的人。他们曾辉煌过，但他们的钱丢失在了华尔街。他们每天都来到这里，似乎希望在同一个地方找回失去的金钱。这些人像市场上的孤魂野鬼，呆滞的目光瞪着报价牌，干枯的手指着它，似乎在说："你们好自为之！"他们挤在大门旁，出入交易所的大厅，衣衫褴褛、愁眉苦面，憔悴的脸上挂着的笑容比眼泪更令人心酸。

真正成就利特尔辉煌的是华尔街的第一次大牛市，而这次牛市的到来源于安德鲁·杰克逊政府的金融政策。

杰克逊是美国历史上第一位平民出身的总统，他家境贫寒，独立战争后成了孤儿。他曾专修法律，1788年移居田纳西州首府纳什维尔。当时，那里仅有几座小木屋。他以律师立业，很快就积累了可观的财富，社会地位也随之提高，并购置了大片地产。当大量的人迁居田纳西州中部郁郁葱葱的乡村地区时，这些地产的价格飞速上涨。但是由于一笔融资复杂的土地交易出现纰漏，杰克逊最终不得不为他人偿还债务。处理这个案件花了他十多年的时间，由此，他产生了一种对投机、债务以及纸币的终身恐惧。

由于一笔融资复杂的土地交易出现纰漏，杰克逊最终不得不为他人偿还债务。处理这个案件花了他十多年的时间，由此，他产生了一种对投机、债务以及纸币的终身恐惧。

1829年就任总统时，杰克逊的金融政策简单明确：尽快还清国债，关闭合众国第二银行。他非常憎恨这家银行，因为它是美国东部"金钱权力"的象征。在美国经历了1812年战争期间近乎灾难性的财政困境之后，合众国第二银行由国会在1816年授权成立。但是，像汉密尔顿的合众国第一银行一样，该银行的许可证规定期限是20年，到杰克逊执政时，已需要

– 第三章 –
"舔食全美商业和金融蛋糕上奶油的舌头"（1808—1836 年）

对它进行续签了。

这家银行在开始阶段经营不善，但在 1823 年费城银行家尼古拉斯·比德尔①接管之后，它很快就发展成为全美最大最有实力的银行。因为持有国会授权的许可证，它是唯一一家可以跨州经营的银行。作为联邦政府的财政代理机构，它在美国各主要城市都有分支机构，它发行的银行券②可以在全美流通使用。

比德尔是一位杰出的人物，是美国历史上最伟大的银行家之一。他在 13 岁时就修完了宾夕法尼亚大学学士学位的所有课程，但由于年纪太小，学校拒绝给他颁发学位证书。之后，他转而去了普林斯顿大学，用了两年的时间获得了学士学位。15 岁时，他作为毕业生代表做了毕业演说。

当杰克逊成为总统时，比德尔已经是全美第二号有权势的人了。许多人都认为，总有一天比德尔自己也会竞选总统。可惜的是，他

安德鲁·杰克逊，美国第 7 任总统，他因第二次独立战争中的英勇行为而蜚声全国，但就任总统后，他以生硬的手法阻止投机活动，最终导致了美国历史上时间最长的一次萧条。（译者根据公开资料整理）

---

① 尼古拉斯·比德尔（Nicholas Biddle, 1786—1844 年），美国金融家和学者，曾任美国银行行长。——译者注
② 银行券（Banknote），指银行发行的可承兑的票据，在 18、19 世纪时，美国各家银行都发行自己的银行券，这些就是当时的纸币。——译者注

耀眼的成功反而成了他弃商从政的绊脚石。比德尔贵族式的行为方式（比德尔家族是费城最显赫的家族之一）使得杰克逊对他和他的银行非常反感。但是，在合众国第二银行的许可证到期，即1836年之前，杰克逊并不能拿他怎么样。等待机会的同时，杰克逊将主要精力放在削减国债上。此时，美国已经有了大量的财政盈余，这导致在各资本市场交易的联邦政府债券数量稳步减少。对负责联邦政府债券发行的合众国第二银行而言，联邦政府债券的减少意味着其实力的削弱。无法投资联邦政府债券的资金转而投向了州政府债券、运河公司和早期的铁路公司。但是市场上证券供给的大量减少，加剧了人们对剩余证券的需求，从而抬高了这些证券的价格。

到1834年，杰克逊基本上已经清偿了所有的国债，这在美国历史上是第一次（实际上也是任何现代大国历史上唯一的一次）完全清偿国债。为了做到这一点，他双管齐下，一方面提高关税，另一方面无情地削减开支，尤其是大量减少在一些道路改善等民用设施上的投入。

随着美国的日益繁荣，华尔街的股票交易商也越来越多。在19世纪20年代后期，纽约证券交易所的日交易量经常跌到每日100股以下。但到了19世纪30年代中期，每日平均拍卖的股票数目大约为6 000股，1835年6月26日，交易量创下了一个历史纪录——7 825股。但是，当时的拍卖并不是像今天这样的连续拍卖，而是会员们坐在各自桌边的座位上（现在交易所里的交易"席位"① 正出自这里），等待交易所总裁或主持人举行每天两次的拍卖，总裁或主持人会依次叫出每一种证券的名字。1836年，在所有挂牌交易的股票中，有38家银行、

---

① 今天，交易所的席位仍沿用"seat"一词，即座位。——译者注

― 第三章 ―
"舔食全美商业和金融蛋糕上奶油的舌头"（1808—1836 年）

32 家保险公司、4 家铁路公司、4 家运河公司以及 3 家天然气公司的股票（在那时，煤气灯正迅速在全美各地普及）。

1835 年的纽约大火。当时，在费城都能看到纽约的熊熊火光。包括商人交易所在内的 700 多栋建筑在大火中付之一炬。在大楼坍塌前，一个勇敢的雇员抢救出了证券交易所的交易记录。

在这个阶段，大部分股票交易发生在场外，交易所理事会对会员的苛刻要求将许多人拒之门外，更多的人往往在投票时就被刷掉了。这些人都靠证券经纪过活，至少在行情好的时候是这样。股票交易的节奏和价格仍然由理事会来决定，而街头交易多在下午。那时候，交易所的拍卖已经结束，价格已经确定。非会员经纪人通常挤在交易所门口，争取在第一时间听到最新的价格。

1835 年 12 月 16 日，在这一轮牛市势头正猛时，华尔街遭受了一场灾难，这一次不是金融灾难，而是一场自然灾难。那一天，纽约发生了火灾，起火的原因至今不清楚。大火肆虐蔓延，无法控制，整整烧了两天。虽然连费城的消防队员都赶来了，但也无济于事。恶劣的天气和猛烈的大风使得消防队员无计可施。大火愈加猛烈，熊熊的火焰将费城、波基普西①以及纽黑文②的天空都映红了。由于当时纽约市的市政供水依然不足，手工运作的消防车不得不离开现场到东河去取水。而且，由于当时正值严冬，消防人员还不得不砸冰取水。

等到火势最终得到控制，纽约的商业中心已经是一片废墟了。华尔街、宽街、康提斯小街和东河附近20个街区共有700多座建筑化为焦土，英国殖民时代留下的痕迹也几乎全部被大火抹去。在今天的曼哈顿，美国历史最悠久的大城市的中心，独立战争前的建筑只有位于百老汇和富尔顿大街拐角处的圣保罗教堂幸存了下来。

因为这场大火，纽约城中26家火灾保险公司中有23家宣布破产，这使得许多股票持有者和投保人也跟着破产了。在毁坏的建筑中也有商人交易所，这是自1827年以来纽约证券交易委员会举行拍卖的场所。幸运的是，交易所一名英勇的员工——J. R. 芒特在建筑崩塌之前设法将交易所的交易记录抢救了出来，为此他得到了100美元的奖金。委员会很快重整旗鼓，在一个临时场所重新开业了。虽然纽约遭到大火的严重破坏，但这个时期的美国经济却蒸蒸日上，纽约的经纪人业务也很快重新步入正轨。

此时美国繁荣经济中的亮点是西部土地开发，这些项目是由政府新批准建立的银行资助的。1829年，全美仅有329家银行，8年之后就有了788家。虽然银行的数目仅增加了一倍，但这些银行发行的票据总值却翻了3倍多，从原来的4 820万美元增至1.492亿美元，发放的贷款翻了将近4倍，从1.37亿美元增至5.251亿美元。许多州的银行法案制定仓促，许多新设银行经营不善（即使没有欺诈的话），普

---

① 波基普西（Poughkeepise），美国纽约州东南部城市，临哈德逊河，位于纽约市以北。——译者注
② 纽黑文（New Heaven），美国康涅狄格州南部城市，位于布里奇波特东北的长岛海峡之畔，是耶鲁大学所在地。——译者注

– 第三章 –
"舔食全美商业和金融蛋糕上奶油的舌头"（1808—1836年）

遍资本金不足，监管不严，对未来过度乐观。

此前，合众国第二银行一直拒绝接受它认为经营不善的银行的票据，试图以此来施行规束。但随着实力的削弱，它控制形势的能力也随之减弱。而且，杰克逊从该银行撤出了政府存款，转而存放在州立银行，这也是其毁掉合众国第二银行策略的一部分。很快，这些银行被杰克逊的政治对手们冠以"被宠幸的银行"的称号。因为增加了存款基础，这些银行可以发行更多的银行券，接受房地产作为抵押发放了更多贷款，而房地产是所有投资中最缺乏流动性的一种。

这样一来，最痛恨投机和纸币的杰克逊总统所实施的政策，却意外地引发了美国首次由于纸币而引起的巨大投机泡沫。更加讽刺的

从复本位到金本位

　　随着人类社会的发展，商业活动、资本往来日益频繁，人们对于支付商品劳务、清偿债务的需求也在不断增加。货币，作为一种交换媒介和价格度量，是历史发展的必然结果。最早的货币是实物货币，贵金属由于贮藏丰富、开采相对容易，而最早被人类广泛采用。

　　货币制度是国家用法律规定的货币流通的结构和组织形式，起初是单一本位制度，中国古代的货币以铜币为基础，而在西方国家，则以银本位为主导。然而，随着商业交易规模的扩大，西方国家大量开采白银，导致白银价值不断下降，影响了其作为货币的价值稳定性，于是黄金被逐渐加入货币体系中，16—18世纪欧洲国家纷纷建立金银双本位制度。在这种制度下，金币和银币可以同时使用，两者也可以自由交换。

　　根据交换比例的形成方式，双本位制经历了三个阶段：平行本位制阶段，两种货币均按其所含金属的市场实际价值流通，市场实际价值取决于供需关系，因此比例动态变动，容易造成商品价格的紊乱；复本位制阶段，由国家规定金银货币的交换比例，此时就出现了规定比例与实际价值比例之间的背离，在"格雷欣法则"下，实际价值较高的货币逐渐从流通中被驱逐，即"劣币驱逐良币"；跛行本位制阶段，国家规定金币可以自由铸造而银币不可以，于是银币实际上成为金币的辅币，西方货币制度向金本位制转变，1973年布雷顿森林体系瓦解之后，金本位制终结。（译者根据公开资料整理）

是，在这次投机泡沫中，许多土地都是联邦政府卖给居民或投机者的。1832年，政府土地办公室（General Land Office）的土地销售总额为250万美元。到1836年，这一数字猛增至2 500万美元。1836年夏季，销售额以每月将近500万美元的速度累积。美国俚语中"做土地办公室的生意"（do a land-office business）的说法就开始于这个狂热时期，意指"非常兴隆的生意"。

杰克逊清楚地知道市场上的动作，他后来写道："土地的拥有证只是到银行去贷款的信用凭证，银行把银行券贷给投机者，投机者再去购买土地，很快，银行券又回到了银行，接着又被贷出去，银行券在这个过程中仅仅是充当将宝贵的土地转移到投机者手里的工具。实际上，每一次投机都酝酿着一次更大的投机"。

典型的杰克逊式做法是将投机活动拦腰截断。他向他的内阁建议：土地办公室只接受铸币支付——金币或银币。但是，因为内阁的许多会员自身都深深地卷入这场投机，所以他们坚决抵制总统的提议。同样深陷其中的国会当然也不会同意。杰克逊别无他法，只有等到国会休会后，于1836年7月11日，将所谓的《铸币流通令》（Specie Circular）作为行政命令①签署生效。它要求，除极个别情况外，8月15日以后购买土地都必须用金币或银币支付。

杰克逊希望他采取的举措对土地投机活动能有所抑制，但始料未及的是，这些

杰克逊希望他采取的举措对土地投机活动能有所抑制，但始料未及的是，这些措施带来了投机活动的戛然而止，华尔街直接转牛为熊，经济也步入了萧条期。

---

① 在美国政治体系中，行政命令是总统单方面向政府机构下达如何行动的指令。这种政策工具的依据是《宪法》中规定总统的行政权，有法律效力，也使总统拥有自由裁量权。美国新任总统特朗普上任后即签发多条行政命令，包括叫停"奥巴马医保"、在美墨边境建墙等。——译者注

− 第三章 −
"舔食全美商业和金融蛋糕上奶油的舌头"（1808—1836 年）

措施带来了投机活动的戛然而止，华尔街直接转牛为熊，经济也步入了萧条期。由于对铸币的需求激增，银行券的持有者开始要求用银行券换取金银铸币。银行为了筹集急需的钱，不得不尽快收回贷款。西部的银行从东部的银行吸收了大量的金银铸币，但其后却尽可能地保存它们，以应对当时的另一项政府措施。

当时的联邦政府坐拥大量财政盈余、负债为零，钱要么堆放在国库里闲置，要么存放在"被宠幸的银行"里。1836 年，国会决定将大部分盈余分给各个州政府使用。它下令财政部从 1837 年 1 月开始，每个季度从财政部在银行的存款中支取 900 万美元，并根据各州的人口按比例分配给各州。银行不得不做好准备，以应付存款基数的锐减。

那些黄金储备较少，却发行了大量银行券的银行因实力不济，纷纷宣告破产。那些需要银行贷款做生意的商人也因此寸步难行。股市开始下跌。纽约的日记作者和前市长菲利普·霍恩①，于 1836 年 6 月百老汇新宅完成奠基后去欧洲看望了他的女儿，而当他 10 月回到纽约时，发现金融界的氛围已经完全变了。他在 11 月 12 日的日记中写道："这是一个艰难的时代。"他列举了几只股票，这些股票在他去欧洲的时候每股价格都超过 100 美元，但如今每股仅值 60 或 70 美元。《纽约先驱报》（*New York Herald*）在 1837 年 1 月 2 日〔这一天，按照国会的决定，第一笔 900 万美元从银行（其中大部分是东部银行）转给了各个州政府〕报道：利率从年利 7% 一下飙升到月利 2%，甚至 3%。

破产开始蔓延。当英格兰银行提高利率以防止黄金流出国门时，英国棉花进口量随之下降，这进一步挫伤了美国经济。而且，由于英

---

① 菲利普·霍恩（Philip Hone, 1780—1851 年），美国日记作家和官员。他的日记（1889 年出版）对 1828—1851 年纽约市的生活和政治进行了很有价值的记述。——译者注

国国内利率升高，英国投资者不愿意再将钱投放到美国证券市场，这对华尔街资本市场无疑是雪上加霜。

美国历史上的首次大牛市终于被首次大熊市所替代，但交易量仍然维持在很高的水平。事实上，在1837年3月，有几天的交易量多达上万股，当时马丁·范·布伦①刚取代杰克逊入主白宫，就立即迎来了杰克逊无意种下的种子所结出的苦果。股票价格开始复仇似的下跌。莫里斯运河股票的月初价格为每股96美元，月末跌到每股80美元（到1841年，它几乎一文不值了）。长岛铁路（Long Island Railroad）的股票从每股78美元跌到每股64美元。当几个州的州政府试图为它们的债务进行再融资时，发现市场上根本没有人愿意购买它们的债券。

4月，菲利普·霍恩自己也损失惨重，他在日记中写道："在投机狂热的日子里，我们的耳边充斥着一夜暴富的故事。现如今，那些财富像4月艳阳下的冰雪一样融化得无影无踪了。除非身无负债，否则任谁如何算计都无法在这轮毁灭中幸免。所谓幸福者，是那些债务很少或根本没有债务的人。"

到5月底，全美的所有银行（至少是那些还没有破产的银行）都终止了金币兑付。政府收入在1836年达到了5 080万美元，到1837年却仅有2 490万美元了，杰克逊试图维持联邦政府零负债的愿景一去不复返了。到1837年初秋，全美90%的工厂破产停业，美国进入了历史上的第一个萧条期（也是迄今为止美国历史上最长的萧条期）。虽然1837年的经济萧条影响深远、后果惨重，但值得庆幸的是，那时绝大多数的美国人口还居住在农村，也就是今天经济学家所称的"货

---

① 马丁·范·布伦（Martin Van Buren, 1782—1862年），安德鲁·杰克逊任总统时（1833—1837年）的副总统，后为美国第8任总统（1837—1841年）。——译者注

― 第三章 ―
"舔食全美商业和金融蛋糕上奶油的舌头"（1808—1836 年）

币经济"①之外，他们感受不到经济萧条带来的苦痛。他们能够自给自足，直到经济好转。相比之下，那些生活在"货币经济"之中的人，包括工厂的工人和老板、商人以及华尔街的经纪人，遭受的痛苦就要深重得多。

恐慌过后随之而来的经济萧条，导致华尔街的商业活动几近枯竭。为了找一个更小更便宜的活动场所，纽约证券交易所在这几年中搬迁了好几次。但是，如果说华尔街在此次萧条中损失惨重的话，那么，费城金融市场可谓全面瘫痪了。

> **美国金融中心的转移：从费城到纽约**
> 费城是华盛顿建市前美国的首都，也是美国早期的金融中心。美国第一家央行（合众国第一银行）、第一家国家商业银行（宾夕法尼亚银行）和第一个证券交易所均诞生于此。然而，费城金融中心的位置还没坐稳就开始动摇。1800 年，美国首都迁往华盛顿，位于费城的中央银行合众国第一银行、合众国第二银行在政治斗争中相继被关闭。与此同时，大西洋港口经济的迅速崛起，使成为国内和国际金融中心的历史性机遇降临到纽约这片土地上。1819 年，伊利运河的开通为纽约的腾飞插上了翅膀，大大拓展了商业腹地，令其迅速成为美国的商业中心。以伊利运河为代表的证券受到投资者的追捧，全国资金纷纷涌向纽约，推动纽约金融市场快速发展。而在 1861 年爆发的南北战争中，华尔街成功地帮助北方政府进行了大规模战争融资，使其战胜了在财政上陷入困境的南方政府，进一步巩固了纽约的金融中枢地位。（译者根据公开资料整理）

随着人口的爆炸式增长，纽约市场的发展速度已多年远超费城。到 19 世纪 30 年代中期，纽约已经成为最大、最重要的城市。另外，19 世纪 30 年代中期发生的一系列政治和经济事件，对费城形成的直接冲击远强于其对纽约的影响。这时已经失去了国家授权的合众国第

---

① 货币经济（Cash Economy），这里意指此时的美国人大部分还住在乡村，自给自足，物物交换，不使用货币，不参加货币经济的循环。——译者注

二银行不得不去寻求其所在州政府的授权,更名为冗长的费城合众国银行。①但是,由于没有国家授予的经营权,它只是一家州立银行,这使得它原先那种造就费城金融市场繁荣的威力不复存在。

今日费城。费城市政大厅与本杰明·富兰克林的雕像相对而立。本杰明·富兰克林是美国著名的发明家、政治家、外交家,参加起草《独立宣言》和《宪法》,并在独立战争中为美国争取到了法国的支持,据说,他亲自做过著名的"费城风筝实验"。法国经济学家杜尔哥评价道:"他从苍天那里取得了雷电,从暴君那里取得了民权。"(译者根据公开资料整理)

在接下来的一年中,当萧条来临时,宾夕法尼亚州政府根本无力偿还2 000万美元的巨额债务,只能选择拖欠债务本金和利息。由于费城的银行大都以州政府债券作为主要的银行储备工具,州政府违约

---

① 费城是宾夕法尼亚州的首府。——译者注

– 第三章 –
"舔食全美商业和金融蛋糕上奶油的舌头"（1808—1836 年）

对它们而言，是继经济萧条之后的第二重巨大打击。相比之下，纽约的银行背负的州政府债券仅有区区 200 万美元，完全在其承受范围之内。虽然纽约也有很多银行倒闭了，但那些经营比较好的银行艰难地挺了过来。这样，已经屈于第二的费城，在金融业务总量上被纽约远远地抛在了后面。

因此，"华尔街"在这个时期作为美国全国金融市场的代名词进入美国人的字典绝不是偶然。随着时间的推移，它所代表的含义就会越来越名副其实。但不无讽刺的是，华尔街似乎只有在历经了火灾、恐慌和萧条的洗礼之后，才能最终真正成为美国金融市场的代表。

同一时代的西方和东方

西方	年份	东方
罗伯特·富尔顿成功地进行了首次蒸汽机轮船航行	1807	
英国通过禁止奴隶贸易法令	1807	
	1808	英舰侵犯中国东南沿海，被中国水师击退
	1809	清政府实行《民夷交易章程》，限制外商与国人交易
第二次美英战争爆发	1812	
	1813	英使马戛尔尼第二次来华，仍无收获
	1813	清政府制定严禁贩运鸦片烟律，规定吸者也有罪
"滑铁卢战役"反法联军获得了决定性胜利，结束了拿破仑帝国，维也纳体系成立	1815	

99

(续表)

西方	年份	东方
英国政府颁布法令,实行单一的金本位制	1816	清政府勒令抵京的英国阿默斯特使团离境
纽约证券交易所正式成立	1817	
英国 D. 李嘉图的《政治经济学及税赋原理》发表	1817	
西班牙把佛罗里达割让给美国,并放弃对俄勒冈地区的全部领土要求	1819	
美国联邦政府颁布《土地法》,降低出售土地的单位面积。19 世纪 20 年代,美国开始西部开发。30 年代,土地投机热升温	1821	
	1823	中国第一家票号——"日升昌记"诞生在山西平遥
英国爆发经济危机,这是资本主义社会的第一次经济危机	1825	
伊利运河修建完成,成为美国西部物产源源不断流向东部的主渠道,也一举奠定了纽约作为美国商业中心的地位	1825	
美国民主党建立	1828	
	1834	英国驻华商务监督律劳卑要求与中国两广总督磋商贸易事务被拒,令军舰炮击虎门。鸦片进口贸易已达 2 万多箱
美国第一条铁路建成通车	1830	
	1835	中国人口突破 4 亿

（续表）

西方	年份	东方
合众国第二银行解散。同年，杰克逊颁布《铸币流通令》，要求以金银铸币购买土地，抑制了全国的投机活动，也引发了美国经济的大萧条	1836	
英国宪章运动爆发	1836	

第四章

"除了再来一场大崩溃,这一切还能以什么收场呢?"(1837—1857年)

- 译者题注 -

铁路的出现,带来了美国经济的飞速增长,也极大地提升了资本市场的规模和影响力;电报的产生迅速确立了华尔街作为美国资本市场中心的地位;而1848年加利福尼亚金矿的发现带来了美国经济和华尔街新一轮的快速增长,人们过着销金蚀银的挥霍生活。然而到了1857年,各种衰退的迹象开始显现,"除了再来一场大崩溃,这一切还能以什么收场呢?"……

- 译者导读 -

- 19世纪中叶,最具变革性的新生事物无疑是铁路,它对世界的影响是直接而迅速的。铁路作为一种新的交通运输方式,比此前出现的运河效率更高,所受地理条件的限制更少,它把无数小规模的地方经济连接在一起,并使越来越多的产品生产实现了规模化;同时,铁路对于钢轨、机车、车厢和煤的巨大需求也推动了人类历史上第一批重工业企业的发展,并造就了第一批工业时代的产业大军和百万富翁。

- 在铁路的发展中,资本市场和实体经济相互促进的巨大意义显露无遗。铁路的修建需要巨额资本,当时美国一个中产阶级的年收入只有1 000美元,修建1英里运河的成本是20 000美元;如果缺少资本市场的支持,修建铁路无疑困难重重。马克思曾经说过:"假如必须等待积累使个人的资本增长到足以修建铁路的程度,恐怕直到今天世界上还没有铁路,但集中通过股份公司转瞬之间就把这件事完成了。"[①] 从这个意义上说,华尔街无疑是美国铁路发展的助推器,但铁路的发明也反过来对华尔街起了巨大的推动作用。铁路巨大的融资需求使得铁路证券成为华尔街投资的主要品种,而对铁路股票的疯狂投机与铁路本身所带来的巨大经济效益共同带领华尔街进入了一段非比寻常的历史时期。

- 电报的发明在彻底改变人类信息传递方式的同时,也对华尔街资本市场

---

① 人民出版社1972年版《资本论》第一卷,第690页。——译者注

产生了巨大的影响。在纽约股市开盘价格传递到费城所需的时间从 30 分钟减为几秒钟的巨大变化过程中，华尔街对于其他地方性资本市场的影响力大大增加，这些地方性资本市场被迅速边缘化，而纽约一举确立了其作为美国金融中心的地位。

- 这个时代的华尔街弄潮儿以丹尼尔·德鲁为代表。出身贫寒、从贩卖牲畜起家的德鲁，来到华尔街这个刀光剑影的博弈场上，基督徒的虔诚信仰丝毫没有妨碍他成为一个惯用各种阴谋诡计的超级玩家。
- 1848 年，加利福尼亚州金矿的发现，引发了全美国的淘金狂潮，大量的黄金支撑着美国经济迅速发展，华尔街也因此再度繁荣。但到 1857 年，各种衰退的迹象开始显现，华尔街上的银行和经纪商开始破产，恐慌扩散到伦敦和巴黎，第一次真正意义上的世界金融恐慌爆发了。等到这场灾难硝烟散去的时候，纽约一半的经纪商已经破产，而华尔街的一些革命性变革即将在这短暂的消沉之后来临。

— 第四章 —
"除了再来一场大崩溃,这一切还能以什么收场呢?"(1837—1857年)

1837年大崩溃之后,华尔街被笼罩在一片阴霾之中多年。那些除了证券之外还同时经营其他业务的经纪商在这场大崩溃后得以生存下来,但很多已经开始专营证券经纪业务的经纪商则没有那么走运。那些已经在交易所占有一席之地的交易所会员比场外经纪商(也称街边经纪商,或路边经纪商)的日子要好过得多。在19世纪30年代牛市的最高峰时期,场外经纪商因为不能进入正式的证券交易所,曾组建了一个交易所与其抗衡,它被称作新交易所(New Board)。但到了1839年,这些经纪商中有3/4都已经破产,到了1848年,新交易所也就自然而然地消失了。

此时的欧洲和美国一样,也处于一片大衰退之中,英国和欧洲大陆国家对美国证券的需求也相应大大减少了。更糟糕的是,截至1842年,美国共有超过9个州的州政府债券违约,这对美国证券在欧洲市场上的处境更是雪上加霜。当时,在欧洲市场上,就连南美洲的一些市政债券也比美国国债的售价高。罗斯柴尔德①银行巴黎分行的总裁曾经这样对美国人说:"你们回去这样告诉你们的政府,你们在欧洲见到了欧洲金融界的巨头,他们说,美国人在欧洲借不到钱,一块钱都借不到!"

与早期相比,华尔街的面貌已经发生了巨大的变化。以前沿着华尔街西角一字排开的富丽堂皇的砖石大厦,现在大部分都让位于褐色砂石粉面的四五层高的办公大楼。曾经

"你们回去这样告诉你们的政府,你们在欧洲见到了欧洲金融界的巨头,他们说,美国人在欧洲借不到钱,一块钱都借不到!"

---

① 罗斯柴尔德(Rothschild,亦译为洛希尔)家族,欧洲银行世家。——译者注

― 伟 大 的 博 弈 ―

作为临时国会大厦的旧市政大厅在 19 世纪 30 年代被拆除，在原址上取而代之的是海关大楼。海关大楼屹立在宽街的街头，采用了 19 世纪三四十年代非常流行的希腊复古式风格建筑（不过内部的圆形大厅和穹顶却与希腊风格相去甚远），此后，许多华尔街历史事件都将在此上演，1862 年，它成为美国国库在纽约的分部，1883 年，在英国撤离美国的百年纪念日，那尊著名的乔治·华盛顿雕像在它的门前立了起来。

位于华尔街南边的商人交易所在 1835 年的大火中毁于一旦，取而代之的是于 1842 年重新开业的更大的新的商人交易所。直到现在，它依然屹立在那里（尽管 1907 年在原有的柱廊之上增加了第二条柱廊）。

但是，在这段时间内，华尔街在外观上最显著的变化还是在前两座三一教堂原址上建起的第三座三一教堂，它位于华尔街和百老汇大街的交会处。1790 年建成的第二座教堂从结构方面来说相对简单，随着纽约的发展，最重要的圣公会教区（Episcopal parish）也随之发展起来。1705 年，安妮女王①把位于城北名为"女王农场"的一些土地赐给当时面积很小的教区，这块土地现在是曼哈顿西南侧的地段，总面积达到 1.1 万公亩。随着纽约市在 19 世纪早期爆炸式的扩张，这份女王的馈赠也随之迅速增值。到 1840 年，三一教堂已经成了世界上最富有的教区的教堂，直到今天依然如此。由于年久失修，教区委员会决定建一座更大更富丽堂皇的教堂来替代它。

新的三一教堂是用褐色砖石建成的，在纽约市的历史上，它的规模是前所未有的。教堂的尖顶直冲云霄，高达 84 米，在布鲁克林的

---

① 安妮女王（Queen Anne，1665 年 2 月 6 日—1714 年 8 月 1 日）。大不列颠王国女王、爱尔兰女王（1702—1714 年在位）。——译者注

— 第四章 —
"除了再来一场大崩溃，这一切还能以什么收场呢？"（1837—1857 年）

曼哈顿塔（Manhattan Tower）建成之前，它一直是纽约市的最高点。就像现在的帝国大厦一样，教堂在当时吸引了络绎不绝的游客，游客只有在付费之后才能爬上尖顶观赏风景，教堂管理人员也因此获得了相当可观的收入。1846 年教堂落成，同年墨西哥战争爆发，终于结束了经济萧条。这个"上帝的企业"[①] 在不经意间变得极其富有，它也因此成为华尔街一个颇具讽刺意味的象征，其知名度甚至超过了纽约证券交易所和摩根银行。

1846 年的三一教堂。（译者根据公开资料整理）

*　　*　　*

就在华尔街的外观发生巨大变化的时候，处于萧条之中的美国经济也悄然发生着巨大的变化，最重要的改变来自 19 世纪最有前途的发

---

① 指教堂。——译者注

明——铁路。运河只是部分缓解了陆路长途运输的问题，而铁路则最终解决了这个难题。开挖运河一方面极其昂贵，那个时代中产阶级的年收入只有1 000美元，而伊利运河每英里的造价高达20 000美元；另一方面又受到诸多地理限制，适宜开挖运河的地段非常有限。要保证通航，运河里必须有大量的河水，因此只有在降雨量大的地区才适于修建运河。而且北方的冬天干燥少雨，因此运河在冬天基本处于断航状态。倒霉的切萨皮克和俄亥俄运河的股东们还发现，在多山的地区开挖运河需要建造许多船闸升降驳船，而船闸往往是运河工程中造价最高昂的部分，因此非常不划算。相比之下，铁路几乎在任何地区都能建造，并且四季通行。

联合太平洋铁路贯通时的照片。（译者根据公开资料整理）

早在17世纪中期，采矿工人偶然发现，如果把货车放在铁轨上，靠牲口就可以拉动比平时多得多的货物。但是这一发现没有在矿山之外的地区得到应用，直到出现了比马更强大的牵引动力。当詹姆斯·瓦特的旋转式蒸汽机技术在1784年日趋成熟时，工程师们开始思考如何在铁轨上把蒸汽机和马车车厢结合到一起工作。但是，当时瓦

– 第四章 –
"除了再来一场大崩溃,这一切还能以什么收场呢?"(1837—1857年)

特设计的蒸汽机每分钟只有 12 转,连蒸汽机自身都推不动,更不用说拉货或者拉人了。在 18 世纪和 19 世纪之交,英国的理查德·特莱威狄①和美国的奥利弗·埃文斯②分别独立发明了高压蒸汽机,这使铁路运输成为可能。瓦特的蒸汽机用蒸汽推动活塞,然后利用真空使活塞回到原位,而特莱威狄和埃文斯的蒸汽机则完全使用蒸汽来回推动活塞,而且压强要远远高于瓦特的版本。这种蒸汽机巨大的"吐气"声使它获得了"喷气的机器"的绰号,正是这种蒸汽机使陆路交通变得前所未有的快捷和便宜,几乎可以通达任何地方,它也因此成为推动整个 19 世纪经济发展的动力。为了对这一发明以及它所带来的革命性变化有一个大致的概念,我们可以对比一下,在 18 世纪 20 年代,挖一条横穿纽约州的运河

奥利弗·埃文斯,发明了高压蒸汽机,被誉为"美国的瓦特"。(译者根据公开资料整理)

已经是人类极限了,但仅仅半个世纪以后,联合太平洋铁路(Union Pacific Railroad)已经能够横跨整个美国大陆了。

奥利弗·埃文斯,这个已经被人们遗忘的美国天才,早在 1813 年

---

① 理查德·特莱威狄(Richard Trevithick),英国工程师、发明家。世界上第一台实用性轮轨蒸汽机车的发明者。——译者注
② 奥利弗·埃文斯(Olive Evans),美国发明家、工程师、商人,发明了美国第一台高压蒸汽机。——译者注

就清楚地看到了这一前景。"这样一个时代终将到来",那一年,他写道,"人们会坐在蒸汽机牵引的车厢里,在城市之间往返旅行,就像飞鸟一样快……乘坐一列这样的火车,早晨从华盛顿出发,旅客们可以在巴尔的摩吃早餐,在费城吃午餐,当天晚上可在纽约享用晚餐……为了做到这一点,我们需要铺设两条双向铁轨,这样,两列火车可以相向而行,夜晚也可以行车"。

不幸的是,埃文斯于1819年逝世,他没有来得及亲眼看到他的设想变成现实。铁路的发展并不仅仅依靠一项发明,相反,它需要一整套复杂的技术,因此铁路运营的真正成熟还需要几十年的时间。英国工程师乔治·斯蒂芬森第一次将铁路运营的各项要素整合在一起,1829年他在曼彻斯特和利物浦两个城市之间修建了一条铁路,曼彻斯特处于内陆地区,这条铁路使得当时正在迅速发展的曼彻斯特的制造业直接与出海口相连。

斯蒂芬森的铁路一炮打响,在商业上获得了巨大成功,并且很快被别人竞相模仿。在曼彻斯特至利物浦的铁路开通时,巴尔的摩至俄亥俄的铁路已经在建设之中了。由于工程师们认为路上的弯道太急,不适于用蒸汽机作为动力,因此最开始是考虑用马来作为牵引的。后来,纽约的工程师兼实业家彼得·库珀制造出美国第一台名为"拇指汤姆"[①]的机车,改变了他们原先的想法。当时由于缺乏适用的通气管,库珀实际上是使用枪管连接蒸汽机和锅炉的。"拇指汤姆"在巴尔的摩至俄亥俄之间的铁路上以18英里(约28公里,1英里约合1.6公里)的时速行驶,这让当时那些习惯了马儿小跑的人目瞪口呆,惊诧不已。

---

① 拇指汤姆(Tom Thumb),英国童话故事《拇指汤姆历险记》中的主人公。——译者注

― 第四章 ―

"除了再来一场大崩溃,这一切还能以什么收场呢?"(1837—1857年)

巴尔的摩至俄亥俄之间的铁路只是当时正在兴建的诸多铁路中的第一条,到1835年,美国已经有1 000英里的铁路线在运营了。到1840年,这一数字达到了3 000英里,到1850年,达到1万英里。南北战争爆发时,已经总共有3万英里的铁路线纵横交错在美国大陆上。

1830年8月25日,美国第一台在商业铁路上运营的蒸汽机车"拇指汤姆"与马车比赛,最终因发动机故障败北。(译者根据公开资料整理)

铁路大大地改变了人们生活的节奏。在1829年,安德鲁·杰克逊从田纳西州首府纳什维尔到华盛顿就任总统,坐马车走了一个月。到了1860年,这段路程只要三天。铁路大大激发了人们对长途旅行的兴趣。在南卡罗来纳州的两个城市查尔斯顿和汉堡之间的第一条铁路通车以前,两个城市之间的主要交通工具就是马车,并且一周只能跑三次,但仅仅五年之后,这条铁路线每年运送的旅客就达到了三万人次。

尽管铁路对客运影响巨大,但受惠更多的是货运。正如伊利运河的开通使得五大湖区和纽约市之间的货物运输成本减少为原来的1/20,铁路连接的内陆站点之间,货物运输费用也以类似的比例大大降低。因此可以这么说,历史上从来没有哪一项发明能像铁路这样对世界产生如此迅速和决定性的影响。可以说,正是铁路把无数小规模

历史上从来没有哪一项发明能像铁路这样对世界产生如此迅速和决定性的影响。可以说，正是铁路把无数小规模的地方经济联系在一起，创造了真正意义上的世界经济。

的地方经济联系在一起，创造了真正意义上的世界经济。1886年，经济学家亚瑟·T. 哈德利在他的经典著作《铁路交通》（*Railroad Transportation*）中写道："在我们祖父的那个时代，货物运输费用极其昂贵，小麦的消费范围仅限产地周围的200英里。但是今天，俄罗斯的小麦、印度的小麦和达科他州的小麦直接竞争，敖德萨①的小麦产出直接影响着芝加哥小麦市场的价格。"

1850—1860年十年间美国铁路快速扩张，如图所示，到南北战争爆发前的1860年，已有3万英里的铁路线纵横交错在美国大陆上。从图中可以看出，北方的铁路网更为密集，有助于更快地调集军队和物资，这一差别对南北战争的结果产生了很大的影响。（译者根据公开资料整理）

受到铁路影响的远不只小麦这样的商品。在铁路出现以前，由于区域性市场的需求量很小，许多工业产品往往可以用手工生产。但是随着铁路时代的到来，在制造领域内实现规模经济成为可能，越来越

---

① 敖德萨（Odessa），今乌克兰港口城市。——译者注

– 第四章 –
"除了再来一场大崩溃,这一切还能以什么收场呢?"(1837—1857年)

多的工业产品生产随之实现了规模化,这样就大大削减了成本,降低了价格。铁路对于钢轨、机车、车厢和煤(尽管美国早期铁路的燃料主要来自美国丰富而廉价的木材资源)的巨大需求也推动了历史上第一批重工业企业的发展,这些企业雇用的工人数量庞大,前所未有,铁路同时也创造了工业时代第一批像彼得·库珀这样的富翁。

19世纪余下的美国政治经济史,都不可避免地涉及这个国家如何学习管理、监管以及公平分配铁路这一新兴事物所带来的巨大利益,但人们首先需要做的是开拓新的融资方式以获得修建铁路的资金。建设铁路的费用相比于运河开挖要便宜得多,但仍然是资本密集型行业,还是不可能像19世纪之前的大部分企业或项目那样由个人和家庭来投资。而且在发展早期,也无人能够准确地把握它的前景。

最早的铁路通常是区域性的,距离很短,通常是把一个小镇和最近的一个交通枢纽连接起来,这些枢纽通常是一条河或者一个港口。因此建设这些铁路的资金通常来自铁路沿线的居民,他们也很快成为这一新交通工具的直接受益人。但是,许多开始只在铁路沿线销售的债券很快就在华尔街和其他金融中心出现了,越来越多的经纪人开始承销这些铁路证券。

铁路证券成为华尔街的主要品种,正如一代人之前的州政府债券和联邦政府债券。1835年,只有三只铁路证券在交易所挂牌交易,到1840年进行交易的铁路证券已经有10只,而10年之后,这一数目迅速膨胀到38只。到南北战争爆发时,铁路股票和债券相当于美国证券的1/3。

在美国的早期铁路之中,伊利铁路最为特别。与其他地方的铁路不同,伊利铁路从一开始就计划作为铁路干线来建设,在 1851 年完工之际,它曾一度成为世界上最长的铁路,但它的这一地位也只持续了很短的一段时间。与其他出于经济需要而建的铁路不同,伊利铁路是政治产物,因此也就决定了它永远摆脱不了政治所带来的影响。为了赢得人们对于他们所热衷的伊利运河的支持,德·威特·克林顿曾对纽约州靠近宾夕法尼亚州一线(该区域被称为"南部阵线"[①])的选民允诺,州政府要帮助他们修建一条他们自己的"通衢大道",来连接哈德逊河和五大湖区。

这样一条通衢大道不可能以运河的形式实现,因为开凿运河无疑要穿越卡茨基尔和阿勒格尼[②](Catskill and Allegheny Mountains)崎岖不平的岩石山区,所以

美国早期的铁路股票,陈列于美国金融历史博物馆。19 世纪美国的铁路建设热潮需要大量资金,政府只能提供部分支持,更多还是依靠发行股票、债券向国内民众和国外募资,这反过来也促进了美国资本市场的发展。由于早期修建铁路得到了巨额的回报,带来了对于铁路的疯狂投机,以至有近 1/3 的铁路在修建后被废弃不用,还有很多铁路未能完工。(译者摄于 2017 年)

---

① 南部阵线(Southern Tier)指的是美国纽约州卡兹奇山以西,沿着宾夕法尼亚州北部的区域。——译者注
② 分别位于纽约州和俄亥俄州东部,属于阿巴拉契亚山中部区域。——译者注

— 第四章 —
"除了再来一场大崩溃,这一切还能以什么收场呢?"(1837—1857年)

最初的计划是修一条收费公路。但是,在曼彻斯特至利物浦的铁路获得巨大的商业成功后,"南部阵线"开始要求克林顿州长修建一条铁路来兑现他的诺言。而伊利运河经过的县郡当然不希望在纽约州的南部出现与之相竞争的运输干线,费了九牛二虎之力后,伊利铁路终于在1832年4月24日从纽约州立法机构拿到了建设许可证。即便如此,许可证上的条款仍使伊利铁路的实际建设困难重重,举步维艰。

许可证的条款要求公司筹集1 000万美元资金,并且只有在它的一半股票被认购之后才能正式组建公司。即使以当时的标准衡量,这次股票承销的规模也是巨大的。而且它还具体规定了整个铁路线只能在纽约州内铺设,不允许它与任何外州的铁路相连(到1850年,纽约州立法机构也意识到了这条禁令的愚蠢之处,于是通过了另外一条铁路法案,要求包括伊利铁路在内的本州铁路尽可能地与其他铁路相连)。

许可证还有条款要求伊利铁路的轨距为6英尺(约1.8米),这进一步妨碍了它与其他铁路线相连接。最初的铁路所采用的轨距依不同工程师的设计而不同,但4英尺8.5英寸的轨距很快就成了大部分铁路线都采用的标准轨距(选择这个奇怪尺寸的确切缘由已成铁路史上一大未解之谜)。因为许可证的限制,伊利铁路直到19世纪末期才得以采用标准轨距。

许可证还规定,伊利铁路最初只被允许修建483英里(约777公里),从新泽西边界北面哈德逊河西岸的偏远小镇皮尔蒙特,到位于伊利湖岸的另外一个偏远小镇敦刻尔克。在这个世界上,也许只有政客们才会想到把伊利铁路这条当时世界上最长的铁路铺设在这样两个鲜为人知的小镇之间。崎岖不平的路线给工程施工带来了很多技术上的难题,一开始预计的投资额只有1 000万美元,但等到完工时,伊利铁路的造价竟高达2 350万美元。公司被迫一次又一次向州政府借款和到华尔街筹集所需要的资金,不断地发债并支付难以负担的利息,最后形成的特殊资本结构几乎就是铁路建设融资的一个典型反面教材。一些债券以可转换债券的形式发行(这意味着债券持有者可以根据需要把它们转换成股票),有一批可转换债券甚至允许持有人随心所欲地在债券和股票之间来回转换,这在华尔街的历史上是绝无仅有的,这种特性便它成为近乎完美的投机工具。由于伊利铁路公司大量发行各种证券,这些股票和债券几乎成了为投机者从事投机活动而量身定做的平台,结果,这条铁路在后来的年代里,被称作"华尔街上的'娼妓'"①,因为它让所有受到诱惑的投资者都伤透了心。

> 在这个世界上,也许只有政客们才会想到把伊利铁路这条当时世界上最长的铁路铺设在这样两个鲜为人知的小镇之间。
> 由于伊利铁路公司大量发行各种证券,这些股票和债券几乎成了为投机者从事投机活动而量身定做的平台,结果,这条铁路在后来的年代里,被称作"华尔街上的'娼妓'"。

早在伊利铁路开始运送旅客和货物前,它就成了华尔街的投机工具。19世纪30年代的华尔街还很难全部满足伊利公司巨大的资金需求,因此伊利公司大部分证券是在伦敦市场上售出的②,但它们却被大部分纽约经纪商所忽视,雅各布·利特尔抓住这个机会成就了他一生中最著名的一次金融投机。1837年,早在股市大崩盘之前,全华尔街就都知道了利特尔在卖空伊利股票,几个经纪商决定开始买入伊利股票,并在利特尔需要交付股票时狠狠地杀他一把。他们悄悄地买进纽约市场上伊利股票的流通股,耐心地等着利特尔需要平仓的那一天。他们相信,那时候,股价会涨到天上去。

但利特尔早就在伦敦市场上购买了足够的可转换债券,等到必

---

① 华尔街上的"娼妓"(the scarlet woman of Wall Street),喻指伊利铁路。——译者注
② 此时伦敦市场的规模和影响力远远超过华尔街。——译者注

― 第四章 ―
"除了再来一场大崩溃,这一切还能以什么收场呢?"(1837—1857年)

须履约交付股票的那一天,他从容地走进伊利公司的办公室,把他的债券转换成了股票,然后拿着这些股票去履行合约。而那些经纪商——也就是他的对手们的如意算盘彻底落空了,他们的手里积压了大量伊利股票,一旦他们忍痛斩仓出货,就必须承受巨大的损失。

*　　*　　*

这一时期第二个重大发明是电报。同铁路一样,它也对华尔街和美国其他地区的发展产生了巨大而深远的影响。

落后的远距离通信在前工业经济时代是仅次于陆上交通的制约经济发展的第二大因素。自古以来,通信速度在很大程度上受制于人类的行进速度。一条消息从波士顿传到纽约需要一个星期的时间,一个从波士顿出发的人甚至可以比这条消息先到达纽约。当时费城的经纪商最害怕满载着华尔街人的公共马车突然出现,因为这意味着那些独享伦敦消息的华尔街人又将在费城市场上小发一笔了。①

19世纪以前,如果不使用人力通信,要么只能传递单一的信息,例如烽火台,伊丽莎白女王一世曾命令沿英国南部海岸建造一串烽火

---

① 此处的意思是,由于那个时代信息传播需要依靠人力通信,而纽约依靠与伦敦之间客运的便利,使得华尔街人可以早于费城人了解伦敦市场的信息,而伦敦市场因其在规模和流动性等方面优于美国市场,因此具有一些信息优势,从而使得华尔街人可以在提前知晓有关某些证券的信息之后,再到美国市场买入或卖出而套利。——译者注

台，用于看到西班牙无敌舰队来犯时通知伦敦；要么造价极其高昂，大部分人根本承担不起，例如旗语台，18世纪90年代，法国政府在巴黎和位于布列塔尼半岛的布雷斯特等重要边境军事基地建造了一连串旗语台，绵延330英里。每个旗语台都有一个很高的桅杆和两个扶手，桅杆的顶端是需要四五个人通过滑轮升降的大旗。好像一群巨大的童子军①，在巴黎和布雷斯特之间传送信息只需要几个小时，而如果由人送信的话，即使是最快的信使也需要几天的时间。当然，用这种方式传递信息的费用是惊人的，而且在夜晚或恶劣的天气条件下，这套通信装置就不管用了。此外，由于这条信息必须经过很多次传递，所以在传送过程中出错的可能性很大。

及时准确的信息对于资本市场来说至关重要，因此在19世纪30年代，费城和华尔街之间铺设了一条旗语线。每隔6英里或8英里就安排一个人在楼顶或者山丘上，手中拿着大旗和望远镜。第一个人站在华尔街商人交易所（即纽约证券交易所所在地）的最高处，通过旗语向哈德逊河对岸泽西市的人报告纽约证券交易所的开盘价格，大约30分钟之后，开盘价格可以传到费城。

用电来实现远距离高速传递信息的想法可以追溯到18世纪70年代。1774年，一个瑞典发明家发明了一种装置，在该装置中，每根电线代表一个字母。当电流从代表某个字母的电线流过，它会给与之相连的一个小球充电，而后者随后会敲响一个小铃，发出与这个字母相应的音符。这个装置当然很难在实践中得到真正的运用，直到70年以后，一个叫塞缪尔·芬利·摩尔斯的美国失意画家才真正创造出能够实际应用的高效的信息传递系统。

---

① 美国童子军（Boy Scouts of America）是美国最大的青少年组织，目标在于培养青少年自立自强的品质、塑造健康人格并培养下一代负责任的公民。旗语与手语、电报等内容属于信号发送课程，是童子军训练的重要部分。——译者注

― 第四章 ―
"除了再来一场大崩溃,这一切还能以什么收场呢?"(1837—1857 年)

1838 年位于纽约湾斯塔滕岛(Staten Island)的旗语装置,用于传递曼哈顿的商人交易所与新泽西的桑迪胡克(Sandy Hook)尖岬之间的信号。旗语是大航海时代的产物,曾用于证券价格的传递。1838 年摩尔斯公开演示电报技术之后,旗语渐渐被交易所淘汰,但至今在航海和军事方面仍有应用。(译者根据公开资料整理)

像乔治·斯蒂芬森设计铁路一样,摩尔斯无非也只是把已有的所有零散发明组合了起来,从而发明了电报。摩尔斯唯一原创的就是发明了高效的代码,但是他也费了好几年时间才说服政府出资在华盛顿和巴尔的摩之间进行演示。摩尔斯在华盛顿国会大厦通过电报把"上帝创造了什么"的信息发送给了他在巴尔的摩的同伴阿尔弗雷德·威尔,威尔随即将同样的信息反馈给了他。演示大获成功后,电报立刻像蜘蛛网一样在全美国扩散开来。就在那一年,摩尔斯和他的合作伙伴成立了电磁电报公司(Magnetic Telegraph Company)来经营纽约和费城之间的电报线路。到 1846 年,公司已经开始赢利并分红了。在不到 10 年的时间里,美国境内电报总长达到 23 000 英里,把主要的大城市都连接了起来。1861 年,电报线已经延伸到了美国西部的旧金山市。同铁路一样,早期的电报公司都是地方性质的,只经营区域性的电报业务。但是,从 19 世纪 50 年代开始,一家名为西联(West Union)的公司开始购买一些独立的小电报公司,逐渐形成了一个覆盖全美的电报体系,占据了美国通信行业的主导地位。这一主导地位直到 19 世纪末才因电话的出现而被贝尔公司[①]取代。

早期铁路和电报的合作也是经济协同效应的经典案例,电报线经常沿着已经建好的铁路线铺设,而铁路也很快发展了一套电报信号系统,借此引导火车用比以前快得多的速度在单轨铁路线上安全行驶。

塞缪尔·芬利·摩尔斯（Samuel F. B. Morse, 1791—1872 年）正在展示他的电报发明。（译者根据公开资料整理）

可想而知,美国金融中心的经纪商是这种新通信媒介最早和最主要的用户。在早期的华尔街,传递信息的人也被称为"跑腿者",因为要把经纪人、交易所、场外市场和银行连成一个真正统一的市场,在没有其他通信设施的情况下,传递员必须要跑。这也是为什么华尔街的传递员即使上了年纪或者闲庭信步,至今仍被称作"跑腿者"的缘故。

毋庸置疑,市场的大小永远也不可能超过即时通信所能覆盖的范

[①] 贝尔系统（Bell system）,贝尔电话公司（Bell Telephone Company）使用的系统,贝尔电话公司是美国电话电报公司（American Telephone & Telegraph,即 AT&T）的前身。——译者注

— 第四章 —
"除了再来一场大崩溃,这一切还能以什么收场呢?"(1837—1857年)

围,因此,在19世纪30年代中期,虽然纽约市场已经是规模最大的资本市场了,但波士顿、费城和其他地方的资本市场仍然保持着其重要性和独立性。虽然纽约和费城这两个美国最大的城市之间建成旗语线路以后,其他资本市场的价格会受纽约的价格影响,但并不会完全被纽约的价格所控制和主导,因为在纽约的价格信息到达这些城市的时候,这些价格早已不是最新的了。

但是,电报则完全不同,它可以在几秒钟之内把纽约的价格传送到费城和其他任何地方,而且完全不受天气的影响,全天24小时都可以传送。因此,那些城市作为金融中心的时代立刻宣告结束。这一道理即使在当时也很容易理解,詹姆斯·K.迈德伯瑞在1870年写道:"金钱总有集聚效应,股票、债券、黄金很快就集中到那些金融活动盛行的地方。流动的财富总量越大,这种特性

> "金钱总有集聚效应,股票、债券、黄金很快就集中到那些金融活动盛行的地方。流动的财富总量越大,这种特性就越明显。根据这一原理,伦敦成了世界的金融中心,纽约成了美国的金融中心。在电报发明前就已经成为东海岸主要大都市的纽约,现在成了无可争议的金融中心。"……因此,正是19世纪50年代电报的发明与发展,真正奠定了纽约作为美国金融中心的地位。

就越明显。根据这一原理,伦敦成了世界的金融中心,纽约成了美国的金融中心。在电报发明前就已经成为东海岸主要大都市的纽约,现在成了无可争议的金融中心。当这个金融中心在牛市到熊市间转变时,它会给这片土地上的每个州、每座城市和每个村庄带来巨大的混乱和冲击。"

因此,从真正的意义上来说,正是19世纪50年代电报的发明与发展,确保纽约成了美国的金融中心。假如摩尔斯早在19世纪20年代就改进和完善了电报技术的话(这种假设单纯从技术上来说是完全可能的),费城则有可能已经利用电报技术把整个国家的资金和财富

— 伟 大 的 博 弈 —

都吸引和聚集过来了。①

在电报发明之前,快递公司已经在纽约市和其他城市之间运送证券和钞票了。1840年,波士顿人阿尔温·亚当斯就开始在纽约和波士顿之间专门从事这项业务。一旦电报投入应用,快递服务对维持纽约金融中心的主导地位就显得至关重要了。有趣的是,许多这些最初为运送钞票和证券而成立的快递服务公司,后来都转行进入银行业和经纪业。美国运通公司(American Express)和富国银行(Wells Fargo)就是如此,而华尔街历史上最富有传奇色彩的人物丹尼尔·德鲁的经历也是如此。

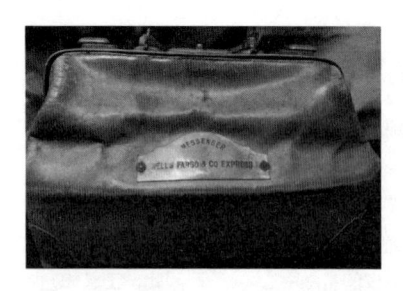

富国银行信使(messenger)的挎包,包内装有枪支以保证运送证券和钞票的安全,现存于纽约的美国金融历史博物馆。(译者摄于2017年)

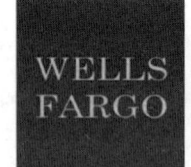

亨利·威尔士和威廉·法戈先后于1850年、1852年创建了美国运通和富国银行,这两家公司早期是为华尔街金融机构递送证券和票据的公司,近水楼台先得月,后来转型为金融机构,如今已经成长为跨国金融集团。(译者根据公开资料整理)

* * *

丹尼尔·德鲁于1797年出生在一个贫瘠山区的农场,当时的达切斯县(Dutchess County)南部,距离纽约60英里,大约一天的路程。

---

① 意指19世纪20年代,费城是比纽约发达的金融中心,如果那时候电报技术得以完善,则费城可以利用既有优势吸引全美国的资金和财富,确定全美金融中心的地位,而纽约则不可能再取代费城成为金融中心了。——译者注

— 第四章 —
"除了再来一场大崩溃,这一切还能以什么收场呢?"(1837—1857 年)

在穷人家庭中长大的德鲁接受的教育非常少,仅仅会读、写和一些基本的算术。由于他的母亲信奉基督教,她把儿子也教育成了宗教激进主义者[①]——那种能忍受地狱般磨难的基督教徒。虽然德鲁一生都深深信奉基督教,并极度虔诚,后来还创办了一个神学院并出资建造过几座教堂,但是他总能把他的宗教信仰同商业行为完全分开。

丹尼尔·德鲁。他是每个礼拜日都要去教堂的虔诚教徒,而在一周余下的时间里,他则在华尔街玩弄各种卑劣的诡计。他最终在穷困潦倒中死去。

E. C. 斯特德曼是华尔街的一位经纪人和作家(1875 年,他创造了"维多利亚"这个词来特指他所生活的时代)。他非常了解德鲁,但也对德鲁能够轻松自如地使用双重道德标准惊叹不已。他写道:"伦理学导师一般都会对那些有着执着信仰并把他们的宗教信仰体现在日常琐事之中的人留下深刻的印象。德鲁大叔最为显著的特色之一就是,他走到哪里,他就会将他的宗教信仰带到哪里,但是,他的神奇之处在于他的信仰似乎不会对他的生活产生任何积极正面的影响。事实上,他甚至能从他的信仰中获得帮助和力量,来实现那些昭示他最丑陋一面的阴谋。"

---

① 宗教激进主义者(fundamentalist),是指对教义持有一种保守的信仰,即一种传统宗教信仰的信徒,而他们的信仰全部基于完全接受《圣经》里每一件事的真实性,包括接受《创世纪》中有关宇宙的来源和反对进化论的观点的信徒。——译者注

"德鲁大叔最为显著的特色之一就是，他走到哪里，他就会将他的宗教信仰带到哪里，但是，他的神奇之处在于他的信仰似乎不会对他的生活产生任何积极正面的影响。事实上，他甚至能从他的信仰中获得帮助和力量，来实现那些昭示他最丑陋一面的阴谋。"

早在孩提时代，德鲁就在一家在当地过冬的马戏团中打工挣钱。很可能就是在这段时期，他在马戏团学会了以后在华尔街上大展身手时招揽顾客的技巧。1812年，他父亲去世，当时德鲁只有14岁。1812年战争爆发后，应征入伍可以得到100美元奖金，于是，他报名成了一名民兵。遗憾的是，英军并没有选择攻打当时防守坚固的纽约城，因此德鲁并没有真正经历过战争。但是，他获得的100美元奖金成了他以后拥有的1 600万美元巨额财富的最初资本。如果在那个时代有《福布斯》（Forbes）财富榜的话，德鲁肯定是美国最富有的前20人之一。

德鲁一开始干的是贩卖牲畜的买卖，他从当地农场上买到牲畜，然后把它们赶到纽约市去卖给屠夫。有一个关于德鲁的逸事流传甚广，尽管很可能子虚乌有，却已被大家普遍认定为事实。据说，有一次，德鲁卖完牲口，突然想到了一个赚钱的好主意。头天晚上，他让牲畜吃了很多盐，但一直不给它们水喝，次日早上，在去往纽约的路上有一条小溪（这条小溪流经那时还是农村的曼哈顿北城的荒地①，现在则在曼哈顿第77街地下流淌），渴极了的牲口一头扎进小溪狂喝起来，每头牲口都喝了几加仑的水，体重也立刻增加了很多，然后德鲁迅速把它们赶到纽约市，在那里把它们按斤论两地卖给屠夫。

大宗牲畜贩卖已经有几千年的历史了，因此德鲁不太可能是第一个耍此诡计的人，况且他也不太可能因为贪图一时之利而毁了日后与

---

① 纽约曼哈顿是自南向北发展起来的，在这个阶段，包括现在曼哈顿中城和中央公园等地段依然是当时曼哈顿城区的郊外。——译者注

– 第四章 –
"除了再来一场大崩溃,这一切还能以什么收场呢?"(1837—1857年)

屠夫的长久生意。但是德鲁已经因此事而闻名,因为这个故事显然已经成为"掺水股"(watered stock)无可争议的来源。"掺水股"这个词从它出现以来,一直让许多研究华尔街历史的作家头疼不已。他们认为,这是19世纪中期所特有的卑劣伎俩。事实上,掺水股从严格意义上讲,不过是指股票发行总量超过实际投入资本。在有关规则被制定出来规范这种做法之前,它的确可以成为帮助坏人作恶的工具。但是,事实上,每一次送红股和股票拆细都是"掺水股",而投资者并不会有任何的不满。这个名词已经从今天的华尔街消失了,原因并不是这种做法不存在了,而是因为这种做法已经普遍化了。

德鲁稳步扩大着他的牲畜贩卖生意,到19世纪20年代,他一次贩卖的牲畜数量已达到了2 000头,而每贩卖一头牲畜可以赚取12美元的利润。1829年,德鲁用他积累下来的钱购买了位于现在第3大道和第26街交叉口上的牛头旅馆。当时,那里还是纽约市区的北郊,一直是纽约的牲畜交易中心。

因为生意的缘故,德鲁也开始经常光顾华尔街,像快递服务公司那样,经常在纽约的郊区和市中心之间为别人递送证券和货币。华尔街立刻吸引了德鲁。像雅各布·利特尔一样,德鲁也热衷于这场大博弈本身,迷恋于战胜对手所带来的那份陶醉和兴奋。虽然德鲁穿着和谈吐都很土,笑声就像母鸡刚下蛋时发出的咯咯声,但很快就没有人再怀疑他的智慧和创新能力了。"我们曾经说过,他是诡秘而又难以捉摸的",他同时代的作家兼投机商福勒写道,"用诡秘和难以捉摸还不能完全形容他,实际上,他像狐狸一样狡猾……20年里,华尔街的猎犬一直在跟踪他的行踪(当然,他现在闭嘴了,当人们在低沉的哀乐中将他埋进墓地后,他终于闭嘴了),可总是被他无穷无尽的诡计所蒙骗"。

一天，德鲁走进纽约市最有名的绅士俱乐部——联合俱乐部（Union Club），他耍了个典型的诡计。他好像正在找人，看起来很焦虑，几次从口袋里掏出大手帕来擦汗。这时，一张纸片从他的口袋中掉了下来，而他好像并没有注意到。当他离开俱乐部后，其他在场的经纪人立刻捡起了那张纸片，上面写着："不论在什么价位，只要在面值以下，你能买到多少奥什科什股票（Oshkosh）就买多少。"

根据亨利·克鲁斯的回忆录记载，奥什科什是家铁路公司，股票价格当时被认

> **掺水股**
>
> 掺水股指公司发行的票面价值大于实际资本价值的股票。
>
> 还有一些观点认为，掺水股从严格的意义上讲，不过是指股票发行总量超过实际投入资本。在有关规则被制定出来规范这种做法之前，它的确可以成为帮助坏人作恶的工具。但事实上，每一次送红股和股票拆细都是"掺水股票"，而投资者并不会有什么不满。这个名词已经从今天的华尔街消失了，原因并不是这种做法不存在了，而是因为这种做法已经普遍化了。
>
> 19世纪末和20世纪初股票掺水曾在美国盛行。目前，这种股票掺水的做法在多数西方国家已被明文禁止。"掺水股"名称的由来源于在将牛赶往集市的途中所喂的大量的盐，从而使牛在称重量前饮进大量的水以增加体重。（译者根据公开资料整理）

当他离开俱乐部后，其他在场的经纪人立刻捡起了那张纸片，上面写着："不论在什么价位，只要在面值以下，你能买到多少奥什科什股票就买多少。"

为严重高估，将会马上下跌。但是这些经纪商根据纸条推测，德鲁肯定知道一些他们所不知道的关于奥什科什公司的内幕消息，因此他们联合起来，购买了3万股奥什科什股票。他们非常小心地从那些德鲁未曾雇用过的经纪人手里购买这些股票——但是，他们不知道的是，此刻，这个经纪人正在为德鲁工作。于是，股票价格以"每天12个点"的速度狂跌。

- 第四章 -

"除了再来一场大崩溃,这一切还能以什么收场呢?"(1837—1857年)

1836年,德鲁成立了德鲁-罗宾逊经纪公司,3年之后,他卖掉了牛头旅馆,从此专心致志地参与这场大游戏,并将其作为终身职业。到19世纪50年代,他已经成为华尔街最主要的玩家之一。此时,美国经济也从1837年大恐慌所带来的低迷中恢复了元气。

* * *

经济"大萧条"终于在1843年结束了,但经济复苏的进程依然缓慢。直到1846—1848年的墨西哥战争结束之后,由于美国在这场战争中获得了新的领土,经济才快速发展起来。1848年的加利福尼亚淘金热则真正改变了整个国家和经济的性质。

1848年1月24日,詹姆斯·马歇尔正在检查他建造的水渠。这条水渠从离萨克拉门托①不远的美洲河引水来推动磨坊水轮,水渠把河水引到了一架水车的顶部。前一天晚上,他开始用引来的水冲刷新设备里的碎片,此时,他突然发现"像豌豆一样但只有豌豆一半大小"的东西在水里闪闪发光。"我的心立刻怦怦地跳了起来,"后来他回忆道,"当时我就确信那一定是金子。""伙计们,"他对他的工人说,"感谢上帝,我们找到金矿了。"

他确实找到了。

美国历史上一件具有重大历史意义的事件——加利福尼亚淘金热,实际上发生在美国的领土之外,而不是在美国本土,

> 美国历史上一件具有重大历史意义的事件——加利福尼亚淘金热,实际上是发生在美国的领土之外,而不是在美国本土,这在美国历史上是个极为奇特的事件。

---

① 加州首府城市。——译者注

这在美国历史上是个极为奇特的事件。[①]1848年2月2日，在签订了《瓜达卢佩—伊杜尔戈条约》（Treaty of Guadalupe Hidalgo）之后，墨西哥战争的停战协议才真正达成。但直到5月30日，也就是在马歇尔"大发现"之后4个月，美国付给墨西哥1 500万美元并豁免了墨西哥对美国的债务，美国的星条旗才真正在美国的西南部飘扬起来。

在当时前往加利福尼亚的淘金者中，选择海路和陆路的各占一半。从东海岸出发的人倾向于海路，从南美洲最南端绕到太平洋，或者从陆地穿越巴拿马地峡到达太平洋海岸后再乘船北上；密西西比河、密苏里河流域的人则往往借助内河穿越大陆。但无论海路还是陆路都需要数月乃至半年以上的时间，图中的这则广告宣称可以用快速帆船尽快将淘金者送到加利福尼亚。（译者根据公开资料整理）

---

① 指此时加利福尼亚州仍属墨西哥，尚未成为美国领土。"加利福尼亚"取自西班牙传说中一个岛的名称，在1850年成为美国第31个州。美国为扩张西南界版图，借故挑起与墨西哥之间的战争。由于双方军事实力悬殊，墨西哥不得不于1848年2月签订《瓜达卢佩—伊杜尔戈条约》，将得克萨斯州、加利福尼亚州、新墨西哥州、犹他州、内华达州、亚利桑那州和科罗拉多州以1 500万美元卖给美国。——译者注

− 第四章 −
"除了再来一场大崩溃,这一切还能以什么收场呢?"(1837—1857 年)

图为美墨战争与加利福尼亚,墨西哥战争(又称"美墨战争")是 1846—1848 年美国和墨西哥之间的一场战争。在美国西进过程中,移民涌入墨西哥领土。1835 年,原属墨西哥的得克萨斯奴隶主发动武装叛乱,宣布得克萨斯"独立",并成立"得克萨斯共和国",最终引发美墨战争,并以美国胜利告终。1848 年 1 月,战争进入尾声之际,马歇尔在加利福尼亚发现了黄金。战后,美国获得包括加利福尼亚在内的大片领土,一跃成为横跨北美大陆的大国。(译者根据公开资料整理)

19 世纪中期,黄金在世界金融体系中占据着绝对的主导地位。英格兰银行在 1821 年采用了金本位制①,宣布它可以按照每盎司黄金兑 3 英镑 17 先令 10.5 便士的价格对黄金和英镑进行不限量的兑换(这个比率是伊萨克·牛顿爵士在主管英国皇家铸币局时制定的)。在 19 世纪英国主宰世界经济的背景下,英格兰银行很快成为事实上的世界中央银行,英镑也成为国际贸易的基准货币。大部分国家只得实行盯住黄金的汇率制度,即便只是出于国际贸易的原因,它们也不得不如此。

金本位制带来的好处就是,在金本位制下经济几乎不可能发生通

---

① 金本位制(Gold Standard),即以黄金为流通领域唯一的本位货币(或称法定货币)的货币制度。——译者注

货膨胀。假如一个国家发行了太多纸币的话，纸币就会相应贬值，随着人们拿纸币兑换黄金，黄金就会随之从国家的国库里流出。在金本位制下，货币供应会受到在背后支持货币发行的黄金数量的限制。黄金数量减少，货币供应就会相应减少。在英格兰，只有英格兰银行有权发行纸币，因此国家很容易控制货币供应。

但是联邦政府并没有自己的中央银行，因此也没有发行纸币。联邦政府的货币供应仅限于各种铸币，包括按照20.66美元兑换一盎司黄金的比例而发行的金币。

当时，美国的"纸币"是由数以千计的各州批准的银行发行的银行券，这些银行良莠不齐，从完全可靠、信誉卓越的银行到彻头彻尾的骗子公司，包罗万象。通常这些银行发行的银行券离它们的发行地越远就越贬值，出版商们甚至出版了《银行券识别指南》，告诉人们哪些银行券是可靠的，哪些银行券的价值值得怀疑。

在19世纪早期，美国并不是出产黄金的主要国家。就在淘金热的前一年，即1847年，美国的黄金产量只有4.3万盎司，而且大部分是开采其他金属时的副产品。但是第二年，由于加利福尼亚金矿的发现，美国的黄金产量达到了48.4万盎司，1849年的产量为193.5万盎司。到1853年，美国的黄金产量已经超过了314.4万盎司，价值6 500万美元。

随着大量黄金突然注入经济，美国经济得以迅速发展，整个国家呈现一片大繁荣的景象（因为大量区域银行通过印发银行票据来支持房贷）。作为经济活跃程度标志之一的财政收入，在1844年只有

— 第四章 —
"除了再来一场大崩溃，这一切还能以什么收场呢？"（1837—1857 年）

2 900 万美元，到了 1854 年已经超过 7 300 万美元。

尽管詹姆斯·马歇尔和他的老板想尽力保守他们发现金矿的秘密，但不用说，他们遗憾地发现，这是根本不可能的。人们抱着一夜暴富的梦想冲到山上，旧金山几乎完全被人遗弃了。由于加利福尼亚离东部很远（直到 1861 年，电报才通到加利福尼亚），这个消息数月之后才传到东部海岸。1848 年 12 月 8 日，詹姆斯·K. 波尔克总统[①]向国会发表咨文，确认发现金矿的传闻是真实可靠的。与此同时，他提供了一个引人注目的证据——一块 20 磅重的金块。这块金块足有一个人的拳头那么大，价值 5 000 美元，这在当时足够一个大家庭过上两年多的舒适生活。

> **西进运动与加州淘金热**
> 西进运动是 19 世纪美国疆界不断向西推进，从东部的大西洋沿岸，越过阿巴拉契亚山、密西西比河，再越过落基山脉，直到太平洋的历史过程，美国的领土因此增加到建国时的 3 倍以上。其间，倘若没有 1848—1855 年的加州淘金热的刺激，美国西部的发展可能要延缓很多年。加州淘金热调动了人们内心对于财富渴求所产生的强大内在动力，无须政府动员，成千上万的人涌向当时待开发的美国西部。1849 年初，加州人口约 2.6 万人，到年底就暴增至 11.5 万人。如今，加州是美国人口最多的州，大约每 8 个美国人中就有一个是加州人，这一定程度上是当年淘金热带来的结果。（译者根据公开资料整理）

结果可想而知，整个国家都处于一种歇斯底里的狂热状态。1849 年有 9 万人浩浩荡荡奔赴加利福尼亚，第二年又增加 9 万人，整个国家的重心迅速向西倾斜。（1851 年，约翰·索尔在《泰瑞浩特快报》中写道："去西部吧，年轻人！"这句话被《纽约论坛报》创始人霍勒斯·格里利引用并流传至今。）

黄金的流入扩大了货币供应并且强有力地支撑了美元，经济在黄

---

① 詹姆斯·K. 波尔克（James K. Polk, 1795—1849 年），美国第 11 任总统（1845—1849 年）。——译者注

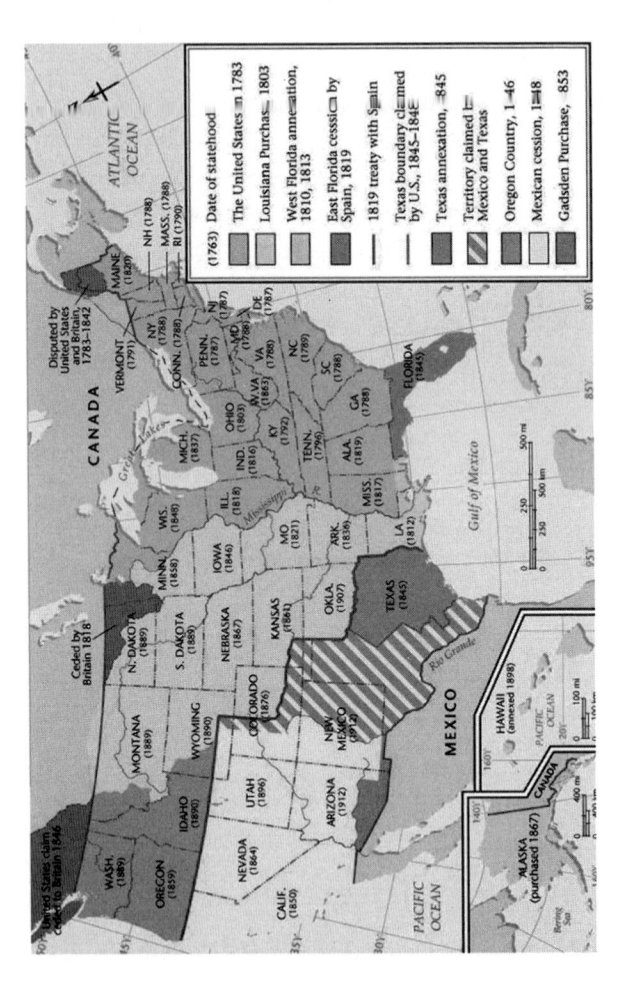

美国从建国时的 13 个州发展到现在的 50 个州，主要是在 19 世纪通过购买和发起战争等手段来实现的领土扩张，包括：1803 年从法国购买路易斯安那（872 192 平方英里），1819 年从西班牙获得佛罗里达（58 560 平方英里），1846 年与英国签约获得俄勒冈（285 580 平方英里），1848 年通过战争从墨西哥夺取加州、内华达、犹他、亚利桑那（共 529 017 平方英里），并于 1853 年购买了 29 640 平方英里土地①，1867 年从俄罗斯购买了阿拉斯加（1 518 800 平方英里）等。（译者根据公开资料整理）

① 即加兹登购地（Gadsden Purchase），美国驻墨西哥公使 J. 加兹登以购买方式兼并墨西哥领土的事件。桑塔安纳政府以 1 500 万美元将科罗拉多河、希拉河和格兰德河之间的梅西亚合地割让给美国。——译者注

— 第四章 —
"除了再来一场大崩溃，这一切还能以什么收场呢？"（1837—1857年）

金的带动下也迅速繁荣起来。那些19世纪40年代不愿染指美国证券的外国投资者现在一窝蜂地开始购买美国铁路债券和政府债券。1847年，美国对外负债为19 370万美元，在接下来的短短10年之内，美国的外债总额翻了一番。

随着铁路向通往加利福尼亚的马车线路起点的密西西比河流域大规模地铺设，美国的铁路总长增加了1.5倍。生铁产量从1850年的6.3万吨激增到1856年的88.3万吨。煤产量也翻了一倍多。

即使大批的移民和淘金者向西开进，纽约依然是整个国家金融和商业系统的中心。《路易斯维尔快报》（*Louisville Courier*）在1857年写道："这个巨大的金融心脏（指纽约）的每一次跳动，从美国东北角的缅因州到佛罗里达州，从大西洋到太平洋的广袤地区，都能感受得清清楚楚。"各州的银行为了方便它们的客户在纽约从事业务，都在纽约的银行存有一笔同业存款。这些资金在1840年只有800万美元，到了1857年已经高达5 000万美元。几乎所有国外对于美国证券的投资都要通过纽约，纽约的商品经纪商则帮助国外进口商购买美国南方的棉花和西部的小麦。纽约的银行家和商品经纪商都在美国南方和欧洲之间的棉花交易中获得了丰厚的利润，以至当南北战争爆发以后，纽约市市长佛南多·伍德（人们对他的评价很低，因此没有人真正在乎他）建议纽约市也从北方联邦分裂出来。

整个经济的蓬勃发展在华尔街得到了反映，即使是一些投资价值令人高度怀疑的矿业股票在场外市场的交易也非常活跃。为了使矿业股票交易更加规范，矿业交易所（Mining Exchange）很快就建立起来。虽然股票交易量大幅上涨，尤其是在场外交易市场，但股票价格并没有随着经济的整体复苏而上涨。其中主要的原因是这段时期美国证券的供应量迅速增加。发生在19世纪50年代的公司并购数量和此前整整半个世纪的一样多。从1851—1853年，纽约市新组建了27

1850年的证券交易所。股票拍卖在重修的商人交易所内举行。此时，经纪人们仍然有真正的"座位"（也就是"席位"）。

家银行，总资本是1 600万美元，这些资本大部分是从华尔街筹集到的。

到1856年，有360家铁路股票、985家银行股票、75家保险公司股票、几百种的公司债券、市政债券、州债券和联邦债券一起加入了交易。但是这些证券中的绝大部分都没有在纽约证券交易所交易，原因是交易所拒绝接受新的、未被市场检验过的证券。在每一个历史变革和经济形势乐观的时候，新股票都是投机者的至爱。因此，一方面，证券交易所的日交易量稳稳地停留在6 000股的水平；另一方面，场外市场的交易量却大幅增长，经常超过7万股的数量。

1857年，整个华尔街一片喜气洋洋，到处洋溢着快乐的气息。19世纪30年代末40年代初的那段黑暗日子已完全被人们抛到脑后，大批涌到华尔街来淘金的新交易商对于那段历史更是一无所知。像每一个华尔街的繁荣时期一样，就在一夜之间，有人暴富，有人沦为赤贫。那一年，乔治·弗朗西斯·崔恩用一首打油诗讲述了他在华尔街的经历：

周一白手起家买房产，
周二债台高筑数百万，
周三琼楼金碧筑雕栏，

– 第四章 –
"除了再来一场大崩溃,这一切还能以什么收场呢?"(1837—1857年)

> 周四劳苦半生终见欢,
> 周五霓裳舞会意阑珊,
> 周六一朝破产褴褛还。

刚到华尔街和纽约的人特别容易受到这里"来也容易去也容易"的氛围的影响,甚至一些已有一定声望的华尔街人也不例外。罗伯特·斯凯勒是菲利浦·斯凯勒将军[①]的孙子,也是亚历山大·汉密尔顿的外甥,他当时担任哈莱姆铁路和纽黑文铁路的总裁。1854年夏季,在对纽黑文铁路的会计审计时,有人发现了一些问题,但是斯凯勒向股东和记者保证,这些问题一定会有一个很好的解释。当时几乎没有人怀疑他的保证,但是进一步的检查发现,除了其他无数的不轨行径以外,斯凯勒还秘密印刷了2万股纽黑文铁路的股票,并且已经将股票脱手,并把200万美元装进了自己的腰包,这些钱在当时可以算得上是很大的一笔财富了。这2万股股票可以算得上是真正的"掺水股"。但是,等到这个消息公开的时候,斯凯勒已经携巨资踏上了前往加拿大的逃亡之路。他一走了之,至死也没有被绳之以法。在当时的华尔街,斯凯勒可以算得上是一个骗术高明的巨骗了,但绝不是唯一的一个。

到1857年年中,繁荣的经济已经显示出衰退的迹象了。"除了再来一场比1837年更大的崩溃,这一切还能以什么收场呢?"美国最大也最有影响力的报纸——《纽约先驱报》的创建者和出版人詹姆斯·戈登·贝纳特在6月27日写道:"政府横征暴敛,公共诚信缺失,各种纸面富贵。人们疯狂地抢占西部的土地、城镇和城市。数以百万计的

[①] 菲利浦·斯凯勒将军(General Philip Schuyler),在美国独立战争中任将军,此后担任纽约州参议员。——译者注

美元，不管是赚来的还是借来的，都花在豪华的住宅和高档的家具上；为了愚蠢的攀比，追逐时尚的暴发户把成千上万的钱花在丝绸、蕾丝、钻石和所有昂贵却没有任何实际意义的东西上——而这些还只是当时太多罪恶中微不足道的一部分。"

这些贪婪的罪恶是一回事，现实的经济数据则是另外一回事了。到这个阶段，加利福尼亚的黄金产量已经趋于平缓，曾经大大刺激美国出口的克里米亚战争和欧洲谷物的歉收也已经结束。6月的《纽约先驱报》写道："我们的码头上停满了船，大部分没有活儿干，有活儿干的报酬也低得可怜。"同时一家波士顿报社也指出，新英格兰地区的纺织业同样处于痛苦挣扎的境地——因为缺乏市场需求，6 000架棉纺机只能闲置在那里。

雪上加霜的是，在夏季和早秋，资金往往会流出纽约的银行，这是由于在这个季节，西部的农场主为了支付收割的费用和偿还贷款，会从当地的银行提走他们的存款，从而迫使这些银行将其存在纽约银行里的资金调回。所以每逢8月，纽约的资金供应都非常紧张。8月中旬，《纽约先驱报》写道："市场上有大量摇摇欲坠、急欲抛出的股票，但找不到一个买家，看不到任何需求。"

8月19日，密歇根中央铁路公司（Michigan Central Railroad）的总裁埃德文·C. 利奇菲尔德辞职，理由是"想留更多时间处理个人事务"。即使在1857年，这样的借口也一样会被看成"公司有了大麻烦"的另一种说法。密歇根中央铁路的股票率先下跌，受其影响，另外几家主要铁路的股票也开始下跌。8月7日，密歇根中央铁路的股票价格是每股85美元；到8月29日，每股只有67美元。伊利铁路从每股34美元跌到了每股21美元，纽约中央铁路从每股83美元跌到了每股74美元。很快，密歇根中央铁路就进入了破产程序。

8月24日，俄亥俄人寿保险和信托公司（Ohio Life Insurance

― 第四章 ―
"除了再来一场大崩溃,这一切还能以什么收场呢?"(1837—1857年)

Trust Company,从它的名字看虽然不像银行,但实际上,它的确是一家银行)纽约分公司停止营业,宣布破产。大量的欺诈行为很快被揭露出来,该公司在辛辛那提的总部也很快宣布停止营业。股价在4天之内下跌了85%,它的储户在银行外面排成长队,希望能侥幸取回一点点原来的存款。当地的一家报纸引用了当时刚刚出版的《大卫·科波菲尔》(*David Copperfield*)中的话:"他们现在所能做的只有'等待着奇迹出现'。"

华尔街经纪商和投机商中比较脆弱的人开始破产了。8月27日,雅各布·利特尔由于不能偿还债务而第四次破产,这也是他职业生涯中最后一次破产。9月,实力稍逊的银行开始走向破产,9月12日,市场遭受了又一次沉重打击,"中美洲号"(Central America)蒸汽船在哈特拉斯角① 外遇到飓风袭击而沉没,船上400名旅客全部遇难,船上装载的价值160万美元的加利福尼亚黄金也随之沉没,对华尔街来说,后者产生了更加直接的后果。

虽然当时大西洋底的电报电缆要到第二年才铺设完工并投入使用(实际上,第二年,它投入使用仅两周后就无法工作了),但伦敦和巴黎市场还是很快就知道了纽约市场的困境,于是,第一次真正意义上的世界金融危机随之爆发。当英格兰银行和法兰西银行开始保护自己的货币时,欧洲市场上的利率立刻飙升。因此,欧洲投资者立刻抽回投资于美国证券的资金,以购买更安全的国内证券。

> 虽然当时大西洋底的电报电缆要到第二年才铺设完工并投入使用,但伦敦和巴黎市场还是很快就知道了纽约市场的困境,于是,第一次真正意义上的世界金融危机随之爆发。

---

① 哈特拉斯角(Cape Hatteras),位于美国北卡罗来纳州外滩群岛(Outer Banks)哈特拉斯岛上一狭长、弯曲的沙洲形成的岬角。——译者注

到 10 月中旬，美国的大部分银行和纽约所有的大银行都停止支付黄金。这些银行宣布放假暂停营业，另一些经营状况还比较良好的银行则利用这个机会增加铸币储备，有条不紊地提前收回贷款。华尔街最糟糕的一段时期终于过去了，到 12 月时，银行已经能够重新用铸币支付了。

但是，这场危机带给纽约金融市场的打击几乎是致命的。半数纽约经纪商以破产告终，还有 985 名纽约商人破产了，留下了 1.2 亿美元的债务，这在当时简直就是个天文数字。正如它当初迅速地出现，短命的矿业交易所也以很快的速度消失了，场外交易场所又变成了一座不见人影的"空城"。甚至许多度过了 1837 年恐慌的实力雄厚的经纪商，在这次危机中也被击垮了。这其中的一个重要原因就是，在前一次恐慌中，他们除了证券经纪业务之外，还有其他业务，但是在 1857 年，他们已经没有其他业务了。

在许多经纪商离开证券经纪业之后，多年来一直像个封闭俱乐部一样运作的纽约证券交易所，现在又有席位可供出售了，一些年轻而更有闯劲的经纪人加入了进来。像亨利·克鲁斯、伦纳德·杰罗姆、科尼利厄斯·范德比尔特、丹尼尔·德鲁、奥古斯特·斯盖尔等，他们将不再局限于华尔街那种靠家族关系和长期合作的运作方式，他们将给华尔街带来革命性的变化。当时正在进行的南北战争给这些华尔街的新生力量提供了前所未有的大好机遇，随后在这里发生的，将是"牙齿和爪子上都沾满了鲜血"的资本主义的活生生的例子，而历史正在拭目以待这一切给世界带来的影响。

当时正在进行的南北战争给这些华尔街的新生力量提供了前所未有的大好机遇，随后在这里发生的，将是"牙齿和爪子上都沾满了鲜血"的资本主义的活生生的例子，而历史正在拭目以待这一切给世界带来的影响。

第四章
"除了再来一场大崩溃,这一切还能以什么收场呢?"(1837—1857年)

同一时代的西方和东方

西方	年份	东方
美国铁路取得重大发展。大量铁路股票在华尔街上市,引发一轮铁路股的投机狂热	19世纪30—60年代	
美国出现经济恐慌,引起银行业收缩。这场恐慌带来的经济萧条一直持续到1843年	1837	
	1839	林则徐于虎门销毁鸦片
	1840	第一次鸦片战争爆发,1842年中国战败,中英签订《南京条约》,英占香港岛,开放五口通商
塞缪尔·芬利·摩尔斯发出了第一份电报	1844	
1847年秋,铁路投机终告破产,英国爆发经济危机并波及整个欧洲	1847	
墨西哥战争爆发,1848年美国获胜,双方签订了《瓜达卢佩-伊达尔戈条约》,墨西哥割让了230多万平方公里的领土	1846	
加利福尼亚发现金矿,淘金热开始	1848	
芝加哥商品交易所成立	1848	
《共产党宣言》在伦敦发表	1848	
	1851	金田起义,太平天国建立
	1853	太平军攻入南京,定为国都,颁布《天朝田亩制度》
	1853	黑船事件爆发,美国用武力强迫日本打开国门。次年,签订《日美和亲条约》

141

（续表）

西方	年份	东方
美国颁布《堪萨斯－内布拉斯加法案》，允许这两个州公开畜奴。反对该法案的人于同年组成共和党。该法案导致工业化和奴隶制的矛盾进一步激化，酿成了堪萨斯内战，最后导致南北战争	1854	中国海关行政权落入外国税务司控制之下，共历时95年
	1856	第二次鸦片战争爆发，英法联军侵华
	1856	天京事变。太平天国内讧，渐趋败亡
美国、英国爆发经济危机	1857	

第五章

"浮华世界不再是个梦想"（1857—1867年）

- 译者题注 -

南北战争在给美国带来巨大灾难的同时，也带来了战争融资的巨大需求，并因此推动了美国资本市场的发展，使之一跃成为仅次于伦敦的世界第二大资本市场。在随之而来的无比繁荣的牛市中，"浮华世界不再是个梦想"……

- 译者导读 -

- 19世纪60年代，美国经历了其历史上最大的伤痛——南北战争。1787年制宪会议上一个悬而未决的问题——奴隶制的存废问题，险些肢解了这个国家。作为第一次世界大战之前100年中最大的战争之一，它的规模和破坏力是巨大的，但这场战争的结局却是令人欣喜的。它以北方政府军的胜利而宣告结束，尽管这场战争的领导人林肯最终付出了生命的代价。美国的南北战争废除了黑人奴隶制，维护了国家的统一，对它的未来产生了深远的影响。内战后，美国成了统一、联合的国家，这奠定了其在20世纪成为世界第一强国的基础。

- 而同样影响深远的是，如何满足现代战争的巨额资金需求，南北战争为此后的战争融资提供了经典范例。华尔街帮助北方发行了大规模的战争债券，使它最终战胜了因大量印钞而引发恶性通货膨胀的南方。成功帮助北方走向胜利的华尔街，第一次从早期的私人俱乐部走向大众，同时也在战争所带来的空前活跃的经济活动和巨大的金融需求的催生下，走向了繁荣的牛市。在南北战争的4年中，华尔街的规模扩张了几十倍。

- 从私募走向公募：在帮助北方政府发行战争债券的过程中，华尔街年轻的银行家没有采用传统的私下向银行和经纪商出售债券的方式，即私募发行，而是革命性地通过华尔街向公众发售战争国债，即公募发行。他告诉普通美国人，购买这些战争债券不仅是一种爱国的表现，也是一笔很好的投资。到战争后期，库克出售国债的速度已经超过北方政府为战争花钱的速度。

- 而与此同时,严重依赖印钞票支付战争费用的南方政府,面对相对于战前高达9 000%的通货膨胀率无奈地接受了战败的结局,而依托于华尔街的融资,尽管也大量印钞支持战争,但北方的通货膨胀率相对于战前只提高了180%,远远低于南方。先进的金融手段与铁路和电报等新兴技术,共同支持北方赢得了这一场奠定美国前途和走向的战争。

- 南北战争对美国和对华尔街的影响同样深远。具有绝佳讽刺意味的是,当成千上万的战士在前线失去生命时,华尔街一夜之间跃升为世界上第二大资本市场,并使得纽约成为一个繁华都市——"浮华世界不再是个梦想"。前所未有的牛市不仅给纽约人带来了纸醉金迷、一掷千金的生活,各种交易所也如雨后春笋般出现在华尔街,场外交易所的交易量甚至一度超过了纽约证券交易所。有趣的是,因为日进斗金的经纪商们忙忙碌碌地穿梭在华尔街上,没有时间有规律地用餐,无意中造就了现代美国社会生活中最重要的文化之———快餐文化。

- 在这一历史时期,华尔街出现了一位典型的自我奋斗式的英雄——范德比尔特。这位16岁就向母亲借钱购买了第一艘驳船的冒险家,在航运事业里获得了巨大的成功,他的航线远至中美洲和欧洲。巨额的财富并没有使范德比尔特裹足不前,在将近70岁的时候,他看到了他所在的时代发生的一个深刻变化——铁路出现了。他毅然决定涉足铁路事业,尽管他曾在乘坐火车时险些被这种在当时还远称不上完善的新生事物夺去生命。

- 范德比尔特开始在华尔街囤积铁路股票。依靠无与伦比的财力和超人的智慧,从未涉足华尔街的范德比尔特在华尔街最大的一次股票围歼战中傲视群雄,成功地击败了最老练的投机商,从而一举确立了他在华尔街至高无上的地位。然而,随着铁路控制权大战愈演愈烈,他将不得不面对同样老谋深算的德鲁和另外两位年轻的投机家:古尔德和菲斯科——他们即将在华尔街共同演绎一场最为惊心动魄的搏斗。

— 第五章 —
"浮华世界不再是个梦想"（1857—1867年）

中国有句古话：战争是由银子堆出来的。① 虽然单场战役的胜败取决于战斗时使用的策略、火力、勇气，以及不可或缺的运气，但从长远看，战争的最终胜利几乎总是属于那些能够将国家的财富有效转化为军事实力的一方。

美国南北战争是人类进入工业时代后的第一次大规模战争，也是在拿破仑陷落②之后、第一次世界大战之前的100多年中人类最大的军事对峙，其规模空前，对社会和经济的破坏程度几乎与20世纪初的那两场全球大浩劫差不多。③ 因此，南北双方都面临着史无前例、无法预知的财政需求，不得不寻找新的办法来应对，以免破坏国内经济。从某种意义上说，北方联邦成功地应对了这些经济挑战，而南方邦联未能做到，这对战争的最终结果产生了重大的影响。

从一开始，战争双方都面临着极度困难的财政状况。由于从1857年开始的经济萧条，此时华盛顿的联邦政府已连续4年出现赤字，主要靠短期贷款来弥补。1857年，联邦政府只有2 870万美元国债，

---

① 此处原文为："Wars, according to an ancient Chinese saying, are fought with silver bullets." 估计指的是《孙子兵法》中的"日费千金，然后十万之师举矣"。孙子曰："凡用兵之法，驰车千驷，革车千乘，带甲十万，千里馈粮。则内外之费，宾客之用，胶漆之材，车甲之奉，日费千金，然后十万之师举矣。"——译者注

② 拿破仑·波拿巴（1769—1821年），历任法兰西共和国第一执政、法兰西第一帝国皇帝，率军多次打败欧洲各封建国组成的"反法联盟"，在最鼎盛时期，欧洲除英国外，其余各国均向拿破仑臣服或结盟，由此形成了庞大的拿破仑帝国体系。1815年，法国军队在滑铁卢败于英国、荷兰、比利时联军，是役法军死、伤、俘3万以上，联军死、伤、俘约2万，之后拿破仑被放逐，退出历史舞台。——译者注

③ 指发生在20世纪的第一次和第二次世界大战。——译者注

> **南北战争的爆发**
>
> 19世纪初,由欧洲率先引爆的资产阶级革命,席卷了整个世界,同时也影响到了美国。美国的政治、经济体系逐渐分裂成南方和北方两个集团。北方采取了资本主义经济制度,以工业为发展重心,而南方依然保留着种植园经济体系。
>
> 由于资本主义经济制度的发展离不开劳动力、市场和原料,因此随着北方大批新兴企业(如矿山、钢铁企业、冶金企业、燃料企业)的新建和机器制造、纺织等行业的出现,北方资产阶级急需保护国内市场,保障原材料供应;需要提高关税、限制外国工业品进口,扩大本国产品的出口;特别是需要大量自由的劳动力。
>
> 相反,南部种植园主为了牟取高额利润,竭力把棉花等原料大批运往英国,并从英国输入大批廉价工业品,因而主张降低关税、扩大进口。特别是,种植园经济依赖农奴作为劳动力,因而南方集团希望保留奴隶制,甚至随着西进运动的发展,将奴隶制扩展至西部新成立的州。
>
> 于是,奴隶制成为南北双方最关注的问题。随着1860年力主废除奴隶制的林肯当选美国总统,南北战争爆发。(译者根据公开资料整理)

1861年,这个数字已经增加到6 480万美元。1860年12月,当南方腹地各州开始一个一个地宣布脱离联邦的时候,国库中甚至没有足够的钱来支付国会议员的薪水。①

1860年12月,联邦政府平均每天的费用支出只有17.2万美元,但是到了1861年的初夏,当战争打响的时候,每天的费用高达100万美元。到1861年年末,这一数字涨到150万美元。1861年12月,北方地区的大部分银行停止用黄金支付债务,几天后,联邦政府也被迫如此。整个国家已经脱离了金本位,华尔街一片恐慌。"国家的根基已经动摇,"林肯说,"我该怎么办?"

为大规模战争进行融资基本只有三种方法。第一种方法是政府提高税收。到战争快结束的时候,联邦政府征税的范围几乎包含了任何

---

① 普通议员现在年薪大约是20万美元。——译者注

― 第五章 ―
"浮华世界不再是个梦想"（1857—1867 年）

可以征税的东西，个人所得也第一次被列为课税对象，大约21%的战争费用是通过税收支付的。从某种角度来讲，美国税收总署（IRS）的前身——美国税务总局（Bureau of Internal Revenue）所发挥的重要作用无疑是南北战争中最大的成果之一。

第二种方法是开动印钞机大量印钞，这也是独立战争时期所使用的主要手段。在南北战争时期，联邦政府总共发行了4.5亿美元所谓的"绿背纸钞"（简称绿钞）[①]，占了战争费用融资的13%，并引发了战时通货膨胀，使价格水平上涨到战前的180%。而南方政府拥有的融资手段远远少于北方政府，它被迫不断印钞以支付超过一半的战争费用，这使南方的经济完全失去控制，发生了恶性通货膨胀，到战争结束的时候，南方的通货膨胀率达到战前的9 000%。

绿钞的发行给华尔街带来了意想不到却十分有意思的影响。当绿钞和金币同时流通时，最古老的经济规律——格雷欣法

林肯雕像，位于华盛顿市中心的林肯纪念堂。（译者摄于2017 年）

---

① 绿背纸钞（Greenback），当时联邦政府发行的一种纸币，由于背面呈绿色，因此被称为"绿背纸钞"。——译者注

- 伟 大 的 博 弈 -

1862—1879年，美国南北战争中联邦政府发行的一种不兑换纸币（不与黄金或白银挂钩），由于背面呈绿色，因此被称为"绿背纸钞"。（译者根据公开资料整理）

则所说的"劣币驱逐良币"就开始发挥作用了。

当时虽然法律规定了绿钞和金币可以同等使用，但消费者在实际支付中总是首先选择使用绿钞，而不使用金币。金币很自然地从流通中消失，而被藏于千家万户的床垫下。但是金币在某些流通环节中是必需的，例如缴纳关税时（联邦政府要求，所有人必须接受绿钞，却对自己网开一面）。于是，华尔街立刻出现了黄金交易和黄金投机。在开始的时候，纽约证券交易委员会允许在交易所里进行黄金交易，但是，人们发现，当北方军队取胜时，黄金

劣币驱逐良币

格雷欣法则，即通常所说的"劣币驱逐良币"规律，是以英国都铎王朝期间王室商人托马斯·格雷欣的名字命名的，指消费者倾向于保留成色高的货币（贵金属含量高），而使用成色低的货币进行市场交易。但事实上，格雷欣并非最早提出这一概念的人，后人发现，提出"地心学说"的天文学家哥白尼在其著作中早已提到了这一原理。但所谓"格雷欣法则"的说法已广为流传，人们并没有纠正。而我们今日熟知的说法"bad money drives out good"（劣币驱逐良币），其实是英国新古典经济学家威廉姆·斯坦利·杰文斯在其1875年著作中的一句名言。我国古代先哲也早有人提出类似思想，西汉时期的贾谊就曾提出，国家应该垄断货币的铸造，否则会导致"奸钱日繁，正钱日亡"。（译者根据公开资料整理）

第五章
"浮华世界不再是个梦想"（1857—1867 年）

的价格就下跌，当南方军队取胜时，价格就上升①，交易所委员会据此认为黄金的交易行为不够"爱国"，于 1862 年停止了黄金交易。为了满足对黄金交易日益增长的需求，场外经纪商很快将吉尔平新闻办公室（Gilpin's News Room）作为交易所进行黄金交易，这个交易所很可能是以其中一名组织者的名字命名的。它于 1863 年正式营业，任何人只要支付 25 美元年费就可以成为它的会员。

> 人们发现，当北方军队取胜时，黄金的价格就下跌，当南方军队取胜时，价格就上升，交易所委员会据此认为黄金的交易行为不够"爱国"，于 1862 年停止了黄金交易。

如同在证券交易所一样，吉尔平交易所的黄金价格也与北方军队的战绩走势相反。在葛底斯堡战役②前夜，287 美元的绿钞只能兑换 100 美元的黄金，创下了绿钞价格的新低。毋庸置疑，黄金的价格牵动着很多人的心，除了人们在一些必要的贸易环节和缴纳关税时需要用到黄金外，华尔街数以百计的黄金投机者也希望通过预测双方军队的胜败来投机黄金以牟取暴利。只要比公众早几分钟得到前线的消息，就意味着巨大的财富，因此投机商们在北方军和南方军中都安插了探子，也因此他们常比在华

> 只要比公众早几分钟得到前线的消息，就意味着巨大的财富，因此投机商们在北方军和南方军中都安插了探子，也因此常比在华盛顿的政府更了解即时战况。事实上，华尔街比林肯总统更早知晓了葛底斯堡战役的结果。

---

① 这里的逻辑是：市场认为，如果北方取胜，则北方政府发行的绿钞将会升值，相对而言，黄金将贬值，而如果南方取胜，则绿钞将贬值，而具有保值功能的黄金则会升值，所以华尔街出现了这种不支持北方打胜仗的"不爱国"的行为。——译者注

② 葛底斯堡战役（Battle of Gettysburg），美国内战后期，1863 年 7 月初，南北两军在葛底斯堡会战，北方军胜利。在该会战前，北方军节节败退，会战胜利后，北方军掌握了战争的主动权，开始进行反攻。——译者注

— 伟 大 的 博 弈 —

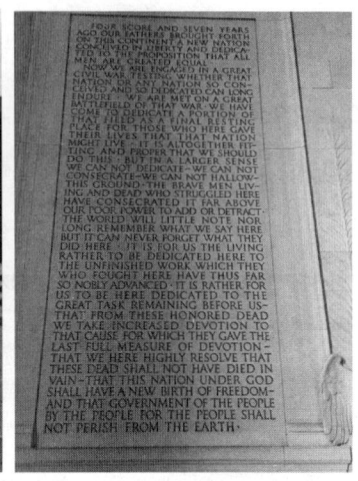

位于华盛顿的葛底斯堡战役纪念雕塑（左图）和林肯在葛底斯堡演讲的铭文（右图）。南北战争在给美国带来巨大灾难的同时，也带来了战争融资的巨大需求，并因此推动了美国资本市场的发展，使之一跃成为仅次于伦敦的世界第二大资本市场。雕像中的将军为米德将军，他指挥北方军在葛底斯堡战役中获胜，对整个战争走向起到了决定性作用。（译者摄于 2017 年）

盛顿的政府更了解即时战况。事实上，华尔街比林肯总统更早知晓了葛底斯堡战役的结果。

　　黄金投机商在投机活动中经常毫无感情地押注北方军失利，他们这一"不爱国"的举动广受抨击和谴责。媒体经常称他们为"李将军[①]在华尔街的左路军"，林肯总统则公开表示希望"所有这些罪恶的脑袋都被毙掉"。但是黄金投机商们在这些抨击面前不为所动。对于其中的幸运者和投机高手来说，有太多的钱等着他们去赚。

　　当时，黄金从卖方转交给买方的过程充满了危险。在发生了几

---

① 罗伯特·埃德温·李（Robert Edwin Lee, 1807—1870 年），美国南北战争时期南方军将领，曾在公牛溪战役（1862 年）、腓特烈斯堡战役（1862 年）及钱瑟勒斯维尔战役（1863 年）中大获全胜，后在阿波马托克斯向尤利西斯·S. 格兰特将军投降（1865 年）。——译者注

― 第五章 ―
"浮华世界不再是个梦想"（1857—1867年）

起大的黄金抢劫案之后，纽约银行开始充当黄金保管人，允许黄金移交在银行内部安全地进行。即便如此，风险依然存在。1865年，曾在纽约证券交易所拥有一个席位且信誉良好的凯特汉姆父子公司（Ketchum, Son & Company）伪造了纽约银行几百万美元的黄金汇票，并且成功地提出黄金，一走了之。

1864年6月17日，国会颁布法令，规定在经纪商办公室以外的任何地方买卖黄金都属非法。这条法令除了关闭吉尔平交易所并将交易者驱赶到大街上之外，带来的一个主要后果就是加大了黄金和绿钞之间的差价。很明显，这个结局并不是国会想要的，所以仅仅两个星期之后，这条法令就被废止了，吉尔平交易所重新营业，而投机依然和以前一样疯狂。包括J. P. 摩根、利维·P. 莫顿（后来当选为美国副总统）、贺瑞斯·克拉克（范德比尔特的女婿）在内的证券交易所会员和华尔街人士都意识到，黄金交易是无法避免的，于是在当年10月，他们一起创建了纽约黄金交易所（New York Gold Exchange），它很快被人们称为"黄金屋"。

据当时的人回忆说，这个黄金屋像一个"阴冷潮湿而充满怪味的大洞穴"，屋子的尽头是一个巨大的钟形标度盘，上面只有一个指针，这个指针用来显示黄金的当前价格。只要这个指针稍微动一下，就有黄金交易商发财或夭折。虽然黄金屋已和之前充满喧闹刺耳交易声的吉尔平交易所（它在黄金屋开业之后就关门了）大为不同，但对于那些心脏比较脆弱或者神经比较敏感的人来说，他们对这个地方依然望而却步。

为战争融资的第三个方法是借款。联邦政府也的确这样做了，借款规模之大，是此前从未有任何其他国家政府做过的。1861年的美国国债总额只有6 480万美元，到1865年已经激增到27.55亿美元，增长了近42倍。战前，政府的支出总额从未超过7 400万美元，但到了

1865 年，仅利息支付一项就是战前政府支出总额的两倍多。

北方军队在公牛溪战役①遭受惨败几天之后，财政部部长萨蒙·P. 切斯亲自到华尔街以 7.3% 的年利率发行 5 000 万美元的债券，他选择这个利率显然是为了使 100 元面值的债券每天能产生两分钱的利息。②虽然他筹集到了这笔钱，但切斯明白，尽管这对当时的华尔街银行来说是笔不小的数目，但相对政府的长期需求，这仅是杯水车薪。

在"石墙"杰克逊（stonewall Jackson）将军的指挥下，南方军队赢得了南北战争中的第一次公牛溪战役（First Battle of Bull Run）。（译者根据公开资料整理）

显然，原来的借款方式已经无法满足政府需要了。幸运的是，陪伴财政部部长去纽约的是一个名叫杰·库克③的年轻银行家。库克的父

---

① 公牛溪（Bull Run），位于弗吉尼亚东北部的一条小溪，是南北战争期间两次重要战役的发生地，两次战役均以南方获胜而告终。——译者注
② 利息为 7.3%，面值 100 美元的债券将产生 7.3 美元的利息，一年有 365 天，相当于每天产生两分钱的利息。——译者注
③ 杰·库克（Jay Cooke），美国金融家，曾在内战中为联邦筹款，并为战后美国东北部的铁路建设出资。他被普遍认为是美国第一位投资银行家，并创办了美国历史上第一家电信经纪行。——译者注

第五章
"浮华世界不再是个梦想"（1857—1867 年）

亲是个律师兼国会议员，库克在俄亥俄长大，此后定居费城，就在南北战争打响时，他在费城开了一家以自己的名字命名的私人银行。于是联邦政府请库克（他的父亲和切斯是老相识）作为代理人来帮助发行一系列新的债券，被称为"5—20 年"公债，这些债券的偿还期最早不少于 5 年、最晚不超过 20 年，年利率为 6%，以黄金支付。

杰·库克，被誉为美国第一位重要投资的银行家，内战期间帮助联邦政府成功发行债券。（译者根据公开资料整理）

库克改变了以往把债券私底下配售给银行和经纪商，再由这些银行和经纪商将债券作为储备持有的传统模式。这一次，库克在报纸和传单上广泛宣传要发行的债券，并说服财政部将债券面值降低到 50 美元。他在报纸上讲了很多故事，以告诉美国普通的工薪阶层，购买这些债券不仅是一种爱国的表现，也是一笔很好的投资。债券销售的成功远远超出了他原先最乐观的估计。

这一次，库克在报纸和传单上广泛宣传要发行的债券，并说服财政部将债券面值降低到 50 美元。他在报纸上讲了很多故事，以告诉美国普通的工薪阶层，购买这些债券不仅是一种爱国的表现，也是一笔很好的投资。债券销售的成功远远超出了他原先最乐观的估计。

在南北战争前，美国持有证券的人数远不到总人口的 1%。除了富人以外，一般美国人还是习惯于把多余的现金藏在床垫之下，但是库克的销售方式使 5% 的北方人口购买了国债。到战争结束时，库克卖债券的速度已经比政府战争部门花钱的速度还快。

随着大量债券和债券持有者涌入金融市场,华尔街几乎在一夜之间发生了巨变。尽管股票市场在战争爆发时狂跌——股票市场几乎总是这样,但投资者随后开始意识到战争将旷日持久,不仅可交易证券的数量将大大增加,而且政府大量的支出将流向诸如铁路、钢铁厂、纺织厂和军工厂等公司,而这些公司产生的利润将流回华尔街,与此同时,这些公司也将从华尔街获得最急需的资本。

华尔街历史上最繁荣的牛市即将开始。

* * *

几乎在一夜之间,华尔街成为仅次于伦敦的世界第二大资本市场。在这疯狂的增长之中,纽约证券交易委员会依然只在上午10点30分和下午1点举行两次例行的竞价拍卖,这显然已经远远不能满足巨大的交易需求了。其他的交易所也随之涌现,以吸收这些过剩的交易量,就像在19世纪早期和中期的华尔街牛市时期一样。其中有一个名称不雅的"煤洞交易所"(Coal Hole),起先只是在地下室进行交易,但很快,它的交易额就超过了纽约证券交易所〔纽约证券交易所在1863年以前被称作常规交易所(Regular Board),此后更名为纽约证券交易所,并沿用至今〕。

煤洞交易所在1864年重组为公开经纪人交易所(Open Board of Brokers),虽然仅存在了短短5年时间,但它对华尔街的发展产生了重大而深远的影响。其中最重要的影响是:它抛弃了纽约证券交易所当时仍墨守的那种坐在各自席位上的"绅士式"拍卖方式,而开创了连续竞价的拍卖方式。经纪商可以在交易大厅指定的位置同时进行不同证券的交易,这些位置现在仍被称为交易柱(或交易台),因为它们仿照的是路边交易市场的交易方式。在路边交易市场上,

- 第五章 -
"浮华世界不再是个梦想"（1857—1867 年）

一个个街灯灯柱代表着一个个交易场所，交易商们聚集在那里进行股票交易。

这种新的交易体系不仅可以让人们更加准确地知道市场价格，也使交易量大幅增加。到 1865 年，公开经纪人交易所（重组后的煤洞交易所）的交易量已经高达纽约证券交易所的 10 倍，纽约证券交易所第一次遇到了对其在华尔街至高无上的地位发起真正挑战的对手。它的管理层开始意识到，他们以前在华尔街的好日子一去不复返了，交易所要想生存下去，就必须进行改革。

据估计，到 1865 年，华尔街的年交易量已达到空前的 60 亿美元。"很多经纪人每天可以赚取 800~10 000 美元的佣金（在当时，1 500 美元相当于一个相当不错的中产阶级家庭一年的收入），"詹姆斯·K. 迈德伯瑞在 1870 年写道，"全民都加入了这个行业中，办公室里挤满了人……纽约从来都没有这么繁荣过。百老汇停满了车，时尚女装的经销商、服装生产商和珠宝商都赚得盆满钵满。周日的第五大道和平日的中央公园都会举行各种盛大而精彩的露天表演，之前从来没有出现过如此丰盛的晚宴、隆重的招待会和盛大的舞会。城市的大道被各种华美和奢侈的物品装点着，让人惊叹不已。终于，浮华世界不再是个梦想。"与此同时，在真正的战场上，成千上万的将士在这场内战中牺牲，阵亡人数超过了以前全部战争中美军死亡人数的总和。

> "……终于，浮华世界不再是个梦想。"与此同时，在真正的战场上，成千上万的将士在这场内战中牺牲，阵亡人数超过了以前全部战争中美军死亡人数的总和。

受 1857 年经济崩溃影响而倒闭的矿业交易所在那一年进行了改组，而且很快就开始大量交易诸如乌拉乌拉古尔奇黄金开采及加工公司（Woolah Woolah Gulch Gold Mining and Stamping Company）之类的股票。这其中有些公司是合法的，有些完全是骗子公司，有些则兼而有之。当时的一个华尔街人士报道说，一个叫作加纳·希尔（Garner Hill）的公司以高价发行了 100 万股，首次募集资金达到 160 万美元，这使得只投入了 3 万美元现金的公司发起人，在扣除 7 万美元的或有费用①外，净赚 150 万美元。

1863 年的纽约中央公园。19 世纪上半叶，纽约迅速扩张，富起来的人们开始向往伦敦的海德公园和巴黎的布隆森林公园这样的大型城市公园，于是纽约州议会在 1853 年批准在曼哈顿中心区域建设纽约中央公园。该公园于 1859 年冬天首次开放，1865 年的游客数量即超过 700 万人，该公园于 1871 年完全建成，是美国第一个城市景观公园（landscaped public park）。（译者根据公开资料整理）

---

① 或有费用（contigent expenses），指承销费等费用的支付取决于股票是否发行成功。——译者注

- 第五章 -
"浮华世界不再是个梦想"（1857—1867 年）

另外一个交易所——石油交易所（Petroleum Board）也在 1865 年成立。自从埃德温·德雷克于 1859 年第一次在宾夕法尼亚州开采到石油后，从事该州油田开发的公司就如雨后春笋般出现，石油交易所就是为交易这类公司的股票而设立的。由于石油还是一个新生事物，其未来前景不明朗，因而有人认为石油未来的主要用途将在医药或者化妆品方面，例如可以用来制造发油等。这些不确定性越发煽动了石油交易所里的投机热情。

然而，许多经纪人并没有在正式组织机构中开展业务，有些人甚至连办公室都没有。当市场不利的时候，他们就突然人间蒸发了，只剩下那些替他们背黑锅的债主。1857 年出现的一个新词——街头流浪者（guttersnipe），常被用来指称这些场外经纪人。但是，到了 1863 年，他们在场外的交易量已多达每天 100 万股。

在这种交易的狂热中，经纪人不再像南北战争前那样，每天可以有规律地回家吃午饭。为了满足经纪人在紧张工作中吃饭的需求，快餐店第一次出现了，从此快餐店成为每个美国城市商业区必不可少的一部分。拜华尔街所赐，美国人的快餐情结得以发展起来。100 年后，伴随着 20 世纪 60 年代的连锁经营潮，在快餐业从夫妻店发展为全国性产业的过程中，华尔街也发挥了作用。

当白天的正常工作时间结束，大街上的交易由于天黑无法再进行的时候，经纪人们就转移到纽约北城的非正式交易所（其中最主要的交易所是纽约最时尚的酒店——麦迪逊广场的第五大道酒店）进行晚间交易。有一段时期，纽约可以一天 24 小时地持续交易，这种情况在此后的一个多世纪里再也没有发生过。

由于同时有很多交易所进行交易，经纪人和投资者数量也不断膨胀，所以对市场的监管几乎不存在。南北战争前，华尔街还只是一个小地方，每个人都相互认识，就像在自家后院举行橄榄球赛一样自觉

南北战争前,华尔街还只是一个小地方,每个人都相互认识,就像在自家后院举行橄榄球赛一样,大家自觉遵循同一规则,并不需要很正式的市场监管。但是现在,情况完全改变了,"人人为己,买者自负"①成了这场新游戏的唯一规则。

这时候,另外一些新人物也被吸引到了华尔街,这些人的名字我们至今都很熟悉,因为他们创造了巨大的财富或具有影响力,例如约翰·托宾、伦纳德·杰罗姆(温斯顿·丘吉尔的外祖父)和他的兄弟阿迪森、弗兰克·沃斯(已故戴安娜王妃的曾曾祖父)、亨利·克鲁斯②、J.P.摩根、杰·古尔德和詹姆斯·菲斯科。但是有一个人,即使是在这些历史巨人之中也赫然屹立,傲视群雄,他就是科尼利厄斯·范德比尔特。他既不是一个经纪人,也不是银行家,他从来不做投机活动,甚至基本不涉足华尔街。但是,在他生命的最后15年里,他成了这场大博弈中最重要的参与者。

范德比尔特于1794年出生于纽约斯坦顿岛,他的父亲在岛上拥有一块农场,站在农场上可以俯瞰纽约湾。尽管供养着一大家子人,但他的父亲并不是一个雄心勃勃的人。在范德比尔特的幼年生活中,对他影响最大的人是他母亲。他出生时就很强壮活泼,6岁的时候,在一次和隔壁家大两岁的童奴赛马中,他差一点儿把自己的马淹死。(虽然在那个时代种族歧视相当普遍,但范德比尔特绝不是一个势利的人,更不是一个种族歧视者。在晚年,他已经是美国最富有的人,但当再次遇到童年时代的玩伴时,他依然邀请这位已成为卫理公会派

---

① 原文为:caveat emptor, caveat venditor。——译者注
② 亨利·克鲁斯(1834—1923年),华尔街著名经纪人,著有回忆录《我在华尔街的50年》。——译者注

— 第五章 —

"浮华世界不再是个梦想"（1857—1867年）

牧师①的朋友来到自己家中，并且盛情款待了他。）

虽然范德比尔特很聪明，但是他对于那些抽象的理论非常厌烦，尤其那些在18世纪和19世纪之交，认为老师权威、生搬硬套、死记硬背是标准的教育模式，更让他无法忍受。尽管他在学校待了6年，时间远远超过大多数同龄人，但他终身不愿掌握那些烦琐的英语语法和单词拼写，因而他的言辞是出名的粗鄙。

他在16岁时就渴望开始自己的事业。一次，在里士满港口一艘待售的双桅帆船上，他看到了机会。

范德比尔特。他本对华尔街的游戏没有什么兴趣，但在被迫参与后，他在游戏中表现出来的高超手法前所未有。他将近70岁才开始涉足铁路业，并在随后的6年里控制了方兴未艾的铁路业。他后来捐赠创建了范德比尔特大学，死时是美国最富有的人。

在蒸汽机出现以前，由荷兰人引进的这种帆船是纽约港主要的运输工具，平底双桅杆的帆船最长可达18米，宽7米，有足够的空间来装载货物。由于吃水浅，它们几乎可以在纽约的任何水域自由航行。

范德比尔特向他的母亲提出借100美元来购买这艘双桅帆船，这在1810年不是一个小数目。他母亲和他做了一个很苛刻的交易，母亲告诉他，如果他能在他生日前把一块尚未开垦的8英亩土地清理干

---

① 卫理公会（Methodist），此教会以积极关心社会福利和公众道德而著称。——译者注

净,并且犁好种上作物,她就同意借钱给他。当时离他的生日只有4个星期了,但范德比尔特把一些邻居家的小男孩组织起来及时完成了任务。

范德比尔特晚年回忆说:"60年前,在5月那个明亮的早晨,当我第一次踏上自己的双桅帆船,升起自己的帆,把手放在自己的舵柄上的时候,我有一种真正的满足感,这种满足感甚至比我后来在哈莱姆逼空战役中挣到200万美元时还要强烈。"范德比尔特的职业生涯是从在斯坦顿岛和曼哈顿之间运送旅客开始的,很快他就成为这个港口公认的最可靠的船长。第一个运输旺季结束时,他不但还给他母亲100美元,还多给了她1 000美元。

1812年的战争确保了范德比尔特事业的成功。军队需要他们能够完全信任和依赖的船运商向保卫纽约港的要塞运送物资,尽管范德比尔特的报价并非最低,但军队还是和他签了合同。在那个年代,大部分情况下,纽约的船运生意并不是靠合同就能保住的,更准确地说,是看谁先抢到生意,然后还要有办法保住它。范德比尔特很快就证明了他的厉害,他身高1.83米,远远高于同时代人的平均身高,他肩膀宽阔,直到中年还强壮无比。在1844年他50岁的时候,他率领亨利·克莱[1]的支持者沿着百老汇大街游行,当一个绰号是"扬基沙利文"的坦慕尼派强硬分子(他同时也是当时纽约最好的拳击手)上前抓住

---

[1] 亨利·克莱(Henry Clay,1777—1852年),美国政治家,他曾在1824年、1832年和1844年三次竞选总统,均未成功。——译者注

– 第五章 –
"浮华世界不再是个梦想"（1857—1867年）

他的马缰绳时，愤怒的范德比尔特从马上跳下来无情地痛打了他一顿。

到1817年年底，范德比尔特估计他的身家已近9 000美元，同时他还拥有数目可观的一支帆船运输队，但他仍时刻关注着任何新出现的变化和机会。他很快就在蒸汽船中看到了光明的前景。他卖掉帆船，开始为托马斯·吉本斯工作，成为吉本斯一艘名为"斯托廷格号"（Stoudinger）蒸汽船的船长。这艘蒸汽船船体很小，绰号"老鼠船"，在纽约和新泽西的新布朗斯维克之间航行。

1840年的美国蒸汽船。1824年，以约翰·马歇尔为首的美国最高法院宣布纽约州政府授予利文斯顿的蒸汽船航运垄断权违宪，不但吉布斯、范德比尔特等蒸汽船经营者受益于此，日益繁荣的航运贸易也为看似输家的纽约州带来远远高于垄断权收费的利益，更是确保了美国经济向着真正的共同市场方向发展。（译者根据公开资料整理）

在当时，吉本斯面临着一个巨大的问题。纽约州政府把在纽约水域经营蒸汽船航运的垄断权授予了与其有着千丝万缕联系的罗伯特·利文斯顿［他出资建造了第一艘成功进行商业化运作的蒸汽船——罗伯特·富尔顿的"克莱蒙特号"（Clermont）］。立法机构还傲慢无理地将利文斯顿的经营水域定义为从纽约水域一直延伸到新泽西海岸涨潮时的高位水线。毫无疑问，大部分人都对这项垄断立法不满。范德比尔特是一个天才的舰船设计师,他说服吉本斯根据自己的设计建造了一艘更大的蒸汽船,并且将这艘船命名为"贝娄娜号"(Bellona),"贝娄娜"是罗马女战神的名字,当时的纽约人深谙历史,马上就明白了其中之意。[①]

一方面,范德比尔特每天驾驶着"贝娄娜号",机灵地躲避着来自利文斯顿的追捕;另一方面,吉本斯在法庭上争取他们自己的权利。利文斯顿公司曾设法贿赂范德比尔特,允诺只要范德比尔特改变立场,公司就会给他每年 5 000 美元的高额年薪,但是他拒绝了,他说,"我会一直陪伴吉本斯先生渡过难关"。尽管在被人冒犯,尤其在被人出卖时,范德比尔特总是显得冷酷无情,但也说明他是一个说话算数的人。一个同时代的人这样写道:"他是一个正直讲信义的人,同样,他的恐吓和威胁也言出必行。"

1824 年,吉本斯赢得了最终的胜利,最高法院的法官们取得一致意见,首席大法官约翰·马歇尔宣布利文斯顿的垄断违宪,因为只有联邦政府才对跨州商事有裁决权。这一案例,史称"吉本斯对决奥格登案"(Gibbons V.S.Ogden),无疑是最高法院做出的几个最重要的裁决之一,因为它确保了美国经济向着真正的共同市场方向发展。虽然在当时"华尔街"的概念还几乎不存在,但范德比尔特等人在追求他们自己的利益的过程中,已经无意识地对华尔街甚至整个国家利益的推动起了重要作用,这是亚当·斯密"看不见的手"在现实世界中的最好例证。

范德比尔特为吉本斯工作到 1829 年,之后他自己也拥有了一艘蒸汽船。他的第一艘蒸汽船叫"卡罗琳号"(Caroline),以他姐姐的名字命名,这艘船因从尼亚加拉瀑布上跌落结束航程而广为人知,不过那已经是在范德比尔特把它卖出以后很久的事情了。在那个蒸汽机船

---

① 意为范德比尔特下决心和利文斯顿斗争到底。——译者注

– 第五章 –
"浮华世界不再是个梦想"（1857—1867 年）

以"做屠杀人类的批发生意"①而闻名的时代，范德比尔特从没有因为失火或者海难而损失过一艘船。到 1840 年，范德比尔特已经是美国最大的船主了，美国《商业日报》（*Journal of Commerce*）因此称他为"船长"，从此，他一直以这个绰号闻名于世。

尼亚加拉瀑布位于加拿大安大略省和美国纽约州的接壤处，水流飞驰而下产生如雷鸣般的巨响，"尼亚加拉"在印第安语中意为"雷神之水"。不少船只在此跌落，包括范德比尔特的第一艘蒸汽船"卡罗琳号"。（译者根据公开资料整理）

范德比尔特永远是一个最有力的竞争者。他自信能比任何人更好、更便宜、更快地经营船队，所以他总是单枪匹马地攻击由一小撮儿船运商组成的卡特尔，而当时，卡特尔在蒸汽船领域十分盛行。卡特尔经常发现，与其与范德比尔特竞争，不如直接给他钱让他离开，后者的代价小得多，而范德比尔特也乐于接受这种解决争端的方式，收到钱后，他就带着船队去另一个地方和新的对手竞争了。到 19 世纪 50 年代，他的商业活动领域已经扩展到了中美洲和欧洲，他甚至亲自开辟了一条穿越尼加拉瓜的航线，但在欧洲，他发现，甚至连他也竞争不过享受大量政府补贴的英国卡纳德海运公司（British Cunard Line）。到美国南北战争开始的时候，范德比尔特可能已拥有了高达

---

① 指蒸汽船经常发生事故。

2 000 万美元的财富。

但是这也令范德比尔特看到了他所在时代发生的另一个深刻变化。在 19 世纪 50 年代后期，他看到了铁路的前景，尽管一直以来，他都对这项新技术有一种天然的反感，但他的这种反感是完全可以理解的。1833 年，当铁路刚刚登上历史舞台时，他就和这个新生事物打过交道——他遭遇了美国历史上第一起重大铁路事故，并差点儿因此而丧命。事故发生时，火车以每小时 24 英里（约 40 公里，在当时已经算是高速了）的速度运行，由于前一节车厢的车轴断裂，范德比尔特所在车厢里的其他乘客全部在这次事故中丧生，只有他幸免于难。他从车厢中被甩了出来，在被火车拖行了一段距离后，被甩到了路基上。他的几根肋骨摔断了，肺也被刺穿，几个月后才康复。

早在 1854 年，他就开始密切关注纽约–哈莱姆铁路（New York and Harlem Railroad）。这条铁路从纽约出发，延伸到和奥尔巴尼隔河相望的一个地方。他会带着午餐，从铁路线的这一端坐到另一端，然后再返回。有一个售票员回忆道："当我收完钱以后，船长经常会缠着我问一些关于哈莱姆铁路的问题，比如，我们每天能运多少加仑①牛奶，我们有多少机车，性能是否良好，农民是否爱护铁路等。"

在快到 70 岁的时候，范德比尔特已经成为美国当时最富有的人之一，就在这时，他决定放弃自己钟爱的蒸汽船并开始涉足铁路事

---

① 1 加仑（英）≈4.55 升。——译者注

— 第五章 —
"浮华世界不再是个梦想"（1857—1867 年）

业。为此，他知道必须去华尔街，因为哈德逊铁路和哈莱姆铁路的股票已成为华尔街市场的龙头股多年。

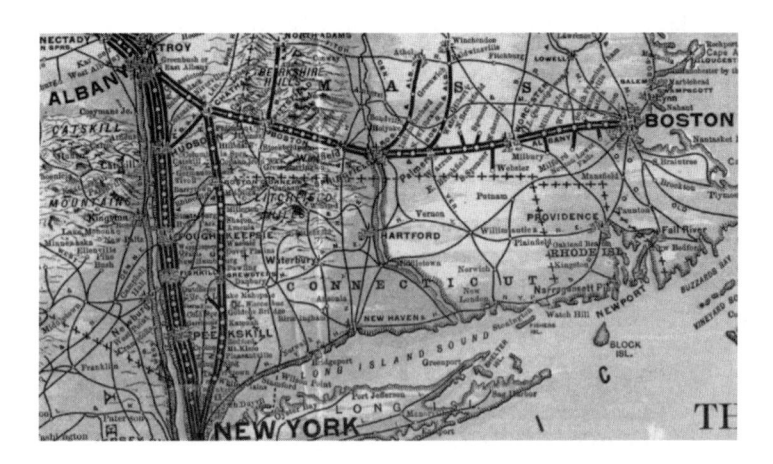

哈莱姆铁路向北延伸，与东西向的波士顿 – 阿尔巴尼铁路交于马萨诸塞州的查塔姆，因此可以选择哈莱姆铁路到达阿尔巴尼，与沿哈德逊河东岸的纽约中央铁路形成了竞争。（译者根据公开资料整理）

1895 年的哈莱姆铁路大桥。这座铁路桥连接了曼哈顿及其北面的布朗克斯区，历经数次改建翻修，从最初 1841 年的木制吊桥到如今的升降桥，它见证了这一地区日益繁忙的运载需求和商业繁荣。早在 19 世纪 80 年代，哈莱姆铁路大桥就达到了每天超过 200 列火车的通行水平。（译者根据公开资料整理）

* * *

范德比尔特无疑是19世纪最伟大的铁路经营者,但他却从来没有修建过一条铁路。相反,他购买铁路,并以无与伦比的效率来经营、扩张,尽一切可能把它们的作用发挥到极限。当时大家普遍认为,哈莱姆铁路既不重要,也没有前途,它建成于1852年,所经过的大部分地区是日趋衰落的乡村。南北战争前,这条铁路的客运收入仅有一年超过了50万美元,货运收入也只在1859年超过了这个数字。即使以19世纪中期的标准来衡量,这点儿收入也是微不足道的。1863年3月,《纽约先驱报》报道说:"在所有交易的铁路股票中,哈莱姆股票的内在价值最低。"

但是,"船长"注意到了其他人所忽视的东西。纽约-哈莱姆铁路和在它西边几英里的竞争者哈德逊铁路,是仅有的两条能够直接通到曼哈顿岛的铁路,它们的铁轨直通纽约市的心脏。哈莱姆铁路沿着第四大道,即现在的公园大道,最开始时可以一直到达纽约的第26大街。但是纽约的市政委员会很快就明令规定,那些危险而又污染空气的火车只能停在第42街的北面,这也是中央车站坐落在第42街的原因。从纽约东面如纽约州或纽黑文过来的火车,必须在向哈莱姆铁路付费之后,才能通过它进入纽约市。而从纽约西边过来的火车则被哈德逊河隔断,停在特洛伊镇的南面,那时,哈德逊河上还没有建桥。

范德比尔特在亲自仔细考察了哈莱姆铁路之后,进一步认识到哈莱姆铁路在管理上的不足。怀着和开拓蒸汽船事业时同样的自信,他相信自己能以更高的效率来经营这条铁路并使之赢利。同时,他还看到另外一个赚钱的机会:州议会在授予哈莱姆铁路运营权的同时,还授权市政议会在其认为合适的情况下,可以给予哈莱姆公司纽约市内有轨电车的经营权。于是,范德比尔特开始买进哈莱姆铁路的股票。

- 第五章 -
"浮华世界不再是个梦想"（1857—1867 年）

纽约中央火车站（Grand Central Terminal），由范德比尔特出资建于 1871 年，建成时为曼哈顿的地标性建筑，后于 20 世纪初原地重建。今天，中央火车站的高度早已被旁边的大都会公司大楼（图中左侧）和克莱斯勒大楼超过。（译者摄于 2017 年）

要想从市议会获得有轨电车的经营权，就必须像贿赂州议会一样贿赂市议会的议员。但至少，市议会比州议会要小得多，因此贿赂成本也就低一些。市议会的议员们无疑是被哈莱姆公司养肥了，而哈莱姆公司也因此获得了最好的线路经营权：贯穿纽约最大最繁忙的街

> 要想从市议会获得有轨电车的经营权，就必须像贿赂州议会一样贿赂市议会的议员。但至少，市议会比州议会要小得多，因此贿赂成本也就低一些。

道——百老汇大街。那个时代的一个作家估计说，这条线路每年有多达 2 亿人次的客流量。除了向市议会议员个人大量行贿之外（议员们当然还利用内部信息，用他们自己的账户购买了大量的哈莱姆股票），哈莱姆公司还答应把运营这条路线年收入的 10% 上交纽约市政府。

范德比尔特并没有参与哈莱姆公司的管理，但他一直在持续地买进股票，尽管很多华尔街人士认为哈莱姆是一只应该做空的好股票。福勒写道："船长涉足华尔街的这趟浑水，对自己的作为毫不避讳，

只是平静地把那些沾沾自喜、被冲昏头脑的空头所卖出的哈莱姆股票大口吞入自己的金融大胃中。"

卖空者等待着哈莱姆股票价格狂跌的时刻，并一度似乎获得了有利于自己的信息。1863年4月23日，授予哈莱姆公司的百老汇线路经营权的法案得以通过，此时哈莱姆股票价格只有每股50多美元。到5月19日的时候，价格已经涨到每股116.875美元，但就在那天，有一股巨大的力量在卖空哈莱姆。而在这个卖空狂潮的背后，最大的卖家就是范德比尔特的"老朋友"——丹尼尔·德鲁，他是哈莱姆公司董事会成员之一。

价格下跌到了80美元，但是范德比尔特继续买进。"每当有人卖空哈莱姆股票时，总有一只巨大的手伸出来把它们接住，它们随即便从人们的视线中消失，仿佛被锁进了一个巨大的铁箱里。"

"每当有人卖空哈莱姆股票时，总有一只巨大的手伸出来把它们接住，它们随即便从人们的视线中消失，仿佛被锁进了一个巨大的铁箱里。"

卖空的原因在6月25日开始明了，当天下午，市议会突然取消了两个月前颁给哈莱姆公司的百老汇线路经营权。哈莱姆的股价就像"一只被射中的鹧鸪"一样直线下降到每股72美元，华尔街的卖空者满怀希望地等着范德比尔特第二天大出洋相。

但是第二天的股票价格并没有下跌，相反，它骤升到每股97美元，第三天达到了每股106美元。《纽约时报》当天解释道："哈莱姆股票的主要持有人是范德比尔特先生和他的朋友，无论空头们准备何时卖给他们哈莱姆的股票，他们在银行里都有足够的现金来支付。此时，空头卖空的哈莱姆股票总数已经超过了哈莱姆的总股本。"

结果，这些空头在卖空合同到期的时候，只好向范德比尔特购买哈莱姆股票来进行交割。这个此前从没有涉足过华尔街的"船长"，

― 第五章 ―
"浮华世界不再是个梦想"（1857—1867年）

在华尔街历史上最大的股票逼空战中，一举击败了美国最老练的投机商。6月29日，星期一，当《纽约先驱报》幸灾乐祸地报道说卖空者可能需要买回5万股股票才能履行合同时，许多卖空哈莱姆股票的市议会议员看到大事不好，急忙改变原来的立场，重新将公交线路经营权授予哈莱姆。范德比尔特也因此允许股票价格下降到94美元，以便让这些将来他可能还用得着的市议员得以从卖空合同中解脱出来。

> 范德比尔特也因此允许股票价格下降到94美元，以便让这些将来他可能还用得着的市议员得以从卖空合同中解脱出来。

《纽约时报》显然对此很兴奋，报纸上这样写道："在这场较量中，公众的同情心完全站在了范德比尔特这边，今天，华尔街上人们的喜悦之情溢于言表，大家互相庆贺，市议会议员和同谋的股票投机商的那些无耻伎俩和诡计，终于得到了加倍的报复。"

范德比尔特虽然轻易放过了或有后用的市议员，但对华尔街的投机商就没打算那么仁慈了。整个夏季，在卖空阵营的一片咒骂声中，他一点点地推动股票价格上涨，直到做空投机商最后以180美元的价格平仓。至此，范德比尔特不仅买下了哈莱姆铁路公司的控制权，还为自己增加了一笔横财。

与此同时，"船长"也在持续买入哈德逊铁路的股票，这条铁路沿着哈德逊河东岸一直延伸到东奥尔巴尼，在那里通过一个渡船连接到纽约中央铁路，该铁路平行于伊利运河延伸到布法罗。到1863年，范德比尔特已经成为哈德逊铁路公司的董事会成员，并且是最大的大股东之一。

一些没有参与卖空哈莱姆股票的投机者显然认为，由于此时范德比尔特正身陷哈莱姆逼空战，因此有机会利用哈德逊铁路股票做些文章了。就在哈莱姆股票逼空战进入白热化之时，他们发起了对哈德逊铁路股票的卖空袭击。他们卖空哈德逊，希望迫使对手增加保证金，制造恐慌，以此使得股票价格进一步下降，企图最终在低位平仓以大赚差价。

范德比尔特立刻反击，他让他的经纪人买断市场上所有的"卖方选择权"（sell's option）。在那个时候，股票买卖通常在做完这笔交易之后的一段时间内才具正交割，通常是10天、20天或者30天，确切交割的时间如果由买方决定，则称为"买方选择权"（buyer's option）；如果交割的时间由卖方决定，则称为"卖方选择权"（seller's option）。当时，大部分的卖空操作并不像现在这样通过借进股票来实施，而是通过使用"卖方选择权"来进行。这些卖方和买方的"选择权"有别于现代期权。[①] 现在的看涨期权（call option）和看跌期权（put option）都只有权利而没有义务去履行合约。

通向纽约的三大铁路之一哈德逊河铁路，紧邻哈德逊河，时至今日仍然非常繁忙。（译者摄于2017年）

[①] 在英文中，选择权和期权都使用"option"这个单词。——译者注

- 第五章 -
"浮华世界不再是个梦想"（1857—1867年）

　　在买进了所有的卖方选择权以后，范德比尔特和他的同盟就在事实上宣告了哈德逊股票逼空战的开始，但是范德比尔特脑海里酝酿的计划比逼空更为高妙，正如金融家罗素·塞奇所说，范德比尔特将要证明"他之于金融，正如莎士比亚之于诗歌和米开朗琪罗之于艺术"。

　　由于有哈莱姆股票战役的牵扯，许多投机商认定此时范德比尔特肯定资金不足。对此"船长"并没有辟谣，相反，他让他的经纪人与其他经纪人进行接洽，请求他们"倒"这只股票（turn the stock），这让那些投机商更加相信他们的猜测是对的。"倒股票"是股票逼空者可以以最少的现金实现买断股票的手段——当然，这种手段风险很高，要求有非常好的运气。"倒"股票时，股票的逼空者会先把股票卖掉，然后以稍高的价格从股票的买方手里买进"买方选择权"，这样，他就可以把现金保存下来。① 但是，问题在于股票的买方并没有义务为逼空者一直持有这只股票，如果他认为逼空将要失败的话，正如事实上大部分逼空的结果一样，他就会卖掉股票，而当他必须履行"买方选择权"义务的时候，他可以再从市场上以较低的价格买进股票，并从中获利。

　　许多卖给范德比尔特"买方选择权"的经纪人就是看中了这一点，并信心满满地认为范德比尔特在资金上几近穷途末路，于是立刻把哈德逊铁路的股票卖掉了。但是，他们错了，范德比尔特有足够的现金储备。当然，他们并不知道这一点。结果，他们把股票卖给了实际上在为范德比尔特工作的经纪商，而根据合同约定，他们必须在以后的某个时间将这些股票交付给范德比尔特。

　　1863年7月上旬，范德比尔特收网了。当卖方选择权合同到期的时候，卖空的投机商们到市场上去购买哈德逊股票，却发现市场上根

---

① 即其拥有股票交割时间的选择权，因而暂时不用支付现金。——译者注

> **买方与卖方选择权**
>
> 在早期股票交易中，买方选择权与卖方选择权，以及现代期权的看涨期权和看跌期权有很大区别。早期股票买卖通常在完成当期交易之后的一段时间内才真正交割，通常是 10 天、20 天或者 30 天。因此，交割时间的决定权非常关键：如果交割的时间由买方决定，称为"买方选择权"；如果交割的时间由卖方决定，称为"卖方选择权"。当时，大部分的卖空操作并不像现在这样通过借进股票来实施，而是通过使用"卖方选择权"来进行。具体来说，早期的卖空方可以在卖出股票之后，再利用卖方选择权拖延交割时间，并在时间窗口内在市场上购进较低价格的股票完成交割，以此通过价格差套利。这些早期的卖方和买方"选择权"与现代的看涨期权和看跌期权的区别在于，现代期权具有选择是否履行合约的权力（right），而非强制性地履约义务（obligation）。（译者根据公开资料整理）

本没有卖家，因为所有的哈德逊股票都在范德比尔特的手里。股票价格几乎是在一夜之间就从每股 112 美元飙升到了每股 180 美元，范德比尔特开始要求那些投机商履行买方选择权合同向他交付股票。这些可怜的倒霉蛋只得面对市场上唯一的卖主，那就是范德比尔特。范德比尔特此时表现得十分宽宏大量，他并没有坚持让那些深陷于自己所构筑的陷阱中的空头立刻履行合同。反之，他愿意借给他们此时所必需的股票，但每日的利息高达 5%。

就这样，正如格兰特①将军夺取维克斯堡②，正如西半球最伟大的战役——葛底斯堡战役决定了美国的命运，正如在美国历史上最大的一次暴乱后纽约街道上陈尸累累，范德比尔特在华尔街的坎尼战争

---

① 格兰特于 1864 年被任命为南北战争联邦军总司令，1865 年接受李将军受降。战争结束后，1868 年，格兰特因军功赫赫当选为美国第 18 任总统，并于 1872 年击败民主党及激进共和党人成功连任。但他 8 年的任期政绩平平，政府更因贪污腐败、收受贿赂、对奴隶主的妥协而遭到批评，使南方民主党人得以在重建后重新控制南方近一个世纪。——译者注
② 维克斯堡（Vicksburg），美国密西西比州西部的一座城市，在美国内战中，于 1863 年 7 月 4 日被格兰特领导的军队占领。——译者注

― 第五章 ―
"浮华世界不再是个梦想"（1857—1867年）

（Battle of Cannae）中扮演了汉尼拔[①]统帅的角色。他两次围歼做空投机商，给自己和同盟带来了300万美元的巨额财富，这次逼空战也被公认为金融操纵史上的杰作。《纽约先驱报》在7月13日称："华尔街从没见证过如此成功的逼空。"

接下来第二年，法院裁定，除了30年前的授权外，市议会无权授予任何新的有轨电车线路的经营权。而此时，百老汇线路已经开工建设了，范德比尔特只好到奥尔巴尼（州议会所在地）去寻求帮助，以获得在建中的百老汇线路的法律许可。毫无疑问，他花了大量的银子，从州议会和州长那里得到了该法案将顺利通过的承诺。丹尼尔·德鲁和其他一些人也跑到了奥尔巴尼去做了有利于这个法案通过的证词。但德鲁本性难改，像以往一样，他又耍了一次两面派的伎俩。他私下里偷偷告诉议员，如果卖空哈莱姆股票，然后把这个法案"枪毙"掉，他们可以猛赚一笔。

德鲁的计划几乎就是前一年春天使市议会官员损失惨重的投机计划的翻版。纽约州政府的官员们怎么会被这样一个计划诱惑，至今令人百思不得其解。E. C. 斯特德曼，19世纪60年代华尔街的一位老手，在19世纪末回忆道："在1864年的春天，奥尔巴尼的政客们应该已经清楚地知晓，就在不到一年以前，纽约市的政客们是如何因为卖空这只股票而将自己置于万劫不复中的。但他们还是愚蠢地、急不可耐地故伎重演，仿佛范德比尔特曾被证明是不堪一击的。或许是因为这些政客通常密谋攻击的目标——财政国库，近来被保护得太好，使他们无法下手；或许是因为在那个年代，政客敲诈私人企业的机会比今天更为受限；或许是因为他们经常在这样或那样的突袭中大获成功，

[①] 汉尼拔（Hannibal，公元前247—公元前183年），迦太基统帅，公元前216年，在坎尼战争中战胜罗马军队。——译者注

> 或许是因为这些政客通常密谋攻击的目标——财政国库,近来被保护得太好,使他们无法下手;或许是因为在那个年代,政客敲诈私人企业的机会比今天更为受限;或许是因为他们经常在这样或那样的突袭中大获成功,并陶醉于由此带来的巨额财富之中,以致智商降到跟一只刚尝过鲜血的野兽一样。"

可以肯定的是,尽管范德比尔特富可敌国,但其资产的流动性还没有达到他想要的那种程度。他手里持有大量哈莱姆铁路和哈德逊铁路的股票,但很不情愿用这些股票作为抵押来获取贷款。德鲁曾预测哈莱姆股票价格会迅速上升,现在看来是正确的。1864年年初,哈莱姆股票价格为每股90美元,到3月26日已涨到每股140美元。就在百老汇线路法案听证委员会发布不利于法案通过的听证报告那天——这通常是一项法案将被束之高阁或否决的前兆,哈莱姆股票的价格立刻跌到每股101美元。如果议员们选择在这个价格把他们在高价卖空的股票买回来平仓的话,他们就已经可以大赚一笔了。但显然,他们或是没有听过,或是听过但没有遵从华尔街最古老的真理:看多的人——"牛"(bulls)能赚钱,看空的人——"熊"(bears)也能赚钱,就是贪婪的人——"猪"(pigs)赚不到钱①。他们没有选择平仓,他们期望股价会跌到每股50美元。范德比尔特悄悄地把他的同伴召集到一起,他们中比较出名的是约翰·托宾和伦纳德·杰罗姆。他们筹集了超过500万美元的资金,开始买进市

---

① 华尔街这句古老谚语的原文:Bulls make money, bears make money, pigs get slaughtered. 这句谚语告诫人们,不要让贪婪左右了你的判断力。——译者注

— 第五章 —
"浮华世界不再是个梦想"（1857—1867 年）

场上所有卖空的哈莱姆股票，这在当时绝对是个不小的数目。3 月 29 日，哈莱姆股票在当天纽约交易所第一次拍卖的价格是 109 美元，在下午的拍卖中涨到了 125 美元。到 4 月底，这个数字变成了 224 美元，范德比尔特和他的同伴被告知，他们此时拥有 13.7 万股哈莱姆股票，但哈莱姆股票总共才发行过 11.1 万股。差额部分是空头们多卖空的股票。

福勒写道："500 个强人，他们头脑聪明，财力雄厚。"但是他们现在在"船长"的掌控之中。当被问及下一步他会怎么做时，范德比尔特怒吼道："让股价升到每股 1 000 美元。"

幸运的是，伦纳德·杰罗姆劝说范德比尔特在坚持正义的同时，也施舍一点儿仁慈，这样对他自己也有利。他告诉范德比尔特，如果哈莱姆股票真的升到每股 1 000 美元，华尔街一半的机构将会面临倒闭，造成的恐慌将非常巨大，以至没有人能预测这会带来什么样的后果。当时很有影响力的经纪人亨利·克鲁斯在他的回忆录中高兴地写道："船长在普世人性的感召下，在杰罗姆富有远见的劝说和恳求下，像古埃及的法老王允许以色列人离开埃及一样，范德比尔特终于答应放了那些议员——允许他们以每股 285 美元的价格购买哈莱姆股票。"

第二场哈莱姆股票逼空战就这样结束了，而且以后永远也不会有第三次了。确实，对于当时整整一代的华尔街人来说，"卖空哈莱姆股票"也就等同于"陷入困境"。

直到 1877 年逝世，范德比尔特在华尔街历史上都一直享有"前无古人、后无来者"的声誉和地位。1869 年英格兰的《弗雷泽杂志》（*Fraser's Magazine*）报道说："与其他所有的华尔街人相比，范德比尔特像一只具有皇家高贵气质和高尚品

"与其他所有的华尔街人相比，范德比尔特像一只具有皇家高贵气质和高尚品德的雄狮，屹立在豺狼和虎豹遍布的沙漠中。"

德的雄狮，屹立在豺狼和虎豹遍布的沙漠中。"

但是，即使在华尔街享有巨大的影响力和崇高的声望，范德比尔特却从来不属于华尔街。他的目标是建立一个铁路帝国，而不是买卖铁路股票。1867年，在应邀成为纽约中央铁路的总裁之后不久，他就把纽约中央铁路和哈德逊铁路合并了，也因此把自己推到了与伊利铁路直接竞争的位置上。伊利铁路同样起于纽约、止于布法罗，只不过其沿途的地理条件相对较差。假如伊利铁路经营良好，范德比尔特无疑也不会过多在意它的存在，因为他有足够的竞争优势，会在这个运输市场中获得"一头雄狮"①的份额。

但是伊利铁路很快就被掌握在丹尼尔·德鲁和两个年轻人——杰·古尔德②与詹姆斯·菲斯科的手中。在这"三驾马车"中，德鲁做事毫无顾忌，古尔德在金融方面是个天才，而菲斯科长袖善舞，他们的传奇至今仍在流传。他们三个的联手让范德比尔特不得安生。范德比尔特迫不得已，决定到华尔街收购伊利铁路公司的股票以控制这条铁路，于是，地狱之门打开了。

同一时代的西方和东方

西方	年份	东方
	1858	清政府分别与英、法、美、俄签订《天津条约》，又与俄订立《瑷珲条约》

---

① 源自一则古希腊寓言：一只狮子和其他一些野兽一起猎取食物，在捕到猎物分食时，狮子提出，它要得到它的那一份儿，也就是一整只鹿。现用来指最大、最好的那份儿，甚至完全独吞，而不管这样做对其他有关的人是否公平。——译者注

② 杰·古尔德（1836—1892年），美国著名铁路建造商和投机商，被称为美国镀金时代最著名的强盗资本家，他在1869年对黄金市场的狙击导致了被称为"黑色星期五"的大恐慌的发生。——译者注

第五章
"浮华世界不再是个梦想"（1857—1867 年）

西方	年份	东方
	1860	英法联军火烧圆明园；攻陷北京。中英、中法、中俄分别签订《北京条约》
俄国废除农奴制	1861	中国洋务运动开始，创办军事工业、实业，编练陆海军，设西式学堂，历时 30 多年
美国南北战争爆发	1861	"辛酉政变"，慈禧太后开始垂帘听政，历时 47 年之久
华尔街爆发黄金投机热，延续至 1864 年	1861	
林肯签署《解放宣言》	1862	
华尔街爆发哈莱姆铁路股票囤积战	1863	
	1864	太平天国运动失败
	1864	中俄签署《勘分西北界约记》
南方邦联军投降，美国内战结束。不久，林肯遇刺	1865	汇丰银行在香港成立
大西洋海底光缆开始运行。同年，J. P. 摩根因牵头签订了"海盗协议"而在华尔街声名鹊起	1866	由于世界棉花市场崩盘引发世界经济危机，中国多家外商银行倒闭
英国爆发世界性的经济危机	1866	
	1860—1870	中国民族资产阶级诞生

第六章

"谁能责备他们——他们只是做了他们爱做的事而已"（1867—1869年）

- 译者题注 -

伊利铁路的股权争夺战充满了硝烟和血腥，股市操纵者们肆意囤积股票，立法官员们与他们狼狈为奸，而当时社会上屡见不鲜的政府腐败和证券法规的严重缺失，使这一切仿佛变成再正常不过的事情，"谁能责备他们——他们只是做了他们爱做的事而已"……

- 译者导读 -

- 范德比尔特和德鲁集团的遭遇战是围绕着伊利铁路的控制权展开的。在这个时期的美国，纽约中央铁路、宾夕法尼亚铁路和伊利铁路共同支撑着从美国中西部到纽约市的陆路运输，范德比尔特希望在这三条相互激烈竞争的铁路之间寻求妥协，以维持价格同盟。可是，对铁路运营毫无兴趣、一心只想靠操纵股市大发横财的德鲁控制着伊利铁路，这使得范德比尔特的如意算盘屡屡落空。被德鲁惯用的欺骗伎俩彻底激怒的范德比尔特最终下决心再次动用他那曾横扫千军的百万美元——在华尔街收购伊利铁路的股票。这揭开了伊利股票囤积战的大幕。

- 今天的人们很难想象19世纪中期美国政府的腐败有多么触目惊心。当时美国最为富裕并且人口最多的城市纽约更是如此。由于证券法律法规严重缺失，在股市中兴风作浪的投机商无一例外地都豢养和控制着忠实于自己的法官，而后者则竭尽所能利用自己手中的权力来影响股票价格的涨落，为其主子的投机活动效力。事实上，股市投机者的博弈在很大程度上变成了一场腐败的立法官员们竞相订立和随意篡改股市规则的游戏。股市博弈的结果，更多地取决于立法官员们侵害公权的无耻程度和技巧高下。

- 范德比尔特开始大量购进伊利股票，同时指使他所控制的法官颁布法令不得增加伊利股票的总量。而德鲁和他的盟友在范德比尔特还浑然不知的情况下，已指使他们控制的法官下达了完全相反的法令，并把大量伊利铁路的可转债券转成了股票，同时还印刷了数万张崭新的伊利股票。范德比尔特控制伊利股票的美梦彻底破碎了，在他反应过来之前，德鲁和他的盟友在市场上全数抛出了他们刚刚"制造"的"掺水股票"，成功席卷了700万美元后逃离纽约。但这场战斗并没有结束，在随后的数月里，双方都继续疯狂地贿赂立法机构以使胜利的天平倾向自己，最终，两败俱伤的范德比尔特和德鲁达成了妥协。

- 硝烟过后，当人们重新审视这个被疯狂的投机者和腐败的立法者搞得混乱不堪的博弈场时，终于意识到需要订立法律来健全上市公司的股票发行制度，尽管相关的法律还需要经历更多的股市阵痛才会真正来临——直到1929年股灾后，美国才于1933年颁布了《联邦证券法》，不过，这将是70多年以后的事情了。

- 第六章 -
"谁能责备他们——他们只是做了他们爱做的事而已"（1867—1869 年）

在华尔街历史上再也不会有第二家公司能像伊利铁路一样受到投机者欢迎了。伊利铁路债台高筑，资本结构混乱不堪，路线设计政治化，内部管理毫无章法，公司诚信更是无从谈起。伊利铁路博弈中的几个主要投机天才充分利用伊利铁路的这些特点，一次又一次地把天真的投资者引诱到伊利铁路这个圈套里来。

"狂热似乎占据了每个人的头脑，"《弗雷泽杂志》在 1869 年这样描述当时的投机狂潮，"一贯传统的商人抛弃了他们一生遵从的原则，孤注一掷，一举买下好几百股伊利铁路的股票；专业人士厌倦了收入的缓慢增长；小职员们已无法忍受那仅够维持生计的工资；牧师也不满足于那少得可怜的津贴。他们蜂拥而至，甚至有经纪行打着男女平等的口号，吸引妇女参与伊利股票的投机。"

人们对于伊利铁路的狂热，恰巧出现在一项极其重要的新技术——股票自动报价机（stock ticker）刚被引入市场的时候。电报令股价在全美范围内快速传播成为可能，但电报发送和接收的两端都需要有熟练的报务员。1867 年，埃德温·A. 卡拉汉发

1872 年，投机者们正在读股票报价机上的股票价格。借助大规模的债券发行和证券投机，美国南北战争迅速扩展了华尔街的规模，而股票自动报价机的发明则大大提高了华尔街的影响力——它可以在毫秒之间将股票价格传遍整个国家。

明了第一台股票自动报价机，这台机器能够把从交易所大厅通过电报传过来的股票价格自动打在纸带上。与之前阅读定期的交易活动报告不同，如今全美的经纪人都可以直接跟踪每一笔交易的实况。伊利铁路投机战即将爆发，他们很快就会有很多"战况"要跟踪了。

至此，伊利铁路投机中最重要的投机商是丹尼尔·德鲁，他同时也是伊

1867年，第一台股票自动报价机问世，投资者能够更方便地获取股市信息。（译者根据公开资料整理）

利铁路的董事。即使在那个年代，德鲁在伊利之战中的所作所为也是一个传奇。同为投机者的福勒这样描述德鲁：

> 伊利铁路在他手中就像中国独弦琴[①]，他在上面只弹两个音调：当伊利股票价格涨到高位时，他就会高唱："快来买我的伊利股票啊，快来买我价值连城的伊利股票啊。买吧，快买吧！"
>
> 当伊利股票价格走低时，他也会高唱："快卖给我伊利股票啊，快来卖给我一文不值的伊利股票啊。卖吧，快卖吧。"

---

① 又称一弦琴，属于泛音演奏乐器，可以在一条弦上同时奏出两个音，正好对应德鲁"弹奏"的买、卖两种"音调"。——译者注

第六章
"谁能责备他们——他们只是做了他们爱做的事而已"（1867—1869 年）

于是，整个华尔街都为他甜美的嗓音所着迷，他们从德鲁那里高价买进伊利股票，然后又低价卖给德鲁。每天晚上，德鲁大叔都会梦到巨大的钱袋，而第二天他总是梦想成真。随着他的独弦琴响起，财富就滚滚而来——它们都来自伊利铁路。

成为德鲁牺牲品的不仅仅是那些入市不深的投资者。1864 年秋，约翰·托宾和伦纳德·杰罗姆开始逼空伊利股票，他们从德鲁手中借钱购买股票，德鲁也向他们许诺，当股票在某一价位之上时，他不会卖出。11 月上旬，伊利铁路股票的价格达到每股 102 美元，但随后，价格就开始下跌了。到了第二年年初，它已经跌到了每股 80 美元。推动股票价格下跌的是一连串的卖空，这是谁干的？还能是谁？就是丹尼尔·德鲁，他正兴高采烈地违背对托宾和杰罗姆的承诺。随后，德鲁说服了一个与其私交甚密的法官发布禁令，不允许伊利股票发放股息。接着，他又突然要求收回他给杰罗姆和托宾的贷款，迫使他们以很低的价格卖掉股票来偿还贷款。

对于伊利股票的全面恐慌爆发了。"格兰特和谢尔曼在猛敲里士满的大门[①]，"福勒写道，"华尔街上的又一次大逃亡开始了。""……那些当初以每股 80 美元买进伊利股票的投资者一度以为自己捡了便宜，现在却不得不以 45 美元的价格卖出，甚至觉得连 20 美元都不值。市场上随处可见 5 000 股或者 1 万股的卖盘，股价稍有抬升，巨大的卖压就又立刻把它打了下去。股价最终在每股 42 美元触底。"

范德比尔特很讨厌这种欺骗伎俩，他在 1865 年辞掉了伊利铁路的董事职务。但是，范德比尔特对纽约中央铁路的兴趣却越来越浓，1867 年年底，他成了这家公司的总裁。随着他旗下的铁路扩展至五大

[①] 格兰特（1822—1885 年）和谢尔曼（1820—1891 年）是南北战争时期北方联邦军队的将领，里士满是南方邦联的首都，这里借此描述华尔街上的"战斗"。——译者注

> **美国史上最富有的人**
>
> 《福布斯》2007年公布的"美国史上15大富豪"排行榜,通过个人财富占当时GNP(国民生产总值)的比重来排列美国历史上最富有的15个人。其中,科尼利厄斯·范德比尔特名列第三位,仅次于"石油大亨"约翰·洛克菲勒(第一位)和"钢铁大王"安德鲁·卡内基(第二位)。杰·古尔德虽然略逊一筹,排在第11位,却位于亨利·福特(第12位)、比尔·盖茨(第13位)、安德鲁·梅隆(第14位)、沃伦·巴菲特(第15位)之前。(译者根据公开资料整理)

湖区,他开始以一个更开阔的视角看待纽约州的铁路。他本能地意识到铁路本身是一个以量取胜的行业,铁路有很高的资金成本,而且不管是空载还是满载,火车都必须按照时刻表运行,经营铁路就意味着必须要每时每刻去争取生意,否则就会走向破产。在19世纪,铁路行业的价格战是一个司空见惯的现象(出于同样的原因,现在正在放开管制的航空业也是如此),而避免价格战的唯一办法是原来相互竞争的铁路形成同盟,即卡特尔。①

三条铁路(以及不堪重负的伊利运河)支撑着从美国中西部地区到纽约的商贸活动:纽约中央铁路、伊利铁路和宾夕法尼亚铁路。其中,纽约中央铁路由范德比尔特掌舵,这无疑是良好管理和高效运营的一种保证。在托马斯·斯科特领导之下的宾夕法尼亚铁路也以"把投资者利益放在首位"而著称。最变化无常的就是伊利铁路。只要德鲁依然我行我素,保持自利的管理方式,这三条铁路之间达成的任何协议就都只是一纸空文。基于这种形势,范德比尔特下定决心,要在

---

① 卡特尔(Cartel),是一种在同领域中互相竞争的公司间达成的协议,用以控制价格或者抑制新的竞争,分为公共卡特尔和私人卡特尔。公共卡特尔是指由政府出面对一个市场的竞争价格进行调控;私人卡特尔则主要是为了结盟控制价格并获取收益。私人卡特尔是托拉斯的早期表现形式,在很多国家都被反托拉斯法所禁止。现在的石油输出国组织(OPEC)其实就是卡特尔的一种表现形式。——译者注

- 第六章 -
"谁能责备他们——他们只是做了他们爱做的事而已"（1867—1869年）

1867年10月8日举行的伊利铁路董事会选举中占据一个董事会的重要位置。

他不费吹灰之力就可以找到盟友，因为他在波士顿集团手上有足够多的伊利股票，能够轻易地控制选举并把德鲁从董事会名单中剔除。但是，德鲁在蒸汽船时代就和范德比尔特打过交道，因此对范德比尔特非常了解。德鲁登门拜访范德比尔特，并且使范德比尔特确信，将他留在董事会是范德比尔特最好的选择。他保证将成为范德比尔特最忠实的利益代言人，并帮助监督波士顿集团的所作所为。范德比尔特信以为真，但由于范德比尔特以前在华尔街说过很多德鲁的坏话，因此他们设计了一个策略，既能反映范德比尔特立场的转变，又能为他保留面子。

德鲁在董事会选举中很自然地落选了，但第二天，新当选的董事利维·安德伍德就辞去了董事的职务，德鲁重新获选成为董事，以替代安德伍德。德鲁甚至还重新担任伊利铁路的财务主管，他上次担任此职务还要追溯到19世纪50年代中期。同时当选董事的还有华尔街默默无闻的两个人，几家报纸在报道的时候甚至拼错了他们的名字，他们是杰·古尔德与詹姆斯·菲斯科，但他们默默无闻的时间不会太长了。

古尔德比范德比尔特和德鲁年青一代，他出生于纽约州北部的一个农场。他身材瘦小，也不怎么健康，一位报道古尔德的记者在回忆

杰·古尔德。他可能是历史上这场游戏中最聪明的玩家了。

录中这样写道:"我看到他一头扎进了萨拉托加①的土耳其温泉。他的胳膊很细,胸部瘪瘪的,脸色蜡黄,还有他的腿,那么细!我从来没有想到,这么一头出名的'公牛'在现实中长着这么可怜的'小腿'。我不敢肯定,你是不是能将餐巾环套在他的脚上,然后推到膝盖。"②但是,无论他的身体有多少缺陷,他的智力和意志力都足以弥补他身体上的不足。他唯一的愿望就是发财,他将用他短暂的一生全力以赴地实现自己的愿望。

詹姆斯·菲斯科则完全是另一番模样。他有着异乎寻常的强壮体格,即使用19世纪并不苛刻的标准来衡量,他的体重也严重超标。他的一生只追求一件事情:玩得好,过得好。"无耻!无耻!"当菲斯科还活着的时候,福勒就这样描写他,"一而再,再而三,三而四。厚颜无耻,无人可比,无人可及,无耻透顶!"

菲斯科出生于佛蒙特州南部的一个小贩家庭,同古尔德一样具有久远的新英格兰血统。在10岁的时候,他就全面接管了他父亲的生意,并把生意迅速做大,而他的父亲反而为他打工。到南北战争爆发时,他刚刚20岁出头,那一年他卖掉了自己的店铺,受雇于波士顿的乔丹-马什(Jordon Marsh)纺织品公司。凭着出色的推销能力,他成功地与联邦政府签订了许多合同,而且他擅于突破联邦政府的禁运令,把棉花走私到了北方,供他自己的公司使用。

战争结束的时候,菲斯科离开了乔丹-马什公司,公司以6.5万美元买断了他的股份,这在当时不是一笔小钱。尽管在股票方面毫无经验,但他还是在宽街38号开了一家经纪公司,这家公司正好位于新建的纽约证券交易所大楼对面。他施展出当初在华盛顿拉拢军需补给

---

① 萨拉托加是位于美国纽约州东部的一个村落,附近有温泉疗养地。——译者注
② 这里的意思是讽刺古尔德的腿非常细。——译者注

- 第六章 -
"谁能责备他们——他们只是做了他们爱做的事而已"（1867—1869 年）

官和政客的手段，但华尔街不是华盛顿，这里的大佬们吃他的大餐，喝他的香槟，却把他带到了破产的边缘，他很快就输得精光。

但菲斯科不久就卷土重来。他出色的谈判技巧成功地让德鲁正在亏本经营的"斯托宁顿线号"（Stonington Line）蒸汽船以 230 万美元的价格卖了出去。德鲁为此非常高兴，把他雇为自己的众多经纪人之一，帮助他在华尔街重新立足。

很明显，古尔德和菲斯科是在选进伊利董事会时才第一次见面的。他们简直是天壤之别。福勒这样描写菲斯科："他总是不停地开玩笑，好的玩笑，坏的玩笑，还有一些极其无聊的玩笑。"而古尔德的侄女这样描述她叔叔："他出奇地沉默寡言，但他说的每一句话都经过慎重考虑，在任何场合，他都举止得体。"他们俩都是如此精明，以至他们一见面就立刻意识到对方身上所具有的自己缺乏的东西。他们将成为华尔街最"出色"的组合。

*　　*　　*

仅仅三个月之后，德鲁就违背了他对范德比尔特的誓言，他和其他董事使用范德比尔特最痛恨的伎俩——联合坐庄（pool），以推动伊利股票价格上涨。由于他在投机方面有着毋庸置疑的天分，他经常被当时的报纸称为"投机导演"——他在投机操作中扮演总指挥的角色。在 1868 年 1 月，伊利股票的价格刚刚上涨到每股 79 美元，但随后就立刻跌到 71 美元，这意味着背后有人在大笔沽空。新闻界人士毫不怀疑谁是幕后的操纵者，《纽约先驱报》报道说："投机导演的爪牙一整天都在竭尽全力地制造恐慌，散布比平时多得多的关于各种股票的谎言，尤其是关于伊利股票的谎言。"

联合坐庄集团里有一个成员（我们并不完全知道他具体是谁），

德鲁曾资助他购买伊利股票。他心存疑虑，偷偷调查了他买的股票出自谁手，却惊恐地发现这些股票竟然来自坐庄集团同一名经纪人。①他和其他成员一起找到德鲁，要求德鲁按照承诺把股价拉上去。

"我已经卖掉了我们所有的伊利股票，赚了一笔，"德鲁平静地回答道，"现在正准备分钱。"

查尔斯·弗朗西斯·亚当斯和他的弟弟亨利合写的《伊利岁月》（*Chapters of Erie*）是早期新闻调查的杰作，他们这样解释德鲁的所作所为："投机集团的总指挥把钱借给了其中一位成员，让他有财力购买集团所有其他会员的出货，这样就神不知鬼不觉地把他套了进去，然后，总指挥在集团内分配利润。他也会很平静地把原本属于这个牺牲者的钱的一部分作为利润分成返还给他。"

弗兰克·沃克是范德比尔特在董事会里的耳目，他很有可能也成为德鲁阴谋的牺牲者，于是，他把发生的一切都告诉了范德比尔特。范德比尔特有点儿紧张了，他一直希望伊利铁路能够和他（哈莱姆铁路）以及宾夕法尼亚铁路合作，平分进出纽约交通运输的市场份额，这样的话，每家都可以获利。但伊利董事会很快就否决了范德比尔特的这一提案，董事会中除了弗兰克·沃克投了赞成票以外，大部分董事都认为这样的安排不公平，伊利铁路所占的份额应该更大。

范德比尔特意识到董事会行为背后的真正意图：向他宣战。他下定决心，不惜一切代价控制伊利铁路。如果不能通过控制董事会来达到目的，他就会采取另一种方法：收购。"范德比尔特不习惯接受'失败'这样一个词，"亚当斯写道，"而且，这一次，他有一种被背叛的

---

① 联合坐庄意为一些人共同买入某一只股票，推动该股票的价格上涨，而在这里，德鲁却是个两面派，在买入股票推高股价后，悄悄地指挥其他成员卖出股票，而使坐庄集团的某个成员蒙在鼓里，继续买入，在客观上为其他人接盘。——译者注

– 第六章 –
"谁能责备他们——他们只是做了他们爱做的事而已"（1867—1869 年）

感觉，这种在全华尔街人面前被愚弄的感觉，尤为刺痛了他。以往一连串的胜利使得原本就心高气傲的范德比尔特更加自负，他绝不是那种在尊严受损后，只会坐下来暗自垂泪而无所作为的人，更何况，现在他的如意算盘完全打错了。在被别人算计后，他一定会拿起他最钟爱的武器——能够横扫千军的百万美元。"

即使范德比尔特拥有巨额财富，要想打赢这场战争也是困难重重。伊利铁路正式流通在外的公众股有 251 050 股，但这并不是伊利所有的股票。早在

经纪人正在抢购伊利股票。"伊利股票大战"给了华尔街最激动人心的一段时光，它的疯狂程度也说明，当时的华尔街需要制定新的规则来保证市场的平稳有序。

1866 年的时候，德鲁贷给伊利公司的 348 万美元，是以 2.8 万股未公开发行的股票和 300 万美元的债券作为抵押的，这部分债券可以转换成 3 万股股票，并且可以再从股票转换成债券。这就意味着，只要符合德鲁的投机目的，他随时可以使伊利股票的总量变化 10% 以上。

此外，德鲁还是伊利铁路的财务主管，他完全可以利用职务之便在必要的时候发行或"制造"更多的股票。范德比尔特如果想通过收购来垄断伊利股票，他就必须设法阻止德鲁无休止地发行更多的伊利股票。于是，他请求纽约州最高法院（New York State Supreme Court，也译作高等法院或高级法院，像现在一样，在纽约州混乱不堪的司法

术语中,这里的最高法院并不是级别最高的法院,恰恰相反,它是最低一级的法院)法官乔治·G. 巴纳德给予帮助。据斯特德曼所述,巴纳德是一个"坦慕尼奴隶"(Tammany Helot),在范德比尔特的"资产"中是有编号的。①

今天,我们可能早已忘记了19世纪中期的美国政府有多么腐败,而且没有什么地方比纽约这个美国人口最稠密也最富裕的州更腐败了。美国当时的政治报酬体制(spoils system)注定了其官僚体系既无能又腐败。同时,政治俱乐部(其中最著名的就是坦慕尼派俱乐部)又垄断了国家的政治机器,确保那些腐败官员赢得选举。

早在1857年,贿赂和欺诈就已经大行其道,以至于乔治·坦普顿·斯特朗律师(George Templeton Strong)在他的日记中写道:"感谢仁慈的上帝,纽约州议会已经休会。"几年以后,贺瑞斯·格里利(Horace Greeley)在《论坛报》(Tribune)中有这样一段话:"在未来的10年里,我不认为议会大厅将再一次充斥着一群不顾后果、毫无公德、腐败透顶、寡廉鲜耻的人。"然而,事实证明他大错特错。

华尔街上商业和金融业的蓬勃发展只会让这些政客们变得更加贪婪。1868年,纽约州议会通过了一个法案,这个法案被州长及时地批准生效。这个法案实际上是把贿赂合法化了。按照这个法案,"法庭

---

① 指巴纳德是被范德比尔特收买的。——译者注
② 指美国一个党派竞选胜利后,任命其支持者为政府官员的做法。——译者注

- 第六章 -
"谁能责备他们——他们只是做了他们爱做的事而已"（1867—1869 年）

不能只根据行贿方的证词就证明受贿方有罪——除非行贿方证词中的核心部分有其他证据作为旁证"。在电子时代来临之前，这意味着只要议员们是在私下里以现金形式接受贿赂，定罪就是不可能的事情。纽约下议会的秘书哈德逊·C. 坦纳（Hudson C. Tanner）于 19 世纪 80 年代卸任后写了一本揭露当时政治黑幕的书，他说："'公平地竞选和诚实地点票'完全只是政治口号，诚实地点票已经让位于'诚实地清点礼金'。"

图为坦慕尼大厅（Tammany Hall），已于 1927 年拆除。坦慕尼派俱乐部（Tammany Society）从十九世纪二十年代起就活跃于纽约社交圈和慈善圈。1828 年安德鲁·杰克逊当选总统，它开始介入政坛，成为民主党在纽约的支柱。特别是在 1845 年爱尔兰土豆病虫害歉收引发大饥荒和逃荒潮，每年 10 万左右的穷人移民美国，坦慕尼派俱乐部便协助这些人安顿下来，介绍工作，寻找住所，甚至为他们加入美国籍提供帮助。在选举时，这些人自然会投坦慕尼中意的候选人，使得坦慕尼派俱乐部成为纽约市乃至纽约州的选举机器，当选的议员再任命行政官员，整个俱乐部逐渐沦为政商交易和腐败的大本营。（译者根据公开资料整理）

司法机关的状况比立法机关也好不到哪儿去，坦纳在他的日记中写道："最高法院是我们最大的阴沟，律师则是一群老鼠。我的比喻可能对老鼠有点不公平，因为老鼠是非常干净的动物。"纽约州的法官从19世纪40年代起就开始通过选举产生，这使得他们彻底依赖于政治机器。到19世纪60年代末，《弗雷泽》杂志向已经完全被弄糊涂的英国读者解释道："纽约有一个独特传统，诉讼人最好在花钱聘请律师的同时还花钱聘用法官，特别是对于马上就要开始的诉讼案（如伊利诉讼案），在发生紧急情况的时候，重要的是诉讼双方都必须拥有他们可以暗中依赖的法官。"

> "最高法院是我们最大的阴沟，律师则是一群老鼠。我的比喻可能对老鼠有点不公平，因为老鼠是非常干净的动物。"

南北战争之后，整个政府一片腐败，而从这个腐败时代走出来的商人，如安德鲁·卡内基、约翰·戴维森·洛克菲勒[①]和J. P. 摩根，他们也总是把政府看作使市场获得有效监管所需解决的问题之一，而不是解决这些问题的手段。他们总是依靠自己的力量来阻止市场混乱，而不是试图利用这个国家中最容易被收买的机构——政府来解决问题。后来的自由派历史学家[②]在谈论到"强盗资本家"时，几乎全部闭口不谈这个事实。

*　　*　　*

1868年1月26日，范德比尔特让巴纳德法官颁布了一个法令，

[①] 约翰·戴维森·洛克菲勒（John D. Rockefeller, 1839—1937年），美国石油大亨。——译者注
[②] 自由派历史学家强调个人的作用，认为历史是由政治领袖和杰出人物所推动。——译者注

– 第六章 –
"谁能责备他们——他们只是做了他们爱做的事而已"（1867—1869 年）

禁止任何伊利公司的债券转换成股票，同时也明令禁止丹尼尔·德鲁本人"卖出、转让、交付、处理和放弃"所持有的伊利股票。范德比尔特以为德鲁就完全处于他的控制之下了，并让他的经纪人进入市场悄悄买入伊利股票。范德比尔特对于他很快就会获得伊利铁路的控制权非常有信心，但是，"船长"严重低估了德鲁，据《先驱报》报道，此时德鲁"正在嘲笑这个法令"。

德鲁立刻着手把他的可转换债券转换成股票，同时发行了更多的可转换债券，并立刻将它们转换成股票。2 月 29 日，有人看到他走进位于宽街 19 号威廉奚斯公司的经纪人办公室，"过了一会儿，"福勒写道，"5 万股崭新的伊利股票在办公室里沙沙地响成一片，就像 7 月正午的蝉鸣。"当然，"船长"还蒙在鼓里，但伊利股票的流通盘却已经在刚才增加了 20%。

随后，德鲁命令忠实于他的纽约上州法官暂停弗兰克·沃克在董事会的职权，同时又让巴纳德辖区的另一名法官宣布，在弗兰克·沃克缺席的时候，伊利董事会不得做出任何决定。第三位高等法院的法官——布鲁克林区的吉尔伯特（Gilbert）决定，伊利公司根据需要可以继续将债券转换成股票。这样一来，德鲁、菲斯科、古尔德便处于近乎完美的法律环境之中。正如斯特德曼所解释的那样："巴纳德的法令禁止他们把债券转换成股票，而吉尔伯特的法令和巴纳德的法令正好相反，因此，除了那些鸡蛋里挑骨头的人以外，谁还能责备他们？他们只是做了他们爱做的事而已。"

整个华尔街陷入疯狂之中。"整个市场只剩下了一个词——伊利，"福勒在第二年写道，"人们听到公开交易所（Open Board）的副主席乔治·亨里克斯（George Henriques）以尖利的嗓音依次报出国债、州政府债券、太平洋邮递、纽约中央铁路，然后突然停顿了一下，当他再次以更尖利的嗓音喊出'伊利'这个词的时候，一层阴影掠过他的脸庞，整个大厅仿佛在颤抖。接下来的十多分钟，大厅几乎变成了疯人院。每个收报员和经纪人都立刻站了起来，尖叫着、挥舞着手臂。范德比尔特的每一个经纪人都成为一群人的中心，像一根指针一样，从左转到右，挥舞着手臂，买入所有卖给他们的伊利股票。当主持人的锤子落下，他用嘶哑的嗓音大喊：'完毕！先生们，如果谁再出价，我就要罚他款了！'伊利股价定在了每股80美元。此时，人们全然不顾还没有被拍卖的其他股票，他们涌向大街，大街上只听到一片'伊利，伊利'之声。范德比尔特的经纪人对所有的伊利股票下了买单。在强大的购买力下，中午12点时伊利股价被推升至每股83美元。"

如果说在大街上只能听到"伊利"的话，那么在威廉奚斯公司（William Heath & Company）的经纪办公室里，听到的只是"新印刷的5万张伊利股票从菲斯科肥胖的戴满宝石戒指的指尖流过的沙沙声"。菲斯科一如既往地洋洋自得，宣称"只要印刷机不坏，我要是不能用伊利股票喂饱这头老蠢猪，我就他妈的该死。"

1848年，伊利铁路上一列火车正驶过铁路桥。（译者根据公开资料整理）

- 第六章 -
"谁能责备他们——他们只是做了他们爱做的事而已"（1867—1869年）

"新股票"出现的消息以创纪录的速度传遍了华尔街，伊利股价立刻就"像秤砣一样"掉到了每股71美元。范德比尔特现在遇到麻烦了，因为他是通过抵押伊利股票借钱来买更多的伊利股票。这时，他要是露出哪怕一点点软弱的迹象，伊利股价就会立刻崩溃，公众的恐慌会被立刻点燃乃至瞬间吞噬他的巨额财富。身处危境的范德比尔特丝毫没有退缩，他下令经纪人继续买入伊利股票，股价又被重新推高到每股76.125美元。当天交易结束的时候，范德比尔特和他的同伴持有了将近20万股伊利股票。但是，这些股票足够控制伊利了吗？没有人知道。甚至连范德比尔特也没有丝毫把握。

德鲁、菲斯科和古尔德担心交易所可能裁决新发行的股票不能"良好交割"，那么将使这些新股票一文不值，因此，他们以最快的速度将这些收入变现。他们把700万美元装进口袋，几乎吸干了整个纽约的资金供应。

3月11日，一大清早，狂怒的范德比尔特派律师把巴纳德法官从床上叫起来。巴纳德法官迅速签发了对德鲁集团的拘捕令，并指示警察立刻执行。此时，伊利股票几位董事正在位于杜南大街的公司总部欢庆胜利。由于笑个不停，德鲁大叔脸上的皱纹已经凝固；古尔德笑逐颜开，一双为钱而生的眼睛闪亮有神；金发碧眼的菲斯科不停地开着玩笑。

当听说警察正要来抓他们时，宴会热闹喜庆的气氛立刻消失得无影无踪。这几位董事知道，一旦被捕，法院会完全站在范德比尔特一边，而范德比尔特对他们是不会手软的。他们必须以最快的速度逃离纽约法律辖区。和其他报纸相同，虽然当天《先驱报》正好举办户外活动，并及时报道了这一事件。它不无讽刺地描述道："事实上，自从芬尼亚会会员在人身保护权被撤销之夜从都柏林出逃以来，还没有哪次逃跑能比这次更彻底、更迅捷。"

几分钟之内，在杜南大街巡逻的一个警察就看到了下面的一幕：一群人急匆匆地从伊利大楼涌出来，乱成一团，他们穿着体面，却面带惊恐之色，身上背着用红色带子扎起来的装满绿钞、账簿和成捆票据的沉甸甸的包裹。由于怀疑这些人是一帮在光天化日之下胆大妄为的劫犯，警察赶上了他们，但很快就发现他错了。这群人是伊利公司的董事们——他们装着在刚结束的战役里所获得的战利品，正在逃避范德比尔特对他们的复仇。

德鲁此时已是70岁高龄，他当然不想锒铛入狱，他和其他几个同伙带着钱和公司账簿乘船去了新泽西。菲斯科和古尔德落在了后面，那天晚上他们正在纽约市最奢华的饭店——代尔莫尼克共进晚餐，四周有人放哨。晚餐刚吃到一半，听说警察要来抓他们，他们立刻逃离了酒店，赶到哈德逊河码头，他们和一艘小蒸汽船的船长迅速谈好价钱，雇用了他的船和两个水手帮助他们渡河。

那时候的哈德逊河口因为繁忙的海上运输而非常拥挤。这一夜没有月光，河面被浓浓的大雾所覆盖。水手们因为要竭力躲闪来来往往的船只，很快就迷失了方向，小船几乎被一艘渡船的尾浪所吞没。他们向另外一艘渡船挥手呼喊，对方毫无反应。他们只好抓住了桨轮的护板，有一两秒钟，菲斯科和古尔德，以及华尔街的历史，几乎走到了死亡的边缘。最终两人又挣扎着爬到了船上，成功逃到了新泽西。

* * *

这场伊利之战双方陷入了僵局。伊利的董事们卷走了范德比尔特700万美元，范德比尔特拿到了10万股没有任何价值的股票，但是范德比尔特控制了纽约，伊利公司的董事们只有和范德比尔特和解之后才敢回家。各家报纸都充斥着关于这场华尔街战争的新闻报道。《哈

– 第六章 –
"谁能责备他们——他们只是做了他们爱做的事而已"（1867—1869 年）

泼斯周刊》（*Harper's Weekly*）指出，伊利之战完全把公众视线从当时的总统弹劾案中吸引了过来。

董事们在泽西市岸边的泰勒酒店设立了临时办公室，它很快被当地媒体称为泰勒堡垒（Fort Taylor）。为了加强它的守卫，一支伊利铁路警察分队也被调了过去，有人专门在附近水域巡逻，"堡垒"甚至配备了 3 门 12 磅的大炮。此时伊利铁路东边的终点站已经从皮尔蒙特改为了泽西市，因此，伊利铁路主宰着这个小镇经济，伊利的董事们当然也很注意给当地官员诸如免费乘坐铁路之类的小恩小惠。于是，当地官员也就很自然地竭力给他们提供帮助。

在新泽西，董事会的控制权从德鲁手中转移到了菲斯科和古尔德手中。德鲁只有在自己的老地盘上才会觉得舒服，因此非常讨厌被困在这个泽西市的小酒店里，而其他董事则对德鲁的狡诈太了解了，他们很害怕德鲁故伎重演。早在 3 月 20 日，《纽约先驱报》就报道说："德鲁已经被绑架了，绑架他的人并非来自纽约，而是他董事会里的其他董事。"

当德鲁和其他人正试图在新泽西站稳脚跟的时候，大战在法院和议会中继续进行。巴纳德法官任命"船长"的一个女婿为伊利股票卖出后所得收入的接收人，尽管之前明令禁止卖出伊利股票的正是巴纳德法官。纽约上州的一名法官下令延缓此任命，巴纳德又立刻废止了他的延缓命令。之后，巴纳德接着任命了坦慕尼政客彼得·斯威尼。当然，斯威尼所要接收的 700 万美元此时正锁在新泽西银行的保险柜里，他实际上对此无能为力。而这并不妨碍巴纳德法官从伊利公司拿出 15 万美元作为斯威尼的酬劳。

与此同时，伊利铁路的董事们上书新泽西立法机构，要求在新泽西州获得对伊利铁路的特许经营权。他们担心纽约法院会授权范德比尔特控制伊利铁路在纽约州的所有财产，那样的话，他们这个董事会就只剩下一个空壳了。新泽西立法机构很高兴能有机会在哈德逊河对面实力强大而又傲慢的邻居①眼里撒一把沙,因此立刻通过了这个法案并把它交给州长签署。新泽西的议员们太急于通过这个法案了,甚至忘了为自己谋利。当范德比尔特的说客出现在新泽西的首府特伦顿,想通过行贿来阻止这个法案通过时,议员们才意识到已经太晚了,他们为错失了一次发财良机而懊恼不已。

与此同时,有议员在奥尔巴尼提交了一份法案,该法案将伊利公司此前的所作所为都合法化了,并且允许伊利公司以后不必考虑投资者的利益,基本上可以说是给了其为所欲为的特权。就连巴纳德法官这样一个对以权谋私习以为常的人都被法案中赤裸裸的条款震惊了,称之为"一部使假币合法化的法案"。

每个人都立刻意识到了这个法案背后的真正意图:让利益相关的双方都来行贿。《弗雷泽杂志》评论说,那帮立法者"聚集在奥尔巴尼②,就像牛集中在牛市上出卖一样,什么都可以出卖,价码则与自己手中的权力成正比"。

> 那帮立法者"聚集在奥尔巴尼,就像牛集中在牛市上出售一样,什么都可以出卖,价码则与自己手中的权力成正比"。

杰·古尔德是最早意识到公共关系对公司利益举足轻重的商人之一(虽然因为某种原因,他从来没有通过某种方式来改善自己令人讨厌的公众形象),他强烈建议伊利铁路和纽约中央铁路不能同时控制在一个人的手中,即使像范德比尔特那样"既富有能力又诚实可靠"的人也不行。他很快就赢得了《纽约先驱报》和其他报纸的支持。

但是,他还是随身带着一个大箱子来到了奥尔巴尼,据《纽约

---

① 指纽约州。——译者注
② 奥尔巴尼为纽约州的首府,纽约的立法机关位于奥尔巴尼。——译者注

第六章
"谁能责备他们——他们只是做了他们爱做的事而已"（1867—1869年）

先驱报》报道说，这个大箱子"装满了千元大钞，现在，就在议会面前，这些钞票将被用来达到何种目的，谁也搞不清，但肯定涉及议案立法"。范德比尔特一听到古尔德在奥尔巴尼出现，就立刻叫人拘捕了他，要求他缴纳50万美元的保释金，古尔德眼都不眨就立即支付了这笔保释金。和古尔德带到奥尔巴尼的钱相比，这实在是个小数目。查尔斯·弗朗西斯·亚当斯曾经报道说，一个议员接受了一方的10万美元，要求他对该法案的通过施加影响，随后他又接受了另外一方的7万美元，并应他们的要求离开了奥尔巴尼。用亚当斯的话说，他仍然是一位"优雅从容的绅士"。

> 一个议员接受了一方的10万美元，要求他对该法案的通过施加影响，随后他又接受了另外一方的7万美元，并应他们的要求离开了奥尔巴尼。用亚当斯的话说，他仍然是一位"优雅从容的绅士"。

范德比尔特当然也非常愿意花费大笔银子来打点这些立法官员，但是他很快就意识到，如果这么做，他得到的充其量不过是比鲁克王式的胜利。① 公众反对他同时控制伊利铁路和纽约中央铁路的意见越来越多，一向非常务实的"船长"决定立即止损。他通知德鲁，建议两个人面谈一下。范德比尔特提出了三个要求：第一，他买的此刻分文不值的伊利股票必须以接近买入时的价格脱手；第二，他在公司董事会的两个人——理查德·谢尔和弗兰克·沃克所受的损失必须得到全额补偿；第三，德鲁必须答应从伊利未来的管理层中完全退出。范德比尔特想达到的目的从来就不是控制伊利，而是希望伊利铁路以有效率的方式运作。

---

① 比鲁克王式的胜利（a pyrrhic victory），比鲁克王在公元前280年至公元前279年打败了罗马军队，但自身牺牲极大。此处意指"杀敌一千，自损八百"。——译者注

范德比尔特与德鲁的伊利铁路股票之战

1867年年底,范德比尔特成为纽约中央铁路公司总裁,他意识到稳定经营和改善管理才是铁路发展的正道,而不是互相倾轧和打价格战。避免价格战的唯一办法是形成价格同盟,即卡特尔,但是由于德鲁控制的伊利铁路反复无常,纽约州的铁路卡特尔长期无法形成。因此,范德比尔特决心通过股票收购夺取伊利铁路的控制权。

伊利铁路除了公开流通的251050股公众股以外,德鲁还持有3万支可以债股自由转换的股票。此外,作为伊利铁路的财务主管,德鲁还可以发行或"制造"更多的股票。因此,范德比尔特获得伊利铁路的控制权的关键在于阻止德鲁增加市面上股票流通总量。

1868年1月26日,范德比尔特授意之下,纽约州地方法院巴纳德法官颁布法令,禁止任何伊利公司把债券转换成股票,同时禁止德鲁本人插手伊利股票操作。然而,当范德比尔特自信满满的对市面上所有的伊利股票下买单时,德鲁控制的法官居然裁定伊利公司依旧可以自由把债券转换成股票。由于两条完全相反的法令同时出现,德鲁照旧可以通过债转股变出更多的股票,甚至他还新印制了数万张崭新的"掺水股票"。而由于新股入市,伊利股价立刻下跌,但是范德比尔特为了维持公众信心,仍然在市场上照买不误。

与此同时,由于担心交易所可能禁止新发行的股票进行交割,德鲁就以最快的速度将新股抛售使得700万美元变现,并逃到了纽约法律无法管辖的新泽西。如此一来,浑然不知的范德比尔特被伊利的董事们卷走700万美元,但仅得到了10万支一文不值的股票,不过他立刻通过法庭运作控制了纽约的局面,而伊利的董事们只能在新泽西勉强栖身。

此时,伊利铁路之争的焦点已经变为司法之争:伊利铁路的董事们能否在新泽西州获得对伊利铁路的控制权?伊利公司此前发行的新股是否合法?为了争取各自的利益,范德比尔特和德鲁集团开始争相行贿,而立法官员则借机疯狂敛财。当范德比尔特意识到这不过是一场荒唐的乱斗之后,他决定从中脱身。最后,筋疲力尽的双方达成妥协:范德比尔特不再追究伊利董事们的法律责任,德鲁辞去了董事和财务主管的职务,范德比尔特在伊利董事会的利益也得到了赔偿,而当初他为了逼空伊利董事们买下的10万股新股也被市场慢慢消化,只不过,伊利股权最后被稀释了40%。伊利铁路的股票之争尘埃落定,范德比尔特在付出重大代价之后,达成了主导纽约州铁路商业模式的目标。(译者根据公开资料整理)

— 第六章 —
"谁能责备他们——他们只是做了他们爱做的事而已"（1867—1869 年）

4 月 19 日，星期天，双方达成了协议。这条消息很快就传到了奥尔巴尼。"突然，"亚当斯写道，"传言像灾难一样传遍了奥尔巴尼，在宾馆和走廊之间，恐慌蔓延开来。旁观者想起了南北战争中那些最黑暗的日子，那时奇克（Chickahominy）或弗雷德里克斯堡（Fredericksburg）战败的消息如同潮水一般涌来。没过一会儿，大厅里就弥漫着一种深深的绝望，议员们的脸色一下变得惨白，因为他们听说范德比尔特已经不再反对这部法案了。"

还没有与古尔德成交的议员们立刻冲进古尔德在奥尔巴尼所住的特拉文豪华酒店（Delavan House）的套间里。"据说，价格在以惊人的幅度下降，"《纽约先驱报》在 21 日报道说，"那些一直坚持要 5 000 美元的议员现在只要 100 美元就满足了。但是伊利铁路的'金库'大门已经关上了，激战的双方再也没有贿赂这些议员的必要。"

> "那些一直坚持要 5 000 美元的议员现在只要 100 美元就满足了。但是伊利铁路的'金库'大门已经关上了，激战的双方再也没有贿赂这些议员的必要。"

第二天，《纽约先驱报》假意关心议员们，指出他们每天法定的三美元津贴还不够给他们买雪茄烟抽的。文章接着问道："议员老爷们的收入如此之低，那么如何才能让他们传承奥尔巴尼先贤遗留下来的信誉和名声呢？"

尘埃落定之后，德鲁辞去了董事和财务主管的职务，弗兰克·沃克和理查德·谢尔得到了伊利公司支付的 42.95 万美元，他们也撤回对伊利公司的诉讼。古尔德和菲斯科分别当选为伊利公司的总裁和财务主管。至于当初为阻止范德比尔特控制公司而发行的 10 万股股票，在随后的几个月内以很艺术的手法在市场上慢慢卖出，以免打压伊利的股价。当然，到了最后，卖出这些股票的收入都归了范德比尔特，而伊利铁路的持股人发现，他们的股权被稀释了 40%。

＊　　＊　　＊

为了平息这场纷争，伊利公司花费了 900 万美元，比它销售"掺水股"所获的收入还多了 200 万美元。当菲斯科和古尔德搬进他们的新办公室时，"我们最先注意的，"菲斯科说，"就是积满灰尘的金库。"古尔德和菲斯科开始发行更多的可转债券，它们中的大部分被迅速转换成了股票。到年底的时候，市场上已经有 40 万股伊利股票在流通。古尔德将新发行的大部分股票在伦敦市场上售出，以免对纽约市场造成冲击。

像德鲁一样，古尔德发现，伊利铁路简直就是操纵市场的完美平台。他设计了一个做空陷阱。尽管德鲁很快就要变成一个被动合伙人①了，但古尔德还是邀请他参加并投入了 400 万美元。为了迫使利率上涨，古尔德开始一步步地设法抽干纽约的资金供应。他大开支票，让银行保证为这些支票承兑，迫使银行留存现金以便为支票兑付做好准备。然后，他又拿着这些保付过的支票作为抵押向其他银行申请贷款，进一步挤压资金供应。

到 10 月底，市场波动越来越大，伊利股票的周交易量达到了创纪录的 64.7 万股，股价也下降到了每股 38.5 美元，只有春天时股价的一半。这时德鲁开始有点儿慌了，他开始从坐庄集团中撤出，事实上，他悄悄地卖空了 7 万股伊利股票。截至 11 月 14 日星期六，伊利的价格停在了每股 36.625 美元，德鲁预计股价会进一步下跌。但是，在星期六早晨纽约证券交易所举行的例行拍卖会上，因为古尔德和菲斯科在大量买入，有 8 万股伊利股票成交，股价立刻涨到了每股

---

① 被动合伙人（passive partner），指不参与管理的合伙人。这里是指德鲁因为和范德比尔特签订的协议而即将退出管理层的事。——译者注

第六章
"谁能责备他们——他们只是做了他们爱做的事而已"（1867—1869 年）

52 美元。此刻，他们已经成功地逼空了伊利股票，同时放开了资金供应。这时，德鲁避免灭顶之灾的唯一希望就是拖延时间，他寄希望于 23 日在纽约靠岸的卡纳德海运公司的"俄罗斯号"客轮，它会带来伦敦市场上新发行的伊利股票。

德鲁还想通过法院来达到拖延时间的目的，但被古尔德和菲斯科挫败了。他们控制着这个国家最大的铁路之一——伊利铁路，因此对纽约州的法官有巨大的影响力。当一切争斗平息的时候，德鲁损失了 130 万美元，他以往不可战胜的神话破灭了，一同消散的还有德鲁的华尔街大佬地位。但是，即便德鲁没有在这一"战役"中落败，他的时代也将很快逝去，因为新的力量正在成长起来，他们将改变华尔街的玩法。

虽然当时伦敦还是世界上最大的资本市场，但人们已经逐步清醒地认识到，在大西洋对岸，另外一个巨人正在崛起。当时伦敦资本市场的市值大约为 100 亿美元，华尔街的市值只有大约 30 亿美元，但其增长的速度却远远高于伦敦市场。由于 1866 年大西洋海底电缆投入使用，华尔街经纪商在伦敦资本市场越来越活跃。到 1870 年，华尔街人使用海底电缆的费用

虽然当时伦敦还是世界上最大的资本市场，但人们已经逐步清醒地认识到，在大西洋对岸，另外一个巨人正在崛起。当时伦敦资本市场的市值大约为 100 亿美元，华尔街的市值只有大约 30 亿美元，但其增长的速度却远远高于伦敦市场。

已经高达每年 100 万美元。但是，伦敦人仍然无法接受华尔街人的西部牛仔作风，伦敦的《泰晤士报》（Times）写道，他们"为了保护自身投资利益而不择手段操控市场的做法过于野蛮，这可能会造成彼此猜忌"。

与此同时，华尔街的经纪商也希望变革。他们从事这个行业已经很久了，但只能通过收取佣金赚一点点小钱。而很多投机商本身就

是公司管理层,因而总在伺机等待下一次屠杀和暴富的机会。针对伊利股票投机战中市场表现出的失控局面,当时的《商业和金融周刊》(Commercial and Chronical)(类似今天的《巴伦周刊》[①])建议实施以下法律:

(1)除非有 2/3 以上的股东同意,否则董事会无权发行新股;

(2)现有股东对发行的新股具有优先认购权,新股必须公开发行,并且必须在通知后进行;

(3)所有上市公司都必须在信誉良好的金融机构保存其所有流通股总量记录,并随时接受任何股东或者以该公司股票为抵押品贷款相关方的检查;

(4)上述要求同样适用于发放股票股息或者以其他目的发行的所有股票;

(5)任何违反上述条款的行为都构成犯罪,将受到惩罚或被处以罚款。

这些条款构成了今天美国《证券法》的基础,但在 1860 年不可能以法律的形式确立下来。因为那时的联邦政府还没有将金融市场的监管作为它职责的一部分,而纽约州议会也不可能主动改革这样一个能为其议员源源不断带来贿赂收入的体制。

即使州政府或联邦政府不能实施这些改革,华尔街自身也开始着手实施一系列变革。华尔街两个最大的机构——纽约证券交易所和

---

① 《巴伦周刊》(Barron's),美国主要的金融周刊之一。——译者注

– 第六章 –
"谁能责备他们——他们只是做了他们爱做的事而已"（1867—1869年）

公开交易所开始合作，因为交易所意识到交易所的会员（经纪商）和客户（投资者）都需要了解上市公司发行股票的确切数目。那时，在交易所占主导地位的经纪商们当然很乐意为他们的客户买卖那些可能有问题的股票，因为这并不影响他们赚取佣金。但是，当以这些股票为质押向客户提供贷款时，情况就完全不同了。如果一家公司的股票数量随时可以增加一倍或减少一半，那么谁能知道这些股票的真正价值呢？

1868年11月30日，两个交易所颁布了同样的规则，要求对所有在交易所拍卖的股票进行登记，且任何新股发行都必须提前30天通告。大部分公司立刻循规执行，但伊利公司予以拒绝——古尔德此时正在围歼德鲁。纽约证券交易所派了一个代表团来了解伊利公司的情况，古尔德告诉了他们伊利公司的流通股股数——当然，他说的数据可能并不真实，而且他断然拒绝透露是否会发行更多的股票。

由于伊利铁路公司拒绝遵守11月30日发布的

> **美国《证券法》的由来**
>
> 在华尔街创立的初期，证券的发行和销售乱象纷呈，这种混乱在伊利大战期间一度达到顶峰——隐瞒股票数量并肆意滥发"掺水股"，严重损害了投资者的利益并破坏市场秩序，这也促使交易所和经纪人加强行业自律。1860年，华尔街经纪人自发约定了股票发行的一些基本规则，这构成了今天美国《证券法》的基础。1911年，堪萨斯颁布了第一部蓝天法[①]，此后各州陆续颁布各自的蓝天法，实现了从州的层面约束一级市场。但是数十年后的"大萧条"使人们意识到，蓝天法对跨州的证券发行和销售执行乏力，严重打击了投资者的信心。1929年股灾后，第一部联邦证券法应运而生，即重点针对一级市场证券发行和销售的1933年的《证券法》，成为今天美国证券法律体系的第一块基石。（译者根据公开资料整理）

---

① 蓝天法不是指某一部具体法案，而是美国各州证券法律的统称。——译者注

规则，伊利股票被两个交易所摘牌。它在矿业交易所短暂交易了一段时间，但矿业交易所和纽约证券交易所的租约合同不允许它交易铁路股票，所以伊利公司很快又无家可归了。于是，古尔德创建了美国国民证券交易所（National Stock Exchange）来交易伊利股票，但是，这个交易所只能吸引很少的经纪人，来光顾的投资人就更少了。1869年，公开交易所和纽约证券交易所合并，组建了可以主宰整个华尔街的交易所。很显然，伊利公司对新纽约证券交易所的依赖，要远远大于该交易所对伊利的需要。

1869年9月13日，古尔德终于同意遵守新的监管条例，伊利又回到纽约股票交易所挂牌交易。此时，伊利公司的流通股是70万股，差不多是古尔德在不到一年前所说数字的两倍。

随着两个交易所的合并，对于主要的经纪商来说，能否成为交易所的会员关系到他们的生死存亡，这在历史上还是第一次。他们因此不得不遵守交易所的监管条例，这些条例不但在数目上逐渐增多，而且在执行中也越来越严格。华尔街因此发生了根本性的变化。华尔街作家詹姆斯·K.迈德伯瑞当时写道："证券交易所的经纪商们必须做出选择，要么继续在市场中寻求投机以谋求蝇头小利，并为此付出惨重代价；要么将眼光放得更长远一点儿，努力抛弃原先相互串谋操纵市场的陋习并接受自律监管。前者意味着把自己孤立起来，后者则会奏响华尔街在世界范围内扩张的前奏，使纽约成为帝国，而作为其中枢的华尔街也会成为全球至高无上的金融中心。"

经纪商们采纳了迈德伯瑞的建议，纽约股票市场的自律监管在接

"证券交易所的经纪商们必须做出选择，要么继续在市场中寻求投机以谋求蝇头小利，并为此付出惨重代价；要么将眼光放得更长远一点儿，努力抛弃原先相互串谋操纵市场的陋习并接受自律监管。"

第六章
"谁能责备他们——他们只是做了他们爱做的事而已"（1867—1869年）

下来的几年内得到长足发展，业务也迅速繁荣起来。这部分地得益于科学技术的进步，尤其是大西洋海底电缆的投入使用和股票自动报价器的发明，交易量稳步增长。在合并后的两年里，纽约证券交易所传统的股票拍卖和公开交易所的连续拍卖继续分别进行，但是到了1871年，前一方式最终被取消了。至此，纽约证券交易所从1868年开始可供出售的席位就完全变成象征性的了。

华尔街最终慢慢地长大了，但在完全成年之前，它还有很多路要走。

同一时代的西方和东方

西方	年份	东方
美国从沙俄手中购买阿拉斯加和阿留申群岛，从而使美国边界线扩大到北冰洋	1867	
《资本论》第一卷在德国汉堡正式出版	1867	清政府任命美国人蒲安臣为首任全权使节，并于次年订立《中美续增条约》，使美国掠夺华工及在中国设立学堂合法化
伊利铁路控制权的争夺战开始	1867	明治天皇登基。日本明治维新开始。同年，日本统一货币和度量衡
第一个国际卡特尔（国际盐业卡特尔）出现	1867	
美国第14次修改《宪法》，黑人获得完全公民权	1868	因西北边疆动荡不安，清政府派左宗棠西征
太平洋铁路与太平洋联合铁路在犹他州的普洛蒙托莱正式接通，成为第一条横贯北美大陆的铁路	1869	同治八年，最后一支使用太平天国年号的残杀捻军被消灭
苏伊士运河竣工通航	1869	

（续表）

西方	年份	东方
德国移民马库斯·高曼在美国创立了一家金融公司，并于1885年将其改名为高盛	1869	

第七章
"面对他们的对手,多头们得意扬扬"
(1869—1873年)

- 译者题注 -

1869年9月,美国爆发了历史上著名的黄金操纵案。多头投机者古尔德和菲斯科精心组织了一个黄金囤积计划,他们一度控制了数倍于纽约黄金市场供应量的黄金合约,于是,黄金价格一路飙升,"面对他们的对手,多头们得意扬扬"……

-译者导读-

- 在伊利铁路投机案中一举成名的古尔德和菲斯科成为华尔街新生一代的弄潮儿，他们开始酝酿导演一场前无古人、后无来者的华尔街大戏：逼空黄金市场。

- 刚刚结束南北战争的美国还没有完全恢复金本位制①，金币和绿钞可以同时流通，但是由于"劣币驱除良币"，黄金几乎从流通领域彻底消失了。而在纽约的黄金交易市场，有关黄金的投机活动正在如火如荼地进行。在当时的黄金市场上，只需缴纳少量保证金就可以购买数额很大的黄金合约，这种杠杆效应使得黄金投机成为最为危险，同时也是回报最为丰厚的投机活动。古尔德的计划是买断纽约黄金市场的所有黄金供应。如果他能成功，那么，所有黄金的购买者，尤其是那些为实现套期保值而卖空黄金的国际贸易商，将在绝望中眼睁睁地看着古尔德操纵的黄金价格升至天价而无能为力。

- 为了实现这个看似"绝妙"的计划，古尔德必须要保证做到一件事情：阻止联邦政府的干预。如果联邦政府觉察到他的操纵计划而决定干预黄

---

① 金本位制是指各国将货币币值与一定数量和成色的黄金予以固定比价的货币制度。金本位制通过自由兑换、自由铸造和自由流通保证了黄金能够在商品和货币之间相互转换。同时，黄金平价机制使各金本位国家货币的汇率得以自动调节，从而稳定了国际经济秩序。"一战"之前，实行金本位的国家大多限于发达国家，多数国家实行银本位和纸本位。

金市场的话，政府国库中储存的大量黄金就可能随时进入市场，黄金价格将会一落千丈，古尔德的计划也就会被彻底粉碎。于是，他煞费苦心地编织了一张关系网，设法结识了当时的总统格兰特，并使这位对金融一窍不通的南北战争英雄相信：政府应该让黄金市场自由运行而不得进行任何干预。

- 万事俱备之后，古尔德和菲斯科开始了他们的囤积操作，他们成功地控制了数倍于纽约黄金供应量的黄金合约，黄金的价格扶摇直上。古尔德和菲斯科与其对手的殊死搏斗吸引了从波士顿到旧金山的所有美国人的关注，因为古尔德集团正在囤积的东西不是普通的证券或其他商品，而是黄金——财富的象征、全球通行的法定货币。

- 如梦初醒的格兰特总统最终意识到，自己被古尔德愚弄了，他下令干涉黄金市场，但是，他的命令来得太晚了——这场金融噩梦刚刚以戏剧性的方式结束（尽管，我们将在下一章知道，格兰特个人的金融噩梦还没有开始）。在给美国经济和华尔街带来巨大混乱的同时，这场黄金恐慌也迫使美国的政策制定者意识到，在黄金和绿钞同时存在的复本位制下，黄金价格的投机具有无法阻挡的诱惑。在这场黄金囤积案发生的10年之后，美国最终回归到金本位制。

- 黄金投机战后三年，陷于一场复杂感情纠葛中的菲斯科也以一种戏剧性的方式结束了他的生命。随着华尔街这一代投机家离开历史舞台，一直是华尔街标志的西部拓荒式野蛮色彩也开始渐渐褪色。

- 1873年，曾在南北战争中为联邦政府成功发行债券的银行家库克陷入严重的财务危机——美国当时最为显赫的库克银行破产了，这直接引发了一次波及欧洲市场的美国股市大崩溃，从而彻底结束了美国南北战争后的一轮经济和股市繁荣。

– 第七章 –
"面对他们的对手，多头们得意扬扬"（1869—1873 年）

19 世纪时，黄金在全球金融市场的地位如同太阳系中的太阳。因而，1869 年 9 月，古尔德和菲斯科企图在纽约市场逼空黄金无疑是华尔街历史上最大胆的一幕。即使在当时，华尔街最苛刻的批评家也无不佩服他们的胆量。"在所有的金融运作中，"亨利·亚当斯在 1871 年写道，"逼空黄金是最引人注目的，但也是最危险的；也许正是这种光环和危险，使得古尔德先生对此极为着迷。"

> "在所有的金融运作中，"亨利·亚当斯在 1871 年写道，"逼空黄金是最引人注目的，但也是最危险的；也许正是这种光环和危险，使得古尔德先生对此极为着迷。"

到 19 世纪中叶，黄金已成为各主要国家的法定货币。英格兰银行自 1821 年起开始实行金本位制，大不列颠王国也在此时走向国力巅峰。当时，英国的国内生产总值约占全球的 1/4，甚至超过当前（指 1999 年）美国在全球所占的比重，英国同时还主宰着世界贸易。英国在全球金融市场中的主导地位使英镑成为国际贸易的基准货币，而英格兰银行实际上扮演了世界中央银行的角色。

因为南北战争的爆发[①]，美国暂停了金本位制。尽管 1865 年北方军队赢得战争胜利后，绿钞和黄金之间的价差已经大大减少，但还没有完全消除。而且，在美国法律中，有一条关于绿钞的条款含糊不清，它就像战场上一颗还没有引爆的炸弹，时时刻刻都有爆炸的危险。1862 年美国第一次发行绿钞时，国会通过的法案中有一项条款规定，流通中的绿钞与黄金按法定比价具有同等价值。但是，立法者很

---

① 南北战争爆发后，迫于迅速攀升的财政压力，南北双方都不得不暂停发行可兑换纸币和铸币支付，转而发行不兑现货币（fiat money），即法币。——译者注

快就发现，根据"劣币驱逐良币"的格雷欣法则，这一条款导致黄金立刻从流通领域消失，它们被悄悄地藏进了千家万户的床垫下和保险箱里。

国会很快废除了《法定货币法案》中的这一条款，但它并没有废除另外一项条款，即允许使用等价绿钞来履行指定以黄金履约的合约。这项条款在实际生活中根本无法执行，所以从来都无人理睬，但它的存在却构成了古尔德操纵计划的第一个要素。

到1869年，黄金交易室的黄金交易量已经达到平均每日7 000万美元，而且大部分是投机性的。事实上，由于保证金要求很低，在黄金交易室里进行黄金投机的人可能须臾间变得腰缠万贯，也可能弹指间回到一贫如洗，这是在世界上其他任何地方都无法想象的。

1870年，詹姆斯·亚布拉姆·加菲尔德[①]在领导一个国会委员会调查已经过去的黄金恐慌时，黄金交易银行[②]的查尔斯·J. 奥斯本作证说："如果愿意的话，用1 000美元就可以买到价值500万美元的黄金合约。"而古尔德相对还稍微保守一点儿，他估计10万美元就可以买到价值2 000万美元的黄金合约。身为伊利铁路总裁的古尔德，尽管手上掌管的现金远远超过10万美元，但仍认为纽约市场上的实体黄金存量从未超过2 000万美元。当他第二年在国会作证时，他推测市场上

---

① 詹姆斯·亚布拉姆·加菲尔德（James Abram Garfield）是美国第20任总统，于1881年3月就职，同年7月遭到刺杀，9月去世。他是美国史上唯一一名当选总统的现职众议员。——译者注

② 黄金交易银行（Gold Exchange Bank），1866年成立于纽约，主营业务是黄金交易的清算。——译者注

― 第七章 ―
"面对他们的对手,多头们得意扬扬"(1869—1873 年)

有大约价值 1 400 万美元的黄金券[①](gold certificate)和 300 万～400 万美元的金币。

黄金交易室。到 1869 年,黄金交易室的黄金交易量已经达到平均每日 7 000 万美元,而且大部分是投机性的。(译者根据公开资料整理)

市场上实体黄金供应稀缺也是古尔德敢于大胆实施他的计划的一个要素。除此之外,还有第三个要素:虽然黄金交易室里聚集着众多投机分子,但也有正经商人出于生意需要买卖黄金。当时的国际贸易以黄金为支付介质,贸易商在出口商品时以黄金结算货款。但是,在贸易合同签订和黄金交割之间有一个时间差,如果在这段时间黄金相对于绿钞的价格下跌,那么贸易商就会蒙受损失。为了防止这种事情发生,贸易商惯常的做法是在黄金交易室卖空与应收货款等值的黄金。如此,若黄金价格下跌,他们可以在黄金交易室卖空获得利润以

---

① 黄金券在 1863—1933 年是美国对持有者实际拥有等量黄金的官方认证。根据 1834 年通过的《1834 年铸币法案》(Coinage Act of 1834)的规定,每盎司黄金价值 20.67 美元,而黄金券的持有者可以向美国政府兑换相应价值的金币。虽然 1863 年国会就立法授权黄金券的发行,但其首次印刷发行是在 1865 年。1933 年 4 月,富兰克林·罗斯福总统签发《黄金回收令》(6102 号行政令),禁止"囤积金币、金条、黄金券"。此后持有黄金券成为一种非法行为。——译者注

为了防止这种事情发生，贸易商惯常的做法是在黄金交易室卖空与应收货款等值的黄金。如此，若黄金价格下跌，他们可以在黄金交易室卖空获得利润以弥补货款损失，反之亦然。这种避险操作，也就是今天所说的"套期保值"，至今仍是所有商品市场最主要且不可或缺的交易方式之一。尽管这些声誉至上的国际贸易商人拥有的财产远远多于那些在黄金交易室进行投机的乌合之众，却很容易沦为古尔德这种嗜血成性之人的攻击目标。

位于美国华盛顿国会大厦前的詹姆斯·亚布拉姆·加菲尔德雕像。他摒弃"任人唯亲"的"政党分肥制"，而采用任人唯贤的做法，并因此遇刺。他死后，继任者继续推进改革，出台了美国公务员制度史上最重要的《彭德尔顿公务员制度改革法案》（Pendleton Civil Service Reform Act）。（译者摄于 2017 年）

古尔德看准了这一机会并决定加以利用。只要用相对来说很少的钱，他就可以买到价值超过整个纽约市场上黄金总量的黄金合约。在他下手的目标中，有很多是纽约市的贸易大户，他们出于商业原因必

– 第七章 –
"面对他们的对手,多头们得意扬扬"(1869—1873 年)

然会在市场上卖空黄金,却可能因此被古尔德狠狠榨干。古尔德在黄金交易室里签订的黄金合约尽管指明要用黄金交割,但在法律上却没有强制力。① 因此,即使古尔德的计划出现意外,他只要拒不履行合约即可脱身。菲斯科后来也加入了古尔德的计划,用他的投机语言来说,他们的这次行动,"除了声誉,什么也不会失去"。

当然,他们还面临另一个大问题:联邦国库控制着美国一半以上的黄金供应,仅仅在华尔街的分库中就储备着价值 100 万美元的黄金,这些黄金可供随时调配。仅凭华盛顿的一封电报就能粉碎任何图谋逼空黄金的企图。为保万无一失,古尔德必须买通美国政府,至少确保它"睁一只眼闭一只眼"。

虽然古尔德与格兰特总统② 未曾谋面,但是他要安排一次与总统的会面还是很容易的。古尔德千方百计地与格兰特总统的妹夫,埃布尔·拉什伯恩·科尔宾成为朋友。科尔宾既是投机商也是律师,一年前刚刚迎娶了格兰特总统已近中年仍待字闺中的妹妹,于是理所当然地成为总统家族的一名准成员。为获取科尔宾的信任和忠诚,古尔德提出全资为科尔宾购买价值 150 万美元的黄金合约。黄金价格每上涨 1 美元,科尔宾就可以稳稳坐收 1.5 万美元收益(当然,这样一份合

---

① 指前文提到的构成古尔德操纵计划第一个要素的条款。——译者注
② 尤利西斯·辛普森·格兰特,美国第 18 任总统。作为美国重建时期的重要总统,格兰特的 8 年任期政绩平平,政府更因贪污腐败、收受贿赂、对奴隶主的妥协而遭受批评。但他也因为军事身份和爱国主义主张而被绘于 50 元美元上。——译者注

约也没有花掉古尔德多少钱，因为他可以以很少的保证金购得）。科尔宾欣然接受了古尔德的馈赠，只是要求把这笔黄金记在妻子名下。

同年夏初，总统和第一夫人途径纽约前往马萨诸塞州的福尔里弗。古尔德在科尔宾的官邸见到了总统，并护送总统夫妇到码头乘坐前往福尔里弗的蒸汽船。这艘船的主人正是在那里恭候已久的菲斯科，当然这绝非巧合。古尔德、菲斯科和纽约的其他几位商界人士一起陪同总统前往福尔里弗，旅途中，古尔德曾想方设法从总统嘴里套出他对黄金市场的看法，但总统对此却总是闪烁其词。在总统之后的夏季出行中，古尔德又多次为总统鞍前马后。有一次在一座剧院——菲斯科名下的剧院看戏，他成功地在公众面前塑造了一个自己与总统十分亲密的形象。

当财政部驻纽约的部长助理职位出现空缺的时候，古尔德和科尔宾百般进言，最终说服总统任命丹尼尔·巴特菲尔德将军担任这个职务。财政部部长助理负责管理联邦国库纽约分库，任何卖出黄金的指令都必须由他亲自执行。在这个职位上放一枚自己的棋子，是古尔德实施计划的关键一步。

巴特菲尔德家族开创了巴特菲尔德快递公司，并入股创办美国运通公司。[①] 巴特菲尔德曾在南北战争中军功累累，并获得了国会荣誉奖章。他也因为谱写了美军军号曲《归营曲》[②] 而留名至今，他的雕像现在依然屹立在纽约的河滨大道，与格兰特总统的墓地相隔不远。在巴特菲尔德刚上任不久，古尔德为他提供了一笔 1 万美元

---

① 1850 年，美国运通公司成立于纽约布法罗，最早由三家不同的快递公司股份合并组成，分别是亨利·威尔士（Henry Wells & Company）、威廉·法戈（William Fargo & Company）和约翰·巴特菲尔德（John Butterfield）。——译者注
② 巴特菲尔德谱写的军号曲《归营曲》（Taps）被美军用作傍晚归营号，或升降旗仪式及军人葬礼中，时长约 59 秒。——译者注

– 第七章 –
"面对他们的对手，多头们得意扬扬"（1869—1873年）

的无抵押贷款，据传还给他开设了一个无须支付保证金的黄金账户。

整个夏季，古尔德和他的坐庄集团都在购入黄金。夏末秋初，秋收农作物开始向国外出口，商人们像往常一样在黄金交易室卖空黄金来避险。在这种卖空的压力下，7月27日还高达140美元的黄金价格到8月21日就已经跌到131.625美元了。即便如此，古尔德仍继续补仓，编织他的空头陷阱。他还设法让《纽约时报》刊登了一篇科尔宾写的评论，读上去似乎是一条官方将要允许黄金价格自由上涨的声明。9月2日，格兰特总统和夫人在从纽波特前往萨拉托加的途中再次经过纽约的时候，与科尔宾共进了一次早餐。科尔宾又一次向总统游说政府不应该干预黄金价格。格兰特总统为人正直，有时甚至有点儿天真。他答应科尔宾会指示财政部在执行任何非常规的黄金出售之前，必须征求他的意见。

而总统并不知道，古尔德躲在大厅的后面偷听了餐桌上的这次谈话。

到9月中旬，古尔德集团已经持有价值超过9 000万美元的黄金合约，只要财政部不动用其黄金储备，这个数目是纽约市场上黄金供应的数倍。与此同时，古尔德再一次施展了他左右舆论的手腕。他开始散布流言，让人们相信整个华盛顿都参与了这桩交易。第二年，黄金交易室仲裁委员会（负责仲裁黄金交易室里的各种争端）的主席在作证时说："操纵黄金市场的投机商与美国政府的所有人沆瀣一气，上至格兰特总统，下至国会山的守门人，这是一件妇孺皆知的事。"从这里我们也可以看出，在当时的美国，腐败之彻底，以致"美国政府是逼空黄金阴谋的同伙"这样的流言也能够轻易地被大众接受。

到9月15日，黄金价格已经涨到了138美元。卖空者开始感到资金压力，因为他们必须支付与其空头仓位相当的绿钞。古尔德心里明白，这些实力雄厚的商人很可能会向财政部部长乔治·S. 鲍特韦尔施压，使其卖出财政部的黄金以降低黄金价格。为应对这一压力，古尔德让科尔宾给他的总统大舅子写信，再次详细阐述了让市场决定黄金的价格的种种必要性（在当时的情况下，也就是让古尔德来决定黄金的价格）。但智者千虑亦有一失，古尔德的如意算盘落空了。

古尔德让他的私人信使把信送到了当时正在宾夕法尼亚州西南方华盛顿市度假的总统的手里。在当时，从纽约到达那里需要一天的时间。毫无防备的总统甚至是乘坐古尔德为他提供的伊利火车专列前去度假的。信使把信件交给了总是随同总统出行的军务秘书贺瑞斯·波特将军，然后由他递给了总统。总统看完信后对信使说，他没有回信要寄。出于好奇，波特将军问总统这个信使是谁，总统反而愣了一下，他以为这个人是当地的一名普通邮差，只是想借送信的机会见见总统而已。

但是，波特明白无误地告诉总统，信使是专程从纽约赶来的。格兰特这才恍然大悟，他被科尔宾愚弄了。因为他知道科尔宾绝不可能雇用一个私人信使长途跋涉来递送这样一篇关于经济学的陈词滥调。总统夫人此时正在给科尔宾夫人写信，总统立刻让夫人在信中写道："告诉你的丈夫，我的丈夫对他的投机买卖非常愤怒，他必须以最快的速度终止所有投机行为。"

而此时的古尔德，刚刚收到了信使发来的电报："信已送达，一切正常。"于是，他以为一切都已经在他的掌控之中了，便说服菲斯科积极地参与到这项投机操作中来。他需要的并不是菲斯科的钱，而是他的表演天赋。从一开始，菲斯科就认为这项投机操作太危险了，所以他一直谨慎小心，未敢贸然进入。当古尔德使他确信总统也参与其中以后，"他立刻就加入了行动之中"，正如第二年加菲尔德在听证

- 第七章 -
"面对他们的对手,多头们得意扬扬"(1869—1873年)

会后的报告中所述:"菲斯科的巨大影响力和极具煽动性的狂热简直就是在给投机活动火上浇油。当菲斯科冲进黄金交易室公然挑衅华尔街和财政部的时候,他带给华尔街的恶毒影响可与罗马政客和阴谋家喀提林① 带给放任的罗马青年的毒害相提并论。"

根据菲斯科事后的证词(尽管我们可以肯定这不能作为非常可靠的历史资料),到那周结束的时候,他已经持有了价值5 000万~6 000万美元的黄金合约,并且召集了他自己的经纪人团队随时为他效力。持续买进的效果已初步显露,9月20日,星期一,黄金价格为每盎司137.375美元。第二天微涨到每盎司137.5美元。但是,星期三,当菲斯科第一次亲临黄金交易室里的时候,黄金价格立刻暴涨到每盎司141.5美元。

当天下午,科尔宾的妻子收到了总统夫人的来信。对于科尔宾来说,他所有的资本就是他和总统沾亲带故的关系。这一下,他被吓坏了,只想尽快从古尔德的计划中脱身。古尔德许诺给他10万美元,要求他缄口不言,不把这封信的内容透露出去。夹在总统和古尔德两个实力人物之间的科尔宾束手无策。但是,古尔德意识到胜算无几,他现在必须以最快的速度全身而退。

此时的菲斯科还在通过他的大肆鼓动和公开购买行动来推动黄金价格上涨,而古尔德已经开始悄悄出售他手中的黄金了。但是,一些原来比较谨慎的卖空商(包括华尔街几乎所有的经纪行)这时已经支撑不住,他们开始购买黄金准备平仓,所以黄金价格依然上涨到了每盎司143.375美元。黄金交易量激增。在一般情况下,黄金的日交易量只有7 000万美元,但在9月23日星期四这一天,黄金交易银行的

---

① 喀提林(Catiline),罗马政治家和阴谋家,在西塞罗执政时期领导了颠覆罗马共和国的反叛运动,最后以失败告终。——译者注

黄金清算量超过了 2.39 亿美元。

第二天清晨，天气晴好，早在黄金交易室 10 点开盘之前，纽约的金融区就已经熙熙攘攘、人声鼎沸了。古尔德和菲斯科在他们的经纪行威廉奚斯公司设有一个指挥点。当市场开盘的时候，菲斯科指示他的主要经纪人买下市场上在售的所有黄金。10 点 30 分，巴特菲尔德将军电告华盛顿，黄金价格已经达到 150 美元，而且还在继续攀升。黄金交易室里挤满了狂热的人群，第二天的《先驱报》报道说："这里是两个赌博集团之间的殊死搏斗，每个人的大脑都在飞速地转动，不停策划着各种阴谋，他们冷酷无情，贪婪极度膨胀。金子，金子，金子，喊声一片。"

"这里是两个赌博集团的一场殊死搏斗，他们的大脑在飞速地转动，不停策划着各种阴谋，他们冷酷无情，贪婪极度膨胀。金子，金子，金子，喊声一片。"

黄金交易室里的人越来越绝望，就像一个闹闹哄哄的疯人院。形似时钟的报价器上，指示实时黄金价格的指针疯狂地上下跳动，力图跟上黄金价格的走势。而在这个国家其他大大小小的城市里，许多黄金报价器都失灵了。加菲尔德解释说："这些指示器受控于其背后复杂的电动装置。电流通过与黄金交易室直接相连的电报线传输，将最新的黄金价格传送到指示器上。很显然，在当时的情况下，电报员们为了跟上瞬息万变的市场情况，这些电线已经因超载而熔化或烧断了。"

即使在离纽约很远的城市，从波士顿到旧金山，所有的商人都聚集在黄金报价器前，商业活动几乎完全停止了。在最疯狂的两个小时里，黄金交易室里的交易几乎是整个美国唯一的金融活动。货币本身被挟制——古尔德和他的同伙正在试图逼空的不是猪肉，不是大麦，也不是棉花，而是黄金——财富的象征，全球通行的法定货币。一个目睹了当时景象的人几年后在他的回忆录中写道，宽街上"挤满了成

第七章

"面对他们的对手，多头们得意扬扬"（1869—1873年）

千上万的人，他们有的没穿外套，有的衣服上没了领子，有的帽子不知道丢到哪里去了，他们疯狂地冲到大街上，就像疯人院里逃出来的疯子一样。但是任凭他们悲痛地大喊、尖叫、紧握双拳，黄金价格依然在稳步上升"。

11点30分，巴特菲尔德给华盛顿发电，报告说黄金价格已经涨到了158美元，不断有卖空商奔向威廉奚斯公司的办公室，想赶在黄金价格进一步上涨之前平仓。

著名的华尔街诗人斯特德曼，在他的诗中记述了这段异乎寻常的历史，在所有关于华尔街的诗中堪称经典杰作（当然，这类诗数量不多）。

> 天哪！金价上涨之声传不歇
> 从华尔街、威廉街、宽街到新街！
> 全国黄金知多少
> 一只巨手全握牢
> 再掷百万又有何妨
> 哪怕将华尔街扼亡
> 在金交所地狱之上
> 喷泉兀自水落水涨
> 黄金竞价之声越来越高，越来越响
> 面对他们的对手，多头们得意扬扬
> 好似撒旦亲自出手施展魔力
> 推高金价——每分钟上涨百分之一……

这是华尔街有史以来最大的一次空头恐慌，一直锦衣玉食、安富尊荣的华尔街商人突然面临灭顶之灾，因为他们卖空了一种价格似乎正在无限上涨的商品。但是，此时黄金价格继续上涨的原因已经不是因为市场上还有巨大的购买需求，而是因为市场上几乎没有卖家了。虽然古尔德和他的同伙私下里正在尽力出货，但菲斯科还在虚张声势，制造他们还在全力买进黄金的假象。

11点40分，巴特菲尔德再次致电华盛顿，报告财政部黄金价格已经涨到160美元。此时的巴特菲尔德定是得到了确凿的内部消息，知道华盛顿已经准备有所行动了。否则，在当时那种人心惶惶的情况下，他绝不会安排手下的经纪人约瑟夫·塞利格曼开始卖出黄金。

同一刻，11点40分，菲斯科的一个经纪人艾伯特·斯派尔斯喊道，他愿以160美元的价格购买500万美元的黄金，但是没有人接单。他一遍又一遍地喊着他的出价，突然，詹姆斯·布朗——一个德高望重的经纪人坚定地喊了一句："成交！"

那一瞬间，就像脸上被狠狠地扇了一巴掌一样，市场立刻恢复了理智，恐慌刹那间消散。在短短几秒钟内，黄金价格就降到了140美元。讽刺的是，就在此刻，巴特菲尔德得到授权出售国库里价值400万美元的黄金来遏制这场恐慌，但一切都已经结束了。

布朗的举动在当时的市场情况下可谓孤注一掷。很显然，是愤怒迫使他如此背水"一战"。在第二年作证时，他说："我们从133美元开始参与，从那时起就一直被迫付出高价。当那帮穷凶极恶的家伙把价格推到144美元的时候，我们扪心自问，难道这种情况会一直持续下去吗？难道我们就这样无所作为而甘心被这群无耻之徒掠夺吗？"

在这一天剩下的时间里，整个华尔街安静得像"刚刚经过一场大火或天灾"一样。《纽约先驱报》在第二天的报道中写道："一场突如其来的平静降临整个华尔街。上午一直高声喊叫而嗓音沙哑的经纪人们，此时三五成群地聚在一起，核对自己的交易记录，低声交谈着。每几分钟，主持人就敲一下小锤让大家保持秩序，就这样，黄

- 第七章 -
"面对他们的对手，多头们得意扬扬"（1869—1873年）

金交易有条不紊地进行，那些亏欠的空头或多头账户开始平仓。"

这场黄金恐慌留下的金融乱局从未得到彻底的清查整顿，其中的种种猫腻只是被掩盖了起来。甚至古尔德和菲斯科到底有没有赚到钱也没有人知道，也不可能知道。但《纽约先驱报》确信他们大赚了一笔，第二天它写道："撒旦得意扬扬地坐在肮脏的战利品上。"直到1877年，也就是整整8年之后，古尔德才了结这场黄金恐慌带给他的最后一场官司。在国会听证会上，当被问及赃款何在时，菲斯科轻松地回答说："在忍冬盘绕之处"。① 这句话立刻让所有美国人浮想联翩。忍冬是金银花的别称，当时多种植在厕所外，以掩盖难闻的气味。

黄金恐慌仅仅只是买方恐慌，虽然那一天也被称为"黑色星期五"，但其对华尔街的影响并没有持续多久。只有那些诸如1837年和1857年发生的卖方大恐慌才可能改变华尔街的性质。相比之下，这场恐慌对美国经济的影响更为显著。加菲尔德是健全货币的坚定拥护者，他清楚地知道黄金恐慌的根源，以及如何避免重蹈覆辙。"如果法律继续认可（黄金和绿钞并存的）复本位制，"他在给国会的报告中写道，"并允许人为操纵其比价的话，那么黄金投机依然具有无法抗拒的诱惑。"换句话说，为了阻止"黑色星期五"再次发生，美国必须回到金本位制。事实上，美国用了整整10年时间才完全回归金本位制。如果不是古尔德给美国上了这么生动的一课，美国无疑需要更长的时间才能完成这一回归。

> 换句话说，为了阻止"黑色星期五"再次发生，美国必须回到金本位制。事实上，美国用了整整10年时间才完全回归金本位制。如果不是古尔德给美国上了这么生动的一课，美国无疑需要更长的时间才能完成这一回归。

---

① "在忍冬盘绕之处"（where the woodbine twineth），现在已经成为英语中的一句俚语，意为不知所终。——译者注

＊　　＊　　＊

　　在南北战争的刺激下，各种需求猛增，美国经济在战争期间迅速扩张，战后，这一步伐也没有减缓。1865—1873年，铁路的总长度翻了一番，铁路的投资是原先的三倍多。小麦产量在这期间也翻了一番。农场主和铁路建造者是当时资金的主要需求者，资金成本的上升会对他们造成非常不利的影响。

　　此外，由战争和大量发行绿钞而引起的通货膨胀此时也逐步消退了，战前的通货紧缩再次出现并一直延续到19世纪末。例如，铁路建设中最重要的材料——钢轨的价格在战后的8年中下降了将近14%。随着劳动力成本和商品价格同时下降，企业被迫扩大生产规模来保持较高的现金流，这造成了美国经济虚假繁荣的表象。然而，经济发展的基础在一点一点地被侵蚀。

　　越来越恶劣的政治丑闻更是加快了经济腐朽的速度。人们普遍认为黄金恐慌的发生，格兰特政府难辞其咎，甚至是格兰特政府姑息养奸，乃至为虎作伥所致。而所谓的特威德[①]集团在纽约更是营造了一种"见钱办事"的贪墨之风。威廉·M.特威德是坦慕尼协会，一个立足纽约已有100多年的民主党俱乐部会所的"酋长"[②]，但他本人能成为势力强大到可以只手遮天的城市大佬，尽管在20世纪上半叶，很多美国城市都出现了这种人物。不过，在天才漫画家托马斯·纳斯特的笔下，他成了纽约市政府腐败的象征。臭名昭著的"特威德法院"

[①] 威廉·马西·特威德（William Marcy Tweed，1823—1878年），美国政治家。他在19世纪60年代是纽约市民主党的后台老板，侵吞了数百万美元的城市公款，后来被发现并判有罪（1873年）。——译者注

[②] 本书第六章有译者对坦慕尼派俱乐部的说明，供读者参考。——译者注

- 第七章 -
"面对他们的对手，多头们得意扬扬"（1869—1873 年）

臭名昭著的"特威德法院"（Tweed Courthouse）实际上就是纽约郡① 法院，现在依然坐落在纽约市政大厅的北面，当年它的造价竟然高达 1 400 万美元。与 20 年前建成的英国议会大厦稍做比较，我们就可以清楚地知道这其中有多少资金被贪污了。作为当时世界上最富有和最强大国家② 的议会大厦——威斯敏斯特宫（Palace of Westminster）恢宏壮观，举世无双，占地面积达 2.4 公顷，造价也只有 1 000 万美元。

但是，当时最大的丑闻还是动产信贷公司事件。1865 年，联邦政府授权联合太平洋铁路公司建造一条连接中西部地区、横跨美国大陆的铁路线。政府将铁路沿线上百万公顷的土地作为该公司修建铁路的补贴，这些土地未来将会因为铁路线的通达而大幅升值。联合太平洋公司的管理层利欲熏心，打起了鲸吞联邦拨款的主意。他们成立了一家建筑公司并给它起了一个洋气的法国名字——Crédit Mobilier③（动产信贷公司），使其成为该条铁路线建设的独家承包商。动产信贷公司向联合太平洋铁路公司疯狂索取天价建设费，榨干了联合太平洋铁路和它的股东，养肥了动产信贷公司的股东们，也就是联合太平洋公

---

① 纽约郡（New York County），也就是纽约市曼哈顿区。——译者注
② 指英国。——译者注
③ 动产信贷公司（Crédit Mobilier），这里"Mobilier"用的是法语，是"动产"的意思，Crédit 是"信贷"的意思。——译者注

特威德法院大楼是曼哈顿第二古老的地标性建筑（仅次于市政大厅），现用作纽约市教育局的办公地。（译者根据公开资料整理）

司的管理层。① 为了确保华盛顿方面不会干涉，管理层贿赂了格兰特政府和国会的许多成员，甚至包括第一任副总统舒伊勒·科尔法克斯。行贿的方式不是直接送现金，而是在私下里给这些官员备一份厚礼：允许他们"购买"动产信贷公司的股票，并用这些股票未来的巨额股息来兑现。

现在，在主板②（Big Board，我们终于可以这样称呼它了，因为到此时，它的日交易量终于使"主板"这个名字名副其实了）单只股票一天的交易量经常可以达到5万股，而市场总交易量达到10万股已是司空见惯了。虽然此时，经纪人占主导地位的纽约证券交易所对市场的约束力越来越大，但对于一个毫无经验的人来说，华尔街还是一

---

① 美国动产信贷公司在承包过程中，向太平洋铁路公司出具大大超过实际成本的各项开支发票，而太平洋铁路公司只加上少许合理的管理开支和利润，向联邦政府报销。这些表面上看起来合理合法的财务运作，往往出自同一个人之手。联邦政府的这一项目大大超过预算，两年内投入了9 465万美元，其中的5 000多万美元成了动产信贷公司的收益，而公司公布的利润远远低于实际收益，有2 300多万美元流入这一伙人的钱包。——译者注

② 指纽约证券交易所。——译者注

- 第七章 -
"面对他们的对手，多头们得意扬扬"（1869—1873 年）

个充满风险、动荡不安的地方，巨大的财富会在分秒之间易手。曾有一位名叫奥尔登·斯托克韦尔的西部人控制了太平洋邮递公司（Pacific Mail Steamship Company）。他通过贿赂华盛顿的官员，拿到了利润丰厚的邮递合同，并因此大发横财。但在短短的两年之后，他就被杰·古尔德击败而一贫如洗。尽管斯托克韦尔财富尽失，心态却不失幽默。他曾向记者这样描述他的华尔街经历：

> 当我刚来到华尔街一百股一百股地购买股票时，大家叫我"斯托克韦尔"。当我买的股票越来越多时，大家称我为"斯托克韦尔先生"。到我几千股几千股地批量交易时，我被尊称为"斯托克韦尔队长"。当市场纷传我控制了太平洋邮递公司时，我被提升为"斯托克韦尔船长"。古尔德盯上我后，把我驱逐出了华尔街，他们对我的称呼只剩下"那个来自西部的红发狗崽子"了。

古尔德和菲斯科依然是伊利铁路的实际控制人，两个人在位于西23大街的大剧院（Grand Opera House）里办公。在这个大剧院里，菲斯科监制出品了多部戏剧。1868 年，纽约证券交易所实行的新规给伊利管理层在华尔街市场上操纵伊利股票设置了重重阻碍，而且此时大部分伊利股票也已经被英国人买下了，但是古尔德和菲斯科仍然可以保持对伊利公司的控制权。他们的做法是，拒绝交付新股东名下的股票，从而剥夺了这些股东的投票权。当然，他们豢养的法官会确保纽约的法庭按他们的要求办事。

同时，他们继续与其他连接西部的主干线铁路公司大打价格战。1870 年 5 月，范德比尔特把从布法罗到纽约市的运牛费用从每车皮 120 美元降低到 100 美元，接着又降到 40 美元。伊利铁路也不甘示弱，在 6 月 25 日把每车皮的费用降到了纯属象征意义的 1 美元。无疑，

田纳西·克拉芬，女权主义者，和她姐姐一起设立了经纪行及报纸——这对美国女性都是第一次，被当时的主流舆论视为异类，还传出她与范德比尔特的绯闻。在她们设立经纪行近一个世纪后的1967年，穆里尔成为首位获得纽交所席位的女性会员。今天，女性从事证券业务已经成为常态，自2017年以来，纳斯达克、港交所、纽交所先后迎来了首位女性首席执行官或主席。（译者根据公开资料整理）

范德比尔特自认为可以比伊利铁路更能承受这种自杀性的降价，于是也如法炮制。

但当新价格开始实施之后，人们发现，往返于布法罗和纽约的中央铁路线上"牛"满为患，而伊利铁路上几乎完全没有。范德比尔特很快查明了原委。原来，古尔德和菲斯科已经买断了布法罗牛市上所有的牛，然后通过几乎免费的中央铁路运到纽约贩卖，大发横财。"船长"对自己如此轻易地被对手击败而感到耻辱和愤怒，他发誓"再也不跟这帮骗子打交道"。

虽然受了点儿小侮辱，范德比尔特这段时间过得还是很愉快。他结识了两位不一般的女士——维多利亚·伍德哈尔和她的妹妹田纳西·克拉芬。她们的一些举动在当时正处于维多利亚中期的美国社会激起了轩然大波，包括出版报纸和鼓吹"唯灵论"（spiritualism），伍德哈尔甚至参与过美国总统竞选。丧偶不久的范德比尔特向美丽的田纳西·克拉芬求婚，但田纳西因为有一个名存实亡的丈夫而遗憾拒绝。

当维多利亚·伍德哈尔向"船长"求助，表示想向他借钱在华尔

- 第七章 -
"面对他们的对手，多头们得意扬扬"（1869—1873 年）

街开办一间经纪行时，幽默诙谐的（这一点鲜为人知）范德比尔特很爽快地答应了。在今天，我们很难想象维多利亚时代的人在听到"女经纪人"这个名词时有多么震惊和难以接受。在那个时代，很少有女性从事诸如法律和医学等专业性的职业，即使有也是寥寥无几，而华尔街更被认为是一个硝烟弥漫的战场，根本不适合女性参与。

姐妹俩在宽街 44 号开了间经纪行，生意看起来很兴隆，这得益于"船长"，也得益于媒体的关注——它们实在无法想象女人买卖股票和债券是怎么回事。这为姐妹俩带来的游客多于顾客，以至她们不得不在办公室门口贴了一则启事，上面写道："所有访客请说明到访目的，请勿逗留。"但克拉芬姐妹毕竟不是真正的女权先锋，她们很快就对华尔街日复一日单调不变的事务感到厌倦。她们的业务被华尔街其他的经纪商看成一场笑话，实际情况也基本如此。这个经纪行最终没能在 1873 年的大恐慌中生存下来。而女性首次真正在纽约证券交易所拥有席位是在近 100 年之后。

詹姆斯·菲斯科开始因为参与与华尔街无关的一些活动而受到公众的关注。他担任过纽约民兵第九团的陆军上尉，自掏腰包为第九团（当然也包括他自己）制作了漂亮的新军服，并组建了一支最好的军乐队。他还参与戏剧制作，出品了几部大戏。此外，1871 年芝加哥大火之后，他组织了一次大规模的救灾活动，安排伊利专列火车把救灾物资运送到灾区，并下令伊利铁路上的所有其他车次为这趟专列让道。这一善举打动了全美。

但是，最让菲斯科出名的还是他的风流韵事，或许这是菲斯科唯一不情愿的出名方式。虽然菲斯科的婚姻不算完满，但也算相安无事。大部分时间，他和妻子分居两地，他住在纽约，离他的大剧院不远，而他的妻子则住在波士顿他为其建造的大房子里。在纽约，人们常常可以看到菲斯科身边美女如云。可是，他却无可救药地爱上了一个名叫乔西·曼斯菲尔德的黑发女子。她丰腴的身材在那个时代比现在要受欢迎得多。菲斯科被她迷得神魂颠倒，完全丧失了他平日的精明，以致根本没有看出这个女人和他在一起只是为了他的钱。

菲斯科在大剧院的大街上给曼斯菲尔德买了套房子，很快他就搬进去与她同居了。他的妻子一向对他的所作所为视而不见、听而不闻，依然住在波士顿。但要命的是，曼斯菲尔德却转而爱上了菲斯科的生意伙伴埃德温·斯托克斯。斯托克斯仪表堂堂、风流倜傥，但有精神障碍。斯托克斯家族在19世纪初包船从英国移民美国，斯托克斯的叔叔曾住在从前的上流社区麦迪逊广场，过着非常舒适体面的生活，尽管此时的麦迪逊广场已日渐衰落。虽然斯托克斯完全有经济实力自立门户，但他的家人深知他的精神缺陷，一直对他严加看管。

1870年，曼斯菲尔德命令菲斯科搬出他为她买的房子，菲斯科只好照办。但他依然很迷恋她，继续给她支付生活费用达数月之久，希望她能回心转意。与此同时，菲斯科开始调查斯托克斯侵吞他们合办的布鲁克林炼油厂款项的情况。于是，一连串的诉讼与反诉开始了，记者们全部拥到法庭上，报道无休止的听证会。在其中的一场听证会上，曼斯菲尔德供述了她和这两个男人的关系，于是整个事件肮脏混乱的内幕在报纸上炸开了锅。

最后，1872年1月，斯托克斯精神崩溃了。他跑到大剧院和菲斯科对质，但菲斯科已经离开了大剧院，去拜访一位住在中央大酒店（Grand Central Hotel）的旧友。中央大酒店位于第三街和百老汇大街的交叉口，是当时纽约购物区的中心。于是，斯托克斯又赶到了中央大酒店，而菲斯科还没到。当菲斯科来到酒店正准备上楼的时候，斯托克斯突然出现在他的面前，掏出手枪向他连射两枪。第一颗子弹击中了菲斯科的大肚子，菲斯科立刻从楼梯上栽了下去，但他马上又站

— 第七章 —
"面对他们的对手,多头们得意扬扬"(1869—1873 年)

了起来,紧接着斯托克斯的第二颗子弹打中了他的胳膊,菲斯科应声倒地。

1871 年 10 月 9 日的芝加哥大火(Great Chicago Fire)几乎摧毁了半个城市(上图),而灾后重建工程却使得芝加哥成为率先应用钢筋水泥建造摩天大楼的城市(下图)。(译者根据公开资料整理)

菲斯科自己挣扎着爬上了楼梯,酒店工作人员把他带到了附近的会客厅,并且立刻叫来了医生。而斯托克斯根本没想逃跑,他很快就被警方逮捕,并被带到纽约市一个令人生畏的监狱,这个监狱有着一个更加令人毛骨悚然的绰号——"坟墓"。一开始,菲斯科的伤势似乎并不严重,但是他死后的尸体解剖表明,第一颗子弹把他的肠子打穿了 4 个洞,引发了腹膜炎,这在当时是无药可医的。

如果你想体会这样一次刺杀在 1872 年所引起的轰动,不妨想象一

如果你想体会这样一次刺杀在 1872 年所引起的轰动，不妨想象一下，如果是今天唐纳德·特朗普[①]在华尔道夫－阿斯托里亚酒店[②]的大厅里被洛克菲勒家族一名年轻成员开枪打死，会在媒体激起怎样的轩然大波。不到一个小时，报童们就在大街小巷高声叫喊："菲斯科被枪击了！"大批人聚集在中央大酒店的外面。警察局长增派了 250 多名警察看护"坟墓"监狱，因为有谣言说，一群下决心要绞死凶手的暴徒正在朝监狱赶来。

与此同时，经纪商拥进了位于麦迪逊广场的第五大道酒店，很快一个非正式的伊利股票"晚间交易会"自发形成了。虽然经纪商们"对于菲斯科在盛年之时被人冷血枪杀表示了一点儿同情"，但如《纽约先驱报》报道所说，他们仍是一群利欲熏心的无情之人，报纸引用他们中的某个人的话说，"伊利股票肯定要涨"。事实确实如他们所料，星期一早晨一开市，伊利股票的价格就涨到了每股 35.25 美元。

虽然经纪商们对菲斯科的壮年早逝表现得很冷漠，但当时的普通大众却不是这样。这使得这个国家的卫道士们非常震惊，因为他们只看到了菲斯科哗众取宠的表演和混乱的感情纠葛，而大众则看到了事情的另一面。"人们会记得他虽出身贫寒，但不坠青云之志，他的成功完全是用汗水换来的。"《纽约先驱报》第二天报道说："在通向成功的道路上，虽然他也用了不少华而不实或者半野蛮的手段，但在他的灵魂深处，有着追求自由的信念和慷慨大方的精神，这使得他的那

[①] 唐纳德·特朗普，美国房地产巨头，2016 年当选美国总统。这本书原著出版于 1999 年。——译者注
[②] 华尔道夫－阿斯托里亚酒店（Waldorf-Astoria），纽约市的一家豪华酒店，详见第一章。——译者注

- 第七章 -
"面对他们的对手,多头们得意扬扬"(1869—1873年)

些性格缺点变得无关紧要了。"

事实上,现实生活中的菲斯科一向乐善好施、扶危济困。在伊利公司的办公室里,总有络绎不绝的人前来向他请求免费乘车,或者借钱购买杂货、煤块,通常他们的要求都会得到满足。而他那天之所以现身中央大酒店,也是为了去看望他的一位已故朋友的年轻遗孀和孩子,他一直在悄悄地资助他们的生活。

位于华尔街的特朗普大厦。特朗普从20世纪80年代开始从事房地产业,以他的名字命名的特朗普大楼几乎遍布美国各大城市。(译者摄于2017年)

虽然菲斯科仅仅在吉尔伯特和沙利文小歌剧①的演出中穿过军服,但在纽约民兵第九团的组织下,菲斯科的葬礼是19世纪纽约市最宏大的军队葬礼,仅次于林肯和格兰特的葬礼。在葬礼队伍行进的时候,有10万人出来为他送行。当天夜里,他的遗体被运送到家乡布莱特博罗(Braffleboro)埋葬。人们三五成群,在1月凛冽的寒风中站在铁道两旁,默默致哀。几年以前,他曾慷慨地出钱把布莱特博罗的公墓用铁栏杆围起来,他当时开玩笑地说,他也不知道这些铁栏杆有什么用处:"里面躺着的

---

① 吉尔伯特(1836—1911年),英国戏曲作家。沙利文(1842—1900年),英国作曲家。他们两个人一起创作了一系列的小歌剧,为现代歌舞剧的前身。——译者注

詹姆斯·菲斯科。"无耻，无耻！"一个和他同时代的人写道，"一而再，再而三，三而四。厚颜无耻，无人可比，无人可及，无耻透顶！"他以无穷无尽的兴致参与华尔街的大游戏，直到在一场三角恋爱中被枪杀。

人出不来，外面的人也不想进去。"

菲斯科的伙伴古尔德也在那年春天失去了对伊利铁路的控制权，主要是因为前一年夏天《纽约时报》不断曝光了特威德集团大量贪污受贿的证据，最终导致特威德集团解体。那些一直在为伊利铁路管理层服务的法官现在忙着自保，但大部分最终还是被弹劾了。古尔德被逐出了伊利铁路公司，公司股票应声上涨，戏剧性地让古尔德大赚了一笔。在此后的日子里，他继续在西联公司、南太平洋公司和其他一些公司的运作中攫取财富，直到1892年因肺结核去世，终年56岁。

*　　*　　*

从南北战争开始到菲斯科被刺杀，这非同寻常的10年标志着华尔街作为一个主要金融市场正式登上了世界舞台。随着华尔街最显赫的大玩家突然离世，多少年来一直是华尔街标志的狂野西部色彩也开始渐渐褪色。但是，1873年的大恐慌才真正标志着这个时代的结束。杰·库克曾经因为帮助联邦政府成功发行战争债券、为南北战争筹资而成为最知名、最德高望重的银行家。战后，虽然他依然在美国享有

── 第七章 ──
"面对他们的对手,多头们得意扬扬"(1869—1873 年)

很高的声誉,但他自己的银行——杰·库克银行却没有那么兴旺。他依然在政府债券市场中拥有较大的份额,还拥有几条铁路的股权。其中一条叫北太平洋的铁路是最让他头疼的。他为了资助这条铁路的修建发行了价值 1 亿美元的债券,但是这笔钱在铁路完工之前就用尽了。1870 年,国会通过了一项法案对这条铁路线给予额外财政补助,并授权库克全权代理。于是,库克又在欧洲市场上发行了更多债券,铁路沿线的北达科他州甚至把它的首府命名为俾斯麦①,以吸引德国投资者来参与这个项目。库克试图用他在推销战争债券时的手法来推销北太平洋铁路的债券,但收效甚微。铁路建设困难重重,大桥坍塌,路基被冲垮,到 1873 年年初,公司已经发不出工资了,只能给工人打

南海泡沫(South Sea Bubble)是英国在 1720 年春天到秋天之间发生的一次经济泡沫(左图),与密西西比泡沫、郁金香泡沫并称欧洲早期的三大经济泡沫,甚至曾担任英国铸币局局长的艾萨克·牛顿(右图)也在这次泡沫中损失了 2 万英镑(相当于今天的 3 000 万元人民币),牛顿感慨道:"我能计算出天体运行的轨迹,却难以预料人们的疯狂。"南海公司夸大业务前景,通过贿赂政府向国会推出以南海股票换取国债的计划,其股价由 1720 年年初的约 120 英镑急升至同年 7 月的 1 000 镑以上。市场上随即出现不少"泡沫公司"浑水摸鱼,英国国会通过《泡沫法案》予以规范,连带触发南海公司股价急挫,至 9 月跌回 190 镑以下,很多投资者血本无归。(译者根据公开资料整理)

① 俾斯麦(1815—1898 年),德国政治家,德意志帝国第一任首相。——译者注

白条，并且公司的银行账户也已严重透支。《费城纪事》(*Philadelphia Ledger*) 把它与18世纪初发生在英国的"南海泡沫"相提并论，后者是一个半欺诈半空想的金融投资骗局，千家万户都遭受了巨大损失。

此时，库克正和J. P. 摩根共同承销新发行的3亿美元的政府债券，这一次他们又选择了欧洲作为主要市场。虽然实际的承销费用仅仅只有15万美元，但是承销债券募集的资金可以全部推迟到1873年年底再交给政府。假如能够以较快的速度售完所有债券，他们就可以有将近一年的时间免费使用这笔资金。摩根此时正和费城的一个银行家安东尼·德雷克塞尔合伙经营德雷克塞尔－摩根公司（Drexel, Morgan and Company），他并不需要这笔钱。相反，库克已快被逼入绝境，急需这笔钱周转，但不幸的是债券销售进展十分缓慢。（常有人指责摩根蓄意"摧毁"库克，但直到今天也没有人知道，债券销售进展缓慢究竟是摩根蓄意所为，还是市场条件所致。）

9月，库克陷入严重的财务深渊。秋季来临，欧洲市场明显对美国证券越来越冷淡，资金供应再次触底，更多的铁路公司陷入了财务困境，政府丑闻又相继爆出，这一切迹象都表明华尔街正在一步一步接近灾难的边缘。

灾难最终降临了。9月13日，星期六，凯恩－考克斯公司（Kenyon, Cox and Company，丹尼尔·德鲁的公司）宣布破产，停止营业。第二周的星期一和星期二，恐慌还没有发生。但是到了星期三，股市开始下跌，交易量放大，卖空行为也明显增多。知情人似乎正在趁损失不大的时候离场。翌日，9月18日，星期四，上午11点，库克在纽约的合作伙伴范斯托克宣布库克银行纽约支行暂停营业，很快在费城的库克银行总部也被迫步其后尘。于是，美国当时最显赫的银行家破产了。

这条消息就像炸弹一样引爆了华尔街，"一匹名叫'恐慌'的炭

– 第七章 –
"面对他们的对手，多头们得意扬扬"（1869—1873年）

黑色的脱缰野马"呼啸着冲上了华尔街。当消息传到交易大厅时，"人群中爆发了一声撼天动地的咆哮，仿佛可以让整栋大楼颤抖，里面的经纪商已经完全了失去理智。"《论坛报》写道。而在交易所之外，"恐惧似乎占据了每个人的心"。

第二天，各种谣言充斥着华尔街，甚至有传言说"船长"也濒临破产。这显然是无稽之谈，因为范德比尔特从未以保证金的形式购买过股票，而且他所持有的股票是相对安全的。但是，无数与他合作的经纪商和银行却被迫停止营业，甚至很多经营良好、利润丰厚的公司股价也遭到了重创。9月20日，星期六早晨，西联公司的股票价格从每股75美元骤跌到每股54.5美元。

华尔街的恐惧通过大西洋的海底电缆迅速传到了欧洲，欧洲市场也应声崩溃。这也从另一个侧面证明了华尔街对整个世界的影响力正在与日俱增。《纽约先驱报》认为这种失控的恐慌是一种完全可以摧毁强大帝国的力量。一位经纪商则称这次崩溃为"自黑死病以来最大的世界性灾难"。星期六上午11点，纽约证券交易所历史上第一次宣布无限期休市。格兰特总统、财政部部长和其他政府高级官员一起从华盛顿来到纽约，与纽约金融巨头一起商讨解决办法。范德比尔特告诉他们，这次崩溃的原因在于铁路盲目的过度扩张，而这种扩张所用的资金大部分来自联邦债券。他对媒体说："用公众的钱在穷乡僻壤修建铁路，这无异于公然犯罪。"

由于此时还没有中央银行，联邦政府的宏观调控能力受到很大的限制。最终，联邦政府决定从星期一开始在市场上买入联邦债券，以

> 华尔街的恐惧通过大西洋的海底电缆迅速传到了欧洲，欧洲市场也应声崩溃。这也从另一个侧面证明了华尔街对整个世界的影响力正在与日俱增……一位经纪商则称这次崩溃为"自黑死病以来最大的世界性灾难"。

此向金融市场注入新的资金。证券交易所禁止其会员在交易所之外进行证券交易,但大部分会员对于这项禁令不予理睬,继续进行场外交易。随着崩溃的恐慌日渐消退,纽约证券交易所宣布于9月30日(星期二)重新开市,股票市场慢慢得以恢复元气。但是,这次大崩溃沉重地打击了整个经济。南北战争后的繁荣景象荡然无存,美国经济艰难地捱过了6年的衰退后才逐渐好转。到那个时候,华尔街已经成熟了许多。

同一时代的西方和东方

西方	年份	东方
	1869	方举赞在上海开设发昌机器厂,中国民族资本主义产生
第二次工业革命开始	19世纪70年代	
美国《宪法》第15修正案通过,给予黑人投票权	1870	
英国爆发爱尔兰自治运动	1870	
普法战争爆发	1870	
华尔街发生古尔德黄金投机案	1870	
德意志帝国建立,德国统一	1871	俄军攻占伊犁
法国巴黎公社革命爆发	1871	《中日通商章程》在天津签订
	1872	第一批清朝留学生赴美
以股市崩溃为导火索,美国开始了长达6年的经济低迷期	1873	李鸿章在上海创办轮船招商局
	1873	陈启源创办继昌隆缫丝厂
	1873	日本明治政府颁布地税改革法令

第八章
"你需要做的就是低买高卖"
（1873—1884年）

- 译者题注 -

华尔街的历史舞台上，先后登场了无数形形色色的人物，各自演绎了多姿多彩的人生。他们中有的人开创了华尔街的新时代，唤回了华尔街缺失已久的诚信和社会责任感，这些人中的杰出代表是摩根；有的人却以吝啬和爱财如命而闻名，如海蒂·格林，然而，这样一位彻头彻尾的守财奴同时又是一位出色的投资家，在股市的惊涛骇浪中表现得游刃有余，她说："你需要做的就是低买高卖"……

- 译者导读 -

- 在19世纪70年代发生的市场崩溃不可避免地再一次导致了美国股市的萧条。欧洲投资者一直是美国这个新兴国家主要的国际资本来源，此时他们也对投资美国望而却步。但奇妙的是，股市崩溃对美国也有有利的一面，它使得美国人能够以低价购回此前向欧洲人出售的美国证券，事实上变相地洗劫了此时还远比美国富足和强大的欧洲老牌资本主义国家。股市的周期性崩溃迫使经济繁荣时期积累下来的泡沫被挤出经济循环之外，也使得经受了考验的实体经济变得更加稳健。

- 19世纪的最后20年，由于各种因素的推动，美国完成了规模宏大的工业化进程，这是截至当时世界经济史上最为重要的历史事件之一。1878年，在纽约证券交易所上市的公司里还没有一家以"工业"制造业为主，但到了1900年，工业股票已经迅速成长为华尔街的股票主力。而与此同时，美国的钢铁产业从无到有，在短短的几十年里，钢铁产量就超过了全欧洲的总和。

- 也是在这个时期，一位对华尔街和美国产生深远影响的人物登上了历史舞台。"他在南北战争时狂放粗野的华尔街崭露头角，把华尔街打造成为美国这一全球新兴经济体的主导力量。"这个人就是J. P. 摩根。

- 摩根口含"金汤匙"出生，是华尔街新一代投资银行家中的翘楚。不同于早年华尔街大部分的投机家，他信奉的理念是以诚信为本。在波澜壮阔的工业化进程中，美国一举成为世界上最大的经济实体和新兴的超级大国。而美国迅速崛起所需的巨额资金，正是摩根和以他为代表的华尔街人筹集来的。不仅如此，他们还重塑了华尔街在美国公众中的形象，使得华尔街在美国经济和世界经济中的地位大大提高。摩根创立的摩根银行至今仍是全球最重要的金融机构之一。

- 在华尔街这个巨大的名利场上，人性的方方面面暴露无遗，形形色色的人物是华尔街传奇中无法分割的一部分。这个时代的海蒂·格林是美国历史上最为富有的女性之一。她视财富如生命，对于金钱的酷爱近乎病态，她可以为了很小一笔钱而毫不犹豫地放弃一切——时间、声誉、健康、友谊等等，堪称华尔街历史上葛朗台式的守财奴。但人格上的缺陷并没有妨碍她成为一个出色的投资者，她依靠投资铁路和地产日进斗金。而她"低买高卖"的决策的核心其实就是对上市公司进行全方位的研究、筛选和甄别，这在客观上推动了社会资金的流转。当股市中成千上万的人都这样做的时候，全社会的金融资源便得到了更高效率的配置，从而推动经济不断向前发展。

- 在此前的黄金操纵案中侥幸没有酿成大祸的格兰特在退休后也来到华尔街，这一次，他就没有那么幸运了。这位在金融市场中不谙世事的前总统兼退伍将军，被华尔街老奸巨猾的投机分子沃德蒙骗而深陷泥潭。他的公司最终彻底破产，并引发了一场短暂的金融恐慌。曾经在战场上所向披靡的格兰特将军，最后只剩下200美元而潦倒不堪。为了补偿家人，他只好撰写回忆录来挣钱，无意中成就了美国历史上最重要的文学作品之一——《格兰特将军回忆录》。

— 第八章 —
"你需要做的就是低买高卖"（1873—1884 年）

就像在华尔街经常看到的那样，在一场巨大的崩溃之后，市场往往出现一种反常的平静。1873 年的大恐慌也不例外，股价持续下跌，交易量不断萎缩。虽然铁路股票仍是华尔街市场的支柱，但其市值在 1873—1878 年惨遭腰斩。纽约证券交易所的席位价格从 1873 年最高峰时的 7 700 美元下降到 3 年之后的 4 250 美元（为让读者对这个数目有点儿概念，不妨举一个例子：19 世纪 70 年代，一个非熟练工人一年最多挣 1 000 美元——如果他足够幸运能够找到一份工作的话）。总共有 287 家从事相关经纪业务的公司在这几年关门大吉，更多经纪公司则是主动清算破产。

欧洲投资者跟之前几次一样，停止投资美国证券。难怪当时一位德国银行家说："现在就算有天使担保，美国铁路债券在欧洲市场也卖不出去了。"

虽然处于经济周期的低谷，但这对资本主义市场体系而言并非毫无益处。一方面，那些等不到美国经济复苏的欧洲投资者开始大量抛售持有的美国证券。1873—1879 年，欧洲人手中的美国证券资产价值总值缩水了近 6 亿美元，单单铁路证券一项就损失了 2.51 亿美元。这虽然严重打压了华尔街市场的证券价格，但实际上增加了美国人的财富。当欧洲人在美国出资修建铁路时，美国得以扩张其交通网络，而欧洲投资人持有这些铁路的证券，并获得这些证券的利息和其他收益。可一旦持有人发现这些证券无法兑现，甚至利息难保，就会在华尔街进行抛售，让美国人有机会以比原来低得多的价格回购这些证券。其结果不言而喻，美国既修成了铁路，又拿回了证券。

可是当美国经济的巨大发动机重新运转起来的时候，欧洲投资者会回来重新购买美国证券。这种现象并不是 19 世纪所特有的，往前

位于曼哈顿第五大道的洛克菲勒中心。（译者摄于2017年）

可以追溯到殖民地时期。当时很多殖民地是由合资公司设立的，但它们大多非常短命、惨淡收场，往后一直延续到20世纪80年代末期，过度自信的日本人以市场最高价接盘诸如洛克菲勒中心这样的美国标志性地产，随后又在遭受巨大损失之后失去了它们。

除了牺牲海外投资者的利益造福美国，另一方面，经济萧条也促使美国公司为了生存而提高运作效率，迫使繁荣时期积累的过剩产能退出经济体系，促进资源向强者手中聚集。待外部条件改善、经济得以再次扩张后，美国经济将会更加稳健，更有实力应对坏年景。

在19世纪70年代大萧条之后，美国经济和美国政治[①]一样，开始显露一些现代特征。直到1878年，除运输业和通信业的所谓"工

---

① 1865年，美国南北战争结束后，美国政治制度进一步完善发展。一是美国《宪法》的地位得到巩固，真正成为国家根本大法；二是联邦主义得到长足发展，联邦权力获得扩张；三是联邦政府1865年和1870年通过了关于废除奴隶制度和承认黑人公民权利的第13条和第15条修正案。——译者注

第八章
"你需要做的就是低买高卖"（1873—1884年）

业"公司之外，还没有一家以制造业为主的工业公司在纽约证券交易所上市交易。在当时全部54家上市公司中，有36家铁路公司、5家煤矿公司、4家电报公司、4家邮递公司、3家矿业公司、1家蒸汽船公司和1家地产公司。

但是到了1900年，"工业股票"（industrials）迅速成长为华尔街市场的主力。在1860年，美国所需的钢铁还几乎全部依赖进口；短短几十年后，美国的钢铁产量已经超过了全欧洲钢铁产量的总和。仅卡内基钢铁公司（Carnegie Steel）一家的钢铁产量就超过了英国全国的产量。

> 在1860年，美国所需的钢铁还几乎全部依赖进口；短短几十年后，美国的钢铁产量已经超过了全欧洲钢铁产量的总和。仅卡内基钢铁公司一家的钢铁产量就超过了英国全国的产量。

在19世纪帷幕将要落下的最后几年中，美国的工业化进程写下了世界经济史上最壮丽的诗篇之一。这背后有多重推动因素：南北战争刺激了对工业品的需求；战时的高关税政策保护了美国工业免受来自欧洲的竞争与冲击；南北战争摧毁了南方政治势力，推动工业化的北方利益集团在华盛顿掌握了主动权。

1911—1913年的工业股票。资本市场在推动波澜壮阔的工业化进程的同时，也引发了工业股票的投机热潮——这种相辅相成的关系同样出现在19世纪的铁路、银行领域，也为后来的航空业、互联网业所印证。（译者根据公开资料整理）

此外，19世纪后半叶的移民潮，再加上农业机械化耕作使得农场对于劳动力的需求急剧下降，农村的年轻人大量涌入城市，这使得美国的城市里迅速聚集了丰富的劳动力资源。18、19世纪之交，美国曾是世界上最大的农业国之一，但到了1880年，城市人口已占到全美总人口的25%，到1900年的时候，这个数字增加到40%。

美国的铁路总里程也从南北战争结束时的3.5万英里（约5.6万公里）增长到1890年时的16.4万英里（约26.4万公里）。铁路行业的迅猛发展为很多重工业产品如钢轨、机车、铜线等，创造了巨大的市场。纵横交织的铁路网不仅把美国联结成了一个真正意义上的统一市场，同时也是全球最大的市场，从而实现了巨大的规模经济效应。

> 南北战争之后的工业化规模之大，需要的不仅仅是高效的交通运输系统，它还需要资本，大量的资本，而这些资本的获得越来越依赖于华尔街。

南北战争之后的工业化规模之大，需要的不仅仅是高效的交通运输系统，它还需要资本，大量的资本，而这些资本的获得越来越依赖于华尔街。在这个时代，有一个人已经成为华尔街的化身，他就是J. P. 摩根。以J. P. 摩根为代表的新生代投资银行家。他们脱胎于南北战争年代狂放粗野的华尔街，并把华尔街迅速打造成了正在兴起的全球经济体中的主导力量。

活跃于19—20世纪之交的J. P. 摩根，至今仍是美国家喻户晓的华尔街人物，也是代表那个年代的唯一一位。他同约翰·戴维森·洛克菲勒、安德鲁·卡内基[①]一样青史留名。J. P. 摩根不仅是华尔街风云人物的缩影，更是整个华尔街的化身。他极具特点的外貌让他成为很

---

① 安德鲁·卡内基（Andrew Carnegie），美国"钢铁大王"，一手缔造供、产、销一体化的现代钢铁公司，成为美国最大钢铁制造商。而在功成名就之后，他又将几乎全部的财富捐献给社会。——译者注

— 第八章 —
"你需要做的就是低买高卖"（1873—1884 年）

好的漫画素材，在无数政治漫画中登场。

华尔街历史上的风云人物往往出身贫寒、白手起家，J. P. 摩根却是含着金汤匙出生的。他的祖父是新英格兰殖民地[①]第一代移民，1817 年举家搬到康涅狄格州哈特福德市[②]，当时正值该城迅速扩张时期。在城市发展过程中，他先后投资过房地产、蒸汽船公司和铁路，还有安泰火险公司（Aetna Fire Insurance Company）的创始人之一。J. P. 摩根的父亲朱尼厄斯·斯宾塞·摩根是哈特福德一家纺织品公司的合伙人，后来搬到波士顿，成为知名棉花经纪人詹姆斯·M. 毕比公司（James M. Beebe & Co.）的合伙人。1854 年，朱尼厄斯·摩根应邀成为乔治·皮博迪

J. P. 摩根。被誉为最伟大的银行家之一。他从资助爱迪生到组建通用电气公司，促成了电的普及；他组织财团买下卡内基的钢铁公司进而创建美国钢铁公司，使钢铁产业的规模化百尺竿头更进一步；他在 1907 年金融危机时向美国政府伸出援手，填补了当时没有央行的空白。如今的摩根士丹利（俗称"大摩"）和摩根大通（俗称"小摩"），都与 J. P. 摩根缔造的金融帝国有着深厚的血缘关系。（译者根据公开资料整理）

---

① 新英格兰是位于美国大陆东北角、濒临大西洋、毗邻加拿大的区域，包括美国的 6 个州，由北至南分别为：缅因州、佛蒙特州、新罕布什尔州、马萨诸塞州、罗得岛州和康涅狄格州。——译者注
② 哈特福德市（Hartford），是美国主要的大保险公司的发源地，至今仍是许多保险公司的总部所在地。——译者注

乔治·皮博迪，美国第一代投资银行家。当时的世界金融中心是伦敦，他的重要工作就是帮助新生的美国政府和企业从伦敦市场融资。这是一个艰巨的任务，美国早期的州政府债券经常违约，导致融资难度很大。皮博迪的声誉很高，他去世后英国派出最新最大的军舰护送其遗骸回到美国。（译者根据公开资料整理）

（George Peabody & Co.）旗下一家伦敦投行的合伙人。皮博迪是美国人，但在英国生活和工作多年，凭借良好的信誉和精明能干，在英国赢得了很高的声誉。终生未娶的皮博迪对当地的慈善事业非常慷慨大方，以至维多利亚女王曾要授予他准男爵爵位，都被他谦逊地婉言谢绝了。他逝世后，遗体由法国和英国的战舰一同护送回到美国。

皮博迪在19世纪60年代初退休，由朱尼厄斯·摩根接管了这家公司，并把它更名为J. S. 摩根（J. S. Morgan and Company）公司。于是，他的儿子J. P. 摩根从幼年起就开始接触最高水平的世界银行业务，同时耳濡目染了父亲和皮博迪一生坚守的原则——诚信是在这个领域基业长青的根基。童年的经历塑造了摩根的人格，对他的一生产生了决定性的影响。

J. P. 摩根晚年时曾接受国会委员会关于华尔街运作模式的问询。委员会的法律顾问问他："商业信用的决定因素是金钱还是财产？"

"都不是，先生。"摩根回答道，"最重要的是品行。"

"比金钱和财产还重要吗？"

第八章
"你需要做的就是低买高卖"（1873—1884 年）

> **电力的对决：特斯拉与爱迪生**
>
> 为了向交流电和无线电的发明者尼古拉·特斯拉致敬，埃隆·马斯克以特斯拉命名风靡全球的纯电动汽车。在此之前，人们关于电的记忆几乎只有爱迪生和白炽灯。位列全球企业 500 强的通用电气的百年历史映射了特斯拉、爱迪生和摩根之间的传奇与纷争。
>
> 1879 年，爱迪生发明了白炽灯，于次年创建了爱迪生照明公司，力推直流电技术，并获得了摩根的支持。摩根意识到，这是挑战洛克菲勒石油帝国的绝好机会，因为当时人们还在用煤油照明。爱迪生的成功和自信，使得他无视了他的雇员特斯拉关于交流电的建议，后者只得另立山头，并帮助西屋电气公司在尼亚加拉瀑布项目中击败了被摩根财团支持的爱迪生认为"更安全"的直流电。摩根只得赶走爱迪生，于 1892 年将爱迪生电气公司与汤姆森·休斯敦公司并购重组为通用电气公司，改为大力发展交流电，并最终赢得了"电力大战"（War of Currents）的胜利。通用电气自此开启了电力垄断之路，也成为道琼斯工业指数自 1896 年设立时的 12 只成分股中存续时间最长的一家公司，直到 2018 年 6 月才被该指数移除。（译者根据公开资料整理）

"比金钱和其他任何东西都重要，"摩根强调，"金钱无法收买一个品行端正的人……一个我不信任的人，即使他有整个基督教世界的债券作为抵押，也不可能从我这里拿走一分钱。"

摩根从未对他这一生想要做什么有任何怀疑。甚至早在孩童时代，他就已经表现出对商业的热爱。在他 12 岁那年，摩根连同表兄弟吉姆·古德温组织了一场"哥伦布登上新大陆立体展览"。摩根不仅精确记录了所有的费用和门票的收入，展览结束后还整理出了一张资产负债表，标题为"摩根和古德温，立体展览资产负债表，1849 年 4 月 20 日"。终其一生，摩根只要看一眼就能对账簿了然于心。每有记账员战战兢兢地拿着账本请他检查时，再小的错误他都能一下子指出来。

摩根有着非常国际化的教育背景，先后在哈特福德、波士顿、瑞士的韦韦和德国的格丁根大学求学。在格丁根学习一年后（在那里，一位数学教授试图说服他从事数学研究，但没有成功），他来到纽约，

19世纪80年代，东瞰华尔街的景象。1871年，第一栋摩根银行大楼代替了原先的百货商场。据说，在那个年代，如果人们看到一个人和摩根一同走下摩根银行的台阶，就意味着这个人很快将平步青云。

在华尔街邓肯和谢尔曼开办的公司里当了一名初级会计师。

在工作中，他的能力和敢于负责的精神立刻就显现出来了。公司派他到新奥尔良学习棉花经营，他很快就看到了赚钱的机会。在没有得到公司授权的情况下，他用公司的即期汇票买了一船咖啡。当公司拍来电报，强制要求他立刻把咖啡处理掉时，他电报回复称已经把咖啡处理掉了，并且还赚了一笔可观的利润。这种干脆利落、迅捷果断的行事作风伴随了摩根的一生。

1862年9月，摩根创办了自己的公司——J. P. 摩根公司（J. Pierpont Morgan and Company），这家公司在南北战争后的华尔街繁荣时期迅速发展起来。1864年，年仅27岁的摩根的应纳税收入达到了53 286美元。（南北战争时期的个人所得税法规定个人缴税单为公开信息，这对历史学家来说无疑是"天上掉馅饼"一样的好事。）

1871年，摩根和费城的德雷克塞尔公司①成立了一家合伙公司，

---

① 安东尼·约瑟夫·德雷克塞尔（Anthony Joseph Drexel），是在美国内战后崛起的另一位大银行家，他在费城创立了德雷克塞尔公司。——译者注

— 第八章 —
"你需要做的就是低买高卖"（1873—1884年）

即纽约的德雷克塞尔-摩根公司，其总部设在华尔街23号，位于华尔街与宽街的街角处。虽然当时那座富丽堂皇的维多利亚式建筑在1913年为如今这座平平无奇的建筑所取代，但这个地方一直是摩根银行的总部，华尔街人称之为"街角"。

凭借与费城德雷克塞尔公司的业务合作和父亲在伦敦的关系网，摩根的事业从一开始就蒸蒸日上。即使在19世纪70年代的萧条中，他每年分得的公司利润也很少低于50万美元。他与伦敦的紧密关系最为关键，这对华尔街和他自己来说都非常重要——这将使他成为全世界最负盛名的银行家。

1866年正式开通的大西洋海底电缆，使伦敦和纽约这两个全球最大市场的联系愈加紧密，纽约正在一步步地成长起来。尽管在此后的很长一段时间里，美国仍然是资本输入国，但也开始独立承接外国在美国市场的债券发行。1879年，加拿大魁北克省就在美国成功发行了300万美元债券。

也就是在同一年，摩根在市场上一举成名，被誉为"具有非凡竞争力的银行家"。范德比尔特在1877年去世时，把高达1.05亿美元的巨额财产（迄今为止美国最大的一笔私人财富）留给了他的大儿子威廉·H.范德比尔特。小范德比尔特因此拥有了纽约中央铁路超过87%的股份，但他希望分散自己的资产。可是，想要在市场上大量抛售像纽约中央铁路这样显赫大公司的股票，又不对其价格造成太大的冲击，并非易事。但是，摩根接下了这项任务，并成功地以每股120美元的高价在伦敦市场上售出了15万股纽约中央铁路的股票。更重要的是，这一切都是悄悄进行的，等到市场有所察觉的时候，一切都已

但是，摩根接下了这项任务，并成功地以每股120美元的高价在伦敦市场上售出了15万股纽约中央铁路的股票。更重要的是，这一切都是悄悄进行的，等到市场有所察觉的时候，一切都已经完成了。

经完成了。

摩根不仅成功地帮助小范德比尔特卖出了股票，还获得了这些英国股东①的代理权，代表他们在纽约中央铁路董事会上坐拥一席之地。由此，他顺理成章地成为铁路业举足轻重的人物，并且决心利用自己的新身份彻底整顿混乱不堪的美国铁路业。正如前文所述，在这之前的30年，美国的铁路系统（如果称得上是系统的话）一直以混乱无序的方式发展着，主干线都是由小的地方铁路拼凑而成，铁路公司的资本和公司结构也因此千奇百怪。

铁路是历史上第一批经营管理权和所有权分离的企业，即经营这些铁路的管理层中的大多数人并不拥有这些铁路的股权。从理论上来说，管理层理应完全代表股东的利益，但当时还不存在任何法律可以强制他们为股东利益最大化而工作。因此，管理层往往为了一己私利损害股东甚至客户的利益，美国动产信贷公司丑闻

卡特尔、辛迪加与托拉斯

卡特尔是指生产同类商品的企业联合，达成有关市场划分、产量、价格等方面的协议以垄断市场。它是资本主义垄断组织的初级形式，各个企业之间相互独立，且经营水平、经营规模、产量等没有太多的差别。

辛迪加（Syndicat）是垄断组织的一种中级形式。参与辛迪加的企业，在生产和法律上仍保持独立性，但丧失了商业独立性，销售商品和采购原料由辛迪加总办事处统一办理。各企业间争夺销售份额，一般存在一个领头大企业。

托拉斯（Trust）是垄断组织的高级形式，由许多生产同类商品的企业或产品有密切关系的企业合并组成。同卡特尔、辛迪加相比，托拉斯本身就是一个独立的企业组织，参与者在法律和业务上完全丧失其独立性，由托拉斯董事会掌握所属全部企业的生产、销售和财务活动。（译者根据公开资料整理）

---

① 这里指上文的J.P.摩根在伦敦市场出售了中央铁路的股票，将其卖给了英国人，并成为这些英国人在该铁路公司的代言人。——译者注

第八章
"你需要做的就是低买高卖"（1873—1884年）

就是其中最臭名昭著的代表。许多铁路公司的管理层甚至会专门建造一条铁路与现有铁路竞争，唯一的目的就是迫使后者出钱收购自己的公司。

到了19世纪80年代中期，虽然整个国家都呈现一片繁荣发展的景象，但由于恶性价格战、过度建设和经营不善，整个铁路行业的利润急剧下降。甚至管理良好的纽约中央铁路和宾夕法尼亚铁路也在相互残杀，在对方地盘建造与之竞争的铁路。摩根说服小范德比尔特，使其确信他能为两家铁路公司找到和解方案。他把双方管理层请上了他的"海盗号"游艇（Corsair），豪华的游艇在加里森和桑迪胡克之间的哈德逊河段上来回航行，直到双方达成协议。按照协议，纽约中央铁路买下与它隔河相望的哈德逊河西岸的铁路线，宾夕法尼亚铁路则买下正在建设中的从哈里斯堡到匹兹堡的铁路线，并立刻停止施工。（为修建该铁路而开凿的穿山隧道随即被废弃，直到几十年后修建宾夕法尼亚高速公路时才被重新启用。）

J. P. 摩根的"海盗号"游艇。纽约中央铁路和宾夕法尼亚铁路在这艘游艇上达成了"海盗协议"，使摩根在商界和华尔街声名鹊起。（译者根据公开资料整理）

— 伟大的博弈 —

这一协议被称为"海盗协议",它的成功签订使摩根在商界和华尔街声名鹊起。回报丰厚的业务纷至沓来,摩根的公司发展一日千里。虽然他只是华尔街的一名银行家,并不经营铁路,但在19世纪的最后20年里,他是美国铁路业最有影响力的人物,主导重组了巴尔的摩铁路、俄亥俄铁路、切萨皮克铁路、伊利铁路等多家主要铁路公司,并推行了合理化的改革。

以摩根为代表的投资银行家为华尔街带来了久违的正直、诚信之风,大大提升了华尔街在美国经济和世界经济中的地位。此前,多数美国人对华尔街不屑一顾,认为它和赌场没什么差别,现在华尔街的声誉日渐好转,成了做生意的好地方。之所以能有这样的转变,摩根本人的高尚人格和以身作则带来的影响不可小觑。和老范德比尔特一样,身高约1.83米的他远远超出那个时代的平均身高。因为不喜欢锻炼,他的体重也比一般人重很多。但他给人印象最深的还是那双目光如炬的淡褐色眼睛。摩根最著名的一张肖

《谁建造了美国》系列纪录片主要介绍了范德比尔特、洛克菲勒、卡内基、摩根等传奇人物的故事,他们的托拉斯企业既为美国带来了繁荣,也造成了社会的急剧分化。(译者根据公开资料整理)

– 第八章 –
"你需要做的就是低买高卖"（1873—1884 年）

像照出自摄影家埃德温·斯泰肯之手，他说，与摩根的目光对视就像正视一列向你驶来的高速列车闪亮的前灯。"如果你能逃离'铁轨'，"一个作家补充道，"你会觉得那双眼睛只是令人敬畏；但如果不能，它会让你心惊胆战。"

* * *

如果说摩根和他的同人给华尔街带来了前所未有的声誉，那么华尔街上一些陈腐鄙俗的行为方式和形形色色的人物则给华尔街增添了很多色彩，并成为它传奇中不可分割的一部分。

海蒂·格林就是其中令人难忘的一位。如果在 1916 年她去世的时候美国就已经有《福布斯》财富排行榜，她轻而易举就能排进前 20 位。时至今日，她还是美国历史上最富有的 40 人之一，并且是其中唯一一位凭自己的努力而成功的女性。她与几乎同时代的 J. P. 摩根一样出生于新英格兰殖民地最早的移民家庭，她的母亲是豪兰家族（Howland）的一员，家族先人当年乘坐"五月花号"踏上美洲大陆。19 世纪早期，豪兰家族在马萨诸塞州的新贝德福德市经营庞大的捕鲸事业，积累了巨额财富，海蒂·格林继承了其中很大一部分。她从父亲埃德温·罗宾森那里继承到的家产规模更甚。她的父亲起初为豪兰家族工作，靠捕鲸发了家，接着又在华尔街成倍放大了自己的财富。虽然她家境极为富有，家庭温暖却少得可怜：母亲大半生活在自我幽闭之中，饱受心病折磨；而父亲只想着赚钱。在这样一个缺乏爱和关怀的家庭成长起来的海蒂·格林，心理上受到的创伤几乎是致命的。1865 年，海蒂·格林在继承了她父亲的财产以后，每年的收入接近 30 万美元，而在当时，只需 1 万美元就可以让一个中等偏上的家庭过上一年的优越生活。但对于格林来说，这些钱永远无法满足她。事实上，

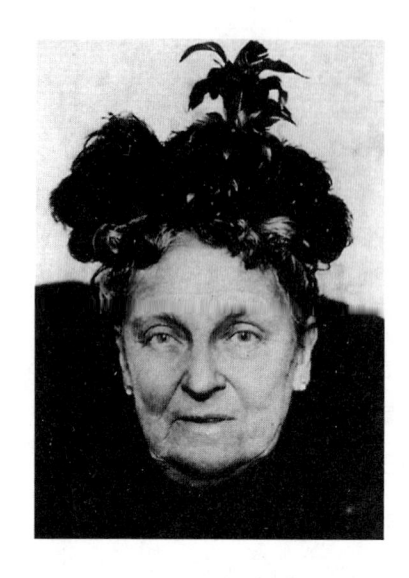

海蒂·格林。这位"世界上最富有的女人"一生都生活在对贫穷的极端恐惧之中,她是华尔街最精明的玩家之一。

有一次,一张2分钱的邮票从信封上脱落,掉在了马车上,她竟然找了半宿。就在她发疯似的寻找这张邮票的几个小时里,她的财富所产生的利息就已相当于一个中等家庭的平均收入。

"在投资之前,我会努力搜集所有相关信息。赚钱其实没有多大的窍门,你需要做的就是低买高卖,你要节俭,要精明,还要持之以恒。"

再多的钱也不够。童年的心理创伤塑造了她孤僻的人格,让她成为一个纯粹的守财奴。海蒂迷恋的不是金钱能让她买到的东西或者带来的权力,而是金钱本身。占有金钱能给她带来极大的满足,而失去金钱则会让她痛苦万分。

因此,为了不失去金钱,不管是多么小的一笔,她可以毫不犹豫地放弃一切:时间、便利、声誉、健康、容貌、享受、友谊、她孩子的幸福,以及其他任何东西。有一次,一张2分钱的邮票从信封上脱落,掉在了马车上,她竟然找了半宿。就在她发疯似的寻找这张邮票的几个小时里,她的财富所产生的利息就已相当于一个中等家庭的平均收入。

尽管海蒂·格林不愿多花一分钱,但她却是一个赚钱的天才。"我不太相信股票,"她曾经说过,"我从来不买工业股票,我喜欢铁路和房地产。在投资之前,我会努力搜集所有相关信息。赚钱其实没有多大的窍门,你需要做的就是低买高卖,你要节俭,要精明,还要持之以恒。"当然,她的节俭无可挑剔,她曾经

— 第八章 —
"你需要做的就是低买高卖"（1873—1884 年）

在胳膊下夹着价值 20 万美元的不记名债券（这种债券几乎相当于现金）坐公共汽车去纽约的银行办事。接待她的银行家告诫她不该冒如此大的风险。

"你应该坐马车来的。"银行家说。

"马车，好家伙！"海蒂·格林回答道，"也许你坐得起马车——我可坐不起。"

但是，一旦她的财产受到威胁，她也会毫不犹豫地飞奔上最快的车。1885 年，她使用多年的约翰·J. 斯科父子银行（John J. Cisco and Son，简称斯科父子银行）濒临破产，当时她正住在丈夫的家乡——佛蒙特州的贝洛斯福尔斯。即使远在 320 公里之外，她也仿佛可以嗅到危险的气息，因而坐立不安。此时，经过 20 年的精耕细作，父母留下的财产在她手里已经增长了 25 倍。她在斯科父子银行存有价值超过 2 500 万美元证券，以及 556 581.33 美元存款。如果斯科父子银行破产，她的财产就有可能被长期冻结。她给斯科父子银行写信要求把她的存款转到化学银行（Chemical Bank）。

银行清楚，若在这个时候汇出这么大一笔金额自己将立即破产，因而断然拒绝了她的要求，同时通知她，她的丈夫在银行的欠款超过 70 万美元，而他作为贷款抵押的路易斯维尔和纳什维尔铁路（Louisville and Nashville Railroad）的股票价值已经下跌到不能够再为这笔贷款提供抵押了，并要求她补上差额。不用说，海蒂·格林一口拒绝了，她在给银行的第二封信里说，丈夫的债务与她没有任何关系，并且再次要求转移她的财产。为了能够尽快赶到纽约应对危机，她一下火车便搭乘出租车从纽约中央火车站赶到了曼哈顿下城的金融区，但为时已晚。接到她的第二封信时，斯科父子银行就已宣布破产，她的财产被托管给一个叫刘易斯·梅的受托人。海蒂·格林匆匆赶到位于华尔街 59 号的银行，在刘易斯的办公室找到了他，向他要

> ### 海蒂·格林与美国的重工业化
>
> 　　海蒂·格林是一个典型的葛朗台式的吝啬鬼,曾疯狂地花几小时去找一张几分钱的邮票,然而在这段时间里,她的财富所产生的利息足够同时代的一个美国中产阶级家庭生活一年。为了财富,她可以牺牲所有的亲情和友谊。无疑,在她身上有许多人性中丑陋的东西。但是,这并不妨碍她成为资本市场中出色的投资者。她说:"在投资之前,我会努力去寻找有关这项投资的任何信息。赚钱其实没有多大的窍门,你需要做的就是低买高卖。你要节俭,要精明,还要持之以恒。"她所做的实际上就是对上市公司进行研究、筛选和判断。在她的一买一卖之间,实际已经将资金向优质公司做了转移。当资本市场上有成千上万的人在做这样的事时,社会的金融资源便得到了更高效率的配置,客观上推动了当时美国的重工业化进程。
>
> 　　在某种意义上,海蒂·格林所做的"努力去寻找有关这项投资的任何信息",正是半个多世纪后兴起的"上市公司基本面研究"的前身,而随着历史的演进,华尔街的投资者主体也从以她为代表的个人投资者群体逐步向信息获取和分析能力更强大的机构投资者群体转化。在20世纪的80年代后,以机构投资者为主体的华尔街推动了随后几十年波澜壮阔的高科技产业的崛起。
>
> (根据译者公开发表文章整理)

求提款。

　　刘易斯不仅一口拒绝了她提款的要求,说她不过是银行800多个债权人之一,而且坚持只有在她还清了丈夫的欠款后,才能归还她的证券。

　　海蒂·格林面临着最可怕的噩梦。她靠拼命节俭和精打细算得来的巨额财富转瞬之间就要被人夺走了。在她的意识中,她与这个充满敌人的冷酷世界之间唯一的联系——她的财产,正处在危险之中。这是她人生的危急时刻,她必须全力以赴。

　　当时华尔街上一半的人都在等着看好戏,看这位已经被报纸称为"世上最富有的女人"如何夺回自己的财产并撇清丈夫的债务。她每天一早跑到银行,哭泣、咒骂、威胁、哀求轮番上阵,直到银行关门才离开,整整坚持了两个星期,可谓金融区一道吸引游客的新风景

第八章
"你需要做的就是低买高卖"（1873—1884 年）

线。海蒂·格林顽固不化，喜欢骂人，情绪激动。另一边的刘易斯却彬彬有礼、富有耐心，但是同样执拗。刘易斯坚持，如果她不还清丈夫的债务，绝不会给她一个子儿。

最终，海蒂·格林屈服了，她开出了一张 422 143.22 美元的支票来了结此事。虽然这还不到她净资产的 2%，但已经是她这辈子开出的未能交换到等值或者更高价值对应物的最大数额的一张支票。这张支票上的每一分钱都让她的心滴血。支票开好后，刘易斯把她的债券、股票、租赁合同、契约、存款单，以及其他所有能够证明她财富的文件和材料都还给了她，她把它捆起来全部塞到出租车里，满得连她自己都几乎没地方坐了。她护送着她的财产沿着华尔街来到了位于百老汇大街的化学银行，在那里，她的财产终于安全了，她的命根子终于保住了。

丈夫的债务纠纷破坏了她的婚姻。从此，她和丈夫基本处于分居状态。但是，他们之间还存在着深厚而真挚的感情。当他生病的时候，她会立刻前去陪伴在侧（她一直自诩护理技术高明）。丈夫病逝后，她甚至为参加葬礼专门买了一条新裙子，这对海蒂·格林来说可是一笔巨额开支，如果不是因为有很深的感情的话，她是绝不可能这么做的。

海蒂·格林开始花更多时间在纽约照看自己的财产，同时为了逃避纽约的税赋，她使用化名辗转于不同的出租屋和廉价旅馆之间，以免被认定为纽约常住居民。她成了华尔街的常客，人们经常看到她穿着那件破旧过时的黑衣裙，慢吞吞地往返化学银行检查她的财产。银行曾提出给她安排一间办公室，但她怕引起税务人员的注意，只肯用大堂里的空桌子，有时甚至干脆就坐在地板上看信件、剪息票。有时，她会自带午餐，通常是燕麦粥，把它放在暖气片上加热。

该漫画讽刺了海蒂·格林等富豪避税逃税的行为。漫画左侧的收费窗口上写着"美国财政部",旁边贴着"所得税在此缴纳:严禁百万富翁逃税"的标语,排队缴税的富豪手持支票号啕大哭,兜里却揣着"已偷逃的税赋"。(译者根据公开资料整理)

*   *   *

  华尔街从来都与天真无缘。美国第18任总统格兰特除了能征善战之外,在其他所有方面都不谙世事。和他同名的儿子小格兰特也不比他好多少。被视为纨绔子弟的小格兰特身边不乏阿谀奉承之人,企图通过他结识他的总统父亲。其中,有一个叫费迪南·沃德的人。

  1869年黄金大恐慌后不久,沃德来到华尔街,他起先是农产品交易所(Produce Exchange)的一名小职员,业余时间做点儿商品期货的投机生意,后来拓展到铁路股票和其他股票上。他的投资业绩不过尔尔,却添油加醋地到处吹嘘。大多数华尔街人对这种自吹自擂都嗤之以鼻,但格兰特公子可没有那么心明眼亮。他在大学主修法律,尝试

— 第八章 —
"你需要做的就是低买高卖"（1873—1884 年）

过几次商业投资，但都以惨败告终。在沃德高超的恭维之下，格兰特公子觉得自己和沃德很投缘。很快，他们就合伙成立了一家公司，格兰特-沃德公司，主营经纪业务。

1881 年，已卸任的前总统格兰特和夫人搬到纽约，住在毗邻第五大道的东 66 街 3 号，是成为这家公司的有限合伙人之一。格兰特夫妇在公司投入了 20 万美元现金，这是他们夫妇的大部分资产。沃德声称自己投入了同等价值的证券，后来被爆出这些证券的实际价值远远不足 20 万美元。

为了能有机会接触前总统，再通过他和华盛顿的政治势力搭上线，无数新客户来到格兰特-沃德公司开户。与此同时，沃德打着格兰特前总统的旗号向国民航海银行（Marine National Bank）申请贷款，该银行的管理者詹姆斯·D. 菲什写信给格兰特将军询问情况，格兰特回信道："我认为这些投资项目是安全的，我很乐意沃德先生借用我的名声和影响力来为公司谋利。"

菲什推断，沃德借这笔钱很可能是因为手握一些政府合同，因此不但同意给格兰特-沃德公司贷款，而且自己也在这家公司开设了账户和沃德一起进行投机操作。随后，沃德散布谣言说政府将与他控制的几家公司签订项目合同，但实际上，这是子虚乌有，格兰特很早就断然拒绝为沃德拉拢政府项目。当风言风语传到格兰特的耳朵里之后，他立刻要求沃德给出合理解释。沃德矢口否认，说他现在正忙于为伊利铁路几条支线的建设融资。

实际上，沃德真正在做的事情是在华尔街搞投机，而且并不成功。他借用格兰特之名吸引格兰特的朋友和仰慕者们投资，并允诺将会以非常丰厚的分红来回报他们。他们后来也的确收到了分红，但这些分红大多出自新进投资者的钱。换句话说，这完全是个庞氏骗局。像所有此前和此后的庞氏骗局一样，起初，它确实很灵验。随着包括

换句话说，这完全是个庞氏骗局。像所有此前和此后的庞氏骗局一样，起初，它确实很灵验。

格兰特家族成员在内的越来越多投资者的加入，格兰特父子的纸面财富日益增长。格兰特公子宣称，他身价已经超过 100 万美元，格兰特将军寻思着自己至少也有 200 万美元的资产，这个数目在 19 世纪 80 年代足够让他跻身真正的富人之列。格兰特将军开始频繁亲临格兰特－沃德公司，这位民族英雄和前总统的出现自然让新加入的投资者更加振奋。

但是，庞氏骗局迟早是要崩溃的，格兰特－沃德公司也不例外。如果沃德真的是一个出色的投机者，他或许还能够继续玩下去。但他不是。到 1884 年 5 月，他已经处在悬崖的边缘。更糟糕的是，国民航海银行和格兰特－沃德公司已经成了一根绳上的蚂蚱，一旦格兰特－沃德公司破产，这家举足轻重的银行也会破产，并引发一场严重的危机。

沃德知道，如果他跟格兰特坦白真相，格兰特绝对不会施以援手。虽然格兰特在金钱方面可能是个傻子，却是个诚实的傻子。于是，沃德跟将军谎称是国民航海银行出了问题，原因是纽约城市基金（New York City funds）突然从银行撤资。而如果国民航海银行破产，格兰特－沃德公司也会被它拖垮。他请求格兰特筹集 15 万美元缓解困境。格兰特担心银行的破产会引起公众恐慌，于是向当时的全球首富小范德比尔特求救，对小范德比尔特来说，15 万美元只是一笔小钱。

此时，小范德比尔特已经把 7 年前从父亲那里继承的财富翻了一番。他虽不像他父亲那般光芒四射，但也绝顶聪明。前一年冬天摔折了腿的格兰特挂着拐杖来到小范德比尔特的办公室，向来说话直截了当的小范德比尔特告诉他，自己根本不在乎什么国民航海银行。"至于格兰特－沃德公司，"他说，"据我了解到的情况，我没有任何理由

– 第八章 –
"你需要做的就是低买高卖"（1873—1884 年）

借给它一分钱。"听到这么冷冰冰的回答，格兰特目瞪口呆，以为肯定借不到钱了。然而出乎意料的是，小范德比尔特接着说，虽然他不会借给格兰特-沃德公司一个子儿，"但为您，格兰特将军，我愿意借这个钱"。

格兰特谢过小范德比尔特，蹒跚着上了马车。一回到家，他就把支票交给了已等待多时的费迪南·沃德。第二天一早，沃德就去兑现了支票，把钱装进了自己的腰包。5 月 6 日，星期二，格兰特像往常一样来到格兰特-沃德公司，却只见到了他的儿子。格兰特公子告诉他，国民航海银行已经破产，格兰特-沃德公司也倒闭了，而沃德已经不知去向。

两家公司破产的消息很快就传遍了华尔街，越来越多的人聚集在公司外面。将军在他的办公室里待了几个小时之后，拄着拐杖以最快的速度离开了，他嘴里咬着的雪茄早已熄灭，一句话都没有说。当他经过人群的时候，每个人都摘下了帽子，向这位曾在南北战争中为联邦政府浴血奋战的英雄致敬，虽然现在他连自己也救不了。

华尔街并没有立即发生恐慌，但金融市场的神经已

当他经过人群的时候，每个人都摘下了帽子，向这位曾在南北战争中为联邦政府浴血奋战的英雄致敬，虽然现在他连自己也救不了。

经到了崩溃的边缘。接下来的那个星期，年仅 26 岁的合众国第二银行行长约翰·C. 伊诺携带银行的 400 万美元公款逃往加拿大，终于引发了一股抛售狂潮。多家极有声望的机构被迫停业——至少是暂时停业，股市狂跌。负责银行间清算的纽约清算中心筹措了一笔救援资金来帮助那些稳健的银行，特别是大都市银行（Metropolitan Bank），使后者在仅三天后就重新开业了。

恐慌很快过去了，整个国民经济几乎毫发无损。但格兰特-沃德

公司和国民航海银行肯定已无药可救。清算后发现，格兰特－沃德公司资产仅为 67 174 美元，负债却超过了 16 792 640 美元。詹姆斯·D.菲什在逃亡出境时落网，随后被押进了拉德罗大街监狱，沃德后来也被送了进去。当菲什知道新狱友是沃德时，他大声吼叫着："别让他落在我手里，我一定要杀了这个浑蛋。"格兰特将军彻底破产了，家族的大部分成员也没能幸免。沃德被判重大盗窃罪，处以有期徒刑 10 年。

格兰特将军雕塑（左图）和南北战争将士雕塑（右图），位于美国华盛顿的国会大厦前。（译者摄于 2017 年）

到了 6 月，前总统格兰特名下只剩下 200 美元了。人们开始给他寄来支票，有一张寄来的支票中附了一张便条："感谢您在战争中为国家所做的贡献，请允许我聊表心意。"他把自己的勋章和军刀交给了小范德比尔特，后者犹豫再三，最后只得接受，但将它们捐赠给了政府。对格兰特这样一个骄傲的人来说，这样的结局实在不无悲哀。

但是，格兰特－沃德公司的破产也带来了一件令人意想不到的幸事。此前，不管杂志社和出版商提供多么丰厚的报酬，格兰特都拒绝写文章回忆血雨腥风的战争岁月，但现在，他已经无路可走了。他和马克·吐温出版公司签订了回忆录的出版协议，预付金高达 2.5 万美

― 第八章 ―
"你需要做的就是低买高卖"（1873—1884 年）

元（这对那个年代的出版社而言也是一大笔支出）。但开始写作后不久，格兰特就被确诊为咽喉癌晚期。深知来日无多的格兰特加班加点地写作，只为给家人留下些许财产。他做到了。手稿完成仅三天后，他便撒手人寰。

回忆录出版后获得了空前的成功，销量超过 30 万册，为格兰特家族带来了 50 万美元的版税收入。但是，《格兰特将军回忆录》远远不只是一本畅销书，它同时也是一部气势恢宏的战史著作，这是谁也没有预料到的，格兰特从未想过自己还会写作，但他天生的诚实、简洁和坦率的风格最终成就了这部 19 世纪最伟大的军事历史作品。时至今日，多数历史学家和文学评论家依然认为在同类作品中，只有恺撒的《高卢战记》可与之媲美。

《格兰特将军回忆录》封面。时至今日，多数历史学家和文学评论家依然认为，在同类作品中，只有恺撒的《高卢战记》[①]可与之媲美。（译者根据公开资料整理）

华尔街最悲惨的经历却造就了美国文学史上最辉煌的杰作之一，不能不说颇有讽刺意味。

[①] 《高卢战记》是恺撒个人作战心得的总结，发表于公元前 51 年，是研究罗马史的重要史料。《高卢战记》共 8 卷，其中前 7 卷由恺撒执笔，记述了公元前 52 年秋天之前的历史；恺撒的副将希尔提乌斯曾为此书续写了第 8 卷，将记载推进到公元前 50 年。——译者注

同一时代的西方和东方

西方	年份	东方
	1874	日本兴起自由民权运动，截至1889年，提出君主立宪、设立议会、减免地租、废除不平等条约等主张
	1874	日本入侵台湾地区。中日签订《台湾事件专约》，清政府以赔款50万两白银换取日本退兵
贝尔发明电话。同年，阿迪达斯创始人创办体育用品店	1876	日本入侵朝鲜，以武力胁迫朝鲜签订《江华条约》，朝鲜自此沦为半殖民地半封建社会
	1876	英国怡和洋行牵头建成中国第一条营运铁路——吴淞铁路，翌年被清政府赎回拆除
英国爆发经济危机	1878	
世界第一个电话交换所在美国康涅狄格州成立	1878	清政府试办邮政，发行中国的第一套邮票——大龙邮票
托马斯·爱迪生发明电灯	1879	日本武力侵占琉球，改为冲绳县
	19世纪80年代	清政府官督商办的上海机器织布局筹建并部分投产。这是中国第一家机器棉纺织工厂
	1880	中国电报总局成立
	1881	中国自建的第一条铁路——唐胥铁路建成
	1881	《中俄伊犁条约》签订，沙俄又割占了7万多平方公里的中国领土
美国通过排斥华工法案，直到该法案1943年被废除的61年中，美国政府共出台15个与之相似的排华法令	1882	胡雪岩操纵丝业市场失败，引发金融恐慌

第八章
"你需要做的就是低买高卖"（1873—1884 年）

（续表）

西方	年份	东方
美国第一个托拉斯（美孚石油托拉斯）出现	1882	
美国铁路建设退潮，引发世界经济危机	1882	
	1883	中法战争爆发，1885 年中国战败，签订《中法会订越南条约》，从此中国承认法国吞并安南，中国西南门户大开

第九章

"您有什么建议？"（1884—1901年）

- 译者题注 -

在美国历史上，1895年发生了一起特别事件，黄金从国库大量外流，导致国库中黄金的数量不到法定黄金储备量的一半。在此危急时刻，作为当时已是世界强国之一的美利坚合众国的总统，格罗弗·克利夫兰不得不屈尊向"华尔街的领袖"摩根求援。他向摩根问道："您有什么建议？"……

- **译者导读** -

- 尽管在格兰特公司破产所引发的混乱逐渐消退后，华尔街曾有过昙花一现的繁荣，但很快又陷入低迷，并在持续的萎靡不振中度过了19世纪80年代。进入19世纪90年代，股市刚刚有转暖的迹象，却突然遭遇了1893年的市场崩溃，这引爆了美国经济体系中一颗定时炸弹。

- 南北战争后，随着美国逐步回归金本位制，美国财政部于1873年开始停止铸造银币，但在19世纪70年代中期声势浩大的银矿工人罢工等政治压力下，国会于1887年通过法案，允许更为自由地使用白银铸币，并规定了银币和金币的价格比。当西部地区以空前的速度开采白银而使其供应量激增后，白银开始逐渐贬值。按照"劣币驱除良币"的原则，人们很自然地选择使用银币作为流通工具，并收藏黄金。于是，黄金开始流出国库，在1893年市场崩溃的打击下，形势迅速恶化，流出国库的黄金如滚滚洪流，并被整船运往欧洲。1895年1月，国库中只剩下了价值4 500万美元的黄金，不到1亿美元法定黄金储备量的一半。

- 一筹莫展的克利夫兰总统最终决定向摩根求援。摩根和他的同伴成功地为美国在欧洲筹集了1亿美元的黄金储备，同时摩根使出浑身解数，利用各种金融操作遏制黄金外流。终于，到1895年6月，美国国库的黄金储备稳稳地站在了1亿美元之上。摩根凭借无人可及的影响力和非凡的智慧，独臂擎天地挽救了美国，使其免遭一场金融灾难。这一刻，华尔街靠自己的力量，成为一个真正的世界巨人。

- 19世纪90年代是华尔街的转型期。1892年,纽约建立了一个大型清算中心,为经纪商的证券交割提供方便、快捷的服务。在这一时期,《华尔街日报》的两名创始人道和琼斯将股市中主要股票的价格加权计算,得到了能够反映股市整体情况的一个绝妙而简单的方法,这就是今天广为人知的道琼斯指数。刚刚问世的道琼斯指数只有40点,1906年首度突破100点,1972年首度突破1 000点。同样是在这一时期,华尔街的银行和经纪人自发在美国上市公司中强制推行了此后被普遍接受的会计准则,有效地遏制了此前华尔街上市公司乱做假账的恶习。同时,与人类文明一样古老的会计职业也在这个时期被赋予了全新的含义。注册会计师首次出现并从此成为现代经济生活中的重要力量。
- 20世纪来临之际,华尔街爆发了历史上最后一次铁路大战。这次铁路股票囤积战的主角是摩根和一位与他同样声望显赫的犹太银行家谢弗。有趣的是,这两位塑造了华尔街全新形象的银行家,却不无讽刺地成了华尔街最后的两位"牛仔"——"打红了眼的牛仔拿着枪互相乱射,全然不顾旁人的安危"。

– 第九章 –
"您有什么建议？"（1884—1901 年）

在格兰特-沃德公司破产之后，华尔街在痛苦中挣扎着。19 世纪 70 年代的衰退结束了，但经济的繁荣期却还没有来临。因此，在那些年里，交易量和交易席位的价格都在日趋下降。尽管在 1882 年，其年交易量就超过 1.16 亿股，

19 世纪 80 年代华尔街的午餐时间。当时的经纪人们因没有时间回家吃午餐而开始吃快餐，这客观上成为美国快餐文化的起源。

但是到 1891 年，年交易量却下降到了 6 900 万股（当然，其间偶尔也会出现日交易量井喷的现象，例如 1886 年 5 月 5 日，纽约交易所日交易量第一次超过了 100 万股）。在 1880 年售价为 2.6 万美元的交易席位，到 1893 年只要 1.5 万美元就能买到。

1889 年 11 月，一场可怕的恐慌席卷了伦敦，声誉最好、实力最强的英国私人银行之一——巴林兄弟银行支撑不住了，原因是阿根廷发生了一场军事政变，而巴林银行在当地有大量证券投资，人们因而对该银行失去信心。伦敦的投资者立刻开始抛售美国证券，特别是原先被巴林兄弟银行所看好的那些，如圣达菲铁路（Santa Fe Railroad）的股票，其价格跌了一半以上。那句华尔街的老话——"伦敦一感冒，纽约就要打喷嚏"，再一次得到了验证。然而对于纽约市场来说，值得庆幸的是，这一次，英格兰银行（英国的中央银行）为了维持伦敦市场的稳定而向巴林兄弟银行伸出了援助之手，使其摆脱了困境。

美国似乎又回归了繁荣，但这只是一种假象。美元受到的压力日趋加剧，黄金开始流向欧洲，交易所的交易量也极其低迷（尽管在几个做空集团坐庄达到顶峰的1893年2月20日，交易量创下了147.4万股的单日成交新纪录）。紧接着，2月25日，费城雷丁铁路公司宣告破产，其负债超过了1.25亿美元，这在当时是一个不可思议的天文数字。

美国快餐文化的标志：麦当劳

20世纪40年代，理查德·麦当劳和莫里士·麦当劳兄弟在美国小城圣贝纳迪诺开设了一家餐馆。两兄弟观察到，餐品中汉堡最受顾客欢迎，因为快餐消费者最大的需求就是便宜和快速。于是，他们将汽车组装流水线的思想应用到食品制作中，不断提高餐厅的配餐效率、减少食材消耗、降低产品成本，餐馆在当地迅速成功。

1954年，名为克洛克的推销员向麦当劳兄弟建议将该商业模式推广至全国，并从麦当劳兄弟手中取得了麦当劳连锁店的经销权。此后，在资本市场的助推下，以连锁的方式，仅过了五年，全国已有228家麦当劳餐厅。1961年，克洛克以270万美元的价格收购麦当劳餐厅及品牌；1965年，麦当劳股票上市，并开始国际化进程，而如今，麦当劳的总市值已过千亿美元。（译者根据公开资料整理）

1893年3月4日，格罗弗·克利夫兰第二次宣誓就任美国总统，市场看上去似乎恢复了稳定。虽然克利夫兰是一个民主党人，但实际上，他在金融和货币政策上一直非常稳健，连J.P.摩根也投了他的票。上任后不久，克利夫兰就说服了一批华尔街银行家用黄金购买了2 500万美元国债，从而使美国国库的黄金储备重新达到1亿美元的法定最低水平。与此同时，市场上开始纷纷传言美国的外贸收支状况开始改善，人们憧憬着华尔街迎来一个更好的时期。4月5日，《纽约时报》的报道反映了这样一种氛围："今天交易所里下单的情况发生了彻底改变，好像事先约好的一样，大家都争相将他们的空头账户平仓。现在说牛市已经到来还为时过早，但是股价有明显上涨的趋势。虽然华

― 第九章 ―
"您有什么建议？"（1884—1901年）

尔街的专业人士还是市场的主流，但在今天的下单过程中，我们看到了很多久违的华尔街投资者。"

该漫画生动描绘了克利夫兰总统在各方势力和情绪中试图驾驭黄金储备的情景（马车后备厢写有"黄金储备"，两匹马分别代表"坚定"和"常理"）。格罗弗·克利夫兰（1837—1908年），美国第22、第24任总统，是唯一一分开任两届的总统，也是美国内战后第一个当选总统的民主党人。在他的任期内，自由女神像在纽约竖立起来；他推行文官制度改革，免去了近10万共和党人的官职并换上了民主党人；他勒令铁路公司退出了近8 000英亩非法占用的土地，并力图维持和制定有利于民主党利益的低关税政策。有人认为，他是最好的无名总统。此外，他也是第一位接受当时的中国政府官员（李鸿章）访美并与之会晤的美国总统。（译者根据公开资料整理）

然而《纽约时报》的"水晶球"①预测恐怕从未像这次一样模糊，形势很快就开始迅速恶化了。4月，华尔街的一些小机构陆续开始违约。5月1日，星期一，市场开始大幅下滑，到星期三时，整个市场经历了自1884年以来最糟糕的一天。第二天，美国船缆公司（National

---

① 原文为"The Times's crystal ball could hardly have been cloudier"，水晶球是西方用来占卜的一种常用工具，这里意指《纽约时报》的预测与占卜无异。——译者注

Cordage Company，也称"rope trust"，意为"绳索信托"）出人意料地破产了，且负债高达1 000万美元，而就在几天之前，这家公司还刚刚向普通股股东派发了股息。交易所里一些新兴工业公司的股票开始大幅下跌，不过大多数经营较好的铁路公司还能守住它们的价位。

7月，市场终于跌穿了底线，即使是那些经营业绩最好的铁路公司股票也受到重创。纽约中央铁路年初以每股109美元开盘，到7月底已经跌到每股92美元；宾夕法尼亚铁路则从每股54美元跌到了每股46美元，跌幅近15%；一些赢利较差的铁路公司情况就更糟了，艾奇逊－托皮卡－圣达菲铁路公司的股票在年初开盘时的价格为每股34美元，到年底，就跌到了每股10美元。

美国船缆公司总裁指出了正在动摇美国经济和华尔街基础的真正问题。他在接受报纸采访时说："美国船缆公司的破产完全是因为我们没有办法获得贷款。信用从来没有像现在这样严重地被抑制过，雪上加霜的是，白银问题和雷丁铁路公司的破产导致了普遍的信心缺失。"

什么是他所提到的白银问题？允许更为自由地将白银铸造成币的《布兰德－埃利逊法案》[①]是隐藏在19世纪80年代相对繁荣表象下的一颗定时炸弹，它一直在滴滴答答地走着。1893年的市场崩溃只不过是这枚炸弹不可避免的爆炸而已。

尽管集中于美国东北部地区的工业化给这个地区带来了就业机会和财富，也给各地的消费者带来了更加物美价廉的消费品，但同时，负面因素也随之而来，在这一点上，资本主义一贯如此。当这个国家在东北部地区的带动下缓慢地回归金本位制，并最终在1879年全面完

---

① 《布兰德－埃利逊法案》（Bland-Allision Act）：该法案规定，在停止铸造银币的同时，由美国财政部每个月按照市场价格购买200万~400万美元的白银，自此之后，美国西部地区开始在此背景下疯狂地开采白银。这导致人们热衷于开采和使用"劣币"白银，并将"良币"黄金收藏起来。——译者注

第九章
"您有什么建议？"（1884—1901年）

成的时候，美国南北战争中"绿钞时期"标志性的通货膨胀也开始消退了，取而代之的是漫长的通货紧缩期。1879年，1蒲式耳①小麦的价格是1.22美元，但到1890年已经跌到了0.89美元。当时仍是美国经济基石的农业遭受巨大损失，农民将矛头对准金本位制和铁路，许多支线铁路垄断了当地的陆路交通，提高了铁路沿线农民的运输成本。

更糟的是，由于农业经营的特点，农民往往是负债者，他们一般都需要通过按揭购买农场和用于农业生产的各种生产资料。通货紧缩意味着他们在偿还贷款的时候，要使用比借款时更为值钱的美元，因此美国的农村地区一直在抗争，希望继续使用，并要求发行更多的绿钞。

随着货币体制逐步回归到金本位制，美国财政部在1873年开始停止铸造银币。这一政策被称为"1873年的罪恶"（Crime of 73），并遭到了美国西部和南部地区的强烈不满和抱怨，在这些地区，农场主和采矿业者主导着当地的政治。在19世纪70年代中期，他们举行了声势浩大的银矿工人罢工，如康斯塔克②矿工罢工事件等，要求将白银重新货币化的压力与

> **1873年的罪恶**
>
> 1873年前后，美国立法当局全面修订与美国铸币局相关的一系列法律，其中的《1873年铸币法案》（Coinage Act of 1873）禁止民众将银锭送至美国铸币局打造成拥有完全法定货币地位的标准银币。由此，美国的金银复本位画上句点，进入金本位时代。对于此项法案，民意分裂成相互对立的两大派系，一派坚持金本位和通货紧缩，另一派则相信自由铸造银币和通货膨胀是经济繁荣的基础。由于在通货紧缩中损失严重，农场主和采矿业者等期望通货膨胀的民众便把这项法案称为"1873年的罪恶"。（译者根据公开资料整理）

---

① 1蒲式耳相当于约36.238升（美制）。——编者注
② 1859年，在内华达州发现了康斯塔克矿（Comstock Lode），这里盛产金和银，从而使内华达的弗吉尼亚城成为美国西部第一个真正意义上的工业城市。——译者注

日俱增。国会作为一个"民主机构"①，试图使矛盾双方都感到满意，于是要求财政部每个月按照市场价格购买200万~400万美元的白银，然后按照16∶1的比例将这些白银铸造成银币。也就是说，按照国会这一法令，不管其市场价格怎样，16盎司的白银都相当于1盎司的黄金。这意味着国家货币供给的增加，是"制造"通货膨胀的经典做法。

当1878年《布兰德－埃利逊法案》正式生效的时候，16∶1的比率大致相当于市场上的白银价格。但随着西部地区继续以空前的速度开采白银，银价开始下跌，到1890年市场价格已经跌到了20∶1。更为糟糕的是，就在那一年，国会通过了《谢尔曼②白银法案》（Sherman Silver Act），以此来取代《布兰德－埃利逊法案》。新法案要求财政部每个月购买不少于450万盎司的白银，这一数量大致相当于全美的白银产量。由于银币的面值远高于它们所含白银的市场价格，因此通货膨胀已不可避免。

1879年1月1日，政府开始采用金本位货币制度，财政部也按照法定要求一直持有至少1亿美元的黄金储备，以随时满足兑换黄金的需求。因此，一方面，国会的白银政策增加了货币供给；另一方面，其黄金政策又保持了美元的币值稳定，这样做实际上既是在确保通货

---

① 作者意在讽刺国会两头讨好的政策。——译者注
② 约翰·谢尔曼（John Sherman，1823年5月10日—1900年10月22日），美国律师、财政金融家、外交家，曾任美国众议院议员（1855—1861年），众议院筹款委员会主席（1861—1877年），美国参议院议员（1881—1897年），参议员参政委员会主席、拉瑟福德·B.海斯总统时期的美国财政部部长（1877—1881年）和威廉·麦金莱统时期的美国国务卿（1897—1898年），以其财政管理水平出名，著名的《谢尔曼反托拉斯法》就是他提出的。《谢尔曼白银法案》是作为对西部银矿业利益集团的让步，以回报其对实行贸易保护主义的《麦金莱关税法案》的支持而提出来的。——译者注

– 第九章 –
"您有什么建议？"（1884—1901年）

膨胀的发生，又是在试图避免它的到来。

除了国会山的那帮人以外，任何一个稍有经济学常识的人都会预测到，格雷欣法则——"劣币驱逐良币"将要起作用了。白银的市场价格只有黄金的 1/20，而把它铸成银币之后，国会规定的价格为黄金的 1/16。因此人们便开始使用白银而将黄金收藏起来，于是黄金如涓涓细流一般从国库中不断流出。在整个 19 世纪 80 年代，由于政府有着巨额的财政盈余，因而这种分裂的货币政策的恶果还被掩盖着。但是在 1893 年市场崩溃的打击下，外流的黄金从涓涓细流变成了滔滔洪水。随着政府收入急剧下降，国会匆忙废除了《谢尔曼白银法案》，但是为时已晚，美国国内外的公众已经对美元失去信心，他们要的是黄金。尽管政府通过发行债券来购买黄金，以维持国库的黄金储备，但是国库中的黄金存量仍然日渐干涸。

1894 年，随着经济衰退进一步加重，国库的黄金储备再一次跌到了 1 亿美元以下。当年的 1 月，几家华尔街投资银行共同为财政部承销了 5 000 万美元的黄金债券，出售给公众以使国库的黄金储备回涨到 1.07 亿美元，但黄金很快又从国库中流走了。11 月，由德雷克塞尔 – 摩根银行[①]承销，财政部再次发行了 5 000 万美元的黄金债券，补足了国库的黄金储备。但到 1895 年 1 月 24 日，黄金储备又只剩 6 800 万美元，一个星期之后只剩 4 500 万美元。整个国家在惊恐之中着魔般地关注着黄金。

克利夫兰总统试图劝说国会授权再次发行债券来补充储备，但是遭到了拒绝。欧洲各中央银行在纽约将它们持有的美元兑换回黄金，

---

① 为了保持必要的牵制引导，同时巩固摩根财团在美国本土的影响力并在世界范围内扩展银行业务，摩根的父亲需要给儿子寻找一位新的合伙人，而实力雄厚、意图在纽约拓展业务的德雷克塞尔家族是理想的合作对象，二者成立了德雷克塞尔 – 摩根银行，这个集团正是 J.P. 摩根公司的前身。——译者注

装着这些黄金的船从纽约一艘艘地起航开往欧洲，而人们只能眼睁睁地看着这一切。财政部估计，仅在1894年的第四季度，就有价值8 400万美元的黄金被运到了国外。在华尔街，人们对美国将被迫放弃金本位制度确信无疑，他们在猜测的只不过是这一天什么时候降临。

对于一个正在迅速崛起的世界强国来说，这一场金融方面的蒙羞令美国极度难堪。但美国需要承受的却比丢掉面子痛苦得多，因为联邦债务的本金和利息都需要用黄金来偿付，而一旦到期的债务不能偿付，将不可避免地导致利率飙升。这对于已经处于严重衰退的经济无疑是雪上加霜，整个国家面临着一场灾难。

然而，同时存在一个施行通货膨胀政策的国会和一个要保持币值稳定的总统，使得联邦政府陷入了瘫痪。深为警醒的J.P.摩根在发给其伦敦办公室的电报中这样写道："我们愿意尽我们所能来避免这场灾难。"摩根的声誉本身就是一笔巨大的资产，事实上，当一个经纪人看到摩根和财政部部长助理威廉·爱德蒙·柯蒂斯从宽街的国库分库一同走出来时，他马上就冲进了纽约证券交易所的交易大厅大喊："财政部正在想办法贷款！"场内原本浓厚的恐慌情绪立刻平息下来，这也在事实上帮财政部截住了原本正准备装船运往国外的价值900万美元的黄金。

但是，关于白银和黄金之间的政治斗争使局势进一步恶化。2月4日，摩根收到了一封财政部部长关于中止贷款谈判的信。克利夫兰总统想迫使国会允许他向公众发行债券，但摩根知道即使国会同意这个方案，时间上也来不及了。他和洛希尔家族的代表——小奥古斯特·贝尔蒙特匆匆赶到华盛顿，试图改变总统的想法。之后，摩根给伦敦发去了这样的电报："我必须承认，希望渺茫。"

当晚，摩根登门拜访了总检察长，威胁说如果克利夫兰总统拒绝见他，他第二天一早便返回纽约。于是，第二天上午9点30分，克

– 第九章 –
"您有什么建议？"（1884—1901 年）

利夫兰总统极不情愿地和摩根见了一面，随后便让他一个人坐在总统办公室的一角，自己则去和内阁开会商量对策。此时，财政部部长接到一个电话，得知国库里面可供提取的黄金只有 900 万美元了。

直到此时，克利夫兰总统（他在一个主张白银自由铸币的党派中试图保持币值稳定）仍然坚持，如果国会不授权发行债券，那么他就要让国会来承担所有对这场崩溃的指责。但是，摩根最终还是参与了内阁的讨论，他告诉总统，他知道此刻就有向财政部提现的面值 1 200 万美元的汇票，如果这些汇票提交上来的话（事实上，这也极有可能发生），那么不管国会做出什么样的决定，财政部都将面临无力偿付的窘境，所以，此时此刻一定要采取果断措施。

克利夫兰沉默了片刻。他不是一个死脑筋的人，而是一个精明、现实的人，知道自己已经别无选择了。最终，他向摩根问道："您有什么建议？"此时此刻，华尔街已经凭自己的力量成为一个真正的世界巨人了——即使是美利坚合众国，一个拥有这个世界上最强大经济体的国家，它的总统也向华尔街伸出了求援之手。

摩根力挽狂澜。他指出，即使国会批准财政部在国内市场发行债券，也不会管用很久，因为黄金还会轻易地"从哪里来就回到哪里去"，甚至还会使国库比以前更加吃紧。但是他和贝尔蒙特愿意到欧洲去筹集 1 亿美元的黄金储备，并以此阻止美国国库的黄金外流。此外，摩根还想出了一个办法，使得该计划无须惊扰国会就可以完成。1862 年，国会曾通过了一项法律，允许财政部在紧急情况下用债券购买铸币。当时，政府还从未用过这项政策，而在此时的紧急情况下，

> **"白银派"与"黄金派"之争**
>
> 19世纪,美国政坛形成了针锋相对的"白银派"与"黄金派"。在"黄金派"推动下,美国1873年放弃金银复本位,采用欧洲广泛实行的金本位。这使得白银丧失了货币功能,全国货币供应骤减,令本就不景气的美国经济"雪上加霜",陷入通缩。"白银派"则主张恢复白银的货币功能,认为黄金存量不足以支撑经济。1890年,国会通过购银法案,规定财政部每月收购450万盎司白银,这被视为"白银派"的胜利。但由于国家财力有限,该法案到1893年就被废止了。"黄金派"重新抬头。两派之争直到1896年的总统选举时才见分晓:"白银派"候选人威廉·詹宁斯·布赖恩败选,"黄金派"威廉·麦金莱当选。从此确立金本位,直到1934年。有意思的是,美国家喻户晓的童话故事《绿野仙踪》(The Wonderful Wizard of Oz)在经济学家眼中被认为影射了作者对于当时美国废弃白银、走向金本位的不满。故事里的奥兹国(Oz)是银的单位盎司(ounce)的缩写,而坏女巫就暗指当时签署废弃购银法案的克利夫兰总统。(译者根据公开资料整理)

正好可以使用。摩根还许诺,在短期之内,黄金不会再流回欧洲。摩根完全是独自做出这项承诺的,甚至未和同处一室的贝尔蒙特商量一下,这一举动充分显示了摩根对自己市场声誉的非凡信心。市场的后续反应证明他的判断是正确的。

果然,由摩根在华尔街以及洛希尔银行在伦敦同时承销的债券瞬间就销售一空。同样重要的是,摩根兑现了他让黄金留在美国国库里的承诺。他采取各种措施,包括套利,包括从伦敦拆借英镑然后将其在纽约市场出售来支持美元,等等。到1895年6月时,美国国库的黄金储备稳稳地站上了1.075亿美元。

美国,尤其是其西部和南部的民众,对于摩根、克利夫兰总统、华尔街、甚至是洛希尔家族的敌意非常强烈。玛丽·E.里斯,当时一个极具煽动性的专职撰稿人(她煽动农民"少种玉米多种仇恨"的名句常被引用)这样写道,克利夫兰只不过是"犹太银行家和英国黄金的

— 第九章 —
"您有什么建议？"（1884—1901 年）

代言人"而已。约瑟夫·普利策①的《纽约世界报》（New York World）称，"华尔街阴谋"正在进行之中。但是《纽约时报》这样写道："金融界对（摩根）在此次融资过程中表现出来的高超技巧给予了高度的评价。"

尽管有一些批评意见，但摩根对美元的救援行动改变了经济的氛围，新的一轮复苏开始了。第二年，年仅 36 岁的威廉·詹宁斯·布赖恩因承诺不会把美国人民钉死在"黄金十字架"上面而获得了民主党的提名。他的演说是美国历史上最著名的演说之一，但是口才比他逊色得多的竞选对手——威廉·麦金莱②却

威廉·詹宁斯·布赖恩，著名演讲家和政治家，曾三次获得民主党总统提名，虽未竞选成功，但是他进步主义的政治主张却深刻地影响了美国社会。布赖恩崇尚"普通人的智慧（wisdom of the common people）"，反对行业垄断和寡头精英统治，因此他的竞选之路常常受到托拉斯们的阻击，但他也获得了"伟大的普通人"（the great commoner）的赞誉。（译者根据公开资料整理）

---

① 约瑟夫·普利策（1847 年 4 月 10 日—1911 年 10 月 29 日），匈牙利裔美国人，父亲是犹太人与匈牙利混血，母亲为德奥混血。美国报刊的编辑、出版者。美国大众报刊的标志性人物，普利策奖和哥伦比亚大学新闻学院的创办人。——译者注
② 威廉·麦金莱（William Mckinley，1843 年 1 月 29 日—1901 年 9 月 14 日）是美国第 25 任（第 29 届）总统。他 18 岁从军。南北战争结束后，22 岁的他以少校军衔退伍，先后当过律师、县检察官、众议员和州长，1897 年当选为总统。执政后，他采取提高关税和稳定货币的政策，加上其他措施，美国的经济有了很大起色，麦金莱从而获得"繁荣总统"的美名。对外发动美西战争。在布法罗被无政府主义者刺杀，享年 58 岁。麦金莱是美国立国后被刺身亡的第三位总统。——译者注

高喊着"保卫美元、保护弱者、保证繁荣"的竞选口号,将他踢出了竞选。

* * *

19世纪90年代是华尔街的转型期,它在这个时代构筑的商业运作框架和模式将在接下来的80年里发挥作用。华尔街的银行早在几十年前就建立了支票清算所,但是直到1892年才最终建立起一个大型清算所,为大经纪商提供方便、快捷的证券交割服务。传递员(一般都是十几岁的孩子)一天要跑两次,将一摞摞的股票和债券送到清算所,然后带回交割后的证券。

铁路证券仍然是纽约证券交易所里的主流证券,约有130亿美元的此类证券挂牌交易,而州政府债券则有30亿美元。联邦政府通过征收高额关税获得大量的财政盈余,并缓慢而稳健地偿还了很多联邦债券,此时在市场上交易的联邦债券仅剩下约7亿美元。这个时期增长最快的是工业类证券,在1893年时其只有约5亿美元的市值,但是随着美国工业的扩张,很多公司通过合并成为庞然大物,一些大投资银行开始发行越来越多的股票为所谓的"托拉斯"融资。

19世纪90年代华尔街的另外一个进步——股票市场平均指数,具有极其重要的意义,以至今天我们几乎无法想象,缺少了它的华尔街将会怎样。今天,道琼斯工业平均指数(简称道指)是世界上最著名的一个统计指标了,当人们问"今天市场行情怎样"时,他们所

第九章
"您有什么建议？"（1884—1901年）

需要的就是这个数字。由于计算机技术的发展，人们现在能够通过有线商业网络得到道琼斯指数每一秒的涨落情况。

对于研究华尔街的历史学家而言，道琼斯指数同样是极为重要的，因为它是现存最早的股票市场的连续平均指数，从1896年就开始有了记录。发明这个绝妙而又简单的办法的天才是查尔斯·道，他同时也是《华尔街日报》（*Wall Street Journal*）的创办人之一。《华尔街日报》

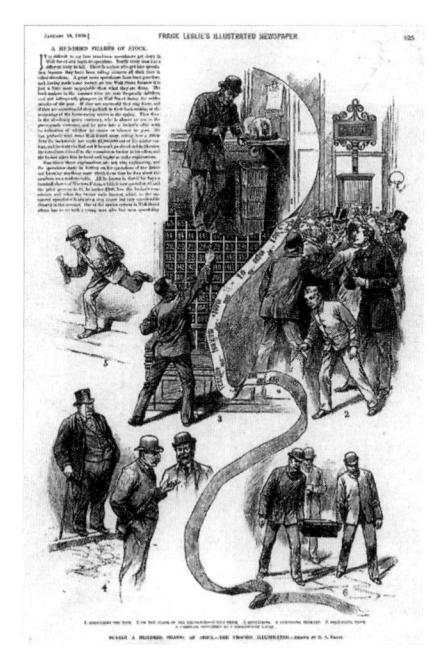

19世纪90年代，报纸上向公众介绍华尔街行情的文章和图解。随着美国工业化的迅猛发展，公众对华尔街的兴趣与日俱增。

在1889年第一次出版，是当时几份为华尔街服务的报纸之一，另外一份报纸——《商务日报》（*Journal of Commerce*）则要比它早几十年。直到第二次世界大战结束之前，《华尔街日报》一直只是一份发行量较小、仅在当地有影响的报纸。后来，它的发行量和影响力都迅速增长，今天《华尔街日报》已成为美国发行量最大的报纸。

查尔斯·道认为："股票市场就像温度计一样，会反映股市整体情况的涨落。"但是，怎样读懂这支"温度计"呢？那个时候的绝大多数报纸都已经开始公布股票每天的收市价格了，但是这些价格不能让人们一眼看出市场整体的表现情况。就像华氏温度计和摄氏温度计一样，查尔斯·道的温度计也需要一个标度。于是，他创造了两个平均指数，一个指数是铁路股票指数——那个时代的蓝筹股，另外一个是反映风险相对较大的工业企业股票的平均指数。

最初的工业股票平均指数包括12种股票①（其中的通用电气是至今唯一仍在道琼斯指数中的股票②），第一天收于40.94。具有讽刺意味的是，查尔斯·道刚刚开始编制市场指数，市场就开始下落，到8月的时候，道指已经跌到了28.48，狂泄30%。（如果美国商务部在这个时期就公布国内生产总值数据的话，国内生产总值也会显示这是一段艰难的时期，但美国商务部直到1929年才开始编制计算国内生产总值。）

但是，随着总统竞选中麦金莱打败布赖恩的可能性越发明朗，市场开始迅速反弹。10年之内，道琼斯指数便超过了100，真正成为一只完全如查尔斯·道所期望的华尔街的温度计。

在19世纪90年代，美国经济生活中还有另外一个巨大进步，那就是现代会计制度的出现。很少有人认为它和华尔街有什么关系，但事实上，华尔街的银行和经纪行是推动现代会计职业产生并在美国上市公司中强制实施通用会计准则③的主要力量。

---

① 如今，道指30只成分股已不再局限于传统定义的工业股，如今的道指取样已经覆盖了整个美国股市中最优秀的蓝筹股，并包含了金融服务、科技、零售、娱乐以及生活消费品等多种行业。作为样本，它们是各个行业的龙头或代表，拥有最广泛的个体投资者和机构投资者。——译者注

② 2018年6月26日，因一年内下跌53%，通用电气从道琼斯指数中被移除。至此，道琼斯指数设立时的成分股均已被替换。

③ 通用会计准则（Generally Accepted Accounting Principles），为1937年美国会计程序委员会（CAP）发表的第一号会计研究公告，开创了由政府机关或行业组织颁布"一般通用会计"的先河。——译者注

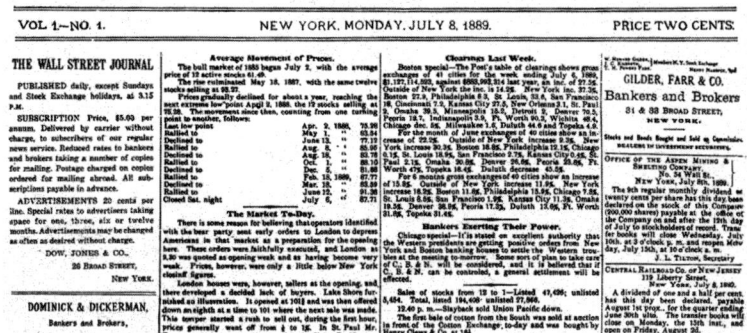

第九章
"您有什么建议？"（1884—1901年）

1889年7月8日发行的第一份《华尔街日报》。直到第二次世界大战前，它还是一个小报，不为华尔街之外的人所知。但随着公众越来越多地参与到华尔街的活动中，它的影响力也越来越大。今天，它已经是全美发行量最大的日报。（译者根据公开资料整理）

会计和文明本身一样古老，事实上，很有可能是记账的需求推动人类发明了文字。但是会计一直没有大的发展，直到文艺复兴时期的15世纪，在意大利出现了复式记账法（double-entry bookkeeping）。复式记账法能够很容易就发现错误，也能从一大堆原始数据中形象地描绘一个企业的动态财务情况。作为财务工具，复式记账法和单式记账法的区别就好比作为诊断工具的心电图和听诊器的区别一样。

会计师是美洲新大陆最早出现的职业之一，事实上，伊莎贝拉和费尔南德就在"圣玛丽亚号"（Santa Maria）船上派了一名会计师，以确保他们能够准确无误地得到他们应得的那份战利品。但美国早期的商业企业规模都比较小，通常是家庭作坊式的，一般都不需要外部会计师。

工业革命彻底改变了这一点。铁路延伸到几千公里以外，铁路公司雇用了成千上万的工人，财务管理变得非常困难。会计师们不断发明新的会计工具来追踪企业的资金流向，以使管理人员能够准确知道钱花在了哪些地方,并分析哪些钱是不该花的。可以这么说,正是这些新的会计工具,才使得华尔街有可能创造那些庞然大物般的"超级企业"。会计领域的飞速发展至今还在延续,例如,现在企业的现金流(cash flow)被普遍认为是一个反映企业状况的最为重要的指标,但这个词直到1954年才被发明出来。

> 会计领域的飞速发展至今还在延续,例如,现在企业的现金流被普遍认为是一个反映企业状况的最为重要的指标,但这个词直到1954年才被发明出来。

这些新时代的超大型企业,除了要保证财务数据井然有序之外,还遇到了另外一个问题:当铁路公司和其他一些公司迅速扩张的时候,企业的资金需求远非一个家族所能满足,于是融资便成为一条必由之路。但是,当企业在华尔街发行了股票,筹措到企业所必需的资金后,管理层和股东之间的利益鸿沟也日益加大。后者希望获得及时的信息,以便评估手中所持有股票的价值,并将它们和同类公司进行比较,以评判管理层的表现。而管理层则很自然地希望能够随意摆布那些数字,使它们看起来要多好有多好。这样一来,公司的真实情况不为股东所知便成为常事,很多公司的管理层最终走上了欺诈之路。

> 更为糟糕的是,那个时代没有任何法律要求上市公司公布财务报告……1870年,霍勒斯·格里利在《纽约论坛报》上对伊利铁路的财务报告嗤之以鼻,他说,如果这份报告是准确的话,"那阿拉斯加就是热带气候,在那里到处可以生长草莓"。

更为糟糕的是,那个时代没有任何法律要求上市公司公布财务报告。当纽约证券交易所想了解特拉华-拉克万纳-西部铁路公司(Delaware Lackawanna and Western Railroad)的财务信息时,却被告知不要多管闲事。"我们不做财务报告,"铁路公司扔给了交易所这样几句话,"也不公布会计报表。"

– 第九章 –
"您有什么建议？"（1884—1901 年）

某些铁路公司即使发布财务报告，那通常也是一堆"摸不着头脑的烂账"。由于州政府为伊利铁路的建造出了部分资金，所以铁路公司必须每年向州政府提交年度报告。1870 年，霍勒斯·格里利在《纽约论坛报》（New York Tribune）上对伊利铁路的财务报告嗤之以鼻，他说，如果这份报告是准确的话，"那阿拉斯加就是热带气候，在那里到处可以生长草莓"。

19 世纪 90 年代的英国会计师。会计和文明本身一样古老，事实上，很有可能是记账的需求推动人类发明了文字。（译者根据公开资料整理）

华尔街的另外一家报纸——《商务金融报》早在 1870 年就一针见血地指出了这个问题。1870 年 5 月 17 日，《商务金融报》这样写道："在这样一个充满阴谋的时代，保密成了成功的一个条件。如果公众也有机会了解那些只有公司董事才知道的关于公司价值和前景的所有信息，那么，'投机董事'的好日子就一去不复返了……公司的财务报表……它显示了公司收入的来源和数量、每一块钱的用途、财产的收益、运营、供应、建设和维修所花费的成本，公司的负债情况以及整体资金的处置情况，所有这些信息都必须精心编制，以供每个季度公布出来。"

在今天看来，很难想象一个没有年度和季度财务报告的市场经济体例。但是，就像所有人都会保护自己的利益一样，19世纪后半叶的上市公司管理层也在努力维护自己的利益，强烈抵制这样一种报告制度。当时很有影响的一个经纪人亨利·克卢斯［他的回忆录《我在华尔街的 50 年》（My fifty Years in Wall Street）提供了很多很有价值的历史资料①］坚定地推行财务报告制度，很快又有许多投资银行家和经纪人也加入他的行列。当纽约证券交易所最终开始要求所有上市公司提交财务报告的时候，上市公司管理层已经别无选择，只有照办了。

但是，由谁来做这个报告呢？公司内部的财务人员毕竟是为公司管理层工作的，很难做到真正的独立。在此背景下，独立会计师的人数迅速增加，1884年在纽约、芝加哥和费城的商业电话簿上只能找到 81 个会计师，仅过了 5 年，这个数字就达到了 322 个。1882 年，会计师及簿记师协会（Institute of Accountants and Bookkeepers）在纽约成立，并且开始向那些通过了严格考试的人员发放资格证书。1887 年，美国公共会计师协会（American Association of Public Accountants）成立，它是现在美国会计行业管理机构的前身。1896 年，纽约州通过立法奠定了这项职业的法律基础，并使用"注册会计师"这样一个称号来表示这些人是符合法律标准的会计师。

> 1884 年在纽约、芝加哥和费城的商业电话簿上只能找到 81 个会计师，仅过了 5 年，这个数字就达到了 322 个。

---

① 亨利·克卢斯（Henry Clews，1834—1923 年），19 世纪末，亨利·克卢斯成为华尔街的代名词。像其他许多成功的投资者一样，亨利·克卢斯也以他的标新立异闻名。比如，他大做广告宣称，他为客户经营股票和债券收取的费用只是其他公司收费的一半，在当时，这被认为是很强横的举措。当格兰特将军的第一个任期即将结束，民众普遍反对他连任的时候，克卢斯用自己的财力和人脉召集财经界人士鼎力支持格兰特将军，把他的任期延长了 4 年。格兰特总统投桃报李，想把财政部部长的职位授予克卢斯，但克卢斯坚决地推辞了。——译者注

- 第九章 -
"您有什么建议？"（1884—1901 年）

纽约州的法律和"注册会计师"（Certified Public Accountant，CPA）这个名词马上也被其他州采用了。

独立会计师的出现和公认会计准则的建立并不是预先设计好的，但是它们对于自由市场经济发展至关重要，并且几乎完全是由这场大博弈中的参与者自己推动完成的，与政府毫无关系。事实上，时至今日，政府在联邦和州两个层面上都还未能采纳这些显然很有效的安全措施来防止政府自身做假账。

* * *

在那些年里，华尔街还发生了一个变化，一个不太好的变化。

正如我们此前所看到的，从荷兰人统治时期开始，犹太人就一直居住在纽约。从一开始，犹太人就是纽约商务圈子和社会关系网中不可分割的一部分。可以肯定地说，绝大多数的华尔街公司，不是信奉基督教的，就是信奉犹太教的，当时的银行和经纪行都是合伙制，而且往往是家族企业。但是，犹太人和非犹太人又常常在相同的俱乐部和社会团体中活动。1836 年，犹太人帮助建立了一个名为联合俱乐部（Union Club）的上流社会俱乐部，以及许多其他俱乐部和团体。老奥古斯特·贝尔蒙特先生于 1837 年来到纽约，负责洛希尔家族的生意，他把自己的名字从舒恩伯格（Schoenberg，犹太人的名字）改为贝尔蒙特（Belmont，意思是俊美的山），并且皈依了基督教，但是他从来不隐瞒自己的身世。他娶了海军英雄奥利弗·哈泽德·佩里[1]的女儿为妻，自己也为纽约的上流社会所接受。

---

[1] 奥利弗·哈泽德·佩里（1785 年 8 月 23 日—1819 年 8 月 23 日），美国海军少校。他因在 1812 年第二次美英战争抵御英国军队，从而促使美国军队在伊利湖战役中得到决定性胜利而赢得"伊利湖的英雄"的美誉。——译者注

美国南北战争之后，德国在原来许多小国的基础上最终统一为一个大国，那里的犹太人曾经一度被严格限制在犹太区里面，现在这些犹太人已被赋予越来越多的自由和权利，包括投票权、土地所有权和执业权。在欧洲，这导致了反犹太人运动（Anti-Semitism）的兴起。这次反犹运动和过去中世纪的反犹运动性质不同：中世纪的运动主要是宗教性质的，而这一次主要是社会和种族性质的。

没过多久，"反犹"这个丑陋的教义便漂洋过海传到了大西洋彼岸的美国。事实上，反犹这个词正是在 1881 年才出现在英语当中的，它是从德语中直接借用过来的。到 19 世纪 90 年代，这种偏见在华尔街的年青一代中已经相当普遍。然而，反犹太人运动直到 1893 年才引起公众的注意，当时联合联盟俱乐部（Union League Club）拒绝接受一个名叫西奥多·塞利格曼的年轻人。联合联盟俱乐部是南北战争时期由联合俱乐部的一些会员组建的，因为他们不满于联合俱乐部不肯将一些来自南方的会员拒之门外（这些南方会员包括 J.P. 本杰明。本杰明后来成了南方邦联的总检察长、国防部长和国务卿，他也是一位犹太人）。

塞利格曼出生于纽约最古老也最有声望的犹太家族，是后来纽约犹太社区的创始人之一。这个家族的公司——J. & W. 塞利格曼（J. & W. Seligman）公司多年来一直是华尔街上的一个主要参与者（事实上这家公司现在还存在），除了纽约以外，这家公司在旧金山、新奥尔良、伦敦、巴黎和法兰克福都有分部。就在西奥多被俱乐部拒绝的时候，他的父亲杰西·塞利格曼正担任该俱乐部的副主席。

毋庸多言，这种肯定能引起轰动的事件受到了报纸的广泛关注。老资格的会员，包括俱乐部主席科尼利厄斯·布里斯、参议员昌西·迪普（纽约中央铁路前总裁）都支持这个年轻人的申请。但是年青一代的俱乐部会员，也就是西奥多那一代，却反对这样做。他们的理由今天看起来很可笑，其中一个人说："（我们的）反对不是基于讨

第九章
"您有什么建议？"（1884—1901年）

厌某一个人，而是基于这样一个普遍观念，那就是犹太人和犹太教在社会行为方式上很难和不信仰他们宗教的人相融合。"

老塞利格曼立即宣布从联合联盟俱乐部退出——尽管俱乐部拒绝了他的退出请求，并且一直将他的名字列在俱乐部会员名单当中。俱乐部中的其他犹太会员也相继退出，而《纽约时报》对此只是冷冷地评论说："这种不幸的事，如果是在需要筹集竞选经费的竞选年就绝不可能发生。"其意在讽刺联合联盟俱乐部犹太会员们的财富在共和党内的巨大影响力。

与此同时，纽约权力阶层中那些最有影响力的基督徒，如 J.P. 摩根和当时最为杰出的律师伊莱胡·鲁特（后来在西奥多·罗斯福[①]政府里面担任国务卿，西奥多·罗斯福本人也是联合联盟俱乐部的会员），都在这件引人注目的情上保持了沉默。很快，纽约其他一些主要俱乐部也停止接纳犹太会员了。

差不多整整过去了两代人的时间，这个丑陋的伤痕才得以愈合。联合俱乐部直到1956年才开始重新接受犹太会员，那一年犹太人哈罗德·麦迪那法官加入了这个俱乐部。

*　　*　　*

尽管受到一些歧视，那些年，华尔街上的犹太人经纪行还是多了

[①] 西奥多·罗斯福 (Theodore Roosevelt, 1858年10月27日—1919年1月6日) 人称老罗斯福，昵称泰迪（Teddy），美国军事家、政治家、外交家，第26任美国总统。曾任美国海军部副部长，参与美西战争，并在古巴的圣迭戈战役中战功卓越，获得圣胡安山英雄的称号，1900年当选美国副总统。1901年在总统威廉·麦金莱遇刺身亡后，老罗斯福继任总统，时年42岁，是美国历史上最年轻的在任总统。他的独特个性和改革主义政策，使他成为美国历史上最伟大的总统之一。——译者注

> 尽管基督徒的公司和犹太人的公司的合伙人们从不互相走动，但生意归生意，不会受到任何影响，这是华尔街一贯的传统。

尽管基督徒的公司和犹太人的公司的合伙人们从不互相走动，但生意归生意，不会受到任何影响，这是华尔街一贯的传统。世纪之交，华尔街最有实力的犹太银行家叫雅各布·谢弗[①]，他是银行家里唯一可以在实力、声望和公众形象上和J.P.摩根相提并论的人。

和摩根一样，谢弗也出身于一个古老的名门望族，而且极为富有，其家族史可以上溯到13世纪70年代，是欧洲历史上最为悠久也最为著名的犹太家族。1847年，他出生于莱茵河畔的法兰克福，同摩根一样，他对自己一生要做什么也非常清醒。1875年，他定居纽约，并很快成为库恩·勒布银行（Kuhn Leob Bank）的合伙人。他和银行资深合伙人的女儿泰蕾丝·勒布结了婚，成为勒布家族的一员。在19世纪80年代和90年代对铁路的重新整合当中，库恩·勒布银行几乎是和摩根银行同样重要的银行。1898年，谢弗帮助改组了联合太平洋公司，当时该公司被E.H.哈里曼所控制。

1862年，14岁的哈里曼以华尔街传递员的身份开始了他的职业生涯。他身材矮小，目光深邃而又敏锐，总是让人想起拿破仑，对人们这样的类比，他一点儿都不在意。1870年，他从叔叔那里借来了3 000美元，在纽约证券交易所里买下了一个交易席位。很快他又投身铁路行业，他的岳父威廉·J.埃夫里尔是奥登伯格-尚普兰湖铁路的总裁，于是哈里曼利用这一关系在1881年获得了安大略湖南部铁路的控制权。就像以前的"船长"范德比尔特一样，哈里曼知道怎样

[①] 雅各布·谢弗（Jacob Schiff），德裔美国籍金融家和慈善家，库恩·勒布银行高级合伙人，创办了包括国家城市银行、富国银行和联合太平洋铁路等公司。——译者注

第九章
"您有什么建议？"（1884—1901 年）

去经营一条铁路，他减少浪费，消除贪污，在效益好的机车和线路上大量投资。两年之后，他就将重新整顿过的铁路卖给宾夕法尼亚铁路公司，从中大赚了一笔。

犹太人与美国金融

从荷兰西印度公司统治时期开始，犹太人就一直是纽约商务金融和社会关系网中不可分割的一部分。由于当时的银行和经纪行实行合伙制，而且往往是家族企业，因此绝大多数华尔街公司的基督新教或犹太教属性都泾渭分明。事实上，由于初期族群关系较为缓和，犹太人和非犹太人常常在相同的俱乐部和社会团体中活动。例如，1836 年，犹太人帮助建立的一个名为联合俱乐部的上流社会俱乐部就同时接纳犹太人和非犹太人入会。

然而，到了 19 世纪 80 年代，由于欧洲反犹太主义的兴起，美国也受到波及。然而，这次与以往强调宗教性质的反犹运动不同，强调的是社会和种族差别。随着反犹思潮愈演愈烈，到 19 世纪 90 年代，纽约的主要俱乐部都开始停止接纳犹太会员。直到 20 世纪中期，这些俱乐部才开始重新接受犹太会员。

尽管受到一些歧视和排挤，从 19 世纪中期到 20 世纪中期，华尔街上的犹太人经纪行还是多了好几倍，实力也不断增强。尽管基督徒的公司和犹太人的公司的合伙人之间缺乏社会互动，但生意归生意，不会受到任何影响，这是华尔街一贯的传统。世纪之交，华尔街最有实力的犹太银行家叫雅各布·谢弗，他是银行家里唯一可以在实力、声望和公众形象上和 J. P. 摩根相提并论的人。此外，也正是在这个时期，犹太人马库斯·高曼创立了一家金融公司，并和他同为犹太人的女婿塞缪尔·萨克斯一道将原本名不见经传的小生意做成了华尔街最具影响力的投行——高盛。同时，华尔街历史上著名的投资银行所罗门兄弟公司和雷曼兄弟公司也有很强的犹太家族印记。（译者根据本书和公开资料整理）

哈里曼还改造过其他好几条铁路，但是一直遵循着最基本的原则：唯一可以让你的公司增值的办法，就是让它在最好的状态下运行。1898 年，他控制了濒临破产的联合太平洋铁路。由于成立之初即与动产信贷公司丑闻相关联，联合太平洋铁路的合法性一直遭受质疑而被认为和垃圾没什么两样。但是，哈里曼仔细地考察了该公司，几

乎重修了这条铁路，将赌注压在该铁路所服务的中西部农场会重新繁荣上。在他的经营下，联合太平洋铁路成了一棵摇钱树。

北太平洋铁路。北太平洋公司一役是整个华尔街历史上最后一次铁路大战，它让华尔街好像又回到了美国南北战争时期那个狂乱而又混沌的时代。（译者根据公开资料整理）

华尔街历史学家约翰·穆迪曾做出这样的估算，投资者如果花1 600美元在1896年购买100股联合太平洋公司的股票，到1906年，这些股票将值21 900美元。当然，公司最大的持股人哈里曼也顺理成章地成为华尔街巨富。

1895年的美元救助行动之后，1901年，经济繁荣已经开始回归，这时，哈里曼准备夺取联合太平洋公司的主要对手和竞争者——北太平洋公司（Northern Pacific）的控制权。北太平洋公司的主要持股人是明尼阿波利斯的詹姆斯·J. 希尔，他是大北方集团（Great Northern）的创始人和拥有者。此前，希尔用北太平洋公司获得了芝加哥-伯灵

– 第九章 –
"您有什么建议？"（1884—1901年）

顿－昆西铁路的控制权，这是一条威胁联合太平洋铁路生存空间的小铁路。当希尔拒绝哈里曼提出的铁路收购条件后，哈里曼决定通过收购北太平洋公司来解除这条铁路带来的威胁。

与哈里曼合作的银行家是雅各布·谢弗，而希尔是摩根银行的客户，因此对希尔的进攻也就是对摩根的进攻。但谢弗毫不畏惧，很快就悄悄地将大部分北太平洋公司已发行的优先股（这种优先股和普通股有同样的投票权）收购到手。同时，他还持有了相当数量的普通股，这使得哈里曼控制了绝对多数的北太平洋股票。而此时的摩根还在欧洲，他"打了一个小盹儿"，对此一无所知。

当摩根银行最终察觉到这个偷偷酝酿的计划时，马上向摩根发出了一封紧急电报，要求他授权在5月6日（星期一）开盘后购买15万股北太平洋公司的普通股。对他们来说，剩下的一线希望是：如果希尔能够在市场上购得北太平洋公司的大多数普通股，他就可以拖延时间并回购优先股，因为公司根据其选择权（option）可以这么做，这样希尔就能获得控制权。虽然实施这个计划至少要花费1500万美元，但是摩根立刻回电批准了这一计划，于是摩根和谢弗之间的竞赛开始了。当华尔街的巨人开战的时候，华尔街上所有的其他人也要格外小心，免得被无辜伤及。

到了星期一早晨，哈里曼和希尔两个人总共持有北太平洋公司80万股中的63万股。到星期二收盘的时候，摩根又为希尔的账户上添进了12.4万股，这样，市场上就只有4.6万股在其他人手里，而这一天北太平洋公司的股票成交了53.9万股的天量。在这巨大的交易量中，绝大多数来自一些做空投机者，他们一直期盼北太平洋公司的股价下跌，而这只股票的价格从谢弗开始购进起就一路上扬。

等空头们意识到哈里曼和希尔两个人正在竞相收购北太平洋公司股票时，一切都太晚了。他们只好在绝望中抛售手中的其他股票，并

303

以高价买进北太平洋公司的股票来履行合约。于是其他股票和债券的价格出现了雪崩式的下跌,例如摩根刚收购的美国钢铁公司的股票,几天前还在每股54.75美元的高位,星期四一天内就从每股40美元滑落到每股26美元。

芝加哥商业交易所(CME)成立于1898年,于2006年与芝加哥期货交易所(CBOT)合并组成CME集团,目前是世界上最大的衍生品交易所之一。(译者根据公开资料整理)

当时市场对北太平洋公司股票的需求如此巨大,以至有一位经纪人为了将500股股票从奥尔巴尼带到纽约,不惜专门雇了一列火车。一家小公司——诺顿公司(Norton)以每股1 000美元的价格将300股卖给了一个空头,这个价格是一星期之前的10倍。一个刚从郊区返回城里的场内经纪人搭乘一辆出租车回到华尔街,当他看到显示牌上北太平洋公司的股价正在一路飙升时,冒冒失失地承认他有1万股。场内那些绝望的空头撕扯着他的衣服要买他的股票,最后他在交易所大厅里几乎被人扒了个精光。

到星期四的中午,这场恐慌几乎要将整个华尔街吞噬,J.P.摩根和库恩·勒布银行只好签订紧急停战协定。两家银行都宣布不再购买北太平洋公司的股票,同时允许所有的空头以每股150美元的价格平仓,将他们从破产边缘拉了回来。结果很明显,库恩·勒布银行成功地狙击了摩根银行,使之不得不签订停战协议,这使得哈里曼得到了他从最开始就想要得到的——不是北太平洋公司的控制权,而是伯灵

– 第九章 –
"您有什么建议？"（1884—1901年）

顿铁路对他的权益的尊重。他很快成为伯灵顿铁路的理事会成员。

1900年元旦，纽交所的经纪人一同庆祝新年，在众人的欢呼声中，舞台上的"牛"击败了"熊"。（译者根据公开资料整理）

《纽约时报》（此时这家报纸由阿道夫·奥克斯经营，至今他的后代还拥有这家报纸。在此后不久，这家报纸就成为时代的记录者，而且它一直以此标榜并引以为荣）对整个事件极为厌恶，将这场争战比喻成"打红了眼的牛仔拿着枪互相乱射，全然不顾旁人的安危"。

北太平洋公司一役是整个华尔街历史上最后一次铁路大战，它让华尔街好像又回到了美国南北战争时期那个狂乱而又混沌的时代。在新世纪来临之际,两个塑造了华尔街全新形象的人,却不无讽刺地成为华尔街上最后两个"牛仔"。这就是典型的华尔街,充满了戏剧性,充满了矛盾。

同一时代的西方和东方

西方	年份	东方
柏林会议	1885	
	1887	中国铁路公司成立
	1888	英军侵略西藏
	1888	北洋海军成立
华尔街取得两大进步:股票市场平均指数和现代会计制度出现	19世纪90年代	
德国爆发世界性经济危机	1890	日本爆发第一次经济危机
美国国会通过《谢尔曼白银法案》	1890	
美国出现严重的黄金储备外流事件,美国政府不得不向J.P.摩根求救	1894	中日甲午战争爆发。1895年中方战败,北洋水师全军覆没,中日签订《马关条约》。甲午战争战败标志着清朝历时30余年的洋务运动的失败
	1894	康有为等发动"公车上书",提出救国主张
	1896	李鸿章对美国进行访问
	1897	中国人自办的第一家银行——中国通商银行在上海成立
美西战争爆发,美占领菲律宾、波多黎各、古巴,正式兼并夏威夷	1898	清政府发行"昭信股票"
	1898	戊戌变法,维新派人士倡导学习西方,历时103天失败
美菲战争爆发,并以1906年美国获胜和菲律宾成为美国殖民地而告终	1899	以"扶清灭洋"为口号的义和团运动爆发

第九章
"您有什么建议？"（1884—1901年）

（续表）

西方	年份	东方
	1899	张謇创办的大生纱厂建成投产，经营顺利
	1899	美国提出"门户开放"政策，使中国成为列强掠夺的开放市场
俄罗斯爆发世界性经济危机	1900	
美国钢铁公司成立，资本额高达14亿美元，是当年美国联邦政府预算的2.75倍	1900	八国联军占领北京，庚子事变爆发，慈禧太后等逃离首都
爆发北太平洋铁路股票战	1901	《辛丑条约》签订，这是中国近代史上赔款数目最庞大、主权丧失最严重的不平等条约，标志着中国已完全沦为半殖民地半封建社会
	1901	清政府进行改革，施行庚子新政

第十章
"为什么您不告诉他们该怎么做呢,摩根先生?"(1901—1914年)

- 译者题注 -

20世纪初期,极度繁荣的美国经济险些被一次由铜矿股票投机案引发的股市危机带入深渊,股市的危机同时也引发了银行的挤兑和连环破产,华尔街岌岌可危。华尔街的巨头们齐聚摩根的书房,一筹莫展。摩根的助手问道:"为什么您不告诉他们该怎么做呢,摩根先生?"

- **译者导读** -

- 1900年，美国已取代英国成为世界第一经济强国。美国的迅速崛起引起了包括英国在内的欧洲各国的警觉，但由于受到实力超越自己的德国的威胁，英国不得不与这个大洋彼岸刚刚成长起来的巨人建立紧密的关系，而通过大西洋海底电缆联系在一起的纽约和伦敦两大金融市场的逐步一体化对这一关系的维持至关重要。

- 此时的华尔街，在规模和影响力方面已经可以与伦敦分庭抗礼。纽约证券交易所搬进了新的交易大楼，装备了各种电子显示器，交易员奔忙穿梭，报价之声不绝于耳。交易所里交易的证券为这个正在形成中的现代化工业强国提供了发展所需的资金。华尔街的银行家正是推动这个巨大工业化进程的先锋力量，然而，在美国的政治生活中，他们一直是饱受争议的群体，常常受到代表小农场主利益的政治派别的猛烈攻击。

- 摩根是他们当中的杰出代表。1901年，他出面组织的辛迪加并购了钢铁大王卡内基的公司，创立了此后进一步垄断国际钢铁市场的美国钢铁公司，该公司的估值达到14亿美元，超过当年联邦预算支出的两倍多。当然，在美国经济的这一发展阶段，摩根所起的作用还远不止于此。

- 20世纪初期极度繁荣的美国正酝酿着一场危机，而这场最终在华尔街爆发的金融危机的直接起因，却是遥远的西部小镇比尤特的铜矿之争。电的发明引发了对铜的巨大需求，投机家海因兹利用他的聪明和诡计在比尤特一举击败了华尔街大老板在当地的势力。一夜暴富的海因兹来到华尔街，试图在这里重复并放大自己的成功。他控制了几家银行，开始对铜矿股票的投机操纵。可是，纽约不是比尤特，在这里，他遭到了老对手的强大阻击而一败涂地，他试图操纵的铜矿股票价格一落千丈。这引发了一家又一家银行的连环挤兑，一场金融恐慌蔓延开来。

- 再一次，依仗摩根巨大的影响力，摩根和华尔街的其他银行家阻止了这场可能将美国经济拖入深渊的金融恐慌。美国，这个当时世界上最强大的经济实体，在危机中不得不依靠摩根个人来扮演中央银行的角色，这一事实促成了1913年美联储的成立，并成为美国金融历史的分水岭。

- 1914年，第一次世界大战在欧洲爆发，对华尔街产生了深远影响，也彻底改变了世界格局。

- 第十章 -
"为什么您不告诉他们该怎么做呢,摩根先生?"(1901—1914年)

1836年,"华尔街"一词起初仅仅代表纽约的资本市场,但到美国南北战争结束的时候,它已是美国资本市场的代名词了。19—20世纪之交,"华尔街"有了更多象征意义:在海外,它代表着美国作为一个正在崛起的巨人的经济实力;在美国,它是那些在南北战争后以异乎寻常的速度发展起来的银行、铁路和工业公司的代名词。但这些在很多人眼里,已经到了需要对华尔街加以约束的时候。"左派"这个词正是在这个时期进入美国英语,用来代表美国政治观点中的一派。从19世纪70年代以来,左派逐渐成为政坛上一股越来越强大的力量,左派和华尔街派之间的政治斗争,几乎描绘和涵盖了整个20世纪美国的基本轮廓。

在20世纪,"左派分子"通常也被称作激进分子。而在19世纪,"左派分子"几乎是完全相反的意思,他们是杰斐逊和杰克逊的传人,鼓吹小农场主的利益,反对维护"资本的利益"。因此,他们从根本上是反对华尔街的,就像他们的祖辈和父辈反对合众国第一和第二银行一样。但此时的经济结构已发生了巨大变化,农场主在人口中的比例逐年下降,新工业时代数以百万计的劳工成为迅速崛起并逐步替代他们的政治力量。这些劳工虽然生活在城市里,但工作条件极其恶劣。当然,杰斐逊早在工业经济来临前就去世了,于是左派只好将目光投向欧洲,希望通过学习欧洲模式来抵抗资本的力量。在此后的岁月里,大规模的国有经济在美国从未发展成为主流,但是政府对经济的干预却不然。从那个时候起,政府何时干预经济以及如何进行干预的问题一直是美国国内经济和政治论战的焦点。

此时的美国经济体已经相当庞大,这主要得益于迅速发展的铁路网,它使得整个国家紧密地联系在一起,成为一个统一的经济体,同

> 到 1900 年，美国已经取代英国成为世界上第一大经济强国……作为 19 世纪后期工业前沿技术中的"锋刃"，铁产品和钢产品的增长最为引人注目。

时，内部竞争推动了成本的降低和创新的涌现。到 1900 年，美国已经取代英国成为世界上第一大经济强国。它保持着棉花、小麦、玉米等农产品主要出口国的地位，同时也是矿产品的主要出口国，其中包括两种新的矿产品——石油和铜矿。美国也成为这个时期世界上主要的工业品出口国，1865 年工业品出口只占美国出口额的 22.78%，但到 1900 年这些产品已占出口额的 31.65%，出口总量也大大增加。

在所有的出口增长中，铁产品和钢产品的增长最为引人注目。它们是 19 世纪后期工业前沿技术中的"锋刃"。在南北战争之前，美国的钢铁制成品出口额每年只有约 600 万美元，到 1900 年，美国出口了价值 12 191.4 万美元的钢铁产品，包括火车头、发动机、铁轨、电力设备、电线、管道、车床、锅炉及其他钢铁产品，甚至连缝纫机和打字机等也开始大批量出口。

欧洲这个素来大量进口原材料并出口工业制成品的制造业基地开始警惕起来。19 世纪 90 年代，一些警示性的书籍开始在欧洲出现，例如《美国入侵者》(The American Invaders)、《世界的美国

> 19 世纪 90 年代，一些警示性的书籍开始在欧洲出现，例如《美国入侵者》《世界的美国化》《美国对欧洲的商业入侵》等。

化》(Americanization of the World)、《美国对欧洲的商业入侵》(The American Commercial Invasion of Europe) 等。但此时的英国发现，它的经济霸权地位不仅受到来自美国的威胁，也受到来自德国的挑战，后者在生产能力上已经远远超过了英国。由于德国在军事上也对英国构成威胁，英国决定和这个已经在北大西洋对岸成长为巨人的后裔建

第十章
"为什么您不告诉他们该怎么做呢,摩根先生?"(1901—1914年)

立一种更紧密的关系。在即将来临的世纪中,我们将会看到这种关系演变成现代世界中所能见到的两个强国之间最紧密的关系。

1901年的证券交易所大厅。随着美国成为世界上最大的经济体,纽约证券交易所大楼,这座30年前建造并于19世纪80年代扩建过的建筑,此时已经太小,无法满足日益增长的交易需求。

  对这一新型关系至关重要的是伦敦和纽约这两大市场的逐步一体化。由于大西洋底的电报电缆将世界的两大金融市场紧密联系在一起,华尔街开始越来越多地参与外国债券的承销。虽然伦敦自从拿破仑战争结束后一直主宰着资本主义世界,但此时的华尔街已经开始与之分庭抗礼。华尔街股市的涨落不仅被身在华盛顿、费城和芝加哥的人密切关注,也同样为伦敦、巴黎和柏林的投资者们所关心。与此同时,纽约仍然是美国最大的港口,其吞吐量远非其他港口可比,纽约的银行和其他金融机构仍然控制着美国贸易的资金命脉。

  作为新兴工业经济的基石,钢铁也彻底改变了华尔街的面貌,当时的一些变化仍保留至今。许多建于19世纪50年代的老旧

1908年宽街上的路边交易市场。钢铁构架和电梯使得摩天大楼成为可能，它们此时已经替代了宽街上原来的那些6层小楼，但是路边交易市场，纳斯达克市场的"精神祖先"，却一直没有移到室内，这种情况一直持续到20世纪20年代。

的6层办公楼被一一推倒，让位给"摩天大楼"（skyscraper）——这个词在1883年才被创造出来。钢铁建材的出现和电梯的发明使摩天大楼成为可能，而纽约狭小的城市面积更使得摩天大楼的大量出现不可避免。纽约古老街区里狭窄的街道从此开始熟识摩天大楼的巨大投影和楼宇之间漏出的些许阳光。随着40层的"衡平保险公司大厦"（Equitable Building）在雪松大街和青松大街之间的百老汇路段拔地而起，没有预留任何建筑边际，严严实实地占据了整个城市街区后，一些市民和市府官员对这种现象产生了警觉。这直接促成了全美第一部城市规划条例的颁布。就像快餐一样，美国文化中很多与金钱无关的传统都与华尔街有关。

1903年，纽约证券交易所搬进了在宽街8号原来位置上盖起的新交易大楼。新交易大楼比原来大得多，它最有特色的是以6根科林斯式大柱子装饰的古典庭面，屋顶三角墙上装饰的是约翰·昆西·亚

– 第十章 –
"为什么您不告诉他们该怎么做呢,摩根先生?"(1901—1914年)

当斯·沃德创作的雕塑。大楼里面有一个巨大的交易大厅,宽30米,长56米,高24米,与日益增长的交易规模相匹配。这个交易大厅直到今天还是股票交易的场所(尽管现在有计划要将交易所迁到宽街对面的摩根银行后面一片更宽阔的地方去)。

纽约交易所的交易大厅曾一度是当时纽约最宏大的室内场所,如今已遍布各种电子显示器,这里每天都上演着一幕幕人间悲喜剧。交易员在大厅里面匆忙穿梭,由于纽约交易所不允许像期货交易所那样使用手势来报价,在不同交易席位的买卖双方通过公开叫价进行出价和应价,所以大厅里总有不绝于耳的报价声,如同怒吼咆哮,又如同轰轰雷鸣,无休无止。

帝国大厦矗立于现代高楼之间。正如历史上反复出现的那样,很多经济繁荣时开始修建的大楼,往往完工时经济已经陷入萧条。帝国大厦于20世纪20年代经济繁荣时期开工,完工于1931年,完工时是世界上最高的大楼,而此时,美国已经开始进入"大萧条"的时代。(译者摄于2017年)

* * *

华尔街的银行家正在创造一个现代工业国,而在纽约证券交易所

华尔街的银行家正在创造一个现代工业国，而在纽约证券交易所里交易的证券为这个新兴工业国的发展提供了资金。……"摩根和现代化大工业的其他缔造者，还有那些设计新公司结构的律师和立法者，他们是那个时代的先锋力量，他们正在改变美国的面貌；而那些不愿看到这种改变的保守派仍在拼命维护过去的制度和他们自己的利益。你也许会质疑摩根前进的方向，但毋庸置疑的是，这种前进的速度是飞快的，而且摩根相信会使整个国家受益。"

毫不奇怪，在20世纪来临之际，这些变化还是引起了很多人的惊慌失措。此时，摩根已经组建了通用电气（General Electric）和国际收割机公司（International Harvester）等上市公司。1901年，他又组建了美国钢铁公司（U. S. Steel），这家公司来自卡内基钢铁公司总裁查尔斯·施瓦布[①]的创意。就其所任的职位来说，施瓦布年轻得令人难以置信（当安德鲁·卡内基任命他为卡内基钢铁公司总裁的时候，他才只有35岁）。1900年12月12日，在第五大道和55街交界处的大学俱

---

① 查尔斯·施瓦布（Charles Schwab），美国历史上出现的第一个年薪达到百万美元的职业经理人。施瓦布出生在美国乡村，只受过短期的学校教育。15岁那年，他就到一个山村做了马夫。三年后，他来到钢铁大王卡内基所属的一个建筑工地打工。不久，施瓦布就被升任为技师。后来，施瓦布一步步升到了总工程师的职位上。25岁时，施瓦布成为这家建筑公司的总经理。39岁时（1901年），施瓦布成为美国钢铁公司的总经理，年薪100万美元。——译者注

– 第十章 –
"为什么您不告诉他们该怎么做呢,摩根先生?"(1901—1914年)

乐部举办的一个晚宴上,他接受了这一任命,包括卡内基、E.H.哈里曼、雅各布·谢弗和J.P.摩根在内,共80人出席了晚宴。

施瓦布是个天才演说家,他最大限度地利用了这样一个能影响美国新的商界精英的机会。当他被邀请讲几句话时,施瓦布却讲了将近一个小时,向在场听众阐述了他眼中美国钢铁工业的前景。当时美国钢铁工业是全世界效率最高的,但施瓦布告诉那些已经被他的演说深深打动的银行家和实业家,美国的钢铁工业还可以更上一层楼。施瓦布建议,

> **并购浪潮下崛起的美国产业巨头**
>
> 1887—1904年,美国掀起了第一次并购浪潮,8年内共发生2 943起并购交易,3 000多家中小企业被兼并,这令许多行业的集中度大幅提升,涌现了大批企业巨头,如杜邦公司、通用电气、柯达公司等。这轮并购浪潮使美国经济结构发生重要变化,减少了同行业内企业的过度竞争,使得并购后的企业获得规模经济效应,为日后美国跨国公司在全球的扩张奠定了基础。J.P.摩根财团的美国钢铁公司对卡内基钢铁公司的收购案也发生在这一时期,成为美国历史上首例金额超10亿美元的并购案。并购后的美国钢铁公司资本金雄厚,继而吞并了700多家公司,成功控制美国钢产量的65%,一举奠定了美国钢铁产业在全球的绝对垄断地位和谈判力。在这一过程中,以J.P.摩根为代表的华尔街投资银行发挥了重要作用,提供了大量融资和财务顾问服务。(译者根据公开资料整理)

如果钢铁工业进行一次大的合并,组建一家资产规模最大、最高效的钢铁公司,规模经济和专业分工的巨大优势将使这家公司击败英国和德国的钢铁公司,称霸世界钢铁市场。

在整场演说中,坐在施瓦布旁边的摩根一直在沉思,手里一支未点燃的雪茄竟被慢慢地搓成了碎屑。晚宴后,摩根将施瓦布带到一旁,两人又悄悄地谈了几分钟。以雷厉风行著称的摩根决定将施瓦布描述的前景变为现实。然而,两个人都知道,要做成这件事,安德鲁·卡内基是关键,因为他控制着世界上最大的钢铁公司。卡内基住

在曼哈顿北哈德逊河畔圣安德鲁乡村的木屋别墅里。他是苏格兰人，喜欢在那里打高尔夫球。19世纪80年代之前，高尔夫球在美国还不为人所知，但此时已经在商人和其他玩得起这项昂贵运动的人群中爆炸式地流行起来（约翰·戴维森·洛克菲勒是这项运动早期的另外一个狂热爱好者），高尔夫球场很快就成为谈生意的方便场所。施瓦布找到卡内基，经过一场高尔夫球比赛（施瓦布小心翼翼地让卡内基赢了这一场），一笔历史上最大的交易就此达成：卡内基愿意以4.8亿美元的价格把他的钢铁公司出售给摩根出面组织的辛迪加。摩根立刻祝贺卡内基成为世界上最富有的人，而卡内基则不再埋头经营企业，在他生命余下的20年中（他于1919年去世）所做的事情只有一件：将他的巨大财富捐献给社会。

这笔交易的数额之巨使每一个人都目瞪口呆。新成立的公司叫作美国钢铁公司，市值达到14亿美元。与之相比，当年的联邦预算支出只有5.25亿美元，美国所有的制造业总资本是90亿美元。即使是《华尔街日报》也承认，"为这笔交易的规模感到不安"，同时也猜测这家新公司的成立是否标志着"工业资本主义的高潮"。在华尔街的圈子里流传着这样一个段子（长久以来，华尔街一直被称为段子王国的首都，尽管这一地位现在受到了互联网的严峻挑战）：老师问学生，是谁创造了世界，一个小男孩回答说："是上帝在公元前4004年创造了世界，但在公

- 第十章 -
"为什么您不告诉他们该怎么做呢,摩根先生?"(1901—1914年)

"钢铁大王"安德鲁·卡内基(左图)与"石油巨头"约翰·戴维森·洛克菲勒(右图)。卡内基与洛克菲勒在斗争与合作中,轮流坐上了世界首富的宝座。(译者根据公开资料整理)

位于匹兹堡的卡内基钢铁公司。它在1901年时的产量就已经超过英国全国钢铁公司的总产量。(译者根据公开资料整理)

元1901年,世界又被摩根重组了一回。"

这种不安远不仅限于华尔街,那年秋天,西奥多·罗斯福在麦金莱死后继任总统,他坚信并提倡政府对经济的干预,以防止某些强大的经济力量变成政治上的霸权。当1904年美国司法部宣布按照《谢尔曼反托拉斯法案》(Sherman Antitrust Act)起诉并要求拆分北方证券公司(Northern Securities Corporation)时,J.P.摩根被惊得目瞪口呆。北方证券公司是摩根处理E.H.哈里曼和詹姆斯·J.希尔为解决北太平洋铁路公司的经济纠纷而成立的一家公司。摩根火速赶到了华盛顿,想搞明白为什么西奥多·罗斯福不能像绅士一样将决定事先告知,以便私下里达成一个双方满意的方案。

"如果我们有什么做得不妥,"摩根这样对总统说道,"请您派人接洽我的下属,他们会妥善解决问题。"

"我不会那样做。"罗斯福告诉他。

"我们不是要它做什么改进,"总检察官解释道,"我们是想让它关门。"于是他们真的让

西奥多·罗斯福,又称老罗斯福,美国第26任总统,1901年麦金莱总统遇刺后继任总统并于1904年竞选连任,发起了以拆分托拉斯为标志的"进步运动"(Progressive Movement),这项运动延续了几十年,试图在美国19世纪残酷的"赤裸裸的资本主义"和社会的公平福利之间寻找一些平衡,被看作"从资本家手里拯救资本主义"的运动。1912年,老罗斯福与共和党决裂,组建了进步党(绰号"公麋党")参加第三次总统竞选,但归于失败。老罗斯福还开创了美国的国家公园制度,建立了第一个国家公园——黄石公园。他成为总统山上与华盛顿、杰斐逊、林肯并列的第四位总统。(译者根据公开资料整理)

― 第十章 ―
"为什么您不告诉他们该怎么做呢,摩根先生?"(1901—1914年)

它关门了。

尽管罗斯福领导下的联邦政府不断加强对经济的干预和管制,但它一直缺乏一个最基本的调控工具——中央银行。1836年,安德鲁·杰克逊摧毁了这个国家的中央银行——合众国第二银行,在那之后,美国就成了几个主要经济强国中唯一没有中央银行的国家。中央银行的职能是监控商业银行,管理货币供应,同时在金融市场恐慌或银行危机时期担当最后贷款人(lender of last resort)的角色。银行危机通常也被称为流动性危机,从金融的角度来看,流动性指一种资产与另外一种资产互换的难易程度。例如土地资产,因为每一块都有其独特性,所以很难互换,它被认为是所有资产形式中流动性最低的。与之相反,现金的流动性最高。"货币"的准确定义就是一种在与任何其他商品的交易中都能够被普遍接受的商品。

不管是什么原因引起的恐慌,一旦它蔓延至整个经济体系,人们便开始将手中的资产转换为流动性更高的资产。他们会将股票和债券卖出,换成现金和黄金。当他们开始担心银行不够安全时,就会到银行提取存款,自己藏好——而这些存款本来只是在银行存折上的一些数字符号。

在大多数情况下,银行要随时应付存款人的提款,而其发放的贷款则只有到期时才能收回,从这个意义上来说,银行永远都处在无法清偿的状态。一旦存款人开始怀疑某家银行的安全性并开始提取存款时,他们很快就会将该银行的现金提光,迫使其关门或者至少是暂时性停业。这当然会使其他银行的存款人也紧张不安,于是恐慌通过这种情绪的相互传染而扩散开来。恐慌,即使是金融恐慌,也有充分的理由证明其本质上更应该是一个心理学术语,而不是一个经济学术语。它同时也提醒我们,"经济学"在本质上是研究市场中人的学问,而人有着与生俱来不可预测的奇怪天性。就像爱无法简单地用一堆数字来

> 它同时也提醒我们,"经济学"在本质上是研究市场中人的学问,而人有着与生俱来不可预测的奇怪天性。就像爱无法简单地用一堆数字来解释,经济学同样是这样。如果经济学家们能够记住这样一个无法回避的基本事实,那么经济学这门学科所取得的成就至少不会这么惨淡。

以各商业银行稳健的贷款组合作为抵押,中央银行向这些银行提供足够的现金以满足其短期的流动性需求,如有必要,它还可以印刷钞票,一旦人们觉得存款有保障,可以随时提取,恐慌也就得到了控制。

> 正是由于缺乏一个中央银行,美国在19世纪所发生的几次周期性的恐慌,例如1857年、1873年和1893年的恐慌,远比欧洲类似的恐慌强烈,破坏性也要大得多。但是在人们真正接受这个教训之前,还要再经历一次类似的金融恐慌。

*　　*　　*

美国经济一从19世纪90年代初那段暗无天日的日子中复苏,就开始飞速成长,20世纪初达到高度繁荣。随着进出口额在1896—1907年翻了一番,由进口带来的关税增长,使政府收入也得以翻番。同一时期,道琼斯工业指数上涨了150%,而卡内基钢铁公司的利润从经济衰退最低谷时的区区每年300万美元,跃升到1901年卡内基将公司卖给摩根时的4 000多万美元。

但是,所有繁荣都孕育着自我毁灭的种子。在金本位制度下,最

第十章
"为什么您不告诉他们该怎么做呢,摩根先生?"(1901—1914年)

终决定货币供应量的黄金供应量增长终会赶不上全球经济对资本需求的增长。此外,这一时期还发生了一系列现在回过头来看似乎不大的战争,诸如南非的布尔战争①和日俄战争。那些卷入战争的政府需要进入世界资本市场为战争筹措资金,这又给市场平添了额外负担。利率(也就是资本的价格)持续上升,一向谨慎的华尔街人已经公开表示他们的担忧。早在1906年1月,雅各布·谢弗就警告说:"如果这个国家(指美国)的货币状况不能有根本改变……那么你很快就会在这个国家看到一场恐慌——与之相比,此前所有的恐慌看上去只是小儿科。"

此时的美国经济依然保持着强劲的增长,物价平稳,企业利润也在攀升。然而,作为先行指标的股市指数在1907年3月开始了并非偶然的下跌。与此同时,世界市场仍然处于极度不安之中。英国的黄金储备大量减少,引发了一次对英镑的恐慌,远在埃及亚历山大和日本东京等地的股票市场开始崩盘。在美国,许多经营良好的公司和信誉较佳的州政府及市政府的证券也开始发行不出去了。

而当真正危机到来的时候,就像华尔街历史上常见的那样,并非直接由华尔街本身引起,而是肇始于偏远的西部地区——这回的祸根是蒙大拿州比尤特的"铜矿王"(copper kings)之争。

---

① "布尔"(Boer)系荷兰语,意为"农民",布尔人是指到南部非洲殖民的荷兰人的后裔。19世纪末,布尔人建立的德兰士瓦共和国和奥兰治自由邦分别发现储量巨大的金矿和钻石,这激化了英国人和布尔人的矛盾,双方于1899年开战,1902年以签订合约告终,并建立了南非联邦。布尔战争是英国在230多次殖民战争中出兵最多、最残酷、开销最大的一次,英国的全球殖民地体系自此开始瓦解。现代战争中的游击战、总体战等理念也源于布尔战争。——译者注

位于曼哈顿的卡内基音乐大厅，它是卡内基晚年很多慈善捐助项目中的一个。（译者根据公开资料整理）

电力的应用带来了对铜的巨大需求，蒙大拿州和亚利桑那州的铜矿被大规模开采。比尤特被称为"地球上最富有的山丘"，那里的矿井有长达600英里（约900公里）的坑道，每年能产出多达3亿磅（约13.61万吨）铜。但是，比尤特缺乏法律和秩序。为了刺激铜矿的开采，蒙大拿州立法机构通过了所谓的《矿脉顶法》（Apex Law），允许矿主可以顺着自己地产中的矿层进行开采，即便矿层延伸到别人的地盘也不受限制。围绕如何界定这些"矿脉顶"，产生了很多激烈争论，也经常引发暴力冲突。在比尤特地下昏暗的竖井和连绵不绝的坑道里面，人们对武力争斗早已司空见惯。

1889年，来自布鲁克林的F. 奥古斯塔·海因兹作为波士顿－蒙大拿矿业公司（Boston and Montana Company）的雇员来到比尤特。在此后短暂离开比尤特到加拿大淘金之前，他已经对该公司的矿产资源了如指掌。在加拿大发了一笔财后，他回到了比尤特，开始购买那里的矿产。他是一个天生的探矿者，他的鼻子似乎对矿石有神奇的嗅觉，经常能获得意外之财。凭借着对当地地理条件的了解，他也将《矿脉顶法》运用到极致，在本属于波士顿－蒙大拿矿业公司的矿脉

– 第十章 –
"为什么您不告诉他们该怎么做呢,摩根先生?"(1901—1914年)

中继续挖宝。

但在当时,波士顿-蒙大拿矿业公司已经是一个铜矿托拉斯——统一铜矿公司(Amalgamated Copper Company)的一部分了。统一铜矿公司的老板和董事会会员包括了 J. P. 摩根、标准石油的高级主管 H.H. 罗杰斯、第一国民银行(现在是花旗银行的一部分)的老板詹姆斯·斯蒂尔曼和约翰·戴维森·洛克菲勒那个远比他神气活现的弟弟威廉·洛克菲勒。对于海因兹厚颜无耻地把他们的财产占为己有的做法,他们十分不满,却又没有什么好办法来阻止他。海因兹巧舌如簧,很快就赢得了矿主们的支持和选票。他还影响了好几个法官的选举,因此那些法官都很乐意为他效劳,丝毫不在乎损害统一铜矿公司的利益。

最后,统一铜矿公司的大老板们决定,与其让他们在比尤特的财产受到威胁,不如把这个讨厌的小暴发户买过来,这样会划算得多。他们用 1 050 万美元买下海因兹在蒙大拿的全部产权。如果在 1905 年有《福布斯》400 富豪榜排名的话,这笔钱足以让他上榜。海因兹在比尤特教训了一群大家伙,于是觉得他在华尔街也能如法炮制。他错了。

海因兹为他的两个兄弟开立了一家经纪行,然后又在交易所里买下一个交易席位,这样他在交易所里从事投机活动就不必支付佣金了。海因兹和另外一个行业联合公司——美国冰业公司(American Ice Company)的创始人查尔斯·W. 摩尔斯联手,获得了几家银行的控制权,并把这些银行作为进一步投机的现成资金来源。摩尔斯控制了北美洲银行(The Bank of North America),用这家银行的资金获得了商业国民银行(Mercantile National Bank)的控制权。接着,他们又用商业国民银行的资产获得了纽约市最大的一家银行——尼克博克信托公司的控制权。海因兹认为,万事俱备,所缺的只是一个合适的投机工具。

> **海因兹铜矿操纵战**
>
> 海因兹本是波士顿－蒙大拿矿业公司在比尤特的雇员，他利用《矿脉顶法》来偷偷侵占这家公司的巨额矿产财富。在比尤特，海因兹发挥了八面玲珑的才能，不仅从矿工中获得支持和选票，还使得本地政府官员和法官对其趋之若鹜，在层层保护之下肆无忌惮地侵占波士顿－蒙大拿矿业公司的利益。
>
> 波士顿－蒙大拿矿业公司其实是行业巨头"统一铜矿公司"的子公司，而这家公司的管理层和股东包括 J.P. 摩根、H. H. 罗杰斯、詹姆斯·斯蒂尔曼和威廉·洛克菲勒等华尔街金融巨子。虽然他们对于海因兹厚颜无耻的侵占行为愤怒不已，但对于地头蛇海因兹却感到无处下手。最后，统一铜矿公司董事会决定，与其让比尤特的矿产资源受到持续不断的威胁，不如把讨厌的海因兹收购了之。
>
> 最后，统一铜矿公司动用 1050 万美元一次性买下海因兹在蒙大拿的全部产权，算是一劳永逸地解决了"海因兹问题"。在铜矿操纵战之后，海因兹不仅靠这笔巨款获得了进军华尔街的资本，同时"教训"了华尔街大佬的经历更使他信心暴增，这为他日后的惨败埋下了伏笔。（译者根据公开资料整理）

铜矿股票仍然很走俏，海因兹相信，他在比尤特的成功经验无疑能使他在投机铜矿股票时占据优势。他和摩尔斯开设了一家名头响亮的公司——联合铜业公司（United Copper Company），资本金高达 8 000 万美元，但公司除了发行股票募集的钱以外，实际上没有多少资产。

海因兹和摩尔斯并不是真正打算生产铜，他们的目的只是想通过购买自己公司的股票和看涨期权来抬高股价，诱使其他的投机者卖空。一旦他们坐庄成功，他们就会执行他们的看涨期权，而当空头发现这个陷阱时则为时已晚。然而这个计划有一个大问题：H. H. 罗杰斯既没有忘记，也不会原谅海因兹两年前在比尤特对统一铜矿公司所做的一切，而他所管理的标准石油公司是 20 世纪头十年世界上最强大的公司。当时美国经济对石油的需求看来只会不断增长，而它垄断了 80% 的石油生产。由于手握数以亿计的现金储备，标准石油此时既是

第十章
"为什么您不告诉他们该怎么做呢,摩根先生?"(1901—1914年)

一家石油公司,也是一家举足轻重的金融公司。华尔街的每一个经纪人、银行家甚至新闻记者都对它心存敬畏,不得不看它的脸色行事。

海因兹和摩尔斯在1907年2月开始了他们的坐庄操作。3月,其他公司股票受挫的时候,联合铜业股票却一路上扬。整个春季和夏季市场都不稳定,但是海因兹和摩尔斯却使联合铜业股价稳步上升。最终,由铜业板块领跌,整个市场在10月开始崩溃的时候,海因兹准备将他的坐庄计划付诸实施了。

10月14日,星期一,空头开始获利离场[①],此时其他所有的铜业股票都下跌,而联合铜业却从每股37.5美元一下蹿升到了每股60美元。海因兹认定已经稳操胜券,于是向不同的经纪人发出指令,要求执行看涨期权,时间决定一切。然而这些经纪人的动作莫名其妙的慢,迟迟没有下单。接着,质疑联合铜业公司财务状况的报道开始见诸报端。尽管没有证据表明标准石油介入这两件事情当中,但是无论是当时的华尔街人,还是以后的历史学家们,很少有人怀疑这一切不是百老汇26号——洛克菲勒帝国总部指挥的。

不受海因兹和摩尔斯控制的银行开始要求这两个人提前偿还贷款,迫使他们在这个最糟时点卖出股票。星期二早晨,联合铜业公司的股票在这些问题的重压之下下跌。来历不明的大宗卖单涌向交易所大厅,使得股票进一步下跌。整个华尔街都传言这些卖单出自H·H·罗杰斯之手。当天收盘时,联合铜业前一天的涨幅已完全蒸发了,收于每股36美元。星期三,股价下跌到10美元。海因兹的坐庄计划破产了,随之东流的还有他的数百万美元。

---

① Cover the short position。当股价涨上红线,就清掉这个空头部位(cover the short position),同时可以再进入多头部位(enter long position)。如此循环往复。空头头寸可以通过买入等额的金融工具而平仓。因空头头寸而买入称"空头回补"(short covering)。——译者注

— 伟大的博弈 —

1907年"崩盘日",西瞰华尔街。三一教堂是华尔街最具标志性的建筑,从1874年起就一致矗立在据此一个街区以外的地方。

但是,更糟糕的事情还在后面。商业国民银行的银行出现了挤兑,听命于标准石油的纽约清算中心(New York Clearing House)拒绝提供帮助,除非摩尔斯和海因兹辞职。10月18日,星期五,摩尔斯和海因兹被迫辞职。然而,接下来的星期一,股市再一次下跌,银行挤兑现象进一步加剧,这一次还包括了海因兹控制的尼克博克信托公司,当时纽约的第三大信托公司。

位于第五大道雄伟的尼克博克信托公司总部仿佛变成了一座疯人院,存款人拼命冲向银行柜员,想把自己的存款提出来。许多人认为,像尼克博克信托公司这么大的银行出现问题,纽约清算中心理所应当提供帮助,但是清算中心却作壁上观,丝毫不为所动。10月22日,星期二,尼克博克信托公司的总裁鼓起勇气,决定在正常时间开门营业,希望以这样的姿态向人们表明银行经营状况仍然良好。但是,这一招并不管用,数小时之内,存款人提取了800万美元的现金。下午,尼克博克斯信托公司宣布破产。

海因兹和摩尔斯的金融王国被彻底摧毁,他们个人也和尼克博克信托公司一样破产了。标准石油的复仇成功了,但是整个国家的金融体系却因他们的成功而面临着巨大的威胁。可以肯定的是,如果星期三银行挤兑进一步恶化,危机还将殃及纽约证券交易所。

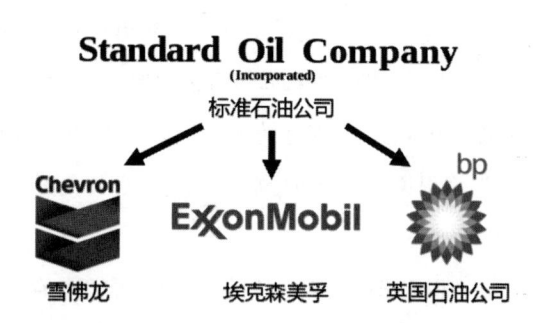

- 第十章 -
"为什么您不告诉他们该怎么做呢,摩根先生?"(1901—1914年)

不幸的是,此时的美国缺乏一个能够印钞票来应付这场危机的中央银行,罗斯福政府束手无策,只能求助于当时唯一具有足够影响力和声望来号令整条华尔街的人——J. P. 摩根。其他主要的银行家都已经向摩根承诺尽可能提供帮

Standard Oil Company (Incorporated)
标准石油公司
→ Chevron 雪佛龙
→ ExxonMobil 埃克森美孚
→ bp 英国石油公司

标准石油公司于 20 世纪初被拆分成 34 个公司,今天的雪佛龙、埃克森美孚、英国石油公司这三大能源巨头就是这些公司演变或者并购重组形成。这一拆分旨在打破洛克菲勒在石油界的垄断地位,但客观上洛克菲勒也因为在这些拆分后的公司中持有股份随后的增值而成为美国历史上最为富有的人,按照今天的美元计价,他的个人资产高达约 7 000 亿美元。(译者根据公开资料整理并绘图)

助,纽约清算中心也不例外。约翰·戴维森·洛克菲勒愿意出资 1 000 万美元。财政部部长乔治·B. 科特柳在周末火速赶到纽约,他告诉摩根,财政部准备向纽约的那些银行注入 600 万美元,如果需要的话,还可以加码。当这个处在危机中的国家的所有人把目光投向摩根银行总部,并请求帮助的时候,J. P. 摩根和他位于华尔街 23 号的摩根银行,事实上充当了这个世界最强大经济体的中央银行。

星期一,摩根就意识到尼克博克信托公司已经不可挽救了,这也是纽约清算中心一直没有出手相助的原因。但是,到了星期三,华尔街和宽街上挤满了人,即使在声誉最好的银行门外,焦急的存款人也排起了长龙。此时另一家银行——美国信托公司(Trust Company of America)也陷入困境:当天下午 1 点,这家银行有 120 万美元以备提现之需,但到 1 点 20 分的时候,只剩下 80 万美元,到 1 点 45 分只剩下不到 50 万美元。再过半个小时,已经只有 18 万美元了。

美国信托公司的总裁和大股东奥克·萨恩（Oakeigh Thorne）冲进摩根银行求助。摩根转过身去问他的助手们，美国信托公司的基本状况是否良好，得到了肯定的回答。"那我们就从这儿开始解决问题吧。"摩根说道。他下令将一大笔钱送到美国信托公司，以帮它渡过当天的难关。

摩根要求财政部部长科特柳将政府资金存入当时挤兑最严重的信托银行，但科特柳不能这样做，因为按规定，他只能将钱存入国民银行[①]中。摩根转而要求他在国民银行存入3 500万美元，再让国民银行把钱转手借给那些信托银行。

第二天，10月24日，星期四，纽约证券交易所的人上门来找摩根。交易所官员告诉摩根，如果几家主要的经纪行不能获得履约所需的足够现金，交易所将不得不像1873年那样被迫关门。摩根是肯定不会让交易所关门的，他马上将纽约几个主要的银行家召集到他的办公室。5分钟之内，他就募集了2 700万美元，以帮助这些经纪行渡过难关。此外，他还放出话去，任何试图在此时做空股票而赚钱的人，都会受到"该有的关注"。而空头们显然深谙其意，不需要摩根把这句含混不清的话解释得更清楚。

那天晚上，纽约所有重要的银行家齐聚在东36街富丽堂皇的摩根私人图书馆。当这些银行家们在有摆满西方文学名著的三层玻璃书柜的东厅开会时，摩根坐在西边他的办公室里，在壁炉前面不停地玩着单人纸牌，尽管得了重感冒，却还抽着雪茄。

[①] 国民银行（national bank），指联邦注册的银行，和州注册的州立银行相区别。任何银行，只要愿意遵守联邦法律，愿意接受政府的监管，即可成立联邦注册的国民银行。1863~1864年的《国家货币与银行法》是美国第一部联邦银行法律。这项法律颁布以前，银行均为州立银行。该法的颁布形成了美国联邦注册和州注册的双轨监管体系。国民银行体系的建立是为了增加联邦政府对经济的影响力。——译者注

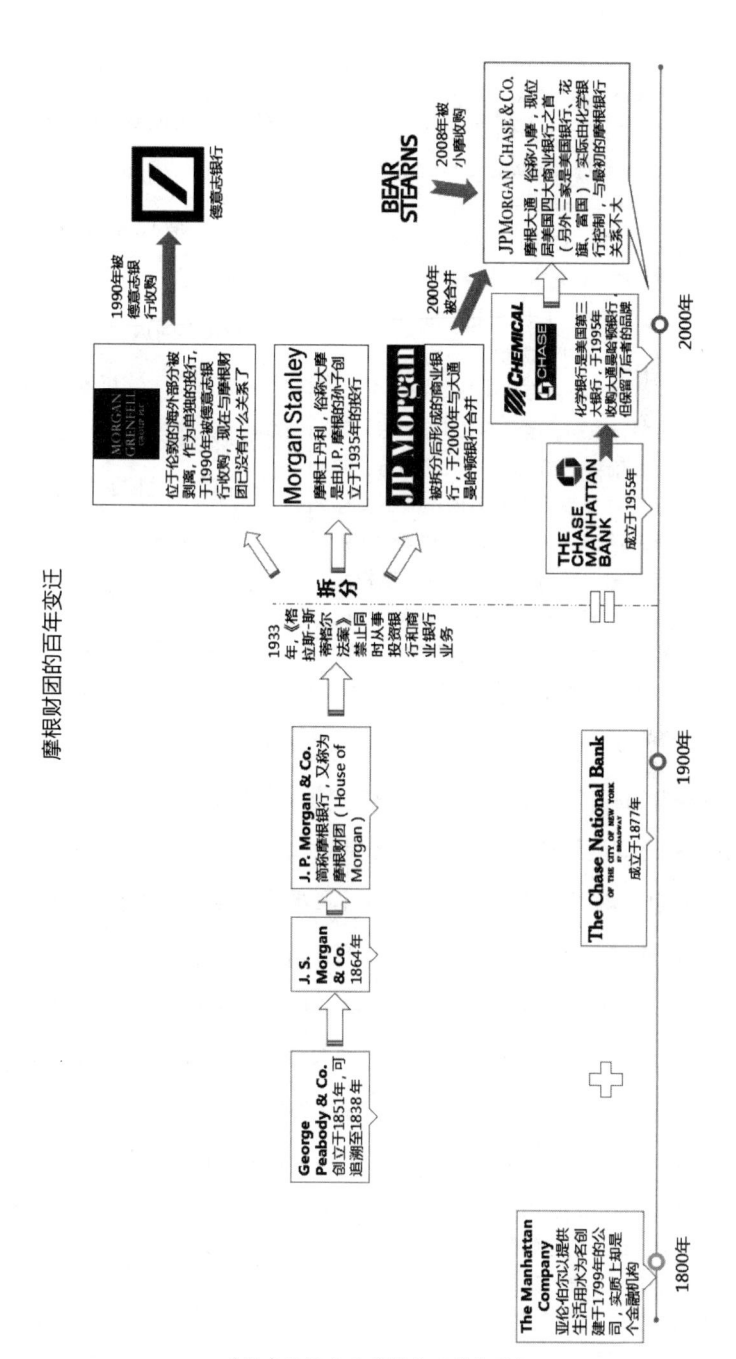

- 第十章 -
"为什么您不告诉他们该怎么做呢,摩根先生?"(1901—1914年)

> **摩根银行、摩根大通与摩根士丹利**
>
> 20世纪30年代美国发生"大萧条",政府认为超级银行(Universal bank)是造成"大萧条"的罪魁祸首,于是出台法案禁止商业银行同时从事投资银行业务,也就是禁止金融混业。在此背景下,摩根财团旗下的摩根银行一分为三,"J. P. 摩根"成为纯商业银行,"摩根士丹利"成为投资银行,还有一个摩根伦敦分部负责海外业务,于1990年被德意志银行收购。当时的 J. P. 摩根,即摩根大通的前身,2000年与大通银行、弗莱明集团合并为摩根大通后即不复独立存在。摩根大通于2005年年底又与美国排名第四的美国第一银行合并,仍称为摩根大通,是迄今全球历史最长、规模最大的全能金融服务集团之一。(译者根据公开资料整理)

"为什么您不告诉他们该怎么做呢,摩根先生?"他的图书管理员,也是他最信赖的助手贝尔·格林(Belle Greene)问道。

"我自己也不知道该怎么办,"摩根以他特有的直率回答道,"但是总会有人拿着一个可行的方案进来,然后我再告诉他们怎样去做。"

银行家们终于折腾出一个方案,他们建议动用清算中心的存款以增加流动性。方案获得了摩根的首肯。所有银行会员都在纽约清算中心有大量的存款,以方便银行之间的结算。这些银行家决定改用清算中心存款凭证并支付6%的利息,就可以进行结算,而不再需要动用现金。这样就使得那些经营还比较良好的银行能够动用它们在清算中心的存款来满足客户的提现需求。此举客观上增加了高达8 400万美元的货币供给,而增加货币供给从来都是结束流动性危机的关键。当人们发现银行能够满足他们任何的甚至是所有的提现要求时,他们就不再想真正去提现了。1907年的恐慌也随即结束了。

摩根在平抑恐慌中起了决定性的作用,获得了非凡

此举客观上增加了高达8 400万美元的货币供给,而增加货币供给从来都是结束流动性危机的关键。当人们发现银行能够满足他们任何的甚至是所有的提现要求时,他们就不再想真正去提现了。1907年的恐慌也随即结束了。

– 第十章 –
"为什么您不告诉他们该怎么做呢,摩根先生?"(1901—1914年)

的成功,赞誉之词接踵而来。他的合伙人乔治·W. 珀金斯这样说:"在我所了解的历史中,从来没有一位将军在指挥一场战斗时,表现得比摩根先生更加机智与勇敢。"甚至在 8 月时还在严厉批判那些"拥有巨大财富的犯罪分子"的西奥多·罗斯福,此时也毫不吝啬地赞美:"这些顽固保守的商人,在这场危机中的表现,充满了智慧和公共精神。"

当然,任何好事都免不了受到责难,许多左派,包括专门揭短的作家厄普顿·辛克莱,指责摩根为了自己恶毒的目的煽动了这次恐慌,在此后的很多年里,还有其他类似的谣言对摩根进行中伤,但摩根从来不屑于屈尊去回应这些极端的指控。

1907年的恐慌在刚开始时就被果断遏止,没有像以前的恐慌那样导致经济衰退。经济很快就恢复了繁荣,而且这次恐慌还带来了一个完全正面的结果:国家在紧急情况下只能求助于华尔街的实力派这一残酷事实,使得那些中央银行最坚定的反对者们也认识到,没有中央银行,经济的正常运行将难以为继。这个国家从托马斯·杰斐逊那里继承的最不幸的遗产,在百年来屡次给这个国家带来深重灾难之后,最终被彻底抛弃了。

尽管如此,直到 6 年以后,被称为美联储的中央银行架构才建立起来。华尔街当然希望中央银行的总部设在纽约,毕竟资本在这里聚集。然而,出于政治原因,纽约从来就不在备选之列,因为纽约是"货币托拉斯"的心脏,是大资本的代表。最终,美国建立了 12 家储备银行,其中一家设在纽约,其余的分布在全美各主要城市,每一家都有自己的主席。这些行长定期在华盛顿开会,通过投票,以多数原则采取一致行动。

但是,新设立的美联储覆盖的范围也是有限的。联邦政府自 1863 年以后特许成立的国民银行被要求加入联储体系,数量更多的州立银行则只有达到一定标准才被邀请加入。然而,绝大多数州立银行达不

> **美联储是否为私人机构?**
>
> 从表面上看,美联储的 12 家地区联储银行的股东是若干商业银行,这些商业银行作为美联储系统的成员,选举对应地区联储银行的部分董事,有人按照股权所有制的传统观点把美联储视为私人银行。但实际上,成员商业银行持有的美联储股份不能买卖,而且无论股份多少,每家银行都只有一张选票,实质上没有产生所有权,而只是作为投入资本的凭证,在必要时可获得美联储的救助。
>
> 美联储与其他国家央行的最大不同就是摒弃单一央行理念,另起炉灶建立起一套兼具公私特点的央行系统,负责制定货币政策的联邦储备委员会是联邦政府机构,而负责执行货币政策的地区联储银行及成员商业银行则更多体现了私立特点。一方面,美联储的联邦储备委员会(即理事会)包括主席和副主席在内的 7 名成员均由总统任命并经参议院批准,而地区联储银行的部分董事及总裁等则由联邦储备委员会任命或选举产生,所以白宫和国会对美联储具有相当的影响力。另一方面,为了保证美联储的独立性,联邦储备委员会成员的任期为 14 年(其中主席、副主席任期为 4 年),以防受总统的影响过多(美国总统任期为 4 年且最多连任一次),美联储的政策制定和运营调控都具有较高的独立性。
>
> 独特的架构设计使得美联储在符合美国宪法禁止政府发行法定货币规定的前提下,成功绑定了政府、央行与地方银行之间的利益,进而避免了重蹈北美银行、合众国第一和第二银行这些"短命"前辈的覆辙,它至今已运行超过一个世纪,这也是当年 J.P. 摩根牵头制订美联储架构方案时的重要考量。
>
> 因此,美联储并不是一个私人银行,而是一个兼具公私特点的特殊金融实体。(译者根据公开资料整理)

到标准,因此那些实力最弱的,也是最需要这一新体系监管和保护的银行反而被排除在外。

美联储能采取的行动也受到相当大的限制,尤其是在对银行的贷款组合中有多大比例可以用作抵押的判断上。美联储能以各银行的短期商业贷款和农业贷款为抵押,向银行提供现金,但不能以未开发的土地或者已开发的房地产作为抵押向银行提供贷款。《联邦储备法案》中的这两条规定将在此后的 20 年里带来毁灭性的后果。

第十章
"为什么您不告诉他们该怎么做呢,摩根先生?"(1901—1914年)

美联储首任联邦储备委员会成员,前排左起第一位为首任美联储主席查尔斯·哈姆林。(译者根据公开资料整理)

1913年12月23日,设立美联储的法案获签署生效,这一年成为美国金融史的分水岭。

J.P.摩根在这一年的3月31日去世。在他去世的消息公布后的12小时内,3 698份电报如潮水般从全世界涌来,分别来自国王、教皇、艺术品商、银行家和实业家,只有皇室主要成员的逝世才能同时获得社会名流和平常百姓的关注和哀悼。而当人们发现他的所有财产只有6 000万美元(另有与这个数目相当的艺术品)的时候,所有的人都震惊了。约翰·戴维森·洛克菲勒在公开场合评论说,这点儿财产甚至还不足以让摩根称得上一个"富人"。

> 戴维森在公开场合评论说,这点儿财产甚至还不足以让摩根称得上一个"富人"。

> 再也没有一个普通美国公民能像摩根那样大的权力和影响力。

摩根出生于富庶之家,长大以后更是随随便便就能玩得起私人游艇——一项可能是由摩根设立的衡量富人的标准，但是他对敛财从来就没有太大的兴趣。对摩根而言，让美国经济合理化更为重要，而且他在此过程中累积了远远超过单纯的金钱所能带来的影响力。在此后的几十年里，摩根银行仍是美国最大的银行，然而，再也没有一个普通美国公民能有像摩根那样大的权力和影响力。

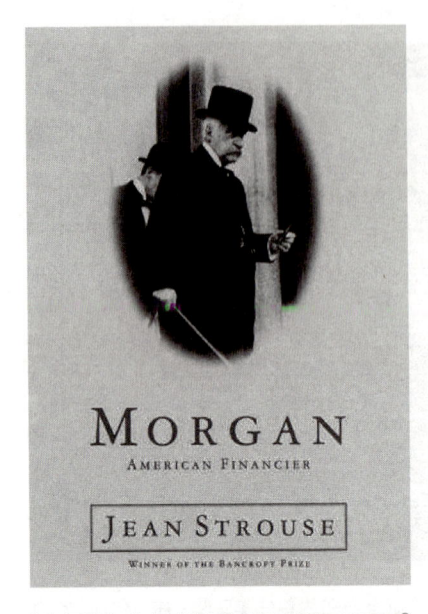

比摩根逝世影响更大的是美国的政治新格局。由于威廉·霍华德·塔夫托[2]（西奥多·罗斯福亲自挑选的继承人）奉行谨慎的公共政策而与罗斯福发生分歧，罗斯福分裂了共和党。在1912年的共和党全国大会上，罗斯福在总统候选人提名竞

《摩根传》作者珍妮·斯特劳斯在CNBC[1]于2000年根据此书拍摄的纪录片《伟大的博弈：华尔街金融帝国的崛起》中说，20世纪初，摩根在美国和世界金融体系中的地位和作用或多或少相当于现代的美联储主席格林斯潘、美国财政部部长鲁宾、国际货币基金组织、世界银行、巴菲特和索罗斯的总和。（译者根据公开资料整理）

---

[1] CNBC是美国全国广播公司（NBC）环球集团持有的全球性财经有线电视卫星新闻台。——编者注

[2] 威廉·霍华德·塔夫托（William Howard Taft, 1857—1930年），美国第27任总统（1909—1913年），在其任期内展开了反信贷的活动并通过了《佩恩－阿尔德里奇关税法案》（1909年）。后来，他成为美国最高法院的首席大法官（1921—1930年）。此外，其任内的工作还包括：逐步采取年度预算，建立邮政储蓄体系，鼓励保护自然资源，大力推行反托拉斯法，等等。他对法律有着浓厚的兴趣，卸任后于耶鲁大学执教，任法学教授、律师协会主席。沃伦·哈定当选总统后，塔夫托被任命为美国首席大法官。1930年从法官职位上退休，一年后因病逝世。——译者注

– 第十章 –
"为什么您不告诉他们该怎么做呢,摩根先生?"(1901—1914年)

> **家族基金——商业巨贾的遗赠**
>
> 19世纪下半叶以来,美国钢铁、电气、汽车等行业形成的托拉斯企业为实际控制人及其家族积攒了惊人的财富,其中的一些富豪用部分乃至全部财产建立了家族基金,这既有利于规避高额税费以泽被子孙,也为社会公益和慈善事业做出了巨大贡献。
>
> 安德鲁·卡内基于1911年创建了卡内基基金会(Carnegie Corporation of New York),致力于他最关注的世界和平、教育进步与知识传播领域;洛克菲勒父子于1913年创建了洛克菲勒基金会(Rockefeller Foundation);福特父子于1936年创建了福特基金会(Ford Foundation)。这种传统一直延续至今,比尔·盖茨夫妇于1994年创立的比尔和梅琳达·盖茨基金会(Bill & Melinda Gates Foundation),据估计其基金规模达400亿美元,远超美国规模第二的霍华德·休斯医疗基金会(Howard Hughes Medical Institute)的178亿美元——后者由好莱坞和航空业传奇人物霍华德·休斯设立于1953年。(译者根据公开资料整理)
>
> (卡内基基金会)　(洛克菲勒基金会)　(福特基金会)

逐中难敌塔夫托,便退出大会,创立了美国进步党。[1] 尽管自南北战争以来,共和党一直是美国的多数党,但罗斯福此举导致伍德罗·威尔逊[2]当选美国总统(他在摩根逝世前不到一个月宣誓就职),也给了这位第一个现代意义上的自由主义总统在参众两院同时获得多数派支持的机会。

---

[1] 美国进步党(Progressive Party),美国的政治派别,在1912年支持西奥多·罗斯福总统竞选,由于以公麋鹿为标志,也称公麋党。——译者注

[2] 伍德罗·威尔逊(Woodrow Wilson,1856—1924年),是美国"学术地位最高"的一位总统,曾任普林斯顿大学校长达8年。他任总统8年,对内主张节制"私人企业的垄断",采取了一些改革措施;对外极力干涉拉美国家内政。第一次世界大战后,出席巴黎和会,缔结《凡尔赛对德和约》,是国际联盟的倡导人,获得了1919年诺贝尔国际和平奖。——译者注

随着美联储的成立,威尔逊和他在国会的盟友加快了制定《个人所得税法》的步伐,并由威尔逊在1913年10月23日签署通过。起初,这个法案似乎无关紧要,它仅仅影响到2%的家庭,更像是对民主党内"劫富济贫"派(soak-the-rich wing)的安抚,而不像是一项严肃的税制改革。然而,它将带来深远的影响。

如果说1913年是美国金融史的分水岭,那么,1914年也是。1914年6月28日,一名狂热分子刺杀了奥匈帝国的王位继承人——费迪南大公。① 欧洲的政治家们都试图利用这一政治事件——这是他们的天性。但是随着局势急转直下,他们骑虎难下,全欧洲的军队都被动员起来,整个事态失去控制。乔治·凯南所说的"20世纪灾难的种子"已经播下。华尔街,以及整个世界,都完全不一样了。

同一时代的西方和东方

西方	年份	东方
"诺贝尔奖"设立	1901	
美国众议院提出法案禁止中国移民入境	1901	
蒙大拿州的比尤特"铜矿王"之争引发了美国金融体系的大危机,摩根出面解决了这次危机	1903	
俄国社会民主工党第二次代表大会召开,列宁主义诞生	1903	
爱因斯坦提出"相对论"	1903	

---

① 即著名的萨拉热窝事件,是第一次世界大战的导火索。——译者注

第十章
"为什么您不告诉他们该怎么做呢,摩根先生?"(1901—1914年)

(续表)

西方	年份	东方
	1904	日俄战争在华爆发
	1905	清政府设立了户部银行,行使中央银行职能
	1905	中国同盟会成立
莱特兄弟首次成功地驾驶由发动机推进的飞机	1903	
美国银行危机爆发	1907	
英法俄协约形成	1907	
通用汽车公司成立	1908	光绪三十四年,交通银行成立
	1910	英国人麦边的诈骗行为引发的"橡胶股票风潮",使得中国钱庄损失惨重,由盛转衰
	1910	《日韩合并条约》签订,日本正式吞并朝鲜,朝鲜沦为日本殖民地
	1911	中国爆发黄花岗起义、保路运动、南昌起义
	1911	辛亥革命推翻了清政府。孙中山被推选为临时大总统
美总统塔夫托提出"金元外交"政策	1912	"中华民国"成立,清帝退位,中国2 000多年的帝制结束
美国成立美联储	1913	二次革命
萨拉热窝事件爆发,奥匈帝国对塞尔维亚宣战,第一次世界大战爆发	1914	

第十一章

"这种事情经常发生吗？"（1914—1920年）

- 译者题注 -

1914年，第一次世界大战爆发，对美国和华尔街来说，这是一次历史性的机遇。到1918年战争结束的时候，美国超越了欧洲强国，纽约超越了伦敦。刚刚成为世界金融中心的华尔街遭受了一次巨大爆炸的冲击，惊魂未定的来访者战战兢兢地问华尔街人："这种事情经常发生吗？"

- 译者导读 -

- 第一次世界大战的爆发过程在很大程度上与金融危机的爆发相似，尽管在此前的数年里，由于几个欧洲大国的钩心斗角，战争的阴云酝酿已久，但战争的直接起因却是一个出乎所有人意料的偶然事件。1914年6月，一名狂热分子在萨拉热窝刺杀了奥匈帝国的王储，这一事件立刻被欧洲各国的政治家利用，短短的一个多月，欧洲主要国家就已处在战争状态了。第一次世界大战烽烟四起，"欧洲各处，明灯正在熄灭"。欧洲长久以来享有世界经济和金融霸权的时代结束了，"美国世纪"开始了。

- 在战争一触即发的1914年7月底，全球股票市场全线下跌。由于海底电缆已将世界主要的资本市场联系在了一起，当伦敦交易所宣布暂停交易时，全世界所有的卖单都集中到了纽约，华尔街别无选择，只能闭市。在纽约证券交易所的历史上，这是第二次非正常闭市。

- 1914年8月，人们普遍估计，全球经济，特别是美国经济将迅速崩溃。但事实是，尽管在战争初期美国对欧洲的出口活动受到严重影响，但战争创造了对军需品和农产品的巨大需求，订单源源不断地从欧洲飞向大洋彼岸的美国，这给美国带来了自南北战争以来最大的经济繁荣，而华尔街也在经历了战争刚刚爆发时的短暂恐慌后，迎来了历史上最大的一次牛市。

- 尽管当时每10个美国人里就有1个德国后裔，但是美国的公众舆论从一开始就倒向协约国一边。1915年，客轮"路西塔尼亚号"被德国潜艇击沉，1 198人葬身海底，其中包括128名美国人，这一事件促使美国向轴心国宣战。
- 对金融资源的争夺成为第一次世界大战交战双方的一个重要制高点，华尔街的金融资源显然是倾向于协约国的。在战争初期，德国在海上无法击败英国，于是在华尔街开出天价，试图收购影响力巨大的伯利恒钢铁公司，但被拥有伯利恒公司控股权的施瓦布断然拒绝。
- 交战中的国家不仅需要物资，还需要购买物资的资金。大英帝国在战前的国防预算每年大约为5 000万英镑，进入战争后，其每天的花费就要500万英镑。摩根银行为协约国筹措了大量战争所需的款项，美国政府最终也决定向协约国提供直接贷款。4年的战争使得美国从世界上最大的债务国变成了最大的债权国，自此，美国不仅在实业上，而且在金融上，均成为世界上最强大的国家。
- 美国经济体系中受益最大的莫过于华尔街了，它一举成为世界金融体系的太阳，而包括伦敦在内的世界其他金融市场，从此成为围绕这个太阳旋转的行星。
- 1918年，战争的突然结束给美国经济带来了一次短暂而急剧的衰退，而后，华尔街最著名的10年——20世纪20年代即将开始。而这非凡的10年却是以1920年华尔街上的一次爆炸开始的，这一声爆炸的巨响仿佛是在向"华尔街成为世界金融中心颇具讽刺意味的一声道贺"。

第十一章
"这种事情经常发生吗?"(1914—1920 年)

在金融市场中,没有比不确定性更令人烦恼的东西了。而同时,金融市场之所以存在的一个重要原因就是人们希望通过它减少不确定性。金融市场可以每天(现在已经可以做到实时)告知投资者其持有证券的真实价值,而期货市场则可以帮助他们锁定利润或者减少风险。

没有什么能比战争带来更多的不确定性,因为战争是人类最不可预测的活动,而大国之间的战争则更加无法把握。因此,所有依靠金融市场谋生的人,对于战争的恐惧,甚至对战争威胁的恐惧,都远远超过其他。讽刺的是,在 20 世纪二三十年代,有一个由"左派分子"广泛传播的谣言:是"死亡商人"[①] 和"华尔街"(指大公司和它们的大股东)发动了第一次世界大战,其分别通过兜售军火和为战争融资谋利。

无论是从历史还是其他角度来看,这种说法都是极其荒谬的。当然,政治谣言的制造者可以罔顾事实,但是新闻记者和历史学者却不能如此。只要对 1914 年发生在华尔街的事情稍有记忆的人都不会相信这种荒诞的说法。

在当时的欧洲,几个大国为了政治、经济和殖民利益而钩心斗角,战争的阴云已经密布数年,真正使这种不稳定局面雪上加霜的是德国的外交和军事政策。彼时的德国拥有欧洲大陆最强大的军事力量,而这个国家又被狡诈善变、极度神经质而完全不按常理出牌的德国皇帝威廉二世所控制。在那些年里,每当有危机出现,全世界的股票市场都会急剧下滑,因为人们无法预测威廉二世会做出什

[①] "死亡商人"(merchants of death),指军火商。——译者注

么样的事来。

> **巴尔干问题与第一次世界大战的爆发**
>
> 巴尔干半岛位于欧洲的东南部，地处欧、亚、非三大洲的会合处，战略地位重要且具有丰富的自然资源。自 14 世纪以来，奥匈和奥斯曼土耳其帝国均试图统治该地区。伴随着奥斯曼土耳其帝国的式微，1912 年就已经独立的保加利亚、塞尔维亚、希腊和门的内哥罗（黑山）结成巴尔干同盟反抗土耳其，即第一次巴尔干战争，战争以土耳其的战败而告终。战后，战胜国间利益分配出现矛盾，1913 年，以保加利亚为一方，希腊、塞尔维亚、罗马尼亚、门的内哥罗（黑山）和土耳其为另一方，开始了第二次巴尔干战争，并以保加利亚的战败告终。经过两次巴尔干战争，均为胜利方的塞尔维亚迅速崛起，对奥匈帝国构成了挑战。奥匈帝国皇储弗朗茨·费迪南大公被塞尔维亚青年刺杀事件，就是在这样一个背景下发生的。（译者根据公开资料整理）

1912 年，塞尔维亚和保加利亚对土耳其宣战，这场冲突将奥地利和俄国卷入其中，并引发了更大范围的战火。市场的反应异常迅速，全世界所有的股票市场都直线下跌。由于欧洲中央银行提高了贴现率，市场利率急剧上升，世界上最早的债券——英国的联合公债[①]甚至跌到了历史最低点。欧洲国家开始将它们在海外的投资清盘并收回，尤其是在美国的投资，同时，它们将黄金运回本国。从 8 月到 10 月的这一段时间是美国秋季农产品出口的季节，通常也是黄金大量运往美国的季节，但是，在 1912 年 8 至 10 月，只有价值 3 700 万美元的黄金流向美国。而 1913 年前 6 个月，从美国流出的黄金达到了 6 300 万美元。

当时人们普遍认为，这场欧洲大规模战争不仅将给欧洲经济带来毁灭性的后果，也将给美国经济带来同样的灾难。1910 年，后来获得

---

① 联合公债（British Consols），英国的一种政府公债，最初发行于 1751 年，支付利息且没有到期日，永不还本。——译者注

– 第十一章 –
"这种事情经常发生吗？"（1914—1920 年）

诺贝尔和平奖的诺曼·安吉尔[①]出版了一本极为畅销的书——《大幻灭》（*The Grand Illusion*），他认为战争将不可避免地导致国际信用体系瓦解，而这是任何国家都无法承受的，仅此一点就可以确保避免任何冲突，或者退一万步讲，冲突会尽快结束。英国、法国和德国在美国的投资总共有 50 亿美元，可以预见的是，一旦发生战争，这三个国家会将所有这些投资变现来购买军火，美国股市将直接崩盘。欧洲的利率将会扶摇直上，并带动美国的利率也直线上升，美国的农产品出口将大幅下降。而在 1914 年，农业仍然是美国经济的基础，农业的衰退将会把所有一切都带入黑暗的深渊。

在很大程度上，受安吉尔这一论调的影响，人们当时都认为大规模战争永远不会到来。1914 年初夏，一位经济学家在《纽约时报》周末版撰文："迄今为止，还没有一场招致全体商业界一致反对的现代战争能够爆发，因为战争离不开商业界的钱袋子。"

因此，当弗朗茨·费迪南大公在萨拉热窝被一个塞尔维亚极端分子刺杀的消息传到华尔街的时候，市场仍然保持着平静。在此前的几十年里，欧洲皇室不断遭到暗杀，弗朗茨·费迪南大公并不是其中最显赫的一位。事实上，《商业金融报》在事件发生后简短地写道，这次暗杀"之所以让政治和金融观察家印象深刻，很大程度上是因为它在国际范围内几乎没有引起波澜。在一两天的密集报道和评论之后，整个事件似乎已经被人忘却"。在过去的一年里，市场走势平稳，利率也在下降。在最近几个星期的大部分时间里，市场一直保持稳定，政治家、经纪人和银行家们都在度假。这一年的 7 月，纽约证券交易所的日平均交易量只有 30 万股。

[①] 诺曼·安吉尔（Norman Angell，1872—1967 年），英国经济学家及和平主义者，1933 年诺贝尔和平奖得主。——译者注

但是，到了7月底的时候，世界政治局势却风云突变。7月25日，英国提议几个国家一起召开会议解决巴尔干地区问题，而奥地利此时正想利用大公被刺的事件逼迫塞尔维亚在这个问题上让步。法国和俄罗斯很快接受了英国的提议，但是德国和奥地利断然拒绝。奥地利担心这一会议将使它的如意算盘落空，而德国——实际上就是德国皇帝，决心要支持它的奥地利盟友。

7月27日，星期一，华尔街的股价开始放量下跌，同时对黄金的需求大大增加。第二天，奥地利对塞尔维亚宣战，全球股票市场大幅下跌，而黄金价格却一路飞涨。许多市场甚至不得不暂停交易，纽约证券交易所的交易量达到102万股。次日，随着欧洲各国动员军队的呼声逐渐增高，欧洲的政治家们发现形势越来越超出他们的控制，在绝望之中，他们仍旧努力寻求一条和平解决争端的道路。与此同时，越来越多的交易所关门，包括维也纳、罗马等地的交易所，其中最具影响力的是柏林交易所。

次日，对黄金的抢购仍在继续，开市的交易所日渐减少，即使在开市的交易所里也只能看到疯狂的抛售。纽约证券交易所的交易量为130万股，达到了1907年恐慌以来的最高纪录，同时行情大跌，许多股票的跌幅达到20%~30%。当时的通用汽车还不是美国

伯利恒钢铁公司是当时美国第二大钢铁公司，是军舰和主要船坞所需装甲钢板的最大生产商。该公司由施瓦布控股。（译者根据公开资料整理）

– 第十一章 –
"这种事情经常发生吗？"（1914—1920 年）

最大的汽车制造商，但也已经是行业领先者之一了，其股票价格从每股 58.875 美元跌到了每股 39 美元，跌幅将近 34%。伯利恒钢铁公司（Bethlehem Steel）虽然只是美国第二大钢铁公司，却是军舰和主要船坞所需装甲钢板的最大生产商，它的价格竟然也跌了 14%。

那天晚上，交易所的管理层开会讨论是否应该闭市，争论双方都有很充分的理由。那些赞成交易所继续营业的人担心闭市反而会加重恐慌气氛，他们回忆说，在 1907 年那些最黑暗的日子里，当数百家银行和经纪行相继破产的时候，交易所也是照常开门的。但是反对者指出，在 1907 年，J.P. 摩根还在世，是他独有的声望和能力控制了局面。另外，还有一个不同的情况是，1907 年，世界上的其他交易所都没有闭市，而现在，它们中的大部分都已经闭市了。

7 月 31 日一大早，伦敦交易所宣布暂停交易，在其漫长的历史中，这还是第一次。华尔街此时已别无选择。如果纽约证券交易所继续开市交易，它将是世界上唯一开市的主要交易所。由于海底电缆已经将全世界的市场联系在一起，全世界所有的卖家都将集中到这里，等待着一开盘就卖出的隔夜卖单已经堆积得像小山一样高了。这一轮恐慌来势凶猛，是华尔街以前从来都不曾领教过的。在紧急会议上，交易所的绝大多数理事都投票支持暂停交易，以观事态发展。然后，交易所的总裁走过大街，来到了华尔街的"街角"，征求摩根家族当家人——小 J.P. 摩根的意见。小摩根随后和美国财政部部长威廉·G. 麦卡杜[①]交换了意见，他们都认为闭市是唯一的选择，这是纽约证券交易所历史上的第二次闭市。[②]

---

① 威廉·G. 麦卡杜（William G. McAdoo，1863—1941 年），美国铁路行政官员、政治家。曾任美国财政部部长（1913—1918 年）、铁道指挥官（1917—1919 年）以及加利福尼亚州参议员（1933—1938 年）。——译者注
② 此次闭市长达 4 个多月，是纽交所史上时间最长的闭市。——译者注

然而银行照常营业，由于存款人蜂拥前来提取黄金和现金，一些美国银行受到挤兑。在 7 月 27 日（星期一）之后的两个星期内，储户从纽约的银行里面提走了 8 000 万美元，其中 7 300 万美元是以黄金的形式提走的。

1914 年 7 月 31 日下午，德国对俄国宣战。到 8 月 3 日，欧洲所有的大国都已处于战争状态。这一天，英国内阁会议决定对德宣战，外交部部长埃德温·格雷爵士^①在会后说道："在欧洲各处，明灯正在熄灭；在有生之年，我们也许看不到它再次被点亮的景象了。"从经济的角度来说，它们的确再也没有被点亮过——欧洲长久以来享有的世界经济和金融霸权结束了，美国世纪开始了。

> "在欧洲各处，明灯正在熄灭；在有生之年，我们也许看不到它再次被点亮的景象了。"从经济的角度来说，它们的确再也没有被点亮过——欧洲长久以来享有的世界经济和金融霸权结束了，美国世纪开始了。

* * *

此时，华尔街面临的第一个问题就是怎样重新恢复商业活动。投资者不仅无法买卖证券，而且事实上，他们根本无从确定手中证券的价值。经纪业一片荒芜。交易所里一个交易席位要付 8 万美元，这还不包括租金和其他费用。所以，经纪人们

> 地下交易市场在几乎一夜之间就活跃起来，这再次证明了"只要有买家和卖家的地方，就有市场"这个千古不变的真理。

---

① 埃德温·格雷爵士（Sir Edward Grey，1862—1933 年），英国政府官员，在任外交大臣（1905—1916 年）时，主张于 1914 年对德宣战。——译者注

– 第十一章 –
"这种事情经常发生吗？"（1914—1920年）

都极度渴望交易所能重新开市交易，这样他们才能赚钱来支付这些费用。地下交易市场几乎在一夜之间就活跃起来，这再次证明了"只要有买家和卖家的地方，就有市场"这个千古不变的真理。

场外交易市场。（译者根据公开资料整理）

几个场外经纪人声称有意用现金买卖纽约交易所的挂牌证券，但是受到来自纽约交易所的压力，他们的交易很快就停止了。在波士顿、芝加哥和费城，拍卖市场逐步发展起来，它们的功能有点儿类似于120年前梧桐树下面的老华尔街。在纽约证券交易所的强烈要求下，这些市场上的股票价格不得刊登在报纸上，这使得它们无法成为真正的证券交易所（这些信息的缺失也妨碍了历史学者们了解当时股价的波动情况以及市场的整体规模，但这些市场的规模看起来应该相当庞大）。

不久，交易所后面那条狭窄的新街（New Street）上就聚集了一些人，有报道说他们正在买卖证券。很快，纽约证券交易委员会的一名委员受命对此事进行调查。有点儿讽刺意味的是，这位交易委员会委员的主要职责是"防止"在纽约存在交易活动。在他著名的报告

353

中，他这样写道："新街上只有4个人和1条狗。"而实际上，那里的市场很快就飞速发展起来，每天上午10点到下午3点都有大约100多名证券经纪人在那里紧张地进行着交易。

华尔街逐步恢复了运转。8月12日，清算所允许进行限制性交易，规定交易价格不能低于7月30日的价格。但是，这样的规定使得每天的交易量只有区区3 000~7 000股。几周过后，新街市场的价格稳住了，场外交易市场（Curb Market）宣布，11月16日（也就是纽约联储银行准备恢复运营的那一天）将重新开市交易。芝加哥交易所也宣布将在一周后开市交易。

纽约证券交易所决定于1914年11月28日重开债券交易，12月12日允许对股票进行限制性交易，却只允许一些特定的股票交易，必须使用现金，而且不允许卖空股票或进行期货交易。在此后的几周里，纽约证券交易所慢慢恢复正常。到1915年4月，交易所完全恢复了

在此后的几周里，纽约证券交易所慢慢恢复了正常。到1915年4月，交易所完全恢复了正常运作，此后再也没有出现过连续闭市。

正常运作，此后再也没有出现过连续闭市的情况。[①] 现在的法律规定，交易所不能连续闭市超过三天，这就是为什么在感恩节过后的星期五，交易所会短暂开市交易的原因。

恢复开市之初，市场萧条，价格几乎没有什么变动，交易量也不见起色。事实上，1914年12月30日的交易量只有区区49 937股，是整个20世纪交易量最低的一天。

8月，人们普遍认为全球经济尤其是美国经济将迅速崩溃。这一

---

① 在2000年这本书首次出版后，纽交所又发生了两次连续闭市：一次是"9·11"恐怖袭击事件之后连续4天闭市，到2001年9月17日星期一才重新开市；另一次是"桑迪"飓风导致2012年10月29日、30日连续2天闭市。——译者注

第十一章
"这种事情经常发生吗？"（1914—1920 年）

悲观的看法事实上大错特错，这也是市场能够得以重新开市的唯一原因。9 月，欧洲西线的机动战已经停止，漫漫无期的壕沟相持阶段开始了。但是，原先人们普遍预计的美国黄金外流也在此时中止了。到年底，出于避险需求，黄金又开始流入美国。从那以后，这些黄金中的大部分就一直留在了美联储地下 26 米的金库里，它位于华尔街三个街区以北的自由大街上。与此同时，美国证券对于欧洲银行和其他金融机构来说也变得越来越有吸引力。

到 9 月初，一些头脑冷静的人士开始重新审视这场战争对美国经济的真正影响。当时的全美制造业协会（National Association of Manufacturers）主席看到了美国在这场战争中的巨大商机。他大胆地预测，战争结束时，美国将成为世界第一强国，纽约将成为全球金融之都。他无疑是对的。

但可以肯定的是，在战争初期，美国的商业活动受到了严重影响。在战争开始前一个月，德国从美国进口了 260 万蒲式耳[①]小麦，但是 1914 年 8 月却没有进口一粒小麦。美国的棉花出口也大幅下跌。由于此时的白宫和国会都在民主党手中，而在民主党内，南方的强硬派又占据了主导地位，因而美国朝野都付出了巨大的努力以避免棉农破产。有人甚至提议每个家庭都购买一大包棉花并储藏起来直到战争结束。威尔逊总统自己就带头买了一大包。

然而，一旦英国皇家海军控制了北大西洋，对美国农产品的需求就会急剧回升，部分原因是那一年欧洲农业歉收。随着越来越多的欧洲农村劳动力应征入伍，欧洲农业在整个战争期间面临歉收已成定局。此外，由于德国控制了波罗的海，其盟国土耳其控制了通往黑海

---

① 农产品体积计量单位，1 蒲式耳约等于 35.2 公升。——译者注

的入口——达达尼尔海峡①，另一个世界主要农产品出口国，在沙皇统治下的俄国无法进入世界市场。1914年12月—1915年4月，美国至少出口了9 800万蒲式耳小麦，而在一年前的同一时期，小麦的出口量仅为1 800万蒲式耳。

长期以来一直被欧洲控制的亚洲和拉美工业品市场此时也向美国人大开门户，美国迅速抓住了这个黄金商机。战争创造了对军需品、钢铁、车辆、通信工具、铁路设施和船只的巨大需求，这也随即带来了自南北战争以来美国经济前所未有的大繁荣。

> 战争创造了对军需品、钢铁、车辆、通信工具、铁路设施和船只的巨大需求，这也随即带来了自南北战争以来美国经济前所未有的大繁荣。

1914年前，伯利恒钢铁公司所签过的最大一笔合同为1 000万美元，是为阿根廷海军提供舰船和装甲板。1914年11月，伯利恒钢铁公司总裁查尔斯·施瓦布（他曾领导管理过美国钢铁公司）被请到伦敦，在那里，他接下了英国皇家海军一份总额为1.35亿美元的订单，包括机枪、炮弹和潜水艇等武器。E.I.杜邦公司也在战争期间从一家大军火制造商转型成化工产业巨头，爆炸式增长的杜邦公司为协约国提供了大约40%的军需品。它在4年之内完成的军火合同相当于该公司战前年平均军火业务量的276倍，也是该公司战前年平均业务总量的26倍。其他公司也经历了类似的扩张。

在经历了战争刚刚爆发时的短暂恐慌之后，华尔街迎来了历史上最大的一次牛市。通用汽车已经从闭市之前最后一天交易的暴跌中恢复过来，股价在1914年年底收于每股81.5美元，并于一年以后涨

---

① 达达尼尔海峡（Dardanelles），在土耳其欧亚两部分之间，连接马尔马拉海与爱琴海。——译者注

– 第十一章 –
"这种事情经常发生吗？"（1914—1920 年）

到了每股 500 美元。美国冶炼公司（American Smelting）股价从每股 56.25 美元跃升到每股 108.125 美元。而伯利恒钢铁公司在接踵而来的协约国订单的助推下，股价也从每股 46.125 美元涨到了每股 459.5 美元，在那一年最高的时候曾涨到过每股 600 美元。

由于英国皇家海军对海面的有效封锁，德国和其盟国无法从美国获得任何军火。德国无法在海上击败英国，于是决定转战华尔街。查尔斯·施瓦布在伯利恒钢铁公司拥有控股权，1915 年的大牛市使他手中的股票价值涨到了 5 400 万美元。德国驻华盛顿大使馆的代表向施瓦布开出了一个他们认为难以拒绝的天价：以 1 亿美元收购他持有的股票。英国破译了德国的密电，迅速得知了这一计划，准备对施瓦布出同样的价钱。但是，施瓦布已经毫不犹豫地拒绝了德国人，并对英国承诺他将履行合同。在摩根银行的帮助下，伯利恒钢铁公司的大量股票被转入信托，这样就保证了该公司不会被收购。

英国现代皇家海军之父——海军上将费雪勋爵在

查尔斯·施瓦布曾是卡内基的副手，参与撮合了摩根对卡内基钢铁公司的收购，并成为美国钢铁公司第一任总裁，后另立门户成为伯利恒钢铁公司的总裁。他在"一战"中为欧洲盟军提供了大量武器弹药并拒绝被德国资本收购。战后，英国海军上将费雪勋爵称其为"值得英国感谢的人"，这或许是华尔街开始影响大国博弈的一个最直接的注脚。（译者根据公开资料整理）

———

"如果说有人值得英国感谢的话，那就是施瓦布先生。"……华尔街的股票深刻地影响着战争中的大国，这一事实有力地证明了华尔街在新世界体系中的重要地位。

他战后的回忆录里这样写道:"如果说有人值得英国感谢的话,那就是施瓦布先生。"看来,华尔街并不只有贪婪和恐惧。华尔街的股票深刻地影响着战争中的大国,这一事实有力地证明了华尔街在新世界体系中的重要地位。

* * *

> 战争最初的那段日子里,美国政府保持严格中立……而一旦战争所带来的商机渐渐清晰,美国政府的立场就悄悄发生了改变。

在战争最初的那段日子里,美国政府保持严格中立。国务卿威廉·詹宁斯·布赖恩是一个极度孤立主义者,他决心通过中立法使美国置身于战争之外,其中包括禁止美国向交战双方提供贷款。布赖恩把提供这种贷款称为"最卑劣的走私"。而一旦战争所带来的商机渐渐清晰,美国政府的立场就悄悄发生了改变。助理国务卿罗伯特·兰辛[①]说服了威尔逊总统,使他确信"贷款"(loans)和为便于各国在美国采购[②]而给予它们的"信用"(credits)是完全不一样的。在一个强权政治的世界中,布赖恩就像一条离开了水的鱼,他很快便绝望地辞职了。兰辛取而代之,成为国务卿。

由于摩根银行在英国和法国银行界广泛的社会关系,它很快就积极地投身于协约国的战争融资。1915年2月15日,摩根与英国政府签订协议,成为英国政府在美国采购的总代理。第一笔采购就是价值1 200万美元的合同——向英国提供前线急需的军用马匹以运送炮火和给养。同年春天,摩根银行和法国政府也签订了类似的合同。最初,

---

[①] 罗伯特·兰辛(Robert Lansing,1864—1928年),美国政治家,于1915—1920年任国务卿。——译者注

[②] 这里主要是指军火采购。——译者注

– 第十一章 –
"这种事情经常发生吗？"（1914—1920年）

摩根银行和英国政府都没有估计到这个代理合同会有很大的数目，英国陆军大臣基奇纳勋爵①原本以为顶多也就是5 000万美元。但是，到战争结束时，摩根银行实际上一共为英国购买了价值30亿美元的军需品，这个数目相当于美国参战前一年——1916年联邦政府收入的4倍。

按照1%的手续费，摩根家族赚取了3 000万美元。当埃德温·斯特蒂纽斯（摩根银行高级合伙人，他儿子后来成为罗斯福政府最后一任国务卿）带领着摩根银行175名员工奔走于全国，采购军需品、安排货物的运输和保险时，摩根家族在美国工业界的影响也大大增强。

作为一家银行，摩根银行还帮助美国的工业企业迅速扩张，以满足战争之需。到战争结束时，美国的军工产业已经超过英法两国的总和。时至今日，埃德温·斯特蒂纽斯还被人视为美国军工产业之父。而德国将军冯·鲁道夫②则认为他在战争中所起的作用不亚于协约国的一个军团。

> 到战争结束时，摩根银行实际上一共为英国购买了价值30亿美元的军需品，这个数目相当于美国参战前一年——1916年联邦政府收入的4倍。

1914年，尽管每10个美国人当中就有一个德国后裔，但是美国舆论几乎从战争一开始就倒向协约国一边。德国入侵中立国比利时的事实以及在这个国家所施的暴行③，被老练的英国宣传机构大肆渲染之

---

① 基奇纳勋爵（Lord Kitchener，1850—1916年），英国军事家、殖民地官员，曾指挥埃及军团夺回苏丹（1898年），结束了布尔战争（1899—1902年）。第一次世界大战期间，其任英国陆军大臣（1914—1916年）。——译者注
② 威廉·冯·鲁道夫（Wilhelm von Ludendorff，1865—1937年），德国将军和政治家。在第一次世界大战中，他是东部战场的总指挥。——译者注
③ 1914年8月，德军欲取道比利时进攻法国，遭拒绝后入侵比利时。德国军队在占领比利时南部城市迪南时，借口德国军人受到狙击手攻击展开报复行动，杀害了674名平民，其中包括妇女和儿童，引起当时国际社会的震惊。——译者注

后，在美国激起了巨大反响，震动了大多数美国人。但是，真正导致美国对同盟国产生深刻敌意的却是1915年5月7日卡纳德海运公司的"路西塔尼亚号"轮船（Lusitania）被德国潜艇炸沉的事件。

"路西塔尼亚号"于1915年被德国潜艇击沉，1 198人葬身海底，其中包括128名美国人。德国的无限制潜艇战成为美国于1917年4月对德宣战的重要原因。（译者根据公开资料整理）

我们这些曾经在第二次世界大战阴影下生活过的人亲历过战争对无辜平民的伤害，但是我们的曾祖父辈却没有这种经历，所以也没有预料到会有这样的事情发生。可以肯定的是，德国驻美使馆的确曾在纽约的报纸上发布过一个公告，警告所有搭乘"路西塔尼亚号"轮船的美国乘客，德国和英国正处于战争状态。德国人怀疑"路西塔尼亚号"装载着走私违禁品——这一怀疑后来也被证实。但是，很少有人真正在意这个公告，因为在当时，击沉一艘没有任何武装的客船是完全不可想象的。此外，也没有人会想到，在北大西洋航线上快速往来的客轮会被当时还只能缓慢移动的潜艇击中。然而"路西塔尼亚号"太不幸了，它非常倒霉地正好出现于德国潜艇前方，潜艇发射了鱼雷。

– 第十一章 –
"这种事情经常发生吗?"(1914—1920 年)

客船在 15 分钟内就沉没了,1 198 人葬身海底,其中包括 128 名美国人。

然而"路西塔尼亚号"太不幸了,它非常倒霉地正好出现于德国潜艇前方,潜艇发射了鱼雷。客船在 15 分钟内就沉没了,1 198 人葬身海底,其中包括 128 名美国人。

愤怒席卷了美国。在华尔街上,雅各布·谢弗也受到了极大震动,他出生在法兰克福,视德国为自己的祖国,在家中还一直说德语。毋庸置疑,他与这场悲剧的发生没有丝毫关系,但他仍然觉得很有必要亲自向小摩根表达他个人深切的哀悼。他来到"街角"的摩根银行总部,在合伙人的会议室里找到了小摩根。

但是,小摩根丝毫不为他这一特殊举动所动,他愤怒地喃喃自语,然后就径自离开了,谢弗只好独自悻悻地走出房间。摩根的合伙人被这一幕惊呆了,小摩根自己也很快意识到他这样做似乎太没有风度了。"我想,我是不是做得有点儿过分?"他问他的合伙人,"我是不是应该向他道歉?"

很显然,没有人有勇气当面回答小摩根,但是德怀·莫罗(即使以摩根银行合伙人的标准来看,他也算是一个机敏的人)在一张纸上潦草地写下了《圣经》中的一句话,将它递给小摩根,上面这样写道:"以色列神啊,行这事不是为你,乃是为了你的圣名。"① 于是,小摩根穿过大街来到库恩·勒布银行向谢弗道歉。

谢弗和华尔街的其他犹太银行家、经纪人经常被指责有亲德情结,这在一定程度上并不冤枉他们,例如高盛公司的亨利·高曼就具有强烈的亲德思想,他公开谈论对普鲁士的景仰并赞美其井然有序的

---

① 《圣经》原文为:"I do not this for your sakes, O house of Israel, but for mine holy name's sake"(Ezekiel, Holy Bible King, James version),而莫罗写的是:"Not for thy sake, but for thy name's sake, O House of Israel!"稍有变化,但意思相同,用在此处的意思是劝小摩根放下个人面子,去向谢弗道歉。——译者注

生活方式。但是，许多犹太公司反俄甚于亲德。由于沙俄对犹太人的大屠杀，谢弗公开称俄国是"人类的公敌"，并且在1904年的日俄战争中帮助日本筹集过资金。

尽管每个人的倾向有所不同，但是，因为协约国有机会进入美国市场和全世界的商业市场，所以，金融资源显然是向协约国倾斜的。为了赢得战争，协约国不仅仅需要物资，它们还需要金钱，需要筹措资金来购买所需要的物资。而到此时，华尔街和坐落于此的大银行已经是这些资金的唯一来源了。大英帝国在战前的国防预算每年大约为5 000万英镑，而现在，为了维持这场战争，每天就得花费500万英镑。

尽管已经获得威尔逊总统的默许，美国可以向协约国提供一定的信用，方便其从美国采购商品，但威尔逊总统仍然反对直接提供贷款。不过他很快被说服，因为他被告知直接提供贷款对于保证美国的出口十分必要。国务卿罗伯特·兰辛劝告威尔逊，如果不直接向协约国提供贷款，"结果将是美国的产出减少，工业衰退，资金空闲，劳力剩余，破产加剧，金融衰退，并引发劳工阶层的大动荡"。威尔逊很快就言听计从了。

> 国务卿罗伯特·兰辛劝告威尔逊，如果不直接向协约国提供贷款，"结果将是美国的产出减少，工业衰退，资金空闲，劳力剩余，破产加剧，金融衰退，并引发劳工阶层的大动荡"。威尔逊很快就言听计从了。

1915年9月，英国派代表来到摩根银行商谈一笔贷款，数目之大前所未有。在20世纪初，摩根银行曾经帮助英国政府筹措过一笔1亿美元的贷款，以帮助英国进行布尔战争，这在当时已经是一个令人惊愕的数字了，而现在这笔贷款将不少于5亿美元。

任何一家银行都无法单独承揽数额如此巨大的一笔贷款，即使摩根银行也做不到，因此需要组织一个由多家银行构成的承销团。最后，这笔贷款共有61家以上的承销商，此外还有1570家金融机构参

- 第十一章 -
"这种事情经常发生吗？"（1914—1920 年）

与推介。但是，库恩·勒布银行不在其中，当英国的首席谈判代表、最高法院首席大法官雷丁勋爵（Lord Reading，他自己也是犹太人）拜访库恩·勒布银行时，谢弗坚持说，如果要他参与提供这笔贷款，那么俄国人不可能从贷款中得到一分钱，雷丁无法接受这样的条件。由于谢弗的立场，库恩·勒布银行在名誉和经济上遭受了一次巨大的损失。而其他的犹太银行则没有这样固执，在高盛公司，当合伙人们听说高盛公司很可能因为执行主席高曼的亲德立场而被伦敦列入黑名单时，他们甚至强迫高曼辞去了职务。

1915 年的 5 亿美元贷款，只不过是协约国在以后三年战争中所获得的多笔贷款中的第一笔，而摩根银行至少筹措了这些贷款中的 15 亿美元，但是提供贷款和作为采购代理商并不是华尔街从战争中获利的唯一来源。虽然英国政府对英国人投资于美国股票所得的股息征收特殊的所得税，却允许英国人用美国股票来支付他们的所得税。于是，美国公司的股票开始在英格兰银行堆积如山，摩根银行帮助英格兰银行将其中价值 30 亿美元的股票全部变现。摩根的做法是巧妙地分步将这些股票运回纽约资本市场出售，以防止大量股票抛售带来价格跳水。纽约的资本市场消化了如此庞大的一笔股票，却连饱嗝都没有打一个，这是战争帮助美国经济和纽约资本市场实现巨大扩张的最直接例证。

"一战"期间道格拉斯·费尔班克斯在华尔街推销自由债券（即美国政府为了筹措战争经费发行的一种债券）。作为好莱坞的第一代巨星，费尔班克斯从一个"跑腿者"开始了自己的职业生涯——那时距使华尔街彻底改观的第一次世界大战还有大约 20 年。（译者根据公开资料整理）

这一切不仅给摩根银行带来了巨额的手续费收入，也使美国工业的所有权重新回到了美国人手里。在战争刚开始的时候，美国是全世界最大的债务国，4年后，它成为全世界最大的债权国。这样，无论是从金融还是实业的角度来说，美国都成了世界上最强大的国家，而这个新兴强国的资金巨流，无疑是通过华尔街这个"大峡谷"流动的。

> 在战争刚开始的时候，美国是全世界最大的债务国，4年后，它成为全世界最大的债权国。这样，无论是从金融还是实业的角度来说，美国都成了世界上最强大的国家，而这个新兴强国的资金巨流，无疑是通过华尔街这个"大峡谷"流动的。

当1917年4月美国宣布参战时，联邦政府也不得不想办法筹措前所未有的巨额资金。美国的债务曾经在1866年达到了27.55亿美元的顶峰，自那以后就一直在减少（随着美国国内生产总值的快速增长，美国政府债务在国内生产总值中所占的比例更是大幅降低）。1916年，美国的债务为12.3亿美元，仅相当于国内生产总值的2.45%；而到1919年它再次达到了顶峰，高达255亿美元，相当于国内生产总值的30.34%。发行债券的方式仍然是50年前杰·库克为南北战争融资时就用过的，唯一增加的节目就是好莱坞的参与，在发行债券的推介会上，有道格拉斯·费尔班克斯①和玛丽·璧克馥②到场助兴。当然在这一过程中，随着这些证券的发行，华尔街的影响力和实力都日渐强大起来。

到战争结束时，美国是唯一真正的赢家。俄国国内已经一片混

---

① 道格拉斯·费尔班克斯（Douglas Fairbanks，1883—1939年），美国男演员，因在无声电影《罗宾汉》（1922年）等中扮演轻率浮夸之徒而闻名。
② 玛丽·璧克馥（Mary Pickford，1893—1979年），加拿大裔美国女演员，因主演《风骚女人》获奥斯卡奖（1929年），也是联合艺术团的建立者（1919年）。——译者注

第十一章
"这种事情经常发生吗？"（1914—1920 年）

到战争结束时，美国是唯一真正的赢家。俄国国内已经一片混乱，很快共产主义就取得了胜利，奥匈帝国也被肢解。即使是英国和法国，这些名义上的胜利者也已筋疲力尽，它们的人力和物力消耗殆尽，在世界舞台上的强权地位也永远地消失了。但是，美国在人员上所付出的代价仅仅是 6 万人的伤亡（比美国总人口少得多的英国死亡人数将近 100 万），而且美国经济比战前要强大得多。欧洲国家对美国政府的欠债达到了 100 亿美元之巨，除此以外，很多美国人还握有欧洲国家的债券。

美国经济体系中最大的受益者莫过于华尔街了，它已成为世界金融体系中的太阳，而环绕其左右的是全球其他金融市场，包括伦敦。之所以形成这样一种格局，道理是再简单不过的了，就像若干年前银行抢劫犯威利·萨顿①讲他为什么要抢银行时所说的："因为那里有钱。"

* * *

1918 年 11 月 11 日，战争突然结束，这突然降临的和平不可避免

---

① 威利·萨顿（Willie Sutton），美国一银行惯窃，曾前后被监禁 35 年，自称盗窃赃款达 200 余万美元，外号"戏子威利"，在被法官问及为何要抢银行时，他回答说，"因为那里有钱"。——译者注

地带来了一些问题。由于战争订单结束以及欧洲农业生产和民用制造业开始增长，从1920年开始，美国经济经历了一次短暂而急剧的衰退。战争的结束也给纽约带来了一个新传统：早在19世纪80年代，当有人在华尔街的百老汇大街上游行时，两边大楼里面办公室的工作人员就将自动报价机的纸带从窗户里扔出去，被俗称为"纸带游行"（ticker-tape parade）。直到1953年都一直担任纽约市市长接待委员会主席的格罗夫·惠伦在1919年将这一习俗正式化，他向纽约商业区的公司发出通知，要求它们给予合作。这一年，潘兴将军[①]和后来成为温莎公爵[②]的年轻的威尔士王子一起，第一次享受了这种"纸带雨"的殊荣。

但是，华尔街最著名的10年（20世纪20年代）却是以一次实实在在的爆炸开场的。1920年9月16日，阳光明媚，正午前，一辆四轮马车来到华尔街，停在摩根银行旁边，随即发生了爆炸。爆炸时马车上满载着炸

林登伯格在独自驾驶飞机横穿大西洋后，纽约为他举行了"纸带游行"。历史上，获此殊荣的人还包括老罗斯福总统等政要名流、体育比赛冠军队、退伍老兵等。（译者根据公开资料整理）

[①] 潘兴将军（General Pershing，1860—1948年），美国将军，在第一次世界大战期间，他指挥在欧洲的美国远征军，并担任陆军总参谋长（1921—1924年）。——译者注

[②] 温莎公爵（Duke of Windsor），这里指"二战"时期以"不爱江山爱美人"而著称的埃德温八世。——译者注

– 第十一章 –
"这种事情经常发生吗？"（1914—1920 年）

药，重达 500 磅的吊锥被炸得粉碎，这些碎片就像榴霰弹的弹片一样在空中划过，成了致命的"连枷"。①30 人当场死亡，十多人后来由于伤势过重而死，130 多人受伤。假如爆炸再晚一点儿的话，将正是午餐时间，华尔街和宽街的交叉路口就会人潮汹涌，那么伤亡的人数将远远不止于此。

年轻的约瑟夫·P. 肯尼迪②那时在华尔街还算不上一个人物，他当时正走在离爆炸中心不远的危险地带，被爆炸的气浪掀翻在地，却没有受伤。斯维特饭店的老板——百万富翁埃德温·斯维特却被炸得粉身碎骨，最后找到的只有一只戴着戒指的手指。摩根控制的信孚银行总裁苏厄德·普罗瑟则完全是死里逃生，当时正好有一块吊锥碎片穿过他办公室的窗户，从他身旁不到 1 英寸（约 3 厘米）的地方飞过。而一个年轻的快递员却没有这么幸运，他被炸成重伤，躺在街上，但他仍央求路人帮忙，将要递送的那一捆证券送达目的地，他不愿意没有完成任务就这样死去。

那个时候还没有空调，所以到处可见窗户外的遮阳篷。这些遮阳篷燃起的火焰有近 12 层楼高。爆炸地点半英里以外的窗户都被震碎了，浓重的墨绿色烟雾像棺盖一样笼罩着这个地区。

交易所大厅里的经纪人都被这声爆炸惊得目瞪口呆，大厅里一片死寂。交易所朝宽街一面的巨大窗户被震成无数小碎片，人们全部拥

---

① 连枷，一种农具，用来拍打谷物。——译者注
② 约瑟夫·P. 肯尼迪（Joseph P. Kennedy），即老肯尼迪，后来的肯尼迪总统的父亲，他是肯尼迪家族的第一代人，银行家与实业家，曾任美国证监会（SEC）第一任主席及美国驻英大使。——译者注

到了大厅中央。随后,他们突然意识到,头顶的玻璃穹顶有巨大的危险——此时穹顶开始剧烈颤抖,但是还勉强支撑着没有倒塌。经纪人们再次开始逃散,躲到了墙边安全的地方。交易所总裁拼命挤到主席台上,敲响了钟。这样,在爆炸后一分钟之内,他宣布暂停交易。

摩根银行窗户的玻璃也被震碎了,但如有神灵相助一般,就在不久前,银行在大楼窗户内侧装上了金属网格,这个网格避免了一场银行大楼里的惨剧。尽管如此,摩根银行仍然有一个职员死亡,另外一个由于伤势过重,第二天也死了。小摩根的儿子朱利叶斯·摩根也受了伤。另外一个年轻的银行家——威廉·尤因摔倒后失去知觉,醒来的时候发现自己的脑袋被塞在了一个废纸篓里面。

此时,小摩根正在英国。爆炸发生的时候,他的4个高级合伙人正在银行里和一个法国将军开会,厚厚的花岗岩墙使他们免于受伤,但是他们也像其他人一样被惊呆了。当雷鸣般的爆炸声平息后,玻璃的碎裂声、幸存者的尖叫声以及受伤者痛苦的呻吟声混杂在一起。这位法国将军打破沉默,礼貌地问道:"这种事情经常发生吗?"

几分钟内,警察、消防员和救护人员挤满了这个地区,大规模的调查也同时展开。在1920年,现代刑侦技术尚未成形,警察们所能调查的只有那些吊锥碎片以及在两个街区外三一教堂前面发现的马蹄铁。这些吊锥看上去都没有什么特别之处,因而无法判定它们的出处。尽管调查范围远至芝

1920年,华尔街大爆炸之后的景象。在这次爆炸中,有30多人死亡。如果再晚几分钟爆炸,可能有数百人死亡。制造这次爆炸的罪犯始终没抓到。

— 第十一章 —
"这种事情经常发生吗？"（1914—1920年）

加哥以东的4 000个马厩和所有的铁匠铺，马蹄铁也同样说明不了任何问题。

这次爆炸最可能是无政府主义分子干的，事实上，它是19世纪以来最受人注目的暴行之一。爆炸之后，一个邮递员把在百老汇大街和雪松大道街角处一个邮箱里发现的传单交给了警察，那里离宽街和华尔街只有几步之遥。那天11点30分，他已经取过一次邮件，再次取邮件的时间就在爆炸前。这些传单是在第二批邮件中发现的，因此，可以肯定投递这些传单的人知道将要发生什么。

"记住，"传单上不连贯地写道，"我们再也无法忍受了。释放政治犯，否则你们都将去死。"落款是"美洲无政府主义战士"。这些传单和1919年纽约无政府主义分子爆炸案后发现的传单完全一样，但没有抓到任何犯罪嫌疑人。

还有另外一个重要线索。埃德温·P.费歇尔是一名与华尔街有着密切交集的年轻律师，他还曾在全美网球比赛中拿过名次。他行为古怪，曾不止一次精神错乱。在爆炸前两个星期，费歇尔曾告诉他的朋友和熟人华尔街将要发生一次爆炸，他还加了很多贬损华尔街（特别是摩根银行）的话。此外，他还不止一次跟人说爆炸将会发生在9月15日，至少这一时间和实际情况完全吻合。

当然，在爆炸发生以前，没有人会真正在意他的话。当爆炸发生的时候，费歇尔正在加拿大，他的内弟马上赶到他那里，劝说他回到美国。警方对他进行了彻底审问，并把他秘密关押在医院里长达好几个月，但没有人认为他和爆炸有任何真正联系。正如他的一个朋友解释的那样："只要和费歇尔谈上10分钟，你就会知道没有任何密谋者会让他这样一个人参与其中。"就像人们常说的那样，费歇尔的警告很可能源于疯子身上常见的那种超自然的预见能力。

1920年的爆炸，从某种意义上说，是对华尔街成为世界金融中心的一声颇具讽刺意味的道贺。随后，华尔街表面上又恢复了往日那种一夜暴富、销金蚀银的生活，爆炸很快就被人忘得干干净净。烧焦的遮阳篷被换了下来，窗户上也装上了新玻璃。但是，摩根银行决定不去修复大楼正面那些被吊锥砸出来的沟沟点点，其中有些痕迹有1英寸之深，这些作为资本主义象征的"小斑点"一直保留到了今天，成为华尔街一个小小的看点。

同一时代的西方和东方

西方	年份	东方
	1914	日本对德宣战并侵入中国山东
美里尔在纽约市华尔街7号创建了自己的公司，即后来的美林公司	1914	
	1915	新文化运动开始
	1915	上海外国银行联合会成立
	1916	袁世凯恢复帝制失败
俄国二月革命，临时政府成立	1917	
美国对德国宣战，参与第一次世界大战	1917	
俄国十月社会主义革命爆发。	1917	
美国和日本签订《兰辛－石井协定》，美国承认日本在中国山东、东北和内蒙古的特权，以换取日本对美国"门户开放"政策的承认	1917	
	1918	印度民族解放运动高涨
爆发苏维埃国内战争，至1920年结束，实行"战时共产主义政策"	1918	中国自办的第一家证券交易所——北平证券交易所成立

（续表）

西方	年份	东方
德国十一月革命爆发	1918	
共产国际成立	1919	
巴黎和会召开	1919	
	1919	朝鲜爆发三一运动
	1919	中国爆发五四运动
资本主义世界爆发了"一战"后的首次经济危机	1920	中国第一家期货交易所——上海证券物品交易所正式成立

第十二章
"交易所想做什么就可以做什么"
（1920—1929年）

- 译者题注 -

进入20世纪20年代，纽约证券交易所虽已成为世界上最大的股票市场，但就其制度和运行方式而言，却和1817年它刚建立时没太大差别。从本质上讲，它仍然是一个私人俱乐部，其宗旨仍是为交易所的会员谋取利益，而不是保护公众投资者。在大多数情况下，"交易所想做什么就可以做什么"……

- **译者导读** -

- 20世纪20年代的美国股市中，汽车行业股票成为龙头股。投机家赖恩决心在斯图兹汽车股票上一展宏图。不幸的是，他的对手中有一些交易所的核心成员，而交易所成员不择手段操纵股票早已是尽人皆知的事情。赖恩成功地囤积了斯图兹股票，身为交易所成员的几位空头准备故伎重演，通过修改交易规则来击败赖恩。然而，他们没有想到的是，单枪匹马的赖恩巧妙地利用了公众对弱者的同情。在舆论的强大压力下，交易所的当权派投降了。

- 赖恩在此役中获得了巨大的财富，但也支付了高昂的成本。他的对手仍然控制着交易所，并将他逐出了交易所，最终，他的财富在随后而来的熊市和做空袭击中被洗劫一空。交易所最终报复了赖恩，但在声誉方面也付出了惨重的代价。

- 同样在1920年惨遭打击的还有通用汽车创始人杜兰特。这位创造了世界上最大公司的实业家，因一个微小却致命的错误判断，导致个人财富在股市中丧失殆尽，只能靠经营一个保龄球馆度过余生。

- 20世纪20年代，美国经济蒸蒸日上。亨利·福特开创了汽车时代。美国财政部部长梅隆推行的低所得税政策使得居民收入大大增加，电力的运用使得生产率大大提高，并购浪潮风起云涌，此时刚刚出现的信用支付手段使得中产阶级一夜之间拥有了前所未有的购买力。

- 华尔街再次伴随着经济的繁荣而起飞。在此前的繁荣期，华尔街股市的涨幅和美国经济的增长基本同步，但这一次，华尔街的步伐明显快于美国经济本身。在这一时期，美国国内生产总值增长了不到50%，但道琼斯指数上涨了三倍。当时的投资者只需支付10%的保证金就可以购买股票，余额由经纪人垫付。

- 纽约联邦储备银行从美联储贴现窗口以5%的利率借出资金，然后倒手以12%的利率借给经纪人，而经纪人又转手以20%的利率借给投资者，而投资者希冀在牛市中获得远超于此的回报。在这个不断飙升的股市中，人们已经忘记了什么叫风险，银行、经纪人和投资者对于如此高的利率背后所隐藏的风险视而不见。20世纪20年代轰轰烈烈的牛市就像"泰坦尼克号"一样，走上了一条不归之路。
- 美联储主席本杰明·斯特朗是一位资深银行家，他洞察到了这种股市狂潮背后所酝酿的风险，并试图采取各种措施"以防止股票市场灾难性的崩溃"。不幸的是，他于1928年10月辞世，失去了斯特朗的美联储毫无作为，未能采取进一步的严厉措施，终于，历史上最大的一次股市灾难——1929年股灾拉开了帷幕。

第十二章
"交易所想做什么就可以做什么"（1920—1929 年）

人类社会有一条铁律：在没有外来压力时，任何组织的发展都会朝着有利于该组织精英的方向演进。这条规律既适用于薪酬丰厚的公司管理层，也适用于被领袖人物控制的工会，既适用于美国国会，也适用于好莱坞。但是，在昭示这一规律的各种组织中，20 世纪 20 年代的纽约证券交易所无疑是最佳范例之一。

> 人类社会有一条铁律：在没有外来压力时，任何组织的发展都会朝着有利于该组织精英的方向演进。这条规律既适用于薪酬丰厚的公司管理层，也适用于被领袖人物控制的工会，既适用于美国国会，也适用于好莱坞。

经过了 19 世纪 30 年代不正规的、以自我调节为主的"童年时代"，又经历了南北战争时期无法无天的"青春期"，到了 20 世纪 20 年代，纽约证券交易所已经逐步摸索出一整套保证市场有序稳定发展的制度和程序。随着纽交所在华尔街建立起独一无二的地位，并将这些规则付诸实施，投资者们不必再担心会在投资过程中受到欺骗，而能放心地寻找投资机会；而经纪商们，至少是那些有商业头脑的经纪商，从长远来看就有赚钱的希望。

到了 20 世纪 20 年代，得益于美国经济在此前 40 年的快速发展，以及在欧洲开战的"一战"期间的爆炸式增长，纽约证券交易所一举成为世界上最大、最有影响力的交易市场。但是从制度上讲，它和 1817 年刚刚正式成立时几乎没有什么区别，也就是说，它仍然是一个私人俱乐部，交易所的宗旨仍然

> 纽约证券交易所一举成为世界上最大、最有影响力的交易市场。但是从制度上讲，它和 1817 年刚刚正式成立时几乎没有什么区别，也就是说，它仍然是一个私人俱乐部，交易所的宗旨仍然是保护它的会员们的利益。

是保护它的会员们的利益,也就是那些席位拥有者的利益,而不是为了公众的利益。像大多数私人俱乐部一样,纽约证券交易所在内部管理方面毫无民主可言。

也像大部分俱乐部一样,交易所由会员中的一小部分人组成的寡头集团所操控,他们想方设法维护自己的地位,占据交易所几乎所有的领导职位和委员会中的席位。在交易所中,寡头集团的权力并不是按照会员比例平均分配的。尽管大经纪公司都有合伙人在交易所拥有席位,但是有大约一半的席位由专门经纪人(specialist)和大厅交易员(floor trader,或称场内交易员)控制,而后面这两个群体也拥有交易所中地位最为显赫的交易所管理和法律委员会(Governing and Law Committees)中 2/3 的席位。

专门经纪人为特定的股票"做市"。① 他们的工作就是维持一个"公正、有序"的市场。每一个专门经纪人手中都有某一只股票所有买单和卖单的详细记录,当股票价格符合买家或卖家的要求时,他们就执行这些买卖订单。这样他们就处在最有利的位置,能最先知道市场的走向,并能从中谋利。在 20 世纪 20 年代,没有任何规定禁止这些专门经纪人从他们做市的股票上谋取私利,也没有禁止他们将内部信息泄漏给其他人来帮他们赚钱,自己从中提成。

大厅交易员则与他们不同,他们只为自己的账户交易。与那些只能不断出没于经纪人办公室以获取一点可怜信息的普通投资者和投机商相比,他们拥有两个巨大的优势。首先,由于可以在交易所大厅交易,他们能够得到有关市场和个股走势变化的最新消息,并以闪电般的速度进行买卖。其次,他们不必支付交易佣金,因而他们可以随意买进卖出股票和债券,利用价格的轻微波动来谋利,这很像今天在因

---

① 指为股票提供一个可供交易的市场。——译者注

– 第十二章 –
"交易所想做什么就可以做什么"（1920—1929 年）

特网上买卖股票的日间交易者（day trader）所做的那样。

然而，与今天的日间交易者不同的是，为了自己的利益，他们可以彼此合谋或者和专门经纪人合谋操纵市场（至少迄今为止，互联网上的日间交易者还没有这么做）。19 世纪最后 30 年的改革成功遏制了上市公司和管理层操纵市场、损害投资者和股东权益的行为，但交易所会员操控市场的能力却毫发未损。

联合坐庄（pools），即多位投机者合谋拉抬或打压股价的做法，在当时是司空见惯的。尽管"虚卖"（wash sales，即经纪人报告股票被售出，而事实上并没有发生）是被禁止的，但是这些人仍然可以在团伙内部精心制造出一系列虚假买卖，俗称"对敲"（matched orders）。这些对敲交易会在股票自动报价机上制造出一种虚假的股票走势，诱骗其他投机商按照团伙希望的方向进行买卖。一旦达到目标，他们就迅速离场，由此获得可观的收益，而外界的投机者还蒙在鼓里。

大厅交易员也占据着得天独厚的优势，他们可以上演"卖空袭击"（bear raids）的好戏。他们会通过一连串卖空对某一只股票进行连续打压，或者对整个市场进行打压。接着，因为他们处在整个市场的核心，能够比外界投机者更好地判断市场何时到达谷底，而一旦市场探底，他们就立刻平仓空头头寸，以此获得最大利

> **虚卖与对敲**
> 虚卖是指投资人在亏损状况下售出证券，不久后又买回相同或实质上相同的证券之行为，旨在将未实现资本损失转为已实现资本损失，以获得当年度税务抵免，并希望随后回购的证券未来获利，在未来年度方需报税。前通用公司总裁、杜邦公司董事皮尔·杜邦曾在 1929 年股灾时用该手段隐藏了 200 万美元盈利，从而获得相应税收减免，最终被税务部门发现，并取消减免。
> 对敲则是由两个对手分别在各自证券公司提交价格、数量相对应的买卖指令。通过反复对敲，股票始终在两个对手间易手，创造虚假的成交量或交易走势以从中牟利。（译者根据公开资料整理）

润，而此时外围的买家刚刚开始买入。

这多少有点儿像持有官方特许的盗窃"执照"行窃，至少对那些机敏胆大的投机商来说是这样。在大部分情况下，他们是从广大的普通投资者那里偷盗，但是有时候，他们甚至会从俱乐部中那些实力稍弱的会员那里偷盗。

托马斯·福琼·赖恩是19世纪末20世纪初最主要的金融家之一，艾伦·A.赖恩是他的儿子。老赖恩出生在西弗吉尼亚农村一个贫穷的爱尔兰后裔家庭，他于1870年来到纽约，19世纪80年代中期彻底摆脱贫困。那一年，他和威廉·C.惠特尼开始联手接管纽约市交通系统，获得了有轨电车的特许经营权，同时收购了高架铁路。20世纪头十年，IRT地铁系统刚刚建成，他就控制了这条地铁。1905年，老赖恩的财产按保守估计为5 000万美元，到1928年他去世的时候，这个数字又翻了4倍。伯纳德·巴鲁奇[①]称老赖恩是"我所认识的人中少有的那种足智多谋、雷厉风行的人"。老赖恩在1906年开始从生意场淡出，投身到艺术品收藏和向天主教教堂施惠行善中。

1915年，他将自己在纽约证券交易所的席位传给了儿子艾伦·A.赖恩。小赖恩随即组建了艾伦·A.赖恩公司，并很快成为华尔街非常有名的多头，他投资于一系列工业股票，在第一次世界大战给华尔街带来的牛市大潮中如鱼得水，大发横财。

1916年，他控股了美国斯图兹汽车公司（Stutz Motor Car Company of America）。这家公司生产著名的斯图兹Bearcat汽车，这种车是20世纪20年代汽车业的象征（有趣的是，在20世纪20年代刚开始的时候，也就是1920年，这家公司就已停止生产Bearcat汽车，

---

① 伯纳德·巴鲁奇（Bernard Baruch，1870—1965年），华尔街最成功的投机商之一。他依靠在华尔街投资获得了巨大财富，后帮助民主党候选人威逊成功竞选总统（1912年），并被任命为美国战时工业委员会主席。——译者注

第十二章
"交易所想做什么就可以做什么"（1920—1929 年）

所以 20 世纪 20 年代的汽车业象征实际上是此前生产的旧车）。此时赖恩还不到 40 岁，而他的资产，至少按他自己的说法，估计已经高达 3 000 万美元了。当然，这和他父亲庞大的资产相比是微不足道的。然而，这对父子却越来越疏远，虽然两人从未在公开场合解释过其中的

斯图兹 Bearcat 汽车
小赖恩控股了美国斯图兹汽车公司，并击败了卖空斯图兹汽车股票的投机者。然而，卖空者中的大部分都是纽交所的会员，他们随后借熊市之机实施报复，导致小赖恩破产。（译者根据公开资料整理）

原委，但答案却是显而易见的：小赖恩的母亲于 1917 年逝世，他的父亲在其后不到两周就再婚了。

1920 年 1 月，斯图兹股票开始上涨。此前，它在纽约交易所的交易价格一直徘徊在每股 100 美元左右，到 1 月底的时候已经达到每股 120 美元，在 2 月 2 日，突然又冲到每股 134 美元。然后，卖空投机者开始入场，准备对这只股票进行卖空袭击。空头中的一些人是交易所内部的核心会员，尽管赖恩是世家子弟，事业如日中天，却还算不上交易所的核心会员。此时的赖恩刚刚从肺炎的折磨中挣脱出来，但他毅然拖着尚未痊愈的身体亲自来到华尔街，捍卫自己的利益，一开始，他甚至还需要一名护士的陪同。

他开始购入斯图兹股票，吃下所有的卖单。赖恩下决心杀空这只股票，直到空头们发出惨叫。尽管他很富有，但进行如此庞大的操纵活动仍显得资金不足，于是他开始用公司的其他资产甚至是个人财产做抵押，大量借钱。

到了 3 月底，看起来，他的目标似乎已经唾手可得。3 月 24 日，

斯图兹股票在当天日中交易价格就达到了每股245美元，收盘的时候涨到了每股282美元。到4月1日，股价达到了每股391美元。大部分斯图兹股票的持有者早就开始兑现离场，他们把股票都卖给了赖恩，实际上此时赖恩是场内唯一的买家。这场大搏杀中，原先以每股130美元价格卖空的空头们现在面临着灭顶之灾。如果赖恩手中持有了全部斯图兹股票，他们将不得不以赖恩开出的天价从他那里购买股票来平仓。但是，空头中仍然有一些死硬派还在继续卖空，他们从赖恩那里借入股票，然后以更高的价钱卖给他。如果赖恩能够成功杀空，在一个正常的游戏规则下，他们这样的行为无异于自杀。

因为卖空者是从赖恩这里借入股票的，所以赖恩知道他们是谁——他们中的大部分都是交易所的会员，而且其中有些人是交易所一些重要的委员会的成员，位于交易所权力的核心地带。3月31日，赖恩被交易所商业行为委员会（Business Conduct Committee）召去解释斯图兹股票的异动情况。委员会成员当然已经知道这只股票一路飙升的真正原因，而赖恩也知道他们是明知故问，他礼貌地解释道，斯图兹股票的异动是因为他和他的家族拥有了所有的斯图兹股票，换句话说，他在杀空这只股票。同时他开出了他的价码，空头们可以以每股750美元的价格从他这里购买斯图兹股票来平仓。

空头们决定坚持到底。那天下午，赖恩被告知，交易所正在谋划将斯图兹摘牌，这意味着赖恩将无法把他手中的股票卖出。赖恩对交易所委员会的回应是，如果他们这样做，平仓的价位将是每股1 000美元，而不是每股750美元。但是，令人奇怪的是，在下午3点收盘

第十二章
"交易所想做什么就可以做什么"（1920—1929 年）

前的几分钟里，场内的卖空仍然在继续，空头们还在不断地从场内斯图兹股票的唯一来源——阿伦·A. 赖恩公司那里借入股票。

当股市刚一收盘，空头们这种似乎是为自己"掘墓"的行动的真正原因就立刻清楚了。位于宽街 8 号的交易所最高权力机构——纽约证券交易所管理委员会（Governing Committee）宣布，他们全体一致决议中止斯图兹股票的交易。一名记者指出交易所这么做缺乏法律依据，而且这种事情以前从来没有发生过。面对这样的指责，交易所发言人的回答是："交易所想做什么就可以做什么。"

在华尔街 200 年的历史上，不论出现过什么样的阴谋诡计，仍然有两条游戏规则从来没有被亵渎过。第一条是"成交了就是成交了"（a deal is a deal），也就是说，当买家和卖家在价钱上达成一致时，交易就做成了，不论随后股价在股票交割前发生任何变化，交割时都要以原先说定的价钱结算。如果这条规则不被严格执行的话，那么我们无法想象，资本市场这样一个瞬息万变、规模巨大的自由市场如何能正常运行。

而交易所却能做任何个人永远无法做到的事，尽管它的这种特权本应用来为公共利益服务。4 月 5 日，交易所宣布赖恩的所有合同无效，并称："纽约证券交易所将不把那些因无法得到斯图兹股票而不能按时交割该股票的行为视为毁约。"换句话说，那条古老的格言——"只要他卖空的不是他的，他就必须把它买回来，否则就进监狱"，对于交易所那些关系深的人就不灵了。

第二条同样神圣的规则是，私人契约的隐私权不受侵犯，也就是

第二条同样神圣的规则是，私人契约的隐私权不受侵犯，也就是说，不论是买方还是卖方，都不能泄露买卖合同的另一方是谁。按照J.P.摩根的一句名言，没有哪个生意人愿意和一个"透明的口袋"（glass pocket）做生意。一份买卖合同的暴露就可能意味着一次精心组织的投资运作被彻底摧毁。

纽约证券交易所深信赖恩不会透露斯图兹杀空战役中的空头一方是谁，因此就随意编造谎言，它的发言人厚颜无耻地说空头们大多是遵纪守法的普通人。像杜布克①这样一个小镇的家庭妇女竟然会是斯图兹股票的大空头，人们一听就知道完全是胡说八道，所以当交易所的这种谎言出现在报纸上时，人们甚至懒得去驳斥它。

赖恩则完全无视纽约证券交易所宣布他合同无效的声明，仍然写信给交易所，建议交易所代表空头与他谈判，以免浪费时间和带来麻烦。纽约证券交易所对此不做回应。现在，几乎所有华尔街人都在兴奋地关注这场较量。人们聚集在经纪公司的告示牌前，紧张地等待交战双方发出最新声明。

赖恩并不比一般经纪人更高尚，他不是什么改革者，但是他知道他作为一个弱者与一群当权者斗争的形象有着巨大的煽动力。4月13日，他向交易所递交辞呈，辞去交易所的会员资格，他在辞呈中写道："只要你们只对自己的利益负责，只要你们能够自己滥定规则……只要你们继续让个人利益影响你们的

---

① 杜布克（Dubuque），美国艾奥瓦州东部城市，位于密西西比河畔，这里意指美国任何一个小镇。——译者注

第十二章
"交易所想做什么就可以做什么"（1920—1929年）

讨论、你们的判断、你们的决定……出于我的自尊，我羞于与你们为伍。"

赖恩的辞职也使他可以不受交易所各种规则的束缚，也就是说，他由此摆脱了华尔街行为准则的束缚，至少他自己是这样认为的。赖恩很快将一份列有9位交易所会员的名单交给了《纽约世界报》[①]，虽然他没有明说，但他暗示这些人都曾经卖给他斯图兹股票，但是还没有交割。这9位会员很快否认他们或他们的公司在卖空斯图兹股票，当然，他们同时又声称，他们也不排除曾为他们的客户做过类似的事情。但是，毋庸置疑，一个经纪人应该为他所有的交易负责，不论他是在为自己做还是为客户做。

立刻，各种小道消息开始传播开来，有的说政府马上要加强对纽约证券交易所的外部监管，有的说老赖恩将以他庞大的资产支持小赖恩。纽约证券交易所开始变调了，它发表了一项声明，称它的所作所为纯粹是为了保护那些无辜的投资者，而不是斯图兹股票的空头们。它也突然决定："这些卖空合同的结算将最终由当事双方协商解决。"

赖恩迅速利用了这一有利形势，他要求空头们履约。换句话说，他正式要求空头们平仓并付给他斯图兹股票。如果空头们手里没有股票，按照交易所的规则，他有权"代为买进"，也就是说，他可以以空头们的名义向他自己购买空头们欠他的股票，并随意定价。而空头们也就只好付这个价，如果付不出来，就要面临破产的悲惨结局，并在这个博弈场销声匿迹。

4月20日，交易所的投资者保护委员会（Protective Committee）停止了抵抗，它承认它代表了58家以上的公司，这些公司一共卖空

[①] 《纽约世界报》的创办人是世界著名的新闻奖项普利策奖的创办人约瑟夫·普利策，他致力于社会进步事业，以揭露社会弊端、发动改革运动、以煽情新闻刺激销量赢得了声誉。——译者注

了 5 500 股斯图兹股票。当然，实际数字远不只这些，公布这个数字只是为了应付公众。随后成立了一个协调委员会，这个协调委员会的大部分成员是借钱给赖恩进行逼空操作的银行家，他们试图在赖恩和空头们之间找到一个折中方案，但是双方不能达成一致意见，于是赖恩宣布他将在 4 月 24 日上午 10 点"代为买进"这些股票。由于斯图兹股票在纽约证券交易所已经被中止交易，所以赖恩仍然位于宽街人行道上的"路边市场""买进"① 这些股票。因为赖恩已经从纽约证券交易所退出他的交易席位，所以他有理由在他能找到的任何其他交易所自由地进行股票买卖。

4 月 24 日是一个星期六，此时在华尔街，星期六仍然是半天工作日，直到"二战"后，星期六才改为休息日。这一天，宽街上挤满了人，大家都放下了手头的工作，跑来看这场好戏如何收场。此时，协调委员会仍旧在附近一家律师事务所里开会。最后，空头们终于意识到，他们除了投降别无选择。但是，在什么价位上收场呢？58 位空头每人在纸上写下了一个价格，然后取其平均数。最终的结果是：他们现在要为在 1 月 1 日还只是每股 100 美元的斯图兹股票支付每股 550 美元。

他们挤过人群来到赖恩的办公室，赖恩立刻接受了这一价位。斯图兹股票杀空战役结束了，赖恩从中获取的利润大致在 100 万~150 万美元。

但是纽约证券交易所，更确切地说，纽约证券交易所中的寡头集团，不会轻易放过赖恩。有关调查赖恩的传言一个接一个地出现，纽约证券交易所迟迟不批准赖恩出售他的席位，当时席位的价格是 10 万

---

① 这里并不是真正意义上的买入，而是从自己手上转移这些股票，并可随意定价。——译者注

第十二章
"交易所想做什么就可以做什么"（1920—1929 年）

美元，并且最终也没有接受赖恩的辞职。他们指控他"违背了公正和公平的交易原则"——这是纽约证券交易所能给予其会员的最严重指控。赖恩被传讯参加一个秘密听证会，并允许他为自己辩护。赖恩拒绝了，他轻蔑地回答说："你们邀请我去你们的华堂，帮助你们粉饰你们过去和现在的丑行，而我将成为你们的一只替罪羔羊，对不起，恕不奉陪！"毫无疑问，这场赖恩缺席的"审判"如期举行，赖恩被宣布有罪，并被逐出了纽约证券交易所。

但是，这还不是故事的结尾。赖恩持有的其他股票遭到了一波又一波做空投机的攻击。随后，1920 年的熊市突然到来，到了 12 月，它已经吞噬了股票市场 1/3 的市值。赖恩的其他股票严重缩水，而他的贷款是以那些股票为抵押的，现在银行想要收回给他的贷款，赖恩只有将他手中的斯图兹股票卖掉才能偿还银行的贷款。由于他实际上是市场上唯一的斯图兹股票拥有者，他只有找到一个能卖出斯图兹股票的市场才有出路，而路边市场显然无法应付这么一笔巨大的股票交易。到 11 月，银行宣布他们将接管赖恩的公司。

他挣扎着坚持了一年半，但是到了 1922 年 7 月 21 日，他已经无法继续坚持，只得宣布破产，申请破产的声明上列明了其负债总额达到 3 243 万美元的天文数字，而他的资产只有 64 万多美元。他的斯图兹股票将被拍卖，如果拍卖价格能够达到每股 50 美元，那么赖恩至少可以不用破产了。但是，这完全是白日做梦，因为在路边交易市场中，它的最新报价只有每股 5 美元。最终，赖恩在斯图兹公司的股票被施瓦布以每股 20 美元的价格买走——他是曾陷于赖恩制造的陷阱中的几个主要玩家之一。

这样，纽约证券交易所终于报复了赖恩，但它在公众声誉方面也付出了沉重的代价。在此后的另一个年代，在一个完全不同的经济环境下，它这种无视公众利益的傲慢依旧阴魂不散。事实上，直到 20 世

奥托·卡恩是华尔街犹太银行家的代表人物，也是棋盘游戏"大富翁"的卡通大亨原型。（译者根据公开资料整理）

纪80年代之前，华尔街在人们心目中的形象还是在20世纪20年代形成的。对这一形象有正面贡献的人要算是奥托·卡恩了。奥托·卡恩是库恩·勒布银行的合伙人，当雅各布·谢弗在1920年去世的时候，奥托·卡恩成为这家公司的主要合伙人，并成为华尔街上犹太银行家的代表人物，他也在很长一段时间里担任过大都会歌剧院的理事会主席。到了20世纪30年代，他英俊的椭圆形脸庞配上整洁浓密的大胡子，成了棋盘游戏"大富翁"的卡通大亨原型。

* * *

1920年，在华尔街赔钱是一件极为平常的事，即使你没有陷在那些蓄意害人的阴谋中也是如此。事实上，这一年，人们目睹了华尔街上最大的个人财产损失：威廉·C. 杜兰特[①]在不到7个月的时间里损失了9 000万美元。

杜兰特是一个销售天才，他在马车生意中积累了一些财富。1904年，他意识到汽车将成为人类交通工具中的未来之星，那一年，他控股了正处于财务危机中的别克公司（Buick Company）。到1908年，杜

---

① 威廉·C. 杜兰特（William C. Durant，1861—1947年），美国实业家，组建了别克汽车公司、通用汽车公司和雪佛兰汽车公司。——译者注

第十二章
"交易所想做什么就可以做什么"（1920—1929 年）

兰特已经将它成功地改造成美国最大的汽车制造商，年销售量比它的另外两家竞争者——福特公司和凯迪拉克公司的总和还多，达到了 8 820 辆。

杜兰特是个天生的乐天派，他开始了他的并购狂潮，收购其他汽车公司和零部件供应商，并将它们与别克公司整合在一起，组建了一家新的公司——通用汽车公司。虽然杜兰特在销售方面是一个天才，但是他在并购业务上却是个不折不扣的笨蛋。他在购买公司的时候经常花太多的冤枉钱，或者买了一些他根本不应该买的公司。等到 1910 年经济衰退袭来的时候，通用汽车公司不得不靠银行家的帮助来渡过难关，公司股权被托管，杜兰特失去对公司的控制权长达 5 年之久。

亨利·福特，福特汽车公司的创始人，他采用大规模生产降低成本使得汽车普及，并付给工人高工资（每天 5 美元，相当于现在的 120 美元），开启了美国"福利资本主义"（Welfare Capitalism）的先河。（译者根据公开资料整理）

当银行家们正忙于理顺通用汽车的内部结构时，杜兰特又组建了雪佛兰公司，它的 490 型汽车在 1915 年首次推向市场，取得了巨大成功。虽然这款车的价位比当时传奇般的福特 T 型汽车稍贵一些，但它给驾乘者提供了更多的舒适。490 型车的销售是大众营销策略的第一个成功范例，它为消费者提供各种各样的实惠选择，包括各种不同的颜色，而福特只知道压低价格。通用汽车在接下来的 10 年中采用

> **美国三大汽车巨头的百年兴衰**
>
> 美国素来有"车轮上的国家"之称，底特律则被誉为"给美国装上车轮的城市"。底特律的福特、通用汽车、克莱斯勒这三大汽车生产商分别创建于1903年、1908年、1925年，一度称霸全球汽车行业：福特借助T型车一战成名，还发明了汽车行业的流水线，大大提高了生产效率，为现代汽车业奠定了基础；通用汽车通过兼并重组实现全球扩张，常年雄踞美国汽车公司榜首，于1955年成为美国历史上第一个纳税超过10亿美元的公司；克莱斯勒以道奇、JEEP等品牌在大中型家用汽车和越野车市场上享有盛誉。
>
> "二战"之后欧洲汽车业逐渐复苏，日本汽车则在1973年石油危机之后以省油、廉价等特点迅速抢占市场，美国汽车公司节节败退，更遭到2008年金融危机的重创。福特公司一度拥有的路虎和捷豹被印度塔塔汽车公司收购、沃尔沃被中国吉利公司收购；历史上两度濒临破产的克莱斯勒公司则被意大利菲亚特集团收购；通用汽车在破产重组之后依靠美国政府的援助而延续，并通过发力海外市场等举措恢复了盈利，其在中国市场的销量于2010年首次超过美国市场，中国已成为通用汽车的第一大市场。
>
> 随着纯电动汽车和自动驾驶技术风靡全球，底特律也在试图跟上创新的步伐，但更多地仍然是保守和"铁锈带"的象征。2017年4月，特斯拉的市值短暂超过通用汽车，成为美国市值第一的汽车公司。虽然目前断言汽车产业未来格局为时尚早，但无疑美国传统汽车巨头面临着巨大的挑战。（译者根据公开资料整理）

这种大众营销策略超越福特，成为汽车行业龙头。

在通用汽车公司的股权托管即将到期的那一年，杜兰特用他在雪佛兰汽车上所赚的钱开始购买通用公司的股权，并且从他那些拥有通用汽车股票的朋友们那里争取到他们的委托投票权，他同时也劝说因

第十二章
"交易所想做什么就可以做什么"（1920—1929 年）

为"一战"而富得流油的杜邦投资通用汽车。第二年，雪佛兰购得了通用汽车的控股权，杜兰特又完全控制了通用汽车公司（从通用汽车被雪佛兰控制，到后来雪佛兰又被通用汽车控制，是好几年后的事情了，并经过了无数次复杂的证券转手才得以完成）。

福特 T 型汽车（左图）于 1908 年问世，以物美价廉和可靠耐用的特点打开了中产家庭市场，使得汽车不再是少数人的奢侈品。到 1927 年停产时，该系列汽车共售出 1500 万辆，并于 1999 年被《财富》评为"世纪之车"。福特的汽车生产流水线（右图）被公认为真正意义上的工业化流水线，它细化了责任分工，使得大规模生产成为可能——后者与资本市场的发展是相辅相成的，开启了一个规模化工业生产的新时代。（译者根据公开资料整理）

在战争引发的经济繁荣中，通用汽车公司呈爆炸式增长。1918 年，它生产了 246 834 辆汽车和卡车，除此以外，它还生产了大量军需产品。此时，它已拥有 5 万名员工，当年利润为 1 500 万美元。第二年，它的利润增加了 3 倍，达到 6 000 万美元，员工数量达到 8.6 万人，产量上升到 40 万辆。

1920 年初，通用汽车公司的股票按 10∶1 的比例进行拆股，拆股之后每股 42 美元，至少拥有几百万股通用汽车股票的杜兰特成

但是，出于保护他的投资人和员工的心理，他固执地试图一个人托市。而这一幼稚的做法，正如通用汽车的另一个重要人物阿尔弗雷德·P·斯隆所说的那样："他成功的概率如此之小，就像站在尼亚加拉瀑布的最高处，试图用他的帽子阻止瀑布下泄一样。"

为美国最富有的人之一。但是，随后的4月，汽车股票开始领跌市场——正如那些拥有时代最新技术的股票在市场上一贯的表现那样。本来杜兰特可以耐心等待这次下跌的结束，但是，出于保护他的投资人和员工的心理，他固执地试图一个人托市。而这一幼稚的做法，正如通用汽车的另一个重要人物阿尔弗雷德·P. 斯隆[①]所说的那样："他成功的概率如此之小，就像站在尼亚加拉瀑布的最高处，试图用他的帽子阻止瀑布下泄一样。"

杜兰特开始在交易所购进通用汽车的股票，并通过支付保证金来放大他的购买力。在那个年代，你只需要支付股价的10%作为保证金就可以购买股票，不足部分由经纪公司垫支。这种做法在股票上涨的时候当然是一本万利，但是如果股价下跌的话（在1920年，几乎每一只股票都在下跌），经纪人就会要求越来越多的抵押品，如果客户没有足够价值的抵押品的话，经纪人就会把他的股票在低价抛出，客户于是不得不蒙受巨大损失。在这个伟大的博弈里，游戏规则从来如此——风险和收益相匹配。

但是，到了10月底，通用汽车的股价已经下跌到每股17美元。到了11月10日，股价仅为每股14美元，是4月的1/3，名义上曾无比富有的杜兰特现在已经走到了尽头。但是，杜兰特不是个爱抱怨的人，他没有告诉任何人自己正身处困境。可是华尔街一直以来就是世界上最大的谣言工厂，通用汽车的其他投资者，如杜邦公司和摩根银行，对此已经有所耳闻，它们要求杜兰特告诉它们真相。最后，在11月16日，杜兰特讲了实话。此时的杜兰特手里有一份要求增加保证

[①] 阿尔弗雷德·P. 斯隆（Alfred P. Sloan），为麻省理工学院1895年班的学生，1952年其在担任通用汽车总裁时，向麻省理工学院捐赠了500万美元成立产业管理学院（School of Industrial Management），1964年此学院改名为斯隆管理学院（Sloan School of Management）。——译者注

第十二章
"交易所想做什么就可以做什么"（1920—1929年）

金的通知单，要求杜兰特在第二天市场开市的时候补交15万美元保证金，而这仅仅能使他勉强过关。不幸的是，第二天，通用汽车的股票再次下跌到每股13.5美元，又引发了对杜兰特新一轮雪崩似的保证金要求。

摩根银行和杜邦公司知道，如果杜兰特支撑不住而将他手中的通用汽车股票在市场上抛出的话，对它们在通用汽车的利益甚至对整个通用汽车公司都将是灾难性的。于是，它们决定帮助杜兰特，将他从他善意的蠢行中解救出来，它们借给杜兰特足够的资金，使他足以支付保证金并还清他欠经纪人的债务。结果，它们成功地阻止了几乎是必然将要发生的一次大危机，但是杜兰特却失去了几乎所有的通用汽车股票，总计300万股——它们转而成为摩根银行和杜邦公司的资产。

假如杜兰特没有在1920年的熊市中为通用汽车的股价下跌做螳臂当车似的努力，他很快就会成为全世界最富有的10个人之一，到了1926年，通用汽车的股票已经涨到每股210美元。可是，当初杜兰特的确感到他对投资者们负有义不容辞的责任，并按照他认为是最好的方式做了自己应该做的。其结果是：这位创建了这个星球上最大实业公司的人——今天的通用汽车公司年销售额超过了世界上大部分国家的国内生产总值，最后只能靠经营一个保龄球馆度过自己的余生。

* * *

1920—1921年的短暂衰退期很快就被新一轮经济扩张替代。1921

年3月4日，一个重视商业的哈定①政府时代开始了。安德鲁·梅隆②（当时美国最富有的人之一）被提名为美国财政部部长，为此他辞去了至少51家公司的董事职务。在20世纪20年代，美国社会面临的主要政治问题实质上是经济问题和金融问题，因此，梅隆——这位将在整个20世纪20年代一直担任财政部部长的人具有空前的影响力，以至共和党参议员乔治·诺里斯开玩笑说："三位总统曾在梅隆手下工作过。"

梅隆的父亲托马斯·梅隆是一位苏格兰裔爱尔兰移民，5岁的时候随他的父母一起来到匹兹堡，在那里开了一家私人银行。他很快显示出伯乐相马般的卓越天赋，他投资的对象中有安德鲁·卡内基，他也贷款给一位毫无经验的年轻人——亨利·克莱·弗里克③，帮他扩大他的焦炭工厂。安德鲁·梅隆比弗里克小7岁，他们很快就成为终生不渝的朋友，各自的妻子也都是对方帮助介绍认识的。两人都对艺术品表现出巨大的热情，并成为美国历史上最伟大的两位艺术品收藏家。后来弗里克将他的收藏品连同他在第五大道的豪宅一起捐给了纽约市，而梅隆将他的收藏品捐给了国家，并建造了美国国家美术馆来陈列它们。

安德鲁·梅隆很快就证明他比他的父亲更会选择赢家，老梅隆在安德鲁年仅27岁的时候就将家族银行移交给他打理。小梅隆大量投

---

① 沃伦·迦玛列·哈定（Warren Gamaliel Harding，1865—1923年），美国第29任总统（1921—1923年），他有许多错误的任命，以致产生了一个腐败的政府，死于任内。——译者注
② 安德鲁·梅隆（Andrew Mellon，1855—1937年），美国金融家，曾任美国财政部部长（1921—1932年），并向华盛顿特区的国家美术馆捐赠基金。——译者注
③ 亨利·克莱·弗里克（Henry Clay Frick，1849—1919年），美国实业家，被称为美国"焦炭大王"。——译者注

第十二章
"交易所想做什么就可以做什么"（1920—1929年）

资于两家在当时还默默无名的小公司——它们后来成长为海湾石油公司和美国铝业公司。

作为财政部部长，梅隆推行减税政策，并努力用政府的盈余偿还赤字，使政府的赤字从第一次世界大战后的高点下降了1/3多。同时政府支出也大大降低，从1921年的50亿美元下降到1928年的30亿美元。在20世纪20年代，随着个人所得税的降低，政府收入下降了，但是居民收入和国内生产总值却大幅度上涨，美国国内生产总值在1921年只有594亿美元，到1928年上升到872亿美元，增加了47%，居民收入从522美元增加到716美元，增长超过1/3，而同期通货膨胀几乎为零。

美国经济的这轮繁荣是由汽车工业的快速发展带动的，在20世纪早期，正如在19世纪中叶铁路对美国

安德鲁·梅隆出生于宾夕法尼亚州名门梅隆家族。发迹于匹兹堡，安德鲁·梅隆很早就在经营家族银行业务中体现出经商才能，此后又把业务拓展到其他行业，通过贷款、参股等方式协助建立了美国铝业公司（Alcoa）、纽约造船厂、老奥弗霍尔德等著名企业。在他出任美国财政部部长（1921—1932年）之前，他已经是全美最富有的人之一，所缴纳的个人所得税仅次于约翰·洛克菲勒和亨利·福特。然而，由于"大萧条"产生的灾难性影响，身为财政部部长的安德鲁·梅隆在1932年遭到弹劾，被迫转任美国驻英国大使，并在总统胡佛下台之后淡出政坛。（译者根据公开资料整理）

美国经济的这轮繁荣是由汽车工业的快速发展带动的，在20世纪早期，正如在19世纪中叶铁路对美国经济的贡献一样，汽车工业成了美国经济的发动机。同样，像铁路工业一样，汽车工业也对华尔街的发展做出了巨大贡献。

经济的贡献一样，汽车工业成了美国经济的发动机。同样，像铁路工业一样，汽车工业也对华尔街的发展做出了巨大贡献。1914年，美国的道路上总共只有126万辆汽车，可是到了1929年，仅在当年美国就生产了560万辆汽车。汽车的辅助性行业，如燃油业、公路建造、维修业、玻璃制造业、钢铁业和橡胶业也急速发展。一些奢侈品如冰箱、洗衣机等也在20世纪20年代进入千家万户，电的消费量在这10年里翻了一番。

像所有大战之后经常出现的情况一样，在20世纪20年代也广泛出现了放纵现象，和美国南北战争结束后的那几年一模一样——暴饮、豪宴、寻求刺激是生活的唯一目的。华尔街从来都是美国社会最精致的缩影，尽管它算不上是美国社会完整和彻底的代表。华尔街上，人们疯狂地生活着，仿佛在以此庆祝他们在第一次世界大战这样一场人类大灾难中幸运地逃过一劫。

和现在一样，那个时代的记者也偏爱城市，所以几乎没有人注意到美国的农村并没有享受到这次大繁荣。在20世纪的前30年，汽车的普及对工业来说是天大的好事，但是对农民们来说却是一场灾难。在1900年，美国1/3的耕地是为美国数以百万计的马匹和骡子生产饲料的，但是随着

20世纪20年代，随着经济繁荣，美国社会乐观情绪高涨，从路边随处可见的广告上可见一斑，上方横向大字写着"全世界最高的生活水平"。（译者根据公开资料整理）

第十二章
"交易所想做什么就可以做什么"（1920—1929年）

汽车取代这些牲畜，越来越多的耕地用于生产粮食。在第一次世界大战期间，粮食的巨大需求造成了一种假象，但到了20世纪20年代粮食供应激增，而农村的收入却因农产品供过于求而大幅下降。

20世纪20年代，梅西百货是最早使用信用卡交易的公司。近年来，受亚马逊等电商的冲击，梅西百货等实体店每况愈下。（译者摄于2017年）

但是，汽车的使用也大大扩大了农业家庭的活动范围，农民们以前只能光顾农村本地的银行和商店，现在，由于亨利·福特的贡献，这些银行和商店要面对来自更大的城镇的企业的竞争。

美国一直都比别的国家有更多的银行，这是美国政府联邦制的本质所致，也受到托马斯·杰斐逊的影响。到1921年，银行的数目达到了顶峰，当时全美有29 788家银行，它们中的大部分是农村小镇中微不足道的、只有一个营业点的小银行，完全依赖为当地农民提供小额农业贷款生存。进入20世纪20年代后，随着时间的推移，越来越多这种银行开始倒闭，到了20年代末期，全美每年平均有500家银行倒闭。

但是，华尔街再一次对这些发生在农村的创痛视而不见。毕竟，华尔街只做大工业融资的买卖，影响的是国家经济生活中的大事，在它的日常事务中不会碰到这些农民和农村的小银行业主。华尔街上的大银行不会有农民客户，也不会理会农村的小银行，它们顶多会和一些小城市的银行打打交道。

华尔街再次伴随经济的繁荣起飞了。1922—1929年（1923年是个例外），道琼斯指数每一个季度都比前一年同期高。在此前的经济繁荣期，例如1896—1907年，美国经济和华尔街上的股价都大致翻了一番，也就是说，华尔街和美国经济基本上是同步增长的。但是，在20世纪20年代，华尔街的步伐明显快于美国经济：在这个时期，美国国内生产总值增长不到50%，而道琼斯指数却上涨了3倍。

当然，对于美国经济增长和华尔街股价上涨之间的差异，从经济学角度来看也有其合理之处。这10年中，电力的广泛运用使得劳动生产率大踏步地提升了40%；同时，一轮又一轮的并购浪潮使得美国工业更好地实现了规模效应。

另外，在20世纪20年代，广告业的迅速发展和信用的广泛应用在更大程度上刺激了需求的增加。到20世纪20年代中期，许多普通人开始利用信用消费购买一些大件商品，而在20世纪20年代之前，信用是富人的专利，尽管那时也有一些有先见之明的商家，如纽约最大的百货商店梅西公司（Macy's）的老板施特劳斯家族已经开始为客户提供"先付订金，暂不取货，待余款付清再交货"的服务。信用的普及大大增强了中产阶级的购买力和购买量，他们中的很多人也在"一

信用卡的起源

信用卡起源于1915年的美国。最早发行信用卡的并非银行，而是一些百货商店、餐饮、娱乐和汽油公司。这些公司给顾客一种金属徽章样式的信用筹码，供顾客赊购商品。1950年，美国商人弗兰克·麦克纳马拉在纽约招待客人用餐，就餐后发现钱包忘带了，所幸饭店允许他记账。由此麦克纳马拉产生设计一种能够证明身份及具有支付功能的卡片的想法，于是与其商业伙伴在纽约创立了"大来俱乐部"，并发行了第一张以塑料制成的信用卡——大来卡。1952年，美国富兰克林国民银行作为金融机构首先进入信用卡发行领域。（译者根据公开资料整理）

― 第十二章 ―
"交易所想做什么就可以做什么"（1920—1929 年）

战""自由债券"①的发行中第一次尝到了资本主义的味道。没过多久，他们就发现可以运用"信用支付"手段来购买债券和股票，也就是说，他们可以用保证金的方式从经纪人那里借钱来购买证券。

在一个股价不断飙升的股市中，天上掉馅饼的事情随处可见。

> **高杠杆：1929 年股灾催化剂**
>
> 1929 年之前 10 年间，道指上升了 443%，在 1927、1928 年更是持续攀高。投资者看到许多一夜暴富的机会，纷纷借钱进入股市。1927 年，美国证券市场上通过银行和证券公司的借债总额高达 40 亿美元，比前一年增加了 33%。这些资金推动道指不断走高。到了 1928 年，美国金融机构的贷款额爆发性地增至 64 亿美元，增长率达 56%。到了 1929 年 10 月，贷款额更高达 85 亿美元。投行允许融资、融券比例高达 90%，有的甚至达 95%。一些银行的贷款条款也十分疯狂，只要股票升值 5%，就允许用升值部分再次抵押。更糟糕的是，美联储允许银行用其提供的资金注入本已狂热的投机行为：美联储成员银行从美联储贴现窗口以 5% 的利率借出资金，然后倒手以 12% 的利率借给经纪人，经纪人随后一转身又以 20% 的利率贷给投机者。市场参与者运用高杠杆的保证金交易进行盲目乐观的追风投机成为美国 1929 年股市崩盘的原因之一。（译者根据公开资料整理）

只需支付 10% 的保证金，余额由经纪人垫支，这种投资方式也是快速致富的捷径。例如，每股 100 美元的股票，如果以保证金的形式购买，只需要支付 10%，也就是 10 美元。当你以每股 120 美元的价格卖出，获得的利润是 20 美元，利润率是 200%，但是如果你支付全额购买的

---

① "一战"期间，美国政府决定均衡使用征税和政府负债来支持盟国的战争开销。虽然依照国际惯例，政府一般会向其他国家举债，但是在 1917 年世界大战中，已经没有其他国家有提供贷款的能力。所以美国公民当初必须完全承担战争融资问题：支付更高的战争税赋并购买政府发行的战争公债。1917—1919 年，美国共发售了 5 轮"自由债券"，融资 215 亿美元。当年国会通过的允许发行自由债券的法案，目前仍是管辖美国所有国债发行的法案。在 2001 年的"9·11"恐怖袭击事件后，美国又发行了同名的债券以重建世贸大楼并修缮周边。——译者注

话，利润率只有20%。与此同时，华尔街的很多上市公司本身也是高度杠杆化的①，只要公司的利润不断增加，超过当前债务的利息，每股收益就会以飞快的速度增加，这会进一步刺激投资者对这只股票的热情。但是如果经济开始下滑，很多这样高度杠杆化的公司就会很快破产。

莱特兄弟制造于1903年的飞机，现陈列于美国航空航天博物馆。飞机的发明及随后航空技术的不断完善将人类的交通和旅行带到了一个新的时代，也助推了20世纪20年代美国经济的繁荣和股市的泡沫。（译者摄于2017年）

在20世纪20年代初期，这些做法助推了股市的繁荣，但当时市场也还不是完全非理性的。时尚和幻想的潮流吸引了众多无知的投资者冲进市场，购买这些新兴行业公司的股票。当林登伯格②成功飞越大西洋后，华尔街上航空类股票立刻暴涨，而在当时，很多航空公司还没有运送过一位乘客。

林登伯格（也译作林白），因成功实现从纽约到巴黎的跨洋飞行而名声大噪，他加速了航空业的商业化。后来，他的孩子被绑架撕票，舆论哗然，美国国会为此修法，加重了对绑架罪行的处罚。他也因为其德国血统和对纳粹德国的好感而在美国社会成为一个有争议的人物。（译者根据公开资料整理）

所有的经济繁荣，

---

① 即大量举债。——译者注
② 林登伯格（Lindbergh，1902—1974年），美国飞行员，首次单独飞越大西洋（1927年5月20—21日）。——译者注

第十二章
"交易所想做什么就可以做什么"（1920—1929 年）

不管它曾如何辉煌，都会逐渐衰退并结束。到 1928 年，美国经济体内潜伏的经济危机开始显现。在这个时点，华尔街开始与实体经济严重脱节，尽管股市运行有自己的规律，但不管怎样，它也必须是实体经济的一个映射——1929 年的股市灾难终于开场了。

*　　*　　*

华尔街历史上最具讽刺意味的事件是，如果当时美联储主席本杰明·斯特朗（一个老练的华尔街人）能够再多活几个月的话，这场著名的大灾难或许可以得以幸免。

> 华尔街历史上最具讽刺意味的事件是，如果当时美联储主席本杰明·斯特朗——一个老练的华尔街人——能够再多活几个月的话，这场著名的大灾难或许可以得以幸免。

本杰明·斯特朗生于 1872 年，具有新英格兰血统。18 岁的时候，他加入纽约一家颇受尊重的银行——杰瑟普-帕顿银行（Jessup, Paton & Company），随后在华尔街平步青云。他于 1895 年结婚，有 4 个孩子，但家庭幸福却似乎总是与他无缘：他的妻子在 1905 年自杀，他的邻居摩根银行的合伙人亨利·戴维森收养了他的孩子；他的第二次婚姻也是失败的，他的妻子于 1916 年离开了他，在这一年，他得了肺结核。

在孤独和病痛之中，斯特朗将精力越来越多地投入工作，职位也越升越高，直至美国信孚银行主席，此时的信孚银行主要由摩根家族控制。如果不是被劝说去做刚刚成立的纽约联储主席的话，他可能很快就会爬到美国银行业的金字塔尖——成为摩根银行的合伙人。

美联储的建制显然不是斯特朗所愿意看到的那种，就像所有华尔街人一样，他希望美联储按照英格兰银行的模式建立，把总部设在纽约。斯特朗觉得这个由威尔逊政府和国会刚刚建立起来的美联储一定会在政治上受到各种牵制，所以一开始就拒绝出任纽约联储主席职位，但是亨利·戴维森坚持让他接受，最终斯特朗同意了。很快，他以他在华尔街一贯高昂的工作热情开始了在美联储的工作。

斯特朗是对的，总部设在华盛顿的美联储的成员几乎全部是政治性任命，他们中很多人连商业银行一些最基本的知识都没有，更不用说复杂的中央银行了。这也使得他们别无选择，只能依靠对二者都了如指掌的斯特朗。到了20世纪20年代，斯特朗已经是美联储无可争议的老板了，委员会只是他的一个橡皮图章，但是他的肺结核也越来越严重了。

美联储（即美国的央行）成立于1913年，早期曾受制于财政部，独立性不强，而且在大萧条中反应迟钝、无所作为。（译者根据公开资料整理）

长久以来，不同国家的银行体系都是相互影响和传染的，无论是一般的商业银行体系还是中央银行体系都是如此。此时战争造成的巨大震荡还在影响着欧洲，斯特朗深谙现代金融的全球性本质，急迫地想要向欧洲伸出援助之手。为了实现这一目标，他将美国的利率维持在较低水平，使得欧洲的资金不会大规模地横跨大西洋涌入美国——在此之前，整个20世纪20年代中期，黄金一直源源不断从欧洲流入美国。

但是，低利率环境进一步刺激了华尔街上的投机活动，这使股票融资业务成为比任何买卖都赚钱的生意。投资者满怀着在华尔街上大发横财的愿望，用保证金买入股票，对借款成本几乎不加考虑，这使得股票融资业务市场的利率不断上升，到1929年夏末，这一利率已

- 第十二章 -
"交易所想做什么就可以做什么"（1920—1929 年）

高达 20%。不仅各家银行积极参与到这个市场中来，伯利恒钢铁公司也在这个市场投资了 1.5 亿美元，克莱斯勒公司（Chrysler）的投资也有 6 000 万美元。

当斯特朗察觉到这种投机活动几乎要失控的时候，他果断地采取行动，在 1928 年，他 3 次提高贴现率①，使之高达 5%——在那个时代，这是一个很高的利率水平，同时他开始缩减货币供应。斯特朗写道："现在我们要

1929 年 1 月《福布斯》杂志上的漫画。1929 年的股市似乎只有天空才是极限，直到 10 月 24 日为止。

做的，就是制定出适宜的政策，以防止股票市场出现灾难性的崩溃。与此同时，如果有可能的话，我们还要推动欧洲的复兴。"

美联储的新政策很快就对实体经济（华尔街以外的经济体）产生了影响，在 1929 年初，经济开始缓慢而显著地减速，这本来应该使华尔街冷静下来，但事实上却没有。华尔街此时已经完全在自己的轨道上运行了，这个时候，本来需要美联储以更强硬的手段来刺破那个将要带来斯特朗所担心的大灾难的股市泡沫，但是，斯特朗却不在了。1928 年 10 月，在为治疗其肺结核而进行的最后一次手术之后，斯特朗去世了。

---

① 贴现率（discount rate），即联储会员银行向美联储借款必须支付的利率，是市场的基准利率。——译者注

现在，失去了舵手的美联储已经无所作为，它只是将贴现率保持在斯特朗留下的5%的水平上。更糟糕的是，它允许银行用美联储提供的资金注入本已狂热的投机行为：美联储成员银行从美联储贴现窗口以5%的利率借出资金，然后倒手以12%的利率借给经纪人，经纪人随后一转身又以20%的利率贷给投机者。这样，数以亿计的资金沿着这条渠道源源不断地涌入华尔街，而美联储所做的只是试图用"道义劝告"去阻止这股洪流。

当然，美联储发出的道义劝告是一回事，而人性却完全是另一回事，只要能够赚到7%的利润，而且还是用别人的钱，银行是一定会这么做的。因为，贷给经纪人的钱事实上是以经纪人账上的证券全额做担保，所以贷款风险很低——只要股票市场还在上涨，这个逻辑就是成立的。的确，1929年的春夏，股市在无数致富之梦的推动下节节攀升，就像一份周末晚报所描述的那样：

> 噢，我的宝贝，不要吵，奶奶又买了些股票，
> 爸爸也在牛市和熊市中把股票炒，
> 妈妈按照秘诀买了股票，不会亏钱，
> 宝贝，你很快就有漂亮的新鞋子了。

9月3日，道琼斯工业平均指数达到了381.17点，这个高度是此后25年之内再也没有见到过的。

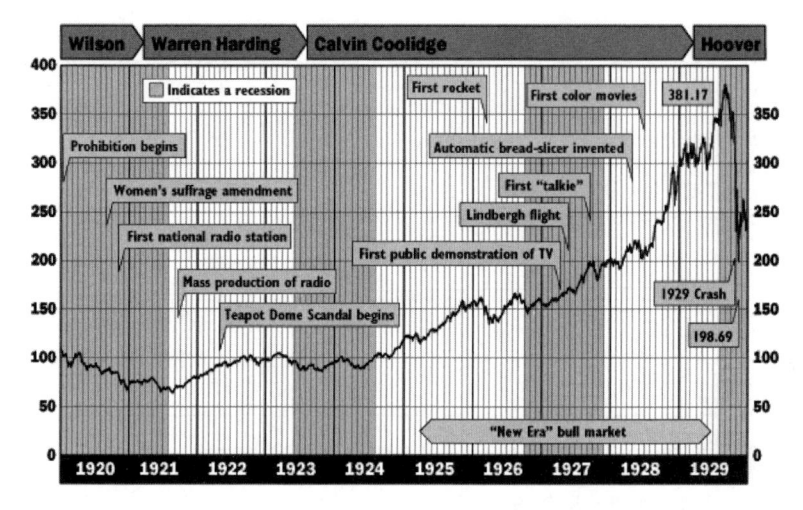

第十二章
"交易所想做什么就可以做什么"（1920—1929年）

19世纪末、20世纪初，美国的钢铁、化工、橡胶、石油、汽车等产业依托华尔街的融资和并购活动迅速崛起，一举完成了重工业化并超越欧洲列强。20世纪20年代，汽车、无线电、航空业初露曙光，信用消费进入千家万户，也开启了连续8年的牛市，直到1929年股灾转入"大萧条"，标志着美国完全自由市场的终结。（译者根据公开资料整理）

同一时代的西方和东方

西方	年份	东方
美国通过《宪法》第18号修正案，颁布禁酒令	1920	中国加入国际联盟
美国纽约华尔街发生炸弹爆炸事件，35人死亡	1920	印度第一次"非暴力不合作运动"开始，至1922年结束
苏联开始施行"新经济政策"，至1936年	1921	华盛顿会议召开，帝国主义国家重新瓜分远东和太平洋地区特别是在中国的利益
	1921	中国信托公司和交易所大量涌现并随后大量倒闭，史称"信交风潮"
	1921	中国共产党成立
苏联成立	1922	

（续表）

西方	年份	东方
贝尔斯登公司创立	1923	
英国发明家贝尔德发明电视	1925	
	1926	国民革命军出师北伐。次年，北伐胜利
	1927	"四一二"反革命政变，蒋介石在南京建立国民政府。后又爆发"七一五"反革命政变
美国航行家查尔斯·林白独自驾驶单翼机"圣路易精神号"首次完成从纽约不着陆飞过大西洋到达巴黎	1927	南昌起义、秋收起义、广州起义
	1928	中央银行成立，开始大量发行公债
	1928	由于公债投机和房地产投机，引发了一波中国银行业的畸形发展
美国电影"奥斯卡"奖设立	1929	
大崩溃，爆发世界经济危机	1929	

第十三章

"不,他不可能那么干!"(1929—1938年)

- 译者题注 -

1929年,美国股市发生了历史上最著名的一次股灾。这次股灾及随后而来的大萧条迫使罗斯福总统实施"新政",并开始了对华尔街的实质性改革。同时,纽约证券交易所这个已存在百余年的私人俱乐部也面临最尴尬的历史时刻,时任总裁、保守势力的代表人物理查德·惠特尼因盗用他人款项等罪行锒铛入狱,就连与他相识多年的罗斯福总统也不敢相信,惊呼:"不,他不可能那么干!"……惠特尼丑闻令华尔街抵制改革的保守派势力遭受重创,客观上为改革的推行创造了有利条件。

- **译者导读** -

- 美国历史上最著名的股灾发生在 1929 年秋天。在一片乐观的投资氛围中，持续数年的牛市突然急转直下。9 月 5 日，市场开始下挫，10 月 29 日，道琼斯指数一泻千里，创下了单日 22% 的最大跌幅。股市持续的跌势直到当年 11 月才最终止住。到 1932 年，道琼斯指数较 1929 年最高点下跌了 89%。

- 股灾之后，美国经济陷入长达 4 年的衰退，这次空前绝后的衰退造就了"大萧条"这样一个专有名词。也许是由于两个事件在时间上相隔如此之近，许多人，包括部分经济学家，都认为是 1929 年"大股灾"引发美国经济的"大萧条"。但这两者间未必有这样确定的因果关系，因为它们背后有共同的驱动因素，即美国实体经济长期高歌猛进后的回调压力，以及胡佛政府的错误政策。

- 1929 年股灾和"大萧条"虽是美国历史上的一次惨痛经历，但也给美国经济和华尔街一次重塑自我的机会。1933 年，罗斯福总统开始实施历史上以他名字命名的"罗斯福新政"，大刀阔斧地改革美国经济政策，并着手改造岌岌可危的华尔街，以重振市场信心。

- 1933 年，美国取消金本位制，颁布《证券法》和《格拉斯－斯蒂格尔法案》；1934 年，美国颁布《证券交易法》；同年，依据该法成立了美国证监会；1940 年，美国颁布《投资公司法》和《投资顾问法》。至此，美国资本市场在自我演进超过百年之后第一次出现了关于证券发行、交易和投资基金的法律，也第一次建立了证券监管机构，这一系列的制度建设形成了现代金融体系监管的基本框架，也为随后几十年美国金融市场的发展奠定了基础。

- 《格拉斯－斯蒂格尔法案》又称《1933 年银行法》，根据该法案，美国成立了联邦存款保险公司，对 5 万美元以下的银行存款提供担保，以避免公众挤兑的事件再次发生。同时，该法案严格限制金融机构同时从事商业银行和投资银行业务，著名的摩根银行被一拆为二。这一分业格局直到 60 多年后才随着《格拉斯－斯蒂格尔法案》的废除得以改变。

- 美国证监会首任主席是后来著名的肯尼迪总统的父亲——老肯尼迪。老肯尼迪是闯荡华尔街多年的老牌投机家。深谙投机和操纵市场各种诀窍的老肯尼迪展露了非凡的管理才华，在他的治理下，华尔街开始逐步走上正轨。

- 惠特尼代表了华尔街（尤其是纽约证券交易所）反对改革的保守势力。他是当时纽约证券交易所的主席，曾经因为在 1929 年股灾中英雄式的救市行动而声望卓著。但他穷奢极欲的生活方式和极其低劣的个人理财能力结合在一起，使他最终走上了破产和犯罪的道路。惠特尼的覆灭，使得卫道士的势力土崩瓦解，改革的步伐大大加快。在此之前，华尔街所有改革都未触动交易所会员自身的利益，而这一次完全不同了，它彻底改变了交易所的运行方式，使其开始真正为公众投资者服务，并为即将到来的华尔街大繁荣奠定了坚实基础。

- 第十三章 -
"不,他不可能那么干!"(1929—1938年)

    1929年劳工节假期后的第二个交易日(9月3日),股市便开始下跌,有时跌势很猛,有时稍稍缓和,但始终维持着下跌走势。此前整个夏季到处弥漫的那种"天空才是股市极限"的狂热逐渐消散,取而代之的是神经质般的紧张情绪和一些令人沮丧的论调,阴沉得一如穿过墓地呼啸的寒风。

    没有什么比所谓的"巴步森崩盘"更能反映当时那种投资气氛的骤变了。罗杰·巴布森当时是一个名不见经传的投资顾问,此前股市一路高歌猛进的时候,他就一直持悲观的看法,但人们对他关于市场即将下跌的预言充耳不闻。9月5日,他在马萨诸塞州韦尔斯利的一个午餐会上讲道:"我重复一遍我去年和前年这个时候的观点,那就是,或早或晚,一场股市大崩盘将会来临。"当天下午2点,当他这番看似无害的言论出现在大显示牌上时,市场立刻掉头向下,开始暴跌,截至下午3点股市收盘,很多大股票都下跌了6%到10%。最后1小时,市场交易量达到了令人难以置信的200万股。

    即便如此,罗杰·巴布森的观点仍被大多数人嗤之以鼻,但有关股市进入"技术性调整"阶段的论调已随处可闻了,《华尔街日报》,尽管仍然预测秋季将会是牛市,它写道:"不可避免地,有些股票会上涨,有些股票会下跌。"耶鲁大学著名经济学教授欧文·费雪[1]因其在1929年8月的著名论断"看来股票价格将会达到一种持久的高峰状态"而被钉在历史的耻辱柱上,此时的他虽然仍然认为股市的长期趋势是好的,但是语气不再像以前那么肯定了。

---

[1] 欧文·费雪(Irving Fisher,1867—1947年),美国经济学家,设计出价格指数以考察经济趋势,1890年开始在耶鲁大学任数学教师,1898年获博士学位,同年转任经济学教授直到1935年。——译者注

但是，一些天生谨慎和嗅觉灵敏的投资者已开始撤离市场。例如，德柯普特－道莫斯公司（Decoppet and Doremus，当时美国最大的两家证券零售经纪公司之一）的合伙人罗兰·斯特宾斯，此时对华尔街充满厌倦感，股市的一切对他来说已索然寡味，他在1929年8月将自己在纽约证券交易所的交易席位以64万美元高价卖出，转行去做了一名百老汇制片人。若将通货膨胀因素考虑在内，这个价格迄今仍保持着纽约证券交易所交易席位成交价的最高纪录。

阿尔伯特·威金是大通国民银行（Chase National Bank，该银行在20世纪50年代初与曼哈顿银行合并，成为后来的大通曼哈顿银行）总裁，他做得更绝，早在1929年7月，他就清醒地预见股市的崩盘即将来临，于是悄悄卖空了4.2万股他最"了解"的股票。① 威金每年领着大通银行27.5万美元的高薪，其职责本应是维护大通银行的股东利益，但却在这家公司股票随后的惨跌中赚得盆满钵满。当然，大部分人不如威金和斯特宾斯两人目光敏锐，但随着劳工节后股市跌势的延续，越来越多的投资者决定撤资离场，于是股市的下跌就如同滚雪球般一发不可收拾。

10月18日，星期五，股市加速放量大跌，直到星期六上午，情况也不见好转，只有那些天生的乐观主义者还对市场抱有希望：《华尔街日报》预测下周一市场将会反弹；"永远乐观"的欧文·费雪教授则认为大跌"仅仅是把一些极端分子甩出市场"的过程。到了星期一，股市交易量高达600万股，但下跌的股票数目远远超过上涨的股票；星期二，股市短暂反弹；星期三，股市再度大跌，且再次创下600万股的巨额日交易量。要知道在那个年代，300万股的日交易量就可以称作"交易异常活跃"。这一天，即使是那些最安全、最稳健

---

① 指他所任职的大通国民银行的股票。——译者注

第十三章
"不，他不可能那么干！"（1929—1938年）

的股票，包括 AT&T，都未能在大跌中幸免。

10月24日，"黑色星期四"。清晨起，华尔街就笼罩着惨雾愁云，气氛异常凝重。前一天晚上，全美各地证券经纪公司里，投资者提交的股票委托卖单就已堆积如山。当星期四开盘的钟声响起，股票就以前所未有的速度易手，股价狂跌。每一轮股票的下跌都引发新一轮追加保证金的要求，投资者若不能及时补充保证金，只能被迫抛售持股，这进一步造成股

1929年10月25日出版的《伦敦先驱报》在头版报道美国华尔街股灾的消息。截至"黑色星期四"日末，已经有11个金融家自杀。（译者根据公开资料整理）

市下跌，并引发更多追加保证金的要求，股市陷入了螺旋式下跌。与此同时，空头整个上午都在无情地砸盘。卖空的单子越来越多，焦急的人们和旁观者挤在大街上和位于纽约宽街联邦大厅的台阶上。纽约证券交易所的一个供游客参观、可以俯视交易大厅的走廊上也挤满了人，有人在尖叫，有人在哭泣，上午11点，交易所决定把这个走廊封闭，截至午间，股市市值已经蒸发掉95亿美元。

中午，纽约的银行巨头们聚集在 J.P. 摩根大厦（The Corner），和托马斯·拉蒙特（Thomas Lamont，摩根集团的高级合伙人）紧急磋商（此时小摩根正在欧洲）。此时很多银行已深陷投机旋涡，有的还正在承销新股，如果这些股票卖不出去，这些银行将面临绝境。为了保卫市场和保全自身，他们决定拿出2 000万美元来托市。

1929年10月29日,"黑色星期四",美国股市崩盘后聚集在华尔街的人群。(译者根据公开资料整理)

下午1点30分,时任纽约证券交易所代理总裁理查德·惠特尼走进了交易大厅。虽然纽约交易所总裁经常会出现在交易大厅上面的主席台上,但是总裁——哪怕代理总裁——亲自来到交易大厅还是一件非常罕见的事。高大而威严的惠特尼快步走到美国钢铁公司的交易柜台,询问最后一次卖出的价格,他被告知是每股205美元。就在询问过程中,股价又下跌了几点,仍然没有买家。惠特尼大声宣布:"我按每股205美元的价钱买1万股。"接着他从一个交易柜台走到另一个交易柜台,一个接一个地下了很多类似的买单,购买那些蓝筹股中的蓝筹股,直到将2 000万美元全部投入股市,这个数目大约相当于今天的1.5亿美元。

他的策略成功了,至少暂时如此。在惠特尼以那种万人瞩目的方式将真金白银投入股市后,按今天的话说,股市又被银行家们拉回到

- 第十三章 -
"不，他不可能那么干！"（1929—1938 年）

"可控局面"。空头转而开始购入股票，以便将他们的卖空账户平仓。市场止跌回升，当天早些时候投资者惨痛的损失有所降低，有些股票甚至小幅收高。例如，美国钢铁公司当天的开盘价是每股 205.5 美元，盘中曾跌至每股 193.5 美元的低位，而收盘价却升至每股 206 美元。当天股市的交易量非常惊人，高达 1 300 万股，以至股票自动报价机直到傍晚 7 点多，也就是闭市 4 个多小时后，还在嘀嗒不停地吐出记录报价的纸带。

娱乐刊物《繁华》报道 1929 年的股灾，标题为"华尔街摔了个大跟头"。

星期五，股市进一步反弹，星期六尽管再度下跌，但这一次没有出现什么恐慌的迹象，一些人开始认为最黑暗的日子已经过去了。

到了星期一，市场上传言四起——其中绝大部分都是假的，有的说华尔街某某巨头自杀了，有的说一些孤注一掷的计划正在酝酿之中，等等。在这样的氛围中股市再度下跌，新的做空势力开始形成。接下来，星期二，也就是 10 月 29 日，股市开盘后卖单像雪崩一样不间断地倾泻下来，从洗碗女工到银行家，每个人都在拼命卖出。其中有些卖单是非自愿提交的，是投资者收到追加保证金的要求，不得不忍痛割肉。这一天，股市交易量达到了天文数字般的 1 600 万股，创下了此后近 40 年中的最高纪录。据说，这一天自动报价机源源不断地打出所有交易的报价纸带，总长度超过了 1.5 万英里，直到闭市后

4个小时才结束。[1]

星期二清晨的《纽约时报》上有这么一段话:"那些一向谨慎的投资者现在可以放心大胆地买股票了。"而娱乐业行业刊物《繁华》(Variety)却因它当天的头条标题而在新闻史上赢得了不朽地位:华尔街摔了一个大跟头。[2]

股市在星期三反弹,资金开始涌入市场买入一些超跌股。在这些买家中,据说有约翰·戴维森·洛克菲勒和约瑟夫·肯尼迪[3]。惠特尼当天宣布,因为交易所的后台来不及处理所有的交易,星期四股市将只在下午开市半天,并随后休市,直到下一个星期一。

星期一,股市继续大跌,跌幅接近上周二的一半。这样的跌势一直延续到当年11月13日才止住,宣告此轮股市下跌的终结,此前七年股市好不容易积累的所有涨幅都在此轮熊市中灰飞烟灭了。

* * *

从时间上看,美国30年代的经济大萧条(the Great Depression)紧随1929年股市大崩盘之后,因此有一种很流行的看法,认为是股市大崩盘引发了经济大萧条。这种观点显然是错误的,因为这两个事

---

[1] 金融史学家约翰·布鲁克斯曾这样形容1929年的股灾:"股灾是如此的难以捉摸:一方面,当它出现很长时间之后,人们却还没有意识到它的发生;另一方面,每当人们相信市场已然触底、股灾即将结束的时候,实际上它只不过才刚刚开始。"——译者注

[2] 此处原文为"Wall Street Lays an Egg",在美俚语中,lay an egg指完全失败,有嘲讽的意思。——译者注

[3] 约瑟夫·肯尼迪(Joseph Kennedy,1888—1969年),美国总统约翰·肯尼迪之父,曾在1929年股灾前表示:"如果连擦皮鞋的都在买股票,那我需要尽快远离股市了。"——译者注

– 第十三章 –
"不，他不可能那么干！"（1929—1938 年）

件都是由同样的两个因素引起的：一是当时的经济形势，二是联邦政府为应对这种经济形势而采取的措施和政策。

事实上，正如 1929 年夏季的牛市随着市场的巨额超买而结束一样，随后的秋季熊市也止步于市场的超卖。1929 年年末，买家开始进入市场，掀起新一轮相对温和的牛市。1930 年春季，股市保持持续上涨势头，涨幅差不多补回了前一年秋季跌掉的市值的一半。1930 年 6 月，当一群神职人员到白宫访问并提请胡佛总统关注公共事业项目时，胡佛告诉他们："你们来晚了 60 天，大萧条已经结束了。"

胡佛总统是诚挚的，但他同样也是错误的。1930 年的下半年，一场起初看似很普通的经济紧缩已逐渐演变成美国历史上最大的一场经济灾难。这场灾难的始作俑者完全可以说是华盛顿的领袖们，首当其冲的就是胡佛总统本人。首先，因为胡佛曾在竞选中许诺通过提高农产品关税来救助美国农业，所以他当选总统后于 1929 年召开了一次特别国会会议。这次会议很快演变成各个利益集团竞相为本集团争取更多利益的疯狂战场，每个与会者都心怀鬼胎，没有人考虑公共利益。几乎每一个行业（即使是很多小行业，例如墓碑制造业）都在国会游说，要求给予他们保护，以免受到"不平等国际竞争"的冲击。在保护主义者专用词典中，如果来自国外的竞争者能够并愿意为美国消费者提供比本国产品更便宜的产品，就是不平等竞争。

> 几乎每一个行业（即使是很多小行业，例如墓碑制造业）都在国会游说，要求给予他们保护，以免受到"不平等国际竞争"的冲击。在保护主义者专用词典中，如果来自国外的竞争者能够并愿意为美国消费者提供比本国产品更便宜的产品，就是不平等竞争。

在股市大崩盘之后，《斯慕特 – 霍利关税法案》（Smoot-Hawley Tariff Bill，以它在国会中的提案人斯慕特和霍利的名字命名）获得了巨大的政治上的同情和支持，胡佛总统不顾 1 000 多名经济学家的联名反对，于 1930 年 6 月 17 日签署了这个法案，将农产品和工业品的关税同时大幅提高。

后来的事实证明经济学家们是正确的。作为报复措施，其他国家也立刻提高了对美国产品征收的关税，于是世界贸易体系崩溃了。1929 年，美国出口贸易总额为 52.41 亿美元，而到了 1932 年，这一数字仅为 16.1 亿美元。若考虑通货膨胀因素，这个数字创下了 1896 年以来的新低。同时，在 1930 年上半年就随着《斯慕特－霍利关税法案》在国会中的表决传言而起伏跌宕的纽约股市，从此刻起正式开始了它长达两年半的下跌。相比之下，1929 年秋季的熊市也不过才持续了两个半月。

另一个为这场崩溃"雪上加霜"的是美联储，它在本杰明·斯特朗去世后基本上处于群龙无首的状态，在美国经济和股市摇摇欲坠的过程中毫无作为。早在 1928 年，斯特朗就曾经说过："美联储存在的意义在于为美国经济提供保护，以抵御由于利率等因素导致的任何灾难……一旦有紧急情况发生，我们将有能力通过向市场大量注入货币

"大萧条"时期的贸易战对全球经济的影响

"大萧条"时期，美国胡佛政府采取了货币、财政双紧缩的政策，并推行了贸易保护政策，签署《斯慕特－霍利关税法案》提高关税，由此引发全球贸易战。英国、德国、法国、意大利、西班牙等国迅速跟随美国，提高进口关税。从 1929 年到 1932 年，世界范围内关税水平几乎提高了一倍。其间，全球贸易量下滑了 25%，其中近 50% 的降幅由贸易保护所致。美国及 12 个西欧经济体名义国内生产总值增速在 1930 年、1931 年分别下滑 5%、7%。以邻为壑的贸易保护带来恶性竞争，使得全球需求进一步下滑，经济持续低迷。经济危机由美国传到欧洲，对德国的打击最为沉重；危机高峰时的 1932 年一年中，德国工业产量比 1929 年下降将近一半，而统治阶级实行征收新税、削减工资、削减救济金和养老金等政策，致使社会矛盾激化。在危机的袭击下，法西斯党充分利用了德国人民的不满情绪，其影响力迅速增长，终使希特勒上台成为可能，并将德国和世界带向战争的不归路。（译者根据公开资料整理）

– 第十三章 –
"不，他不可能那么干！"（1929—1938年）

来缓解危机。"但是这时美联储却没有这么做，而是维持着斯特朗的反通货膨胀和经济紧缩政策，将利率定在远远高于当时新的经济条件所要求的利率水平之上。所以，当美国经济几乎被历史上最严重的一次通货紧缩冻毙的时候，美联储还在为美国经济开着治疗通货膨胀和经济过热的退烧药。在这几年里，货币供应量下降了1/3，有9 800家银行倒闭，带走了千百万人的存款和他们的希望。不仅如此，美联储在很多救援其成员银行的行动中也缩手缩脚，无所作为。因为按照最初关于美联储的法律规定，对美联储成员银行向美联储借款时需要提供的抵押有严格的限制条款，这些苛刻的条件使得很多本来还算健康的银行也随同那些问题银行一起走向了破产。

大萧条的最后一个罪魁祸首是胡佛政府。面对急剧下降的政府收入和不断上升的政府支出，胡佛政府还在试图推行财政紧缩以平衡政府预算（当然，按照传统的经济政策，这无疑是正确的）。1932年，当美国经济正以自由落体的速度直线下跌的时候，胡佛竟然推动议会通过了提高税率的法案，而且幅度之大在美国历史上空前绝后。

当我们今天回顾历史的时候，这些错误是显而易见的，它们给当时经济带来的后果是灾难性的：失业率超过25%，国民生产总值仅为1929年峰值的50%。经济最可靠的先行指标——股市则一跌再跌，过去20年一直门庭若市的华尔街和宽街的交界处，现在变得冷冷清清，像一座空城。

1930年的交易大厅。大厅里原来像宽街路灯一样的席位被换成了马蹄铁形的席位，可以显示更多的信息。

1932年的秋天，当各种矛盾终于酿成一场危机时，华尔街出现了一个不同寻常的现象：短期国债的收益率竟然变成了负值。短期国债是联邦政府的短期债务工具，一般期限低于一年，因为期限很短，所以它们不用像长期债券那样付息，而是折价发行，到期再以面值赎回。1932年10月，那些手头仍然持有现金的人因为对未来高度不确定的前景充满担忧情绪，希望把钱投向最安全的投资工具，于是有国家信用保证的短期债券成为投资者争相抢购的对象。由于发行量有限，短期国债的供不应求使其发行价格高出了面值，收益率跌入负值区间。

与此同时，道琼斯工业平均指数在1932年6月8日下降到了41.22点，与1929年的最高点相比，跌幅达到89.19%，仅比该指数刚刚诞生时的点位高了约1/4点——在1896年5月道琼斯工业平均指数刚刚问世时，第一天收于40.94点；1929年股票年交易量曾高达11亿股，而4年后不足5亿股；1929年一个交易所席位的价格曾超过50万美元，而此时的席位只值7万美元。

这样巨大的灾难自然需要寻找替罪羊，胡佛总统理所当然地成了替罪羊。在1928年竞选时，胡佛获得了41个州的支持，而他的竞争对手阿尔·史密斯只获得了7个。但具有讽刺意味的是，到1932年再次竞选时，富兰克林·D.罗斯福获得了41个州的支持，而胡佛只获得了7个。当罗斯福在1933年3月4日就职时，这个绝望的国家给予罗斯福一个独裁者的权力。这里的"独裁者"，要按它在《罗马共和国宪法》中的本意来解释，是指为了帮助国家度过灾难性危机而被赋予临时性绝对权力的人。

如果胡佛总统是为其任期内所发生的一切承担责任的最大替罪羊，那么华尔街就是紧随其后的第二只。在罗斯福政府酝酿各种改革方案以避免另一场类似的大灾难发生时，他们绝不会忘记改革和监

– 第十三章 –
"不，他不可能那么干！"（1929—1938 年）

管所有贴有"华尔街"标签的东西。

罗斯福上任伊始，一场银行业恐慌正在迅速扩散，所以他上任后的第一项措施就是关闭所有的银行，直到判别清楚哪些银行的情况依然良好，同时也关闭了证券交易所。随着一家又一家的银行被宣布处于良好状态，并开始营业，公众对它们的信任（这是银行体系成功运转的必要条件）也就逐渐恢复了。

对华尔街而言，意义更为重大的是对银行体系、货币政策和证券交易体系进行的一系列改革。1933 年 3 月 9 日颁布的《银行紧急救助法令》（Emergency Banking Relief Act）赋予总统控制信用、货币和黄金的广泛权力，并允许财政部部长可以购回黄金和黄金票据——事实上他也立刻这么做了。5 月 27 日，罗斯福签署了《联邦证券法》（Federal Securities Act），这是美国历史上第一部规范证券交易的法律，它要求所有

富兰克林·D. 罗斯福，也被称为"小罗斯福"，1933—1945 年任美国第 32 任总统，也是唯一一位连任三届（1936 年，1940 年和 1944 年）的美国总统。在罗斯福的带领下，美国经过了大萧条和第二次世界大战两次大危机的洗礼。在大萧条爆发以后，罗斯福施行新政（New Deal），通过加大政府公共支出的方式复苏工业、振兴农业、增加就业，其间不仅修建起了大量高速公路、水利水电等基础设施，还建立了基本社会保障制度。他主张放弃孤立主义，支持美国参加第二次世界大战，是世界反法西斯同盟的积极推动者。（译者编译自公开资料）

对华尔街而言，意义更为重大的是对银行体系、货币政策和证券交易体系进行的一系列改革。

的新股发行都必须在美国联邦贸易委员会（Federal Trade Commission）注册①，而且必须披露特定的信息。6月5日，国会取消了美国的金本位制，6月16日又通过了《格拉斯－斯蒂格尔法案》（Glass-Steagall Act）。

1933年，美国总统罗斯福签署《格拉斯－斯蒂格尔法案》，即《1933年银行法》。根据该法案，美国成立了联邦存款保险公司，同时也要求银行不能同时从事储蓄和投行业务，很多类似J.P.摩根银行的大型综合性银行不得不一分为二。（译者根据公开资料整理）

《格拉斯－斯蒂格尔法案》正式的官方名称是《1933年银行法》（Banking Act of 1933）。根据该法案，美国成立了联邦存款保险公司（Federal Deposit Insurance Corporation，简称FDIC），对5万美元以下的银行存款提供保险，以避免公众挤兑的事件再次发生。事实上，成为FDIC成员的银行迄今为止再也没有发生过类似的事情，而

---

① 1934年，该职责移交给了新成立的美国证监会（SEC）。

第十三章
"不,他不可能那么干!"(1929—1938年)

时至今日,美国几乎所有的银行都是 FDIC 的成员银行。这项法案同时也要求银行必须选择或者从事储蓄业务(也就是吸收存款并发放贷款),或者从事投资银行业务(也就是承销各类证券),而不能兼而有之。因此,很多类似 J. P. 摩根银行的大型综合性银行不得不一分为二。J.P. 摩根银行被拆分为从事投资银行业务的摩根士丹利,而从事储蓄业务的另一部分仍然称作 J. P. 摩根银行。此时的摩根银行已经在走下坡路,这一拆分进一步削弱了它在世界银行业的影响力。

> **从《格拉斯 – 斯蒂格尔法案》到《多德 – 弗兰克法案》**
>
> 　　美国金融监管的演进历程类似一个在"放松"和"收紧"之间摆动的钟摆。1933 年通过的《格拉斯 – 斯蒂格尔法案》将商业银行业务、投资银行业务及保险业务严格地划分开,隔离了风险,提高了商业银行的安全性,却挤压了银行的利润空间。1999 年 11 月该法案被废除,并通过了《金融服务现代化法案》,结束了美国长达 66 年之久的金融分业经营历史。然而,2008 年源于美国并席卷全球的金融海啸再度引发人们对金融监管的反思。2010 年 7 月,美国通过了金融监管改革法案《多德 – 弗兰克法案》,对 1999 年《金融服务现代化法案》所确立的允许商业银行混业经营的原则做了修正,其中的"沃尔克法则"明令禁止商业银行从事高风险的自营交易。禁止商业银行拥有对冲基金和私募股权基金;限制衍生品交易,从而将传统商业银行业务和其他业务分隔开来。2017 年唐纳德·特朗普上任美国总统后又开始力推全面修订《多德 – 弗兰克法案》,以放松金融监管。这些变迁一方面是针对当时经济社会发展最新情况做出的应对;另一方面也告诉我们,应该在金融监管与市场发展之间寻找一个平衡点,这个平衡点并不是一成不变的,寻找这个平衡点的过程是一个艰难复杂,甚至是不断反复的过程。(译者根据公开资料整理)

在 1933 年举行的参议院金融委员会(Senate Finance Committee)听证会上,摩根银行和其他华尔街银行的声誉受到了严重的损害。该委员会由费迪南·佩科拉主导,佩科拉是一位出色的律师,视雄辩而不是调查研究为自己工作的第一要务。他是一位善于不停地提出刁钻问题的大师,而小摩根和其他接受质询的华尔街人却缺乏政客们的基本功，无法做到从容地避免回答类似问题。当小摩根和其他人的回答不可避免地出现闪烁其词时，媒体立刻抓住这一点大做文章。不管怎样，佩科拉的委员会的确发现了很多华尔街无法为自己辩护的不法之举，而这极大地增强了要求华盛顿对华尔街进行监管的呼声。毫无疑问，华尔街在竭尽全力抵制这些监管措施。在这场抵制运动中，冲在最前面的人就是理查德·惠特尼，此时，他因1929年在"黑色星期四"中的英勇表现已被任命为纽约证券交易所的总裁。当调查人员来到他的办公室时，惠特尼告诉他们："先生们，你们正在犯一个巨大的错误，交易所是一个完美的机构。"当然，在当时那样一种舆论氛围下，惠特尼这样的花言巧语对他实际上没有任何帮助。

惠特尼和罗斯福都来自格罗顿①，又是哈佛大学校友，他们在白宫会谈了45分钟，探讨华尔街的未来。按照惠特尼的说法，他们就一些理念交换了看法。但是，如果惠特尼认为老校友的关系就能阻止联邦政府加强对华尔街和交易

理查德·惠特尼。这位纽约证券交易所的总裁最终因挪用财产而身败名裂。纽约证券交易所有保存历任总裁油画肖像的传统，但是惠特尼的肖像画却始终没有完成。

---

① 格罗顿（Groton），是美国马萨诸塞州一所精英制寄宿学校。——译者注

— 第十三章 —
"不，他不可能那么干！"（1929—1938年）

所的监管的话，那他就大错特错了。尽管惠特尼百般阻挠，罗斯福总统还是提交了一项法案，于是惠特尼和交易所决定由他们自己动手先来改革华尔街上最有问题的那些行为。1934年2月13日，交易所委员会投票通过法令，禁止联手坐庄，同时也禁止专门经纪人将内幕信息透露给他们的朋友，并禁止专门经纪人购买他们所做市股票的期权。除此以外，惠特尼和他的同伙们还发起了一场规模巨大的舆论攻势，试图使罗斯福提议的法案搁浅，但这一切都毫无用处。在某种意义上，纽约证券交易所的改革反而引火烧身，因为这么做等于承认交易所并非是惠特尼所宣称的"完美的机构"。

尽管惠特尼等人未能阻止罗斯福的提案，他们的努力还是取得了一定的效果，这在很大程度上使这项法案的立场比最初提出时松动了很多。最开始，《证券交易法》（Securities and Exchange Act）不加区别地将很多种特殊交易方式（包括卖空）界定为非法，而最后通过时，它只是将"操纵市场"认定为非法，并把具体什么是"操纵市场"留给即将成立的美国证监会来裁定。劳苦功高的费迪南·佩科拉是这个新委员会的成员，但主席一职由罗斯福提名的约瑟夫·P.肯尼迪担任，这是典型的罗斯福式政治手腕。

* * *

肯尼迪在20世纪20年代早期就作为一个投机者来到了华尔街，很快他就表现出是投机这门艺术的行家里手。他曾经在波士顿的海顿·斯通经纪公司（Hayden, Stone）学习业务，并在1923年1月1日成立了自己的公司。他的波士顿办公室的门上挂着这样一个牌子：约瑟夫·P.肯尼迪，银行家。肯尼迪一直称自己是一个银行家，因为他喜欢"银行家"（banker）这个英语单词的发音，但实际上，他的业

老肯尼迪，美国第35任总统肯尼迪的父亲。他是一位闯荡江湖多年的老牌投机家，罗斯福上台后被任命为刚刚成立的美国证监会主席。深谙投机和操纵市场各种诀窍的老肯尼迪显示出了非凡的改革艺术。在他的领导下，华尔街开始步入正轨。(译者根据公开资料整理)

务范围涉及很广，远远不只银行业。时至今日，我们仍不可能完全了解肯尼迪从事过的所有生意，但是只要听听那些关于他早年职业生涯的传说，就足以知道他在同代人眼里是一个什么样的人。在人们对他的无数指责里，最出名的是他曾非法贩酒，并有黑手党背景。这里面有多少是真的，有多少是"酸葡萄心理"在作祟，有多少是恶意中伤，有多少是纯粹的反爱尔兰情结，我们都无从得知。但是，这些流言蜚语直到他死后近50年的今天，仍然不绝于耳。

肯尼迪在华尔街第一次大的投机操作是针对黄色出租车公司（Yellow Cab Corporation）的股票。在一次当时司空见惯的做空投机后，这只股票从每股85美元跌到每股50美元。这家公司的主要股东沃尔特·豪利[《波士顿美国人报》(Boston American)的执行主编]曾经对肯尼迪的岳父菲茨杰拉德（前任波士顿市长、绰号为"蜜糖菲茨"）的政治生涯给予很多支持。为了报答沃尔特·豪利的这份恩情，肯尼迪决定伸出援助之手。肯尼迪在豪华的华尔道夫阿斯特拉酒店订了一间套房，在里面装了一台股票自动报价机和几根电话线。随后，他开始通过遍布全美的经纪人买卖黄色出租车公司的股票。他日复一日地全心投入操纵市场，其他什么事都不做。空头们斗不过他，终于放弃了。

"我在早上醒过来，觉得累极了，"肯尼迪回忆起这段日子时说，"这才意识到我已经七个星期没有出过旅馆的大门了。我的孩子，帕

第十三章
"不，他不可能那么干！"（1929—1938年）

特，已经出生快一个月了，可我还没有见过她呢。"

对于那场战役的结果，肯尼迪的说法很简单："我们有几个人成了有钱人。"我们完全有理由相信肯尼迪并没有夸大其词。一位历史学家曾经估计，到了20世纪20年代中期，肯尼迪至少拥有200万美元的身家，这在当时是笔极为可观的财富。

在整个20世纪20年代，肯尼迪一直在从事投机，这场博弈中的其他主要华尔街玩家很少有人能获得他那样的声誉——他可以心无旁骛地把为自己赚钱作为唯一目的。事实也的确如此，黄色出租车公司战役刚刚结束几个月，空头又发起了新一轮攻击。当时有一种普遍的看法，认为是肯尼迪在幕后操纵了这轮做空投机，虽然不久以前他还使出浑身解数来捍卫这只股票。

肯尼迪是那批预见到股市大崩盘的华尔街天才中的一个，其他人还包括罗杰·巴布森、阿尔伯特·威金、罗兰·斯特宾斯。毫无疑问，在市场跌入大萧条的深渊时，肯尼迪的大规模做空给他带来了巨额财富。但是，即使当他变得越来越富有时，他骨子里的悲观主义仍让他怀疑，自己的末日是不是就要来临了。他后来回忆，他那时候曾想过："我甚至愿意分出自己的一半财产——如果这样做就可以让我的另一半财产置于法律和秩序的保护之下。那时候，我甚至觉得，为了保护我的家庭，我应该什么都不要。"

但是，肯尼迪和绝大多数的投机商不一样，他的野心远远超越了金钱。在很早的时候，他就认定富兰克林·罗斯福将成为美国政坛的一颗新星，所以他早在1930年就帮助过罗斯福竞选纽约州的州长，并于1932年帮助他竞选总统。肯尼迪在波士顿长大并深谙波士顿政坛的规矩——在这里，给那些忠诚的赞助人以适当的回报是一项近乎庄严的义务，所以他满怀希望地等待着被罗斯福任命为新内阁的高级官员。他甚至告诉他的朋友们，他将成为财政部部长。

但是，罗斯福不仅没有让他进入内阁，甚至没有给他任何实惠。最后，还是一些更接近于中间派的政府官员建议提名肯尼迪为新成立的美国证监会的主席，而刻板的自由主义者都认为这简直是派一只狐狸去看守鸡窝。《新闻周刊》这样评论："肯尼迪先生——从前的投机者和联手坐庄的操纵者，现在的工作将是制止投机和阻止坐庄。"

然而，肯尼迪十分聪明而且野心勃勃，他绝不会干赤裸裸的以权谋私的蠢事。而且，他十分清楚地知道在华尔街的哪些地方埋藏着"地雷"，如果他选择对华尔街直接采取行动，虽然场面一定会盛大而有趣，但那绝不是一个解决问题的好办法。他认识到他的工作不仅是要恢复整个国家对华尔街的信心，而且同等重要的是，要恢复华尔街对美国经济和政府的信心。肯尼迪首要的工作就是结束当时所谓的"资本罢工"——当时华尔街所有的大银行，还有其他不计其数的小银行，都像被炮弹震傻了一样，拒绝承销任何新发行的证券，也拒绝向任何人提供贷款，不管借贷方用多么优良的资产做抵押，也不管需要融资的项目是多么安全。

"金融'新政'①将会是一套对所有人都更有利的政策体系"，肯尼迪在他作为主席的第一次演讲中这样声称。他熟练地应付着新生的美国证监会面对的各种政治压力，同时很快在人们心中建立起一个公平、有魄力、高效率的管理者形象，这使得一切关于他的怀疑论调都渐渐销声匿迹了。鉴于早期各界对他的不信任，参议院曾将他的正式任命延迟了6个月，以观察他的所作所为。6个月后，这项任命毫无争议地通过了。

---

① 这里肯尼迪借用了罗斯福总统上台后执行的积极经济政策的代名词——"新政"。——译者注

第十三章
"不,他不可能那么干!"(1929—1938年)

肯尼迪也加强了华尔街温和派的力量,这些温和派欢迎改革,只是不希望改革的步伐迈得太大而严重脱离现实,如宣布做空为非法等。以 E.A. 皮尔斯为代表的温和派经纪人,把服务"一战"后才进入华尔街的小投资者作为自己的宗旨。皮尔斯在向佩科拉的委员会作证时承认,对股票交易进行一定程度的管制实际上是大家愿意看到的。相比之下,以惠特尼为代表的纽约证券交易所最保守的力量,则继续维护着大厅交易员和专门经纪人的利益,这些人已经为所欲为几十年了。得益于肯尼迪的支持,温和派集团的力量不断壮大,惠特尼最终在 1935 年从纽约证券交易所总裁的位置上下台了,但他随即又被选入交易所管理委员会,从而保证了他的集团仍然有能力阻挠一些有意义的改革。

在罗斯福的领导下,逐渐回暖的经济环境帮助结束了这场"资本罢工",这其中也有肯尼迪的功劳,华尔街的各种业务又开始兴旺起来,道琼斯工业平均指数在罗斯福新政的前几年或多或少地稳步上扬,记录着华尔街一个相当引人注目的牛市——至少有一点是可以肯定的,那就是股市从 20 世纪的最低点开始反弹。交易量也在上升,一些公司甚至开始雇用新的员工了。

但是,随着美国证监会逐步走上正轨,肯尼迪失去了对它年复一年进行日常管理的兴趣,并于 1935 年 9 月辞职,他一共在这个位置上工作了 15 个月。他的继任者詹姆斯·兰迪斯,基本上无所作为。第三任主席是威廉·O. 道格拉斯,此人之后曾在美国联邦最高法院任职长达 30 年之久,他倾向于运用此前一直未被发掘的美国证监会的影响力去强迫华尔街改变它的运作方式。但他并不激进,非常注意对资本市场的保护。为了确保做到这一点,道格拉斯认为,交易所必须做到"使任何人无法质疑。为了满足所有投资者的需求,这个巨大的市场不仅需要提供高效的服务,而且还需要保持公平和绝对的诚信——因

交易所必须做到"使任何人无法质疑……因为,我们每个人都不应该忘记,这个巨大的市场之所以可以存在并繁荣,有赖于投资者们的厚爱"。

很自然地,在惠特尼和他的保守集团看来,道格拉斯就是一个现世恶魔。就像在所有牛市里那样,随着华尔街股价和交易量的攀升,要求改革的压力逐渐减退。到了1937年,市场经历了4年不算奇迹般的但还算平稳的增长,如果不是因为股市在这一年秋天突然回调且经济又一次衰退的话,道格拉斯对华尔街的改革可能会艰辛许多。衰退的回归令改革的呼声再次高涨,经济学家们于是用"衰退"(recession)来代表这个新的经济低迷状态,可能是因为他们很愿意看到终于有一个他们能够解决的问题了,并把它和美国此时仍然身处其中的更大的经济"萧条"(depression)相区别。从那时起,经济的低迷状态就一直用"衰退"一词表示,而"萧条"一词则特指20世纪30年代的那一场"经济大萧条"。这轮新的衰退也把惠特尼推到了悬崖边上。

*　　*　　*

在"黑色星期四"的那次股市大危机中,惠特尼因他的英勇行为成为华尔街最出名的经纪人(虽然他用的是别人的钱来力挽狂澜的)。他对自己当时的表现津津乐道,甚至买下了他当初买入1万股美国钢铁公司股票的那个交易柜台,把它安置在理查德·惠特尼公司的会客室里(现在这个交易台陈列在纽约市博物馆内)。

他的公司规模很小,即使按照当时华尔街的标准而言也是如此,但他有一个很重要的客户——摩根银行。惠特尼的哥哥乔治是摩根公

- 第十三章 -
"不,他不可能那么干!"(1929—1938年)

司的合伙人,因此,惠特尼拿到了摩根公司的经纪业务。"摩根银行的经纪商"这个名头给他的公司带来很大声望,但实际上并没有为他带来太多的佣金收入,因为摩根公司在二级市场上只有很小的业务量。

尽管这样,惠特尼却过着一种穷奢极欲的生活。他是多个私人俱乐部的会员,在曼哈顿东73大街有一栋豪宅,在新泽西州的远山有一个大农场,他经常在那里猎狐。在20世纪20年代后期,他每个月的花销至少为5 000美元,而当时一个中产阶级家庭的年收入才2 500美元。于是,他面临着一个大问题——入不敷出。他的经纪公司的收入根本不够维持他这种奢侈的生活方式,为了补差,他恣意从他的哥哥那里借钱,从朋友和同事那里借钱。起初,他很快就还钱,但又会以同样快的速度马上再借。他也在路边交易所(Curb)投资于各种垃圾股票,但就像数目多得惊人的华尔街专业人士一样,当涉及个人理财时,他就成了一个不折不扣的笨蛋。投资中最为重要的原则是"该斩仓时要斩仓,见好就要收",而惠特尼的投资却一亏再亏,直到最后连老本都赔光了。

在繁荣的20世纪20年代,惠特尼在华尔街的游戏中还算成功,至少没有陷入什么灾难,但是到了30年代就完全不同了。到1931年,他的公司实际净资产不足4万美元,这一点在当时并不为人所知,甚至可能连惠特尼本人也不了解,而他的个人债务则高达近200万美元。然而,这丝毫没有改变他的生活方式,于是他开始"偷",从他的合伙人、朋友、客户、俱乐部、兄弟,甚至他的妻子那里"偷"。就像所有的贪污和盗窃最终都不可避免地要败露一样,惠特尼最终也被戳穿,1937年11月19日,他的世界开始分崩离析了。

惠特尼是纽约证券交易所退休基金(New York Stock Exchange's Gratuity Fund)的托管人。虽然叫退休基金这个名字,这个基金实质上是交易所会员为他们的家人设立的一个人寿保险计划。在每个会员去世的时候，这笔基金向该会员的家庭支付 2 万美元。被提名为这个基金的托管人被认为是一项很高的荣誉，当惠特尼从纽约证券交易所总裁职位上离职的时候，他被授予了这项荣誉，但他随后的所作所为实际上却是逐步侵吞这笔基金的资产。

惠特尼的公司一直是这只基金的经纪公司。在 1937 年 3 月，基金理事会决定卖掉市值为 22.5 万美元的债券，并用销售债券的所得购入新证券。理事会把这些债券交给惠特尼去出售，却没有见到新证券的影子。实际上，惠特尼根本就没有买入任何新证券，因为他已经用那些债券做了他个人贷款的抵押品。到当年 11 月，惠特尼已经私自从基金中挪用了价值超过 100 万美元的证券，而他没有任何偿还能力。

基金的会计几次向惠特尼索要这些证券，但都遭到毫不客气的拒绝。最终，他只好在 11 月 19 日惠特尼缺席的一次会议上将这一情况通报给了其他理事，理事们投票要求惠特尼立即交出这些证券，但惠特尼做不到——它们已经像惠特尼所有其他投资一样化为乌有了。

实际上，惠特尼的一系列麻烦主要源于 1933 年。那年，他帮助建立了一家蒸馏酒业公司，生产一种叫作"泽西闪电"的苹果白兰地，满心希望能因《禁酒令》（Prohibition）的即将废止而获得暴利。这家公司的股票以每股 15 美元的价格上市，借助《禁酒令》即将废止的好消息，所有的酒业股票都在直线上涨。在 1933 年《禁酒令》实际废止之前，惠特尼的酒业公司股价曾经高达每股 45 美元。但是，当酒业市场完全放开后，"泽西闪电"却并不怎么成功，股价开始持续下跌。惠特尼又一次没有及时斩仓撤出，甚至还追加了投资。到了 1937 年，惠特尼和他的经纪公司已持有这家酒业公司 13.45 万股的股票。此时，这只股票的卖出报价只有每股 3.5 美元，买入报价更低，而且和卖出报价相差甚远。惠特尼此前用这些股票作抵押借了很多钱，当股票的价格下跌时，他不得不用更多的抵押品来满足追加保证

– 第十三章 –
"不，他不可能那么干！"（1929—1938年）

金的要求。当他将自己所有的证券都抵押以后，就开始盗用那些由他保管的证券了。

惠特尼现在走投无路，不得不再次求助于他的哥哥乔治。乔治听了他的叙述后，特别是他私自挪用资金的事——那简直无异于在偷寡妇和孤儿们的钱，惊得目瞪口呆。乔治随即通知了托马斯·拉蒙特——摩根银行的执行合伙人，两人经过商议，为了避免一场使整个华尔街声誉严重受损的丑闻，他们决定帮助惠特尼。他们借给惠特尼足够多的钱，让他从市场上买回他挪用的证券，并补回到基金里去。

之后，乔治决定让他的兄弟为自己的愚蠢行为付出代价，尽管这来得有点太晚了。他要求惠特尼放弃所有的商业活动，卖掉经纪公司、酒业公司以及名下的所有资产。乔治希望用变卖这些资产所得的钱将惠特尼的债务还清，余下的钱加上惠特尼妻子的财产还能让他体面地生活。当然，乔治·惠特尼和托马斯·拉蒙特此时还不知道理查德·惠特尼还曾从他妻子的信托基金中挪用过资金。从严格意义上说，乔治和拉蒙特没有将惠特尼所供认的罪行报告给有关当局，这实际上属于"包庇"，本身也是一项重罪，但是这种情况很少有人追究，尤其是如果当事者只是为了帮助自己的亲戚，而没有从中为自己牟利的话。在这个案子里更是如此，乔治不仅没有为自己谋利，还不得不又一次拿出数百万美元——此前他已经为他弟弟支付过数百万美元，而那些钱早已全部付之东流了。实际上惠特尼的哥哥和妻子最终赔偿了他所偷的每一分钱，尽管没有任何法律要求他们这么做。

但是，无论是惠特尼的经纪公司还是酒业公司，都找不到买家，而惠特尼却依然花钱如流水，个人开支丝毫没有减少。尽管明知自己还不起，他还是不断向朋友和一些熟人借短期贷款，通常是10万美元。由于他特殊的地位和声望，惠特尼在借钱过程中几乎没有遇到任何麻烦。

不过，一向高效的华尔街流言市场已经开始偷偷议论起惠特尼了，到2月，有关惠特尼和他的公司遇到了大麻烦的传言已经沸沸扬扬。这个时候，美国证监会正好在向所有经纪公司寄送一份有关公司财务状况的调查问卷。尽管按照正常时间，惠特尼应该至少在5月份之后才会接到这份问卷，但纽约证券交易所的商业行为委员会（Committee on Business Conduct）主席豪兰·S.戴维斯决定立刻给惠特尼发一份。

当这份问卷在一个月后（比截止日期晚了一个星期）交回来的时候，交易所的督察人员立刻发现问卷上的回答缺乏真实性，于是他们向惠特尼的公司派遣了审计员。审计员们很快查出惠特尼盗用他客户账户上的资产，而他的公司实际上已经破产。现在纽约证券交易所的管理层都知道了这件事，惠特尼仍然认为交易所和它的一班保守派会帮他摆脱困境。他向他的继任者查尔斯·盖伊说："我是理查德·惠特尼，对数以百万计的人来说，我就代表交易所。交易所承担不起让我破产的名誉损失。"

如果在过去，这很有可能是对的。但现在，美国证监会正在稳步加强对华尔街的监管。盖伊意识到交易所此时承担不起不让惠特尼破产的责任。

1938年3月7日，星期一的早晨，华尔街几乎每一个人都知道理查德·惠特尼和他的公司破产了，所以这天早上10点5分，当交易所大厅里的钟声响起，盖伊总裁走上主席台宣布交易中止，向大家简单通报了惠特尼公司因无力偿还债务而被停止经营的事实时，人们并不惊讶。但是，人们万万没有想到的是停止运营的真正原因：（惠特尼的）行为完全背离了公平和公正交易的原则。换句话说，理查德·惠特尼——这个来自格罗顿的老小子，纽约证券交易所的前任总裁，摩根银行的经纪人，华尔街地位的坚定守护者，竟然是个大骗子。

- 第十三章 -
"不,他不可能那么干!"(1929—1938年)

盖伊的话音刚落,大厅里一片死寂,很快,经纪人们回过神来,大厅里立刻又变得一片喧嚣。当交易重新开始时,股市直线下跌,但当天下午所有交易几乎都中止了,因为经纪人们都聚集在饭店和酒吧里讨论所发生的一切。左翼的《国家》(*Nation*)杂志可能最

> **监守自盗:从惠特尼到麦道夫**
> 纽交所前总裁惠特尼以及时隔70年后的纳斯达克前主席伯纳德·麦道夫,都曾经是交易所头号人物,却利用在一线监管生涯中赢得的声誉和人脉行骗。
> 麦道夫骗局在2008年金融危机后曝光,涉案500亿美元,上当受骗的不仅是个人投资者,也有投资银行、对冲基金、慈善基金等大量机构投资者,是典型的庞氏骗局。庞氏骗局是人类历史上最常见的金融欺诈,几乎遍布五大洲,层出不穷。这种骗局得名于意大利裔美国人查尔斯·庞兹在1920年的欺诈行为,其主要特点是用新投资者的资金作为投资回报付给老客户,以维系"投资不败"的谎言。(译者根据公开资料整理)

准确地表达了对这件事的反应,它幸灾乐祸地写道:"即使J.P.摩根被抓住偷拿神圣的圣约翰大教堂里的金银餐具,都不会比这件事更令华尔街感到难堪。"

甚至富兰克林·罗斯福——本质上他仍然有根深蒂固的东部贵族的心态,尽管他政治上走亲民路线——都被这个"刚刚暴露的骇人听闻的罪恶行径"惊得目瞪口呆。"不,他不可能那么干!"当他的助手告诉他这个消息的时候,他大叫一声,"迪克·惠特尼[①]——迪克·惠特尼,我不信。"

事已至此,接下来的一切进展得相当迅速。3月10日,惠特尼被指控盗用他岳父为他妻子设立的一个信托基金的资金。地方检察官托

[①] 迪克·惠特尼(Dick Whitney),即理查德·惠特尼,在英文中迪克是理查德的昵称。——译者注

> **历史上曾经的庞氏骗局**
>
> - 1899年，美国纽约，100万美元，10%周回报率
> - 1970—1984年，葡萄牙，8500万欧元，10%月回报率
> - 1987年，美国密歇根州，损失5000万美元，被证交所中止
> - 20世纪80年代，美国加利福尼亚州，2亿美元，损失8000万美元
> - 1991—1994年，罗马尼亚，10亿美元，32%月回报率
> - 20世纪90年代，俄罗斯，15亿美元
> - 1994年年末，德国＆瑞士，71%年回报率，损失11亿美元
> - 1993—1997年，美国佛罗里达，100%总回报率，损失5亿美元
> - 1997年，阿尔巴尼亚，8%月回报率，损失12亿美元
> - 2000年，美国好莱坞，6亿美元
> - 2000年，美国俄亥俄州，2600万美元
> - 2003年，美国佛罗里达州，10亿美元
> - 2003年年末，加拿大渥太华＆美国加利福利亚＆俄克拉荷马州，800万美元
> - 2005年末，美国洛杉矶，损失9.4亿美元
> - 20世纪80年代—2002年，哥斯达黎加，4亿美元，3%月回报率
> - 2001年，海地，2.4亿美元，15%回报率
> - 2006年10月，悉尼，4900万美元
> - 2006年2月，圣迭戈，2400万美元，6%月回报率
> - 2007年4月，巴基斯坦，10亿美元，100%月回报率
> - 2007年5月，美国佛罗里达州，8000万美元
> - 2007年6月，美国，5亿美元，被判300个月的监禁
> - 2007年8月，菲律宾，5000万美元
> - 2008年1月，菲律宾，2.5亿美元
> - 2008年12月，美国，500亿美元
> - 2009年1月，印度，10亿美元
> - 2009年1月，英国，8000万英镑
> - 2009年2月，伦敦，4000万英镑
> - 2009年2月，拉丁美洲，80亿美元
>
> （译者根据公开资料整理）

马斯·杜威[①]怀着他即便竭尽全力也无法隐藏的政治野心，亲自逮捕了理查德·惠特尼。3月15日，（被保释后的）惠特尼再次被逮捕，这次是因为他从纽约游艇俱乐部盗用了15.3万美元的款项，而他是该俱乐部的财务主管。惠特尼对两项指控都供认不讳，并承认："没有一个我的公司合伙人（因该公司的倒闭，这些人也都破产了），没有一个我的公司同事，或任何和我有关系的人涉嫌上述罪行。事实上，无

[①] 托马斯·杜威（Thomas Dewey，1902—1971年），美国政治家，在1944年和1948年的总统选举中被共和党提名参加竞选，在随后的旅行竞选中出乎意料地被哈里·杜鲁门击败。此处意指他试图以逮捕惠特尼来作秀以便为今后的政治竞选铺路。——译者注

- 第十三章 -
"不，他不可能那么干！"（1929—1938年）

论是以前还是现在，除了我自己以外，没有任何人该对这一切承担任何责任。"3月17日，他被赶出了纽约证券交易所，3月25日，他申请了个人破产，4月8日，美国证监会对他的听证会开始了。

然而，尽管发生了这一切，惠特尼似乎仍然对他将要承担的罪责没有太多概念。在听证会上，当听证官格哈德·格塞尔（他后来成了著名的联邦法官）问他："惠特尼先生，你是什么时候第一次意识到你破产了？"

"我没有破产。"惠特尼平静地回答。

"你是什么意思？"格塞尔很震惊地问——其震惊程度是可想而知的。

"我仍然可以从我的朋友那里借到钱。"惠特尼回答说。

对破产的奇特理解不过是他可悲的臆想而已。在同一个听证会上，当小摩根被问及："你认识理查德·惠特尼吗？"

"曾经认识。"他冷冷地回答。对华尔街来说，理查德·惠特尼已经是一个死人了。

4月11日，惠特尼被处以5~10年的监禁，并立刻被送进了监狱。惠特尼在"坟墓"监狱度过了一夜，第二天被转送到兴格监狱。[①] 当他经过中央火车站时，那里聚集了6 000多人围观，人们看到他手腕上的手铐代替了昔日的金表链。他同两个勒索犯、一个抢劫犯和一个强奸犯一起被押上了火车。在监狱里，他被关在一个单人小房间里，脱下西装，换上囚服，被分配了一份打扫卫生的工作。那天晚上，他的晚餐是烤利马豆、煮土豆、茶、面包和玉米布丁。

与此同时，在华尔街上，惠特尼的丑闻彻底打破了原先的力量均

[①] 兴格监狱（Sing Correctional Facility），位于纽约，是除恶魔岛监狱之外美国最具标志性的监狱，目前仍在使用。——译者注

势。道格拉斯和美国证监会迅速抓住了这个保守集团土崩瓦解的好时机。很快,纽约证券交易所就有了一部新的章程,旨在加强交易所的公共职责,使它不再仅仅是为交易所会员的利益服务。交易所的总裁成为一名拿薪水的雇员,而不再是交易所的会员。交易所将对会员公司进行更频繁和详细的审核。如果一家经纪公司开办公众业务,它就被禁止为自己开设保证金账户。从那时起,保证金的比例要求将由美国证监会决定,而不再由纽约证券交易所设定,而保证金要求是抑制投机和防止股市再次出现 1929 年那样的泡沫的一项有力手段。

会员公司的债务被限定在其运营资本的 15 倍以内,其中非抵押贷款必须报告纽约证券交易所。经纪业务与承销业务必须分离,而客户的账户也必须与公司自营账户分开。为了防止卖空投机和股市恐慌时打压市场,卖空单只有在股价上升时,也就是说卖空股票的价格高于上一个成交价时,才被认定有效。

当然,这些改革无论如何都会到来,只是迟早的事情,但是理查德·惠特尼的丑闻使得改革提前到来。从这一点上讲,华尔街可能还要感谢这个华尔街最著名的罪犯。理查德·惠特尼的丑闻案使这些改革更容易取得成功,而这些改革的成功又为战后将要在华尔街上演的一次真正的大繁荣奠定了基础——那将是一次史无前例的繁荣,一次影响深远的繁荣,一次即使在 20 世纪 20 年代大牛市最疯狂的年代中,人们做梦也想象不到的繁荣。

第十三章
"不,他不可能那么干!"(1929—1938年)

同一时代的西方和东方

西方	年份	东方
	1928	《中日关税协定》在南京签订
纽约帝国大厦正式启用,作为世界最高楼直至1972年	1931	"九一八"事变爆发,日本帝国主义侵华的开端
美国受经济危机的沉重打击,农业生产指数下降50%以上,失业率达到25%	1931	
英颁布《威斯敏斯特法案》,澳大利亚独立	1931	
	1932	日本的傀儡国伪"满洲国"成立
	1932	上海银行业同业公会联合准备委员会成立
希特勒在德国上台	1933	
富兰克林·罗斯福就任美国第32任总统,开始"罗斯福新政"	1933	
美国取消金本位制,颁布《证券法》和《格拉斯-斯蒂格尔法案》	1933	
美国颁布《证券交易法》	1934	中国工农红军开始长征,至1936年结束
美国证券交易委员会(即美国证监会)成立	1934	
房利美公司由政府出资创建	1934	
	1935	遵义会议
	1935	中共中央发表八一宣言
	1935	上海票据承兑所成立
	1935	"一二·九"运动
查理·卓别林拍摄了影片《摩登时代》	1936	西安事变

（续表）

西方	年份	东方
	1937	日本制造卢沟桥事件，发动全面侵华战争
	1937	"八一三"事变，淞沪抗战
	1937	南京大屠杀
慕尼黑会议	1938	毛泽东发表《论持久战》

第十四章

"华尔街也是……主街"（1938—1968年）

- 译者题注 -

第二次世界大战和随后的经济繁荣巩固了华尔街作为世界金融中心的地位。美里尔开创的美林帝国使股票进入千家万户，而证券分析手段使得理性投资成为可能。这一切都为华尔街最终的起飞奠定了基础。华尔街一向被认为是美国实体经济——主街的附属品，然而，随着华尔街在美国经济生活中起到越来越重要的作用，越来越多的人开始认为："华尔街也是……主街。"

- 译者导读 -

- 陷入经济"大萧条"中的美国再一次被发生在大西洋彼岸的战争所挽救——这一次是第二次世界大战。第一次世界大战的经验证明,无论战争给欧洲和其他地区造成多大的创伤,它都会给大洋彼岸的美国带来巨大利益。因此,"二战"的爆发并没有像"一战"那样立刻将股市推向低迷,相反,道琼斯指数还略微上涨。然而,随着希特勒的节节胜利,华尔街陷入了长达三年的下跌周期。

- 但事实上,在股市下跌的同时,美国经济正经历着新一轮的高速增长,美国公司盈利从1939年的64亿美元激增到1942年的209亿美元。除了战争所创造的巨大需求以外,民用经济也持续增长。而在战争期间被严重压抑的民用需求,如住房、汽车、家电等,即将催生战后美国经济的大繁荣。

- 在这个历史时期,有两个人对华尔街的未来影响深远,一位是查尔斯·E.美里尔,一位是本杰明·格雷厄姆。美里尔革命性地将连锁店的运营模式引入经纪业务,并创建了美林公司。而格雷厄姆让此前只知道投机和坐庄的华尔街明白了基本面研究的重要性。

- 1954年,华尔街再一次迎来了长达10年的大牛市。华尔街在滞后多年之后,终于与美国实体经济在战时和战后的高速成长实现了同步。

- 在这个时代,更具重要意义的是,包括大批养老基金、共同基金在内的机构投资者开始出现在资本市场并逐步占据主导地位,在随后的半个世纪中，它们不仅推动了华尔街的发展壮大，也推动了美国社会养老体系和社会保障体系的逐步健全。同样，也是在这一时期，科技的进步使得交易所的技术装备日新月异，新的股票自动报价机和数字计算机开始使用。

- 1962—1963年，商品投机商安吉利斯精心组织了一场豆油囤积活动，但最终以失败告终，这使得与他有关联的华尔街两大经纪公司陷入困境，加之时遇肯尼迪总统被刺，恐慌开始像瘟疫一样在华尔街上蔓延开来。
- 最终，华尔街的经纪公司团结起来，采取了果断的自救行动，交易所也出面为这两家经纪公司的破产承担了责任，这才使得这一次的金融恐慌得以平息。为了防止今后单一金融风险再次扩散为金融系统风险，纽约证券交易所于1964年第一次建立了风险基金。就像19世纪交易所和经纪人委员会采取行动抑制过度的投机行为以及投资银行一致要求上市公司出具年度报告和独立的会计报表一样，华尔街的参与者们再一次意识到，他们有着超越各自利益的共同利益，需要大家共同维护。

- 第十四章 -
"华尔街也是……主街"（1938—1968年）

尽管罗斯福使出了浑身解数，他的新政也没有能够结束"大萧条"。实际上，"大萧条"是因第二次世界大战而结束的。在1940—1944年，美国经济扩张了125%，成为其经济史上最令人注目的一段高速发展期。在这些年里，民用经济几乎在不间断地增长。不仅如此，美国还生产了6 500艘海军舰艇、29.64万架飞机、86 330辆坦克、64 546艘登陆艇、350万辆军用吉普、卡车和运兵车，总吨位达5 300万吨的货船、1 200万支步枪、卡宾枪、机枪和4 700万吨炮弹。

1944年，美国只有70万人失业，是1940年失业人数的10%。然而，这种经济上无与伦比的繁荣并没有在华尔街得到体现。1939年9月在欧洲爆发的第二次世界大战，也没有像1914年爆发的第一次世界大战那样给华尔街带来恐慌。早在大战爆发前的几个月，战争的迹象就已经十分明显。而"一战"的经验证明，无论战争给人类带来什么样的悲剧，它都会使美国经济受益。的确，在战争开始的头几天里，道琼斯工业平均指数还上涨了20点，而这在当时不是一个小数目。不过，上涨的势头不久后便戛然而止。对希特勒的恐惧情绪开始占据上风，担心他在与斯大林签订《互不侵犯条约》从而免受第二战场的干扰后，会很快对英、法取得压倒性胜利，而此时的这两个国家比起25年前已衰弱了许多。1940年，德军彻底摧毁了法军的抵抗力量，占领了法国，并把英国也推到了战败的边缘，华尔街开始了长达3年的下挫。标准普尔指数在1939年收于12.06，1942年年底则收于8.67，跌幅超过25%。1942年4月，道琼斯工业平均指数在历史上最后一次收于100点以下。更加不同寻常的是，这种下跌发生在美国公司的盈利从1939年的64亿美元激增至1942年的209亿美元这样一个背景下。

1941年12月7日,日军偷袭美国太平洋舰队的基地珍珠港,随后美国对日宣战。美国凭借完善的资本市场和强大的工业体系,爆发惊人的战争动员能力,不仅顺利筹集到了天量军费,还在极短时间内生产出了规模空前的战争装备。以海军为例,1941—1945年,日本共生产了18艘航母、2艘战列舰、9艘巡洋舰、63艘驱逐舰、199艘潜艇。而在同一时期美国生产了124艘航母(包括护航航母在内)、8艘战列舰、48艘巡洋舰、349艘驱逐舰、498艘护卫舰、245艘潜艇。由此可见,一国的战争潜力很大程度上由其工业生产能力和资本运作能力决定。(译者根据公开资料整理)

  对经纪业来说,比股市下跌更为糟糕的是,交易量也开始严重萎缩。1939年是纽约证券交易所自1923年以来日均交易量跌到100万股以下的第一年(在此前的10年内,纽约证券交易所的日均交易量为250万股),而这仅仅是个开始。1939年的日均交易量为95.4万股,1940年为75.1万股,1941年进一步下降到了61.9万股,而在1942年,其日均交易量更是降到了令人吃惊的45.5万股。纽约证券交易所交易大厅里的经纪人经常无所事事,有的时候在大厅里打"棒球"——他们把报纸卷起来当球棒,把询价单捏成一团当纸球。1940年,华尔街

- 第十四章 -
"华尔街也是……主街"（1938—1968年）

共有5 855名经纪人、承销商和交易员，但到了1947年，这个数目已经萎缩到4 343名。

直到1943年阿莱曼战役①和"斯大林格勒"保卫战之后，纽约交易所的交易量才有所回升，当年的日交易量回到了100万股的水平。尽管盟军胜利的形势日益明朗，但市场依然顽固地陷于低迷之中，对大多数人而言，1929年股市崩盘的惨状仍历历在目，他们根本不愿意和华尔街沾边儿。虽然在1940—1945年，美国人均可支配收入翻了一番，但这些钱并没用于投资股票，相反，人们用这些钱来支付汽车和房屋的首付款，或者购买更多的人身保险，同时，更多的钱流入了银行，成为银行储蓄。1940年，美国人在银行存入了42亿美元，4年之后的1944年，他们存了359亿美元，大多数的钱进入了安全的、受存款保险保护的储蓄账户，或是用来购买战争债券，而没有进入有风险的华尔街。

此外，绝大多数经济学家都预言，随着战争刺激因素

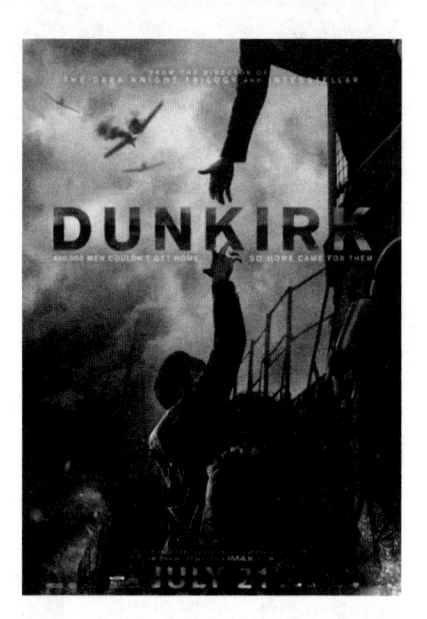

1940年5月，德国绕过马奇诺防线进军西欧，40万英法联军被压缩至法国敦刻尔克。盟军在9天内横渡海峡接回了33.8万人，得以保存了有生力量，但也放弃了几乎所有重装备，付出了近3万人阵亡、4万人被俘的代价，史称"敦刻尔克大撤退"。图为2017年的电影《敦刻尔克》的海报。（译者根据公开资料整理）

① 阿莱曼（Alamein），埃及北部一村庄，"二战"中英军曾在此击败德军。——译者注

— 伟 大 的 博 弈 —

位于美国华盛顿的"二战"纪念建筑群，其中两个拱门上分别雕刻了太平洋（Pacific）和大西洋（Atlantic）的字样，表示战火延及两大洋。（译者摄于2017年）

的消退，经济将面临一场新的萧条。毕竟，第一次世界大战结束后，紧随其后的就是1920—1921年的急剧衰退。美国的经济学家此时也和诸多被载入史册的将军一样，在这最后一次大战中"作战"。第一次世界大战时，美国经济除了民用生产外，几乎没有受到战争的影响，但到了第二次世界大战时，从很多方面来看，美国经济几乎完全变成了集中的计划经济。而战时美国经济的"首席执行官"是唐纳德·纳尔逊，他曾是西尔斯·罗巴克公司（Sears Roebuck）的执行副总裁，此时被罗斯福任命为战时生产委员会主席。纳尔逊和他的委员会的工作就是去决定：要打赢战争需要生产些什么？需要哪些原材料和工业生产能力？资源如何分配？哪些优先生产？到了1945年，这个生产委员会成为美国战时最大的非军事办公机构，总部设在华盛顿，有2.5万名雇员，每天消耗的纸张相当于一个大城市发行报纸所用纸张的数量。没有其批准，无人有权制造任

1945年，美国在日本投下原子弹，结束"二战"。图为突围投掷原子弹的美国B-29轰炸机，现陈列于美国航空航天博物馆。（译者摄于2017年）

– 第十四章 –
"华尔街也是……主街"（1938—1968年）

何东西，哪怕是一个曲别针。

这种经济模式的结果是：在战争进行的几年里，几乎看不到任何新的房子、家电、汽车、卡车、轮胎、收音机或电话等等，正是这种被严重压抑了的民用需求，和人们在储蓄账户和战争债券上积累的大量资金，共同催生了战后美国经济的大繁荣，而不是衰退。1946年年初，当工资和物价都从战时的控制状态放开后，美国经济在持续扩张的同时，也开始了一轮恶性通货膨胀。

但是，华尔街似乎依然置身局外，没有完全融入美国经济的热潮中。到了1949年12月31日，道琼斯指数也仅为200点，只是1940年点位的两倍，而同期美国国民生产总值已经增长到了原先的三倍，公司利润的增长更是远远不止于此。诸如凡世通公司（Firestones）和肯尼科特铜业公司（Kennecott Copper）这类蓝筹股中的蓝筹股，尽管股息率高达8%~12%，远高于当时的债券息率，市盈率也只有不到4倍。

不过，在华尔街看似持续萎靡不振的表象之下，其光明未来的种子已经播下。华尔街的未来将受到两个截

> 华尔街的未来将受到两个重要人物的巨大影响，他们就是查尔斯·E.美里尔和本杰明·格雷厄姆。

然不同之人的巨大影响，他们就是查尔斯·E.美里尔和本杰明·格雷厄姆。

* * *

与很多在华尔街成名和发迹的人一样，查尔斯·E.美里尔来自一个不太为人所知的小镇。1885年，他出生于杰克逊维尔城（Jacksonville）南部的绿色湾泉镇（Green Cove Springs），那里当时

449

还是佛罗里达北部的亚热带荒地。他的父亲是一名医生兼药剂师。美里尔读过几所学校,包括在阿默斯特学院(Amherst College)就读过两年,但没有毕业。他未来的岳父是华尔街一家小控股公司的财务主管。离开学校后,美里尔在这家公司找到了一份工作。他初到华尔街时,那里正处于1907年的恐慌之中,但经济很快就开始繁荣起来。他曾经在几家公司打工,最终在1914年初建立了自己的公司——查尔斯·E.美里尔公司。

美里尔是天生的推销员,轻而易举在华尔街打开了局面,结交了很多朋友。但他的公司还没来得及开张,第一次世界大战就爆发了,纽约证券交易所休市了,他自然也就没有了生意。美里尔靠着新街这个非法但被默许的市场生存了下来,直到纽约证券交易所重新开市。

在接下来的一年里,美里尔将自己的公司与一个名叫埃德蒙·林奇的债券销售员创建的公司合并,美林公司的名字首次出现在华尔街上(按惯例,两个名字之间应有一个逗点,但这个逗点在两家公司合并时的文件中被不小心遗漏了。从那以后,在这家公司的历史上,每一次重组和重新命名时,这个形式一直被有意保留并沿用下来)。

到了20世纪20年代,这家公司已经在华尔街立住了脚,并取得了相当大的成功。

查尔斯·E.美里尔。他相信为传统的华尔街客户以外更广大的公众服务中孕育着无限商机。到1950年,美林公司成立10周年的时候,它已经成为世界上最大的经纪公司。

– 第十四章 –
"华尔街也是……主街"（1938—1968 年）

没有就此满足的美里尔注意到一群新客户，并开始开发一个此前从未有人涉足的客户市场，那就是美国的中产阶级家庭。这些家庭手中有可支配收入，当然也就有可供投资的资金，但他们从来没有想到要去投资或购买股票。在这个阶段，美里尔也开始承销股票的发行，特别是连锁店股票，例如克雷斯吉（Kresge）、西部汽车设备（Western Auto Supply）和杰西潘尼（J.C. Penney）等公司。1926 年，他的公司承销了数额巨大的西夫韦（Safeway）连锁店股票，他后来成为这家公司的董事和主要股东之一。

1928 年年底，当一路飙升的股市和实体经济开始脱节时，美里尔是最早感觉到大难将至的人之一。他的直觉来得太超前了，以至他一直在怀疑自己的这种直觉，甚至担心自己是不是心理有问题，并为此去看了心理医生（"一战"后，心理治疗已成为富人圈里非常流行的一种时尚）。但经过几次谈话后，美里尔和他的心理医生都坚信，他十分清醒。于是，心理医生中止了对美里尔的治疗，并和他的"病人"一起开始抛售手里的股票。到了 1929 年秋天①，美里尔和大多数经纪人一样，差不多完全撤离了股市，但美里尔与他们都不同的是，他早在这一年 3 月就开始并一直建议他的客户撤资离场。

> 美里尔是最早感觉到（1929 年股灾）大难将临的人之一……心理医生中止了对美里尔的治疗，并和他的"病人"一起开始抛售手里的股票。

第二年，看到"大萧条"没有任何结束的迹象，美里尔决定离开股市。他将自己在交易所的交易席位卖了，并将公司卖给了 E.A. 皮尔斯公司。他和林奇都成为该公司的有限责任合伙人。这家公司后来成为华尔街改革进程中的排头兵。在随后几年里，他为他曾经承销过股

---

① 股市崩盘就发生在这个时期。——译者注

票的那些连锁公司做顾问。也就在这个阶段,一个想法在他脑海里逐步酝酿成熟,那就是将连锁店的运作模式引入经纪行业。他最终建成了分支机构遍布全美、规模空前的"美林帝国"。

20世纪30年代末期,E.A.皮尔斯公司经营不良,公司邀请美里尔回来担任公司的执行合伙人并主持日常管理。1940年,他接受了邀请,新公司被命名为美里尔－林奇－皮尔斯－卡萨特公司,尽管这时林奇已经去世,但美里尔仍然坚持在公司的名称中保留他的名字。新奥尔良的经纪公司菲纳比恩公司很快也被合并进来,于是公司的名称变成了美里尔－林奇－皮尔斯－菲纳－比恩公司。1958年,比恩退休,于是温思罗普·史密斯的名字被加了进来。

一上任,美里尔就马上着手开创了一种新的经纪业务模式。原先的经纪公司以理查德·惠特尼公司为代表,规模都很小,一般只有不足50个账户(当然,胆大妄为的惠特尼是个例外),其中大部分可能还属于他们的亲朋好友。那个时代稍大一点儿的经纪公司,有些客户经理会到公司合伙人的小圈子以外去招揽客户,但也大都只是靠朋友介绍而零零星星地进行。

由于客户经理的收入主要来自客户买卖证券所缴纳的佣金,所以他们有极强的动机去鼓动客户频繁交易,不论这些交易是不是符合客户的最大利益。尽管很多客户经理诚实守信,工作也很努力,而且具备一定的专业知识,但毕竟他们中很多人是因为是某人的姐夫或妹夫才得以在证券行业谋得差事,所以他们对于"投资研究"的理解,就是将华尔街这个永不停息的谣言工厂制造出来的最新小道消息和炒股"秘诀"二次传播给他们的客户。

美里尔彻底改变了这一切。他严格培训客户经理——这些人现在被称作注册代理人(registered representative),让他们掌握经纪业务的基本知识,并在他们刚开始工作时就给他们支付固定工资,而不是让

– 第十四章 –
"华尔街也是……主街"（1938—1968年）

他们完全靠佣金过活。从1948年开始，美里尔推出了大量广告，重点宣传他的这些股票推销员所接受的严格训练和他们所拥有的专业知识。他也认识到，对他的新客户来说，最大的障碍就是他们往往只知道证券的买进卖出，而对华尔街的运作方式一无所知。因此，在他的广告宣传里，美里尔还提供一些基本的知识，告诉人们如何对股票和债券进行投资，其风险和潜在的回报是什么，等等。

美里尔还通过广告大力宣传他认为华尔街应该和能够成为怎样的一个地方，以及他对华尔街的展望：华尔街应该成为一个安全的投资场所，在那里，你会见到很多诚信、专业的金融专家。几乎在一个世纪以前，福勒曾这样描写华尔街："伦理学家和哲学家们都认为华尔街是一个赌窝——或者说是一个塞满不洁之鸟的笼子。在那里，人们的所作所为令人憎恶，他们进行着可怕的交易，靠榨取朋友和邻居的财富来养肥自己——或者你可以把华尔街看成一个现代的罗马斗兽场，角斗士在里面进行着殊死搏斗，牛啊，熊啊，还有其他一些残忍的野兽在互相撕咬，以供大众消遣。"到了20世纪40年代，福勒笔下那个无法无天的华尔街早已成为历史，但他描述的这种华尔街形象却长久地留在了美国民众的记忆里，华尔街也从来就没有试图做任何努力去改变它。现在美里尔做了，并且成功了。

哈里·杜鲁门在他1948年总统竞选活动的一次演讲中将华尔街人斥为"钱庄老板"。美里尔在一则公告里回应道："某些竞选伎俩的确让我们感到有点儿气愤，尤其是当有人又把所谓'吃蛾子的妖怪'——华尔街大亨抛出来……杜鲁门先生和其他所有人都知道，世界上没有什么所谓的'华尔街'，它顶多只是一个概念。华尔街是什

> 几乎在一个世纪以前，福勒曾这样描写华尔街："伦理学家和哲学家们都认为华尔街是一个赌窝——或者说是一个塞满不洁之鸟的笼子。"

> "华尔街是什么呢?华尔街是旧金山的蒙哥马利大街,是丹佛的第十七大街,是亚特兰大的玛利埃塔大街,是波士顿的联邦大街,是得克萨斯州韦城的主街。它和密苏里州独立镇(杜鲁门的家乡)的任何一条街没有什么两样,在这里,节俭的人把他们的钱拿去投资,买卖证券。"①

美里尔的新运作模式很快取得巨大成功,到20世纪40年代末期,美林公司已经成为华尔街最大的经纪公司,总收入为4 570万美元。到了1960年,它的总收入达到1.36亿美元,几乎是华尔街第二大经纪公司——巴奇公司的4倍,相当于第三至第六大的经纪公司的总和。在这一年,美林公司拥有54万个经纪账户,成为著名的"气势汹汹的牛群"。

美里尔的成功很自然地迫使其他华尔街经纪公司也群起仿效其业务模式,那种陈旧的、小作坊式的经纪公司开始走向衰亡,全国性的经纪公司迅速崛起。在很大程度上,查尔斯·E.美里尔可以说是现代经纪业的鼻祖,他在华尔街经纪人中的重要地位毫不逊色于J.P.摩根在银行业所拥有的地位。

另一个帮助扩展经纪业务客户群的华尔街人是本杰明·格雷厄姆,他生于1894年,原名本杰明·格罗斯鲍姆(格罗斯鲍姆家族在1917年更名为格雷厄姆。当时,美国卷入第一次世界大战,这个德语

---

① 在这里,美里尔强调华尔街实际上渗透了美国经济的每个角落,而且,华尔街人和其他劳动者一样,也在勤奋地工作并创造价值。——译者注

第十四章
"华尔街也是……主街"（1938—1968年）

发音的名字在美国很不受人欢迎）。格雷厄姆的父亲是一个瓷器和小古董的进口商人，他从被俄国占领的波兰移民到伦敦，他的祖父曾经是华沙著名的大拉比。① 当本杰明1岁的时候，他的家庭移民到纽约，继续从事瓷器进口生意。

父亲去世时，格雷厄姆年仅9岁，他的母亲一个人艰难地将孩子们抚养长大。格雷厄姆一直是一个特别优秀的学生，曾经就读于布鲁克林区男子高中——纽约最好的高中之一，接着他考入哥伦比亚大学。数学一直是他的强项，他同时还会不下6种语言，包括拉丁文和希腊语。

毕业后，他获得一份哥伦比亚大学的教职，却对华尔街上的那些数字心向神往，尤其沉迷于研究政府发布的统计数据和华尔街上市公司的年度报告。他很快认识到，这些信息对投资决策是极为有用的，简直就像一座金山。这个现在看来显而易见的事实，正是本杰明·格雷厄姆的不朽贡献。他开创了一个直到20世纪30年代才被正式命名的领域——证券分析。

当然，上市公司的年度报告从19世纪90年代就已经出现了，但由于它的出现主要是银行家的推动所致，所以这些报告并没有为投资者提供太多有用的信息。相反，这些报告的重点往往是银行家最关注的东西——贷款信用。

格雷厄姆很快就出了名——他是能从一堆数字中看出公司价

---

① 大拉比（grand rabbi），拉比为犹太教中的教士。——译者注

值的那种人。1916年，古根海姆①家族决定将古根海姆勘探公司（Guggenheim Exploration）清盘，出售价为每股68.88美元。格雷厄姆注意到这家公司的大部分资产是其持有的其他上市公司的股份，他对该公司的固定资产做了最保守的估价，发现其每股净资产至少应为76.23美元，这意味着投资该公司至少有10%的利润保证。格雷厄姆自己没有足够的钱来投资，于是他就把这个信息告诉其他人，并收取他们投资收益的20%作为报酬。

与此类似，在20世纪20年代早期，格雷厄姆又发现杜邦公司的股票市值竟然低于杜邦旗下的通用汽车公司的股票市值（杜邦公司一直是通用汽车公司的大股东，一直到20世纪50年代的反托拉斯运动中，才被迫卖出它所拥有的通用汽车的股票）。由于杜邦还拥有除通用汽车以外的很多其他资产，所以这一现象说明，市场不是大大低估了杜邦公司的股票价值，就是大大高估了通用汽车股票的价值，但究竟是哪一种情况呢？

格雷厄姆不需要知道，他

格雷厄姆的著作《证券分析》。格雷厄姆被称为"现代证券分析之父"，他倡导的基本面研究和开创的证券分析方法在一定程度上改变了华尔街此前盛行的投机风气，并为现代资产管理奠定了基础。其著作《证券分析》和《聪明的投资者》影响甚广。巴菲特早年曾向格雷厄姆学习投资。（译者根据公开资料整理）

---

① 古根海姆（Guggenheim），工业及慈善家家族，该家族在纽约捐助建立了古根海姆现代艺术博物馆（1959年）。——译者注

第十四章

"华尔街也是……主街"（1938—1968年）

只需要买入杜邦公司的股票，同时做空同等数量的通用汽车的股票，然后耐心等待市场认识到自己的错误。而当市场最终自我修正时，杜邦公司的股价大幅上扬，与此同时，通用汽车的股价仍然保持稳定，这使格雷厄姆得以在通用汽车上毫发未损地平仓，同时在杜邦公司上狠赚了一笔。

这两次投资运作充分展示了格雷厄姆娴熟的投资技巧，那就是找到价值被低估

> **格雷厄姆与巴菲特**
> 股神巴菲特是格雷厄姆最成功的弟子。他吸取了格雷厄姆的许多投资理念，并在恩师的基础上进行了改良。格雷厄姆主张低风险的投资方式，注重对公司的基本面进行分析，获得精确的估值，据此寻找"烟蒂型"（股票当前市值远低于保守的估值）的股票。巴菲特则认为，单纯追求购买廉价股票并非最佳策略，他吸收了菲利普·费雪重视股票成长性的策略。巴菲特多次在写给股东的信中提及，与其以一个非常低的价格购入一般的公司，不如用一个比较合理的价格购入有核心竞争力的好公司。他把自己的投资策略描述为："85%的格雷厄姆和15%的费雪。"（译者根据公开资料整理）

的公司股票，并投资该股票，然后等待市场醒悟过来。他特别强调公司运营资本和现金在评估公司价值中的重要性，然后才是厂房和设备等固定资产，他还提醒大家要注重商誉等无形资产。格雷厄姆认为，在评估一家公司的价值时，最重要的是计算出其净流动资产，也就是说，公司所拥有的现金和其他可以迅速变现的资产加起来，减去公司所有的流动负债，如果得到的数字很高，那么这家公司的价值就有很好的安全保障，下跌的风险有限，而上升的空间很大。当然，要进行这种投资，另一样必不可少的东西就是耐心——这是一种在华尔街极为少见的美德。在华尔街，往往本季度末似乎就已是时间的尽头了。[1]

---

[1] 这里指华尔街人往往只考虑短期的收益，一个季度似乎就是人们考虑问题的极限了。——译者注

作为一个选股奇才,格雷厄姆的名声迅速传播开来。1926年,他开办了一家投资公司,管理45万美元的资产,短短3年之后,这个数目增加到250万美元。

2012年巴菲特股东大会上,巴菲特与比尔·盖茨打乒乓球。很多人如同到麦加朝觐的信徒一般,天不亮就赶到会场外排队,只为了一睹巴菲特的风采,并试图从巴菲特的一言一行中窥见投资的诀窍。(译者根据公开资料整理)

在那些年里,格雷厄姆的业绩持续优于道琼斯指数的表现。不论是那时还是现在,对一个基金经理来说,这都是很了不起的成绩。1928年,伯纳德·巴鲁奇想吸收他为合伙人,但遭到了拒绝。当然,在牛市里赚钱相对容易,能不能在熊市里将它们保住就是另外一回事了。1929年的道琼斯指数虽然经历了市场崩盘,但由于年初上涨了很多,所以全年的整体跌幅只有15%,但是格雷厄姆的基金却跌了20%。第二年,格雷厄姆以为熊市已经结束,就实施了一项激进的投资策略,事后证明这是他职业生涯中最大的一次失败。1930年,道琼斯指数下跌了29%,但格雷厄姆的基金却下跌了惊人的50%。不过,随后的一年,当道琼斯指数继续下挫48%的时候,格雷厄姆将他的损失控制在了16%。

到1932年,股市终于触底了,市场呈现出熊市结束时典型的超卖现象,格雷厄姆发现了无数符合他投资标准且有良好投资前景的公司。到20世纪30年代结束时,格雷厄姆已将他在大股灾前后损失的所有钱都赚回来了。为了增加一些额外收入,格雷厄姆开始在哥伦比

第十四章
"华尔街也是……主街"（1938—1968年）

亚大学授课，这门课的课程介绍上这样写道："本课将讲述经得起市场检验的投资理论，它将教你分析股票价格背离其价值的原因，并帮你发现价格被低估的股票。"这门课程很快就声名远扬，前来听课的不仅有哥伦比亚大学的学生，还有很多华尔街的专业人士。

1934年，格雷厄姆和大卫·多德合著的《证券分析》（Security Analysis）出版了，这是一本大学本科水平的教科书。1949年，他又出版了《聪明的投资者》（The Intelligent Investor），正如书名所暗示的那样，它是一本写给那些想成为聪明的投资者的人看的书。自出版以来，这两本书再版无数次，每一版都售出数十万册，这在一个每年有几百本新书出版的领域[①]是件很了不起的事，而且大部分这类书在书店的书架上都昙花一现，其寿命比最新的侦探小说还要短。这种空前的成功并不难理解，就像沃伦·巴菲特（他是格雷厄姆的学生，并为格雷厄姆工作过）所解释的那样："读懂格雷厄姆的书的人，全部发了财。"

查尔斯·美里尔和他的追随者将格雷厄姆的证券分析手段运用到推销股票中去，建立了庞大的研究部（在20世纪40年代之前，这是前所未闻的）来"生产"大量选股建议和各种市场评论。纽约证券分析师协会于20世纪30年代成立，当时只有20多名会员，到1962年，它已经有大约2 700名会员。

* * *

战后，尽管越来越多的美国人开始投资华尔街，但此时直接持有股票的人数仍少于1929年股市泡沫达到顶点时的人数，不过由于两

[①] 指金融和证券领域。——译者注

种新生事物的出现,间接持有股票的人数反而大大增多了。养老基金作为社会保险的一种补充形式出现在20世纪三四十年代,这一时期,越来越多的大公司开始出现工会,而工会的出现催生了养老基金。查尔斯·E.威尔逊时任通用汽车公司总裁,他后来因为一句他自己从未说过的话而闻名于世:"对通用汽车有利的就是对美国有利的。"威尔逊是养老基金最早的推动者之一,管理学大师彼得·德鲁克曾对他说:"如果养老金账户里的钱被投资到股票市场中,那么几年之后,这些工人将成为美国企业的拥有者。"威尔逊则回答他:"正应该如此。"(顺便提一句,威尔逊的父亲曾是尤金·德布斯①的坚定支持者之一。)

1960年,这个预言变成了现实。拥有数以十亿美元计的养老基金和工会成为华尔街的大玩家。那一年,美国中部卡车司机联合工会持有的股票价值为2 350万美元,美国矿工联合工会有1 640万美元投资在华尔街。1961年,联邦政府预算总额只有不到1 000亿美元,而所有非保险类养老基金持有的股票市值就有174亿美元之多。在那个时期,养老基金每年都有10亿美元的资金进入股市,有20亿美元进入债市。除此以外,随着千百万美国家庭开始有能力购买原先是奢侈品的人寿保险,保险公司也越来越多地成为华尔街的主要投资者。

共同基金的地位也越来越重要。封闭式基金有固定数目的基金份额,投资者可以像买卖其他证券那样在市场上买卖封闭式基金的份额。尽管封闭式基金已经出现多年,但真正意义上的共同基金②(它的份额可以按照基金的净资产价值进行申购和赎回)在1924年才出现。第一只这样的基金是马萨诸塞投资信托(Massachusetts Investment Trust)。虽然共同基金比封闭式基金更好地经受住了1929年大股灾的

---

① 尤金·德布斯,民主党人,5次成为总统候选人,被认为是倡导民主自由的代表。——译者注
② 这里指开放式基金。——译者注

- 第十四章 -
"华尔街也是……主街"（1938—1968年）

> **更多的人成了"资本家"**
>
> 20世纪30年代，通用汽车总裁威尔逊主张工人用养老金来购买股票，当时美国有人反对："这样工人不就会成为资本家了吗？"威尔逊回答说："正应该如此。"1929年，美国拥有股票的人只占2%；而今天，已经有超过50%的美国人拥有股票。《伟大的博弈》的作者戈登先生说，在过去100年里，美国社会发生的最深刻的社会变化是：更多的人成了"资本家"。
>
> 马克思曾深刻地指出，资本主义的根本矛盾是社会化大生产和极少数人占有生产资料的矛盾。进入20世纪后，很多发达资本主义国家都试图用两条途径调节其内部矛盾：一是建立社会保障制度，即通过向富人征收高额税赋，通过对社会分配的再调节来缓解贫富分化。二是通过资本市场的发展，使得工人也持有公司的股票或期权，并以此缓解了劳资双方的矛盾。
>
> 社会保障制度是美国经济"大萧条"时代罗斯福新政的重要政策，"二战"以后，美国养老金投资也与资本市场形成了良性互动。养老金依靠资本市场取得了较为理想的收益，也为美国股票市场提供了数额巨大的长期资金，推动技术创新和进步。2009年，在州及地方政府高达2.68万亿美元的养老资产中，有58%投资于股票市场。美国的401（K）账户的人均资产与道琼斯指数具有明显的协同发展关系，相关系数高达98%。（译者根据公开资料整理）

冲击，但它们在华尔街仍不受重视，这是因为经纪人可以通过客户买卖封闭式基金来赚取佣金，很自然地，他们会向客户推介封闭式基金而不是共同基金。

但到了1940年，这些旨在为小投资者提供服务的共同基金（它们允许投资者以10美元为最小投资单位进行投资）已有5亿美元的规模，几乎和封闭式基金的规模相当。1950年，共同基金的规模达到25亿美元，10年之后，其资产规模达到170亿美元，并且还在继续猛增。

* * *

随着新的资金和新的参与者进入华尔街，1929年留下的大阴影终于开始逐渐消退了，华尔街上最古老的格言——"锣鼓响时就买，号角响时就卖"①再一次得到了印证。第二次世界大战胜利的号角并没有带来股市的繁荣,但当1953—1954年经济衰退的鼓点声渐渐来临时,股市却意想不到地起飞了。1953年9月30日,道琼斯指数只有264.04点。在此前几天,《美国新闻与世界报道》(U.S. News and World Report)曾这样写道:"今天股票的平均价格比8个月前约低11%,投资者面对在一片繁荣中下跌的股市,感到困惑不已。"

但是,1954年1月,当艾森豪威尔②总统宣布他将平衡政府预算(实际上他并没有努力去做这一点)以后,市场终于开始了强劲的攀升。这一年的国民生产总值从3 654亿美元下降到3 631亿美元,而道琼斯指数却增长了125点,在2月13日创下了"大萧条"之后的新高——报收于294.03点,这是自1930年4月以来的最高点。6月,道琼斯指数进一步上涨到330点。12月的第一个星期,道琼斯指数终于冲破1929年的最高纪录——381.17点,此时离1929年已经过去了25年。

事后证明,这正是市场长久以来一直等待的信号,艾森豪威尔时代的牛市随着这一声咆哮开始了。股价上涨的速度远远高于股息的上涨速度。20世纪50年代,股息仅增加了35%。事实上,股价上涨的速度有时甚至超过公司盈利的增长速度。通用汽车的股价从1954年的高位每股32.875美元上升到1960年的每股55.875美元,但公司每股

---

① 原文为"buy on the cannons, sell on the trumpets",出自纳坦·罗斯柴尔德(1777—1836年)。锣鼓响即战争开始,号角响即战争结束,而战争爆发通常导致市场恐慌抛售,股市下跌,股票被低估,因此应在开战时买入,结束时卖出。——译者注

② 指德怀特·戴维·艾森豪威尔(1890—1969年),美国将领,第34任美国总统(1953—1961年)。任盟军远征军最高司令时发动了诺曼底登陆(1944年6月6日),最终打败了德国(1945年)。其就任总统期间发生突出的事件有:中止了朝鲜战争(1953年),解决了国内种族问题,开启与苏联的冷战,以及中断与古巴的外交关系(1961年)。——译者注

– 第十四章 –
"华尔街也是……主街"（1938—1968年）

盈利仅从3.02美元上升到3.35美元。

除了对1929年大危机所产生的恐惧逐年减弱以外，其他两个因素也推动了这轮新的牛市。首先是供求关系，大量涌入的养老基金、共同基金和保险公司的资金总是需要有地方投资，而证券的供应速度远远赶不上需求的增长速度。1953—1959年，在纽约证券交易所挂牌交易的股票数目实际上是减少的，从1 532只减少到1 507只，而流通股票总量从32亿股增加到58亿股，同期股价上涨幅度超过了一倍。

美国从1948年4月起实施"马歇尔计划"，连续4年向西欧国家提供了共计130亿美元的援助（约等于今天的1 320亿美元），以遏制共产主义，也起到了转移其国内过剩产能的作用，不但帮助欧洲复苏，也巩固了美国的霸主地位。图为马歇尔计划中援欧物资使用的标签。（译者根据公开资料整理）

第二个因素是，在很大程度上，资本市场终于反映了实体经济增长的现实。除了很少的几个阶段，美国资本市场一直滞后于迅速发展的战后美国经济，就像一位经济史学家所说的那样："艾森豪威尔牛市的基石是杜鲁门时期的繁荣。"

但这是一个不折不扣的牛市。此前与华尔街毫不相关的人也开始关注股市，电台和电视评论员开始提供选股建议。他们之中，沃尔特·温切尔[①]可能是最出名的一位。他吹捧的股票往往会大幅飙升，

---

① 沃尔特·温切尔（1897—1972年），美国新闻记者，他主持报刊专栏《百老汇评论》（1924—1963年）和无线电新闻广播（1932—1953年），报道娱乐和政治事件。——译者注

直到某天又跌回被他"提携"之前的水平，变回默默无闻的"平民一族"。

所有牛市来临的一个必要条件也已具备——交易量在迅速增加。1954年的总交易量为5.73亿股，是1931年以来的最高值，日均交易量自1933年"大萧条"以来首次超过200万股，到1959年，年交易量第一次超过10亿股。

从20世纪50年代剩下的时间直至60年代，道琼斯指数继续上扬。但是，那时和现在都一直被视为股票市场温度计的道琼斯指数，实际上并没有充分反映20世纪50年代和60年代牛市的盛况。事实上，人们对道琼斯指数的不满几乎从它诞生之日起就存在，早已不是一个新鲜的话题，至少对它按价格加权而不是按市值加权的编制方法就有异议。这种编制方法意味着，高价股对道琼斯平均指数的影响大于低价股，而股票市值大小对指数的影响却没有被考虑进来（股票的市值＝股票价格 × 股票总流通股）。道琼斯指数之所以采用这样一种计算方式，是由于在1898年查尔斯·道创建该指数的初期，这种方式可以用纸笔就很快计算出结果。道琼斯指数备受抱怨的另一个原因是，它只将30只股票纳入其中，而在华尔街，每天有成千上万的股票在进行交易。

而且，随着时间的推移，这30只股票也发生了很大变化。通用电气是道琼斯指数早期成分股中唯一保留至今的股票，而其他的早期成分股有些因破产而从指数中消失了，有些被合并到了其他公司，有些被剔除出了指数——因为指数的编制者认为其他公司能更好地代表美国经济的发展。这些变化对道琼斯指数和股票市场的历史影响深远，尤其是在战后。

例如，在1939年，IBM（国际商业机器公司）还是一家生产办公设备和制表仪器的公司，从道琼斯指数中被剔除，让位给了AT&T

第十四章
"华尔街也是……主街"（1938—1968 年）

（美国电话电报公司）公司。那时的 AT&T 公司除了有一家叫作西部电子（Western Electronic）的子公司以外，并不是真正的实业公司。40 年后的 1979 年，当 IBM 被重新纳入道琼斯指数的时候，AT&T 股价仅翻了一番，涨幅并不显眼。而同期，IBM 成为华尔街的传奇之一，它的股票在这 40 年里被拆分了至少 29 次，股价的涨幅更是达到了令人瞠目的 22 000%。

> **百年老店通用电气的变迁**
>
> 通用电气公司（General Electric，简称 GE）创立于 1892 年，由 J.P. 摩根重组爱迪生电气公司而来，从资本到技术都可谓衔着"金钥匙"出生。1956 年，通用电气在纽约州哈德逊河谷边建立克劳顿管理学院，培养了不少企业家精英，被《财富》杂志誉为"美国企业界的哈佛"。在 1981—2001 年杰克·韦尔奇出任董事长兼首席执行官期间，他一扫公司官僚化积弊，带领通用电气成为业界领袖，公司横跨能源、航空、医疗、金融、照明多个领域，其市值从 160 亿美元猛增至 4 800 亿美元。然而，近年来，通用电气陷入困境，业务收入下滑、数字化转型不利，正在通过更换高管、出售业务等方式"断臂求生"，它成为 2017 年表现最差的美股之一。2018 年 6 月 26 日，因一年内下跌 53%，通用电气从道琼斯指数中被移除，是道琼斯工业指数设立之初 12 只成分股中保留时间最长的一家公司。（译者根据公开资料整理）

也就是说，如果影响力如此巨大的道琼斯指数没有这样庸人自扰地将成分股变来变去的话，股市很可能早就回到了它在 1929 年的高位，或许也早已超过了 1 000 点，并在以比现实中更快的速度向更高点进军。而美国股市的历史也有可能被彻底改写，因为市场上的参与者将根据道琼斯指数——这个股市温度计完全不同的读数而做出截然不同的反应。

尽管华尔街在 20 世纪 30 年代进行了深入改革，尽管查尔斯·E. 美里尔创建了经纪业务的新型模式，尽管艾森豪威尔的牛市不期而至，尽管这一切给华尔街带来了崭新的面貌，但是骗子仍然存在，事实上，他们将永远存在。在这个时期的骗子当中，人们记忆最深的是

商品投机商安东尼·安吉利斯在色拉油市场的囤积投机失败，引发了市场恐慌，促使华尔街意识到应当将个别经纪商破产的风险和影响控制在有限范围内。（译者根据公开资料整理）

安东尼·安吉利斯，人们通常称他"蒂诺"（Tino），他的不法行为将引发华尔街的另一次大变革。

安吉利斯是商品市场，特别是棉花籽油、豆油和豆粕（豆油生产的一种副产品）市场的一名投机商。1962年，他编织了一张极为复杂的投机网络，试图在色拉油（一种由多种植物油，包括豆油，混合而成的食用油）市场进行囤积活动。他在现货和期货市场上同时买入大量豆油，并储藏在自己农场的油库中，农场位于和曼哈顿下城隔纽约湾相望的新泽西巴约城。为了筹措投机所需要的资金，他将豆油的仓单售出，大部分卖给了美国运通公司的一家子公司——美国运通仓储公司。

美国运通公司又将这些仓单转手卖掉，并且暗示提供担保。在某个时点，当运通公司派一名观察员前去安吉利斯的油库检查时，发现情况很不妙：油库大部分都空空如也，因为安吉利斯不但卖掉了仓单，把豆油也卖掉了。

1963年11月19日，星期二，安吉利斯的植物油精炼公司申请破产，但这仅仅是噩梦的开始。安吉利斯曾通过两家大经纪公司——威利斯顿－比恩公司与艾拉·豪普特公司在色拉油期货市场上进行投机活动，现在这两家公司都深陷绝境。第二天早晨，纽约证券交易所暂停了这两家公司的交易。

在20世纪20年代，一家经纪公司的破产可能只会影响到它的合

– 第十四章 –
"华尔街也是……主街"（1938—1968年）

伙人和为数不多的客户，但艾拉·豪普特公司有2.1万个客户，在公司的账号上有客户4.5亿美元的证券资产和550万美元的现金。这些证券中的很大一部分在公司名下，也就是说，尽管它们是客户拥有的证券，却是以公司名义持有的，以方便客户交易或是客户在以保证金方式购买证券时用作抵押。当经纪公司破产的时候，那些在客户名下的证券会很快还给客户，而那些在公司名下的证券就可能拖延长达数月甚至数年之久。

威利斯顿-比恩公司拥有另外9 000名客户，也有类似数目的资产处于这种风险中。随着这两家经纪公司被暂停交易，这些资产突然之间被冻结。此时已是一家大型银行，同时也是一家旅行公司的运通公司，也处在风雨飘摇之中。

其他经纪公司的客户也从这时开始要求取出他们在经纪公司里的证券和现金，这有点儿像传统的银行挤兑。尽管纽约证券交易所和它的会员公司都没有义务来援救这两家公司的客户，但是其他经纪公司完全了解这个事件在深层次上对自己利益的潜在冲击。如果它们的很多客户也要求提取证券和现金的话，它们也将面临破产的危险，于是它们决定采取行动。

而且，如果华尔街此时毫无作为，那么美国证监会一定会采取行动，这只会进一步削弱华尔街的独立性。

星期五早晨，美林公司和另一家经纪公司——沃斯顿公司（Walston and

1966年，新的股票电子显示屏。纽约证券交易所的总裁基思指着电子显示屏——它取代了过去股票自动报价机的纸带。

Company）宣布将向威利斯顿－比恩公司提供50万美元的贷款，使其能满足纽约证券交易所对资本金的要求，使其得以重新开业。美林公司还宣布，如果有必要的话，它已经做好接管这家公司的准备。事实上，美林公司后来的确这么做了。于是，当天下午，也就是11月22日下午，威利斯顿－比恩公司重新开业。可是，另外一家经纪公司——艾拉·豪普特公司仍处于危险之中。

纽约证券交易所总裁基思·芬斯顿提议召开银行家会议，讨论如何挽救艾拉·豪普特公司。但是，这个会议还没开始，就传来肯尼迪总统在达拉斯遇刺的消息，华尔街立刻陷入一场远比色拉油危机更为深重的恐慌之中。下午2点刚过，股市就关闭了，在闭市前的半个小时里，道琼斯指数直线下挫了24点，交易量达260万股。

举国上下都在哀悼刚刚死去的总统，而基思·芬斯顿正忙于为艾拉·豪普特公司组织有序清盘。11月25日，星期一，各方达成了一份协议：纽约证券交易所要求其会员为艾拉·豪普特公司提供1 200万美元以使其客户不受损失，艾拉·豪普特公司欠各大银行的2 400万美元贷款将被延期偿还。随后，艾拉·豪普特公司将被清盘，它的资产将被变卖，用来偿还交易所和银行的债务，如果还有剩余的话，将分给公司的合伙人。

第二天早晨，星期二，纽约证券交易所开始正常营业，这是从上一个星期五以来的首次开市。纽约证券交易所史无前例地为其会员公司的破产承担责任这一消息，加上从华盛顿传来肯尼迪遇刺身亡之后政权正在有条不紊地移交的消息，推动道琼斯指数创下当时的单日升幅纪录——32.03点。在这个过程中，美国运通公司也表现出高度的责任感，它完全可以让子公司走破产程序，让购买空仓单的那些人两手空空，一无所获，但是，它最终赔付了所有这些空仓单。

一年以后，纽约证券交易所宣布建立一个1 000万美元的特殊基

– 第十四章 –
"华尔街也是……主街"（1938—1968 年）

金（外加 1 500 万美元的信用贷款额度）用于应付未来可能发生的类似事件。这个基金的成立是华尔街运行方式的一大变化，标志着华尔街的参与者开始意识到他们有超越各自公司的共同利益。在这个意义上讲，它与历史上另外两次改革有着惊人的相似之处：一次是在 19 世纪 60 年代，纽约证券交易所和公开经纪人委员会采取行动抑制过度的投机行为；另一次是在 19 世纪 90 年代，投资银行一致强烈要求上市公司出具年度报告和独立的会计报表。而这一回，亚当·斯密的"看不见的手"再一次将华尔街引上了正轨。

> 纽约证券交易所宣布建立一个 1 000 万美元的特殊基金（外加 1 500 万美元的信用贷款额度）用于应付未来可能发生的类似事件。这个基金的成立是华尔街运行方式的一大变化，标志着华尔街的参与者开始意识到他们有超越各自公司的共同利益。

1964 年 2 月 28 日，道琼斯指数第一次收在 800 点之上，但这看上去还远远不是 10 年前已经开始的这个大牛市的顶点，在这一年年底，道琼斯指数以 874.13 点报收，当年的涨幅为 14.6%。此时，交易所的交易席位价格超过 20 万美元，年交易量超过了 1929 年以来的任何时期。纽约证券交易所宣布，它将引进一种新的股票自动报价机——每分钟可以报出 900 个字节，每天可以处理 1 000 万股的交易量。这是技术上的巨大革新，它对华尔街扩展影响所起的作用比此前几百年中任何其他技术革新都大。而另一项新技术——计算机，此时已经在银行、保险公司和大经纪公司的后台开始投入使用。很快，就像电话取代电报一样，计算机将取代自动报价机。

20 世纪 60 年代后半叶，道琼斯指数曾有一次奇迹般地接近了 1 000 点大关，但就此止步不前了：道琼斯指数曾在 1966 年某一天的日中交易探到 1 000 点高位，此后还有 4 次在日中交易达到这个高位，但直到整整 6 年后的 1972 年才终于第一次收在 1 000 点之上。尽管市场的升势停止了，但是交易量的增长并没有停止：日交易量从 1965 年的 620 万股增长到 1975 年的 750 万股。在 1967 年，最差一天的日交易量为 590 万股，这比 1960 年最高的日交易量还多了 69.5 万股。1968 年，日交易量刷新了 1929 年 10 月 29 日创下的、保持了近 40 年之久的纪录，达到新高。这是值得庆祝的，毕竟，交易量对于经纪人就像母乳对于婴儿那样重要。

但是，在现实中，交易量的激增也带来了无穷的麻烦，20 世纪 60 年代末期的华尔街被淹没在了纸堆里。因为买卖双方的记录不同，大量交易无法执行，直到双方把事情搞清楚为止。这种错误交易的数量正在以令人警觉的速度上升。仅在 1968 年 12 月，就有至少价值 41 亿美元的交易因无法搞清而作废。

当然，在那个时候，没有人会想到，华尔街自胡佛主政白宫以来最糟糕的一段时期即将来临。

同一时代的西方和东方

西方	年份	东方
德国对波兰不宣而战。第二次世界大战爆发	1939	
美国颁布《投资公司法》和《投资顾问法》，奠定了现代共同基金业的基本框架	1940	
日本偷袭珍珠港。随后，美国对日宣战，正式参加第二次世界大战	1941	
德国宣布投降	1945	中国共产党第七次全国代表大会召开
联合国建立	1945	日本宣布投降
世界第一台计算机问世	1946	国民党发动全面内战，人民解放战争开始

第十四章
"华尔街也是……主街"（1938—1968年）

（续表）

西方	年份	东方
	1947	印巴分治：印度、巴基斯坦独立
	1947	以色列建国，第一次中东战争爆发
美国爆发"二战"后的第一次经济危机	1948	
美国开始实施马歇尔计划	1948	
"北大西洋公约组织"正式建立。以美国和苏联为代表的东西方格局形成	1949	中华人民共和国成立
世界上第一只对冲基金——琼斯基金成立	1949	
	1950	《中华人民共和国土地改革法》颁布，开始土地改革
	1950	抗美援朝开始
美国试爆第一颗氢弹	1952	
	1953	《朝鲜停战协议》签订
	1953	社会主义改造开始，至1956年基本完成
	1954	第一届全国人民代表大会召开，《中华人民共和国宪法》颁布
苏联宇航员加加林太空飞行成功	1961	
民主德国政府修筑了一道环绕西柏林的围墙	1961	
美国麻省理工学院爱恩斯教授发明了世界上第一个现代机器人	1962	
美国总统肯尼迪遇刺身亡	1963	
	1964	中国第一颗原子弹爆炸成功
	1966	中国"文化大革命"开始

第十五章
"或许是为贪婪说句好话的时候了"
（1968—1987年）

- 译者题注 -

20世纪60年代和70年代初期，通货膨胀、越南战争、第一次石油危机以及随之而来的股市持续低迷，令人们对华尔街的前景再一次感到迷茫。这时，一位华尔街作家写道："如果说贪婪和恐惧是华尔街上仅有的两种心态的话，我想，或许是为贪婪说句好话的时候了……"

- 译者导读 -

- 20世纪60年代初期,在牛市结束后,华尔街进入了一个大变革的时代。以共同基金为代表的机构投资者迅速崛起,彻底改变了市场的投资者结构,市场交易量也逐年增加。个人投资者在交易量中的占比不断下降,他们转而将资金委托给专业的基金经理。一些明星基金经理在市场中声名鹊起,身家连城。

- 激增的交易量使得华尔街的后台运作系统面临前所未有的压力,突飞猛进的计算机技术有效地改善了这一情况。1965年,交易所将自动收报机与电子显示屏连接,使得在交易大厅里的所有人能够同时看到股价。

- 1971年,美林公司成为第一家上市的华尔街投资银行。随后,摩根士丹利、高盛等华尔街投行也逐步打破了不向公众出售股份的百年惯例,放弃合伙人制,成为公众公司。

- 20世纪60年代中后期到70年代初期,美国经济进入滞胀时代(即通货膨胀和经济萧条同时存在),加之越南战争、第一次石油危机的影响,股市持续低迷,"华尔街即将灭亡"的论调再次出现。然而,在哀鸿遍野中,那些将给华尔街带来巨大繁荣的变革也正悄然发生。

- 华尔街经纪人的固定佣金制和《梧桐树协议》一样古老。长久以来,它是华尔街至高无上、不可动摇的铁律。随着机构投资者力量的壮大,以及迫于其他市场的竞争压力,纽约证券交易所最终于1975年放弃了长达183年的固定佣金制,这标志着纽约证券交易所"私人俱乐部"时代的终结。

- 1971年纳斯达克的成立敲响了美国步入新经济时代的钟声。纳斯达克在随后的几十年里成就了微软、苹果、思科、英特尔、甲骨文、戴尔、雅虎、亚马逊、谷歌等一大批高科技企业，并使得硅谷成为全球高科技产业的摇篮。科技和资本的结合机制使美国经济进入了一个相对较长的扩张期，并引领了20世纪最后30年新经济的发展。
- 1975年，美国国会通过了《证券法修正案》。该法案要求将全美的证券交易所和三板市场连接起来，形成统一市场。1978年，跨市场交易系统投入运营。在这个扩大了的无形的电子交易平台上，纽约证券交易所凭借其长久积累的影响力，仍保持着巨大的竞争优势。
- 随着美国上市公司的市值越来越大，监管的力度也在逐步加强，想要在股票市场进行早期华尔街的那种股票囤积已是不可能的事情。但是，商品市场却不然。在20世纪70年代末期，石油巨子亨特兄弟主导的一起白银囤积投机活动再次唤起了人们对于久远历史的记忆。这场轰动全美的操纵案最终以亨特兄弟不可避免的失败而告终。尽管华尔街的许多机构被卷入其中，但由于银行和美联储所采取的紧急措施，成功地阻止了恐慌的蔓延。

− 第十五章 −
"或许是为贪婪说句好话的时候了"（1968—1987年）

当20世纪50年代和60年代初期的大牛市开始停滞下来的时候，华尔街发生了一些变化，其中有些变化几乎完全是象征性的。1967年，穆里尔·赛伯特成为第一位在纽约证券交易所拥有席位的女士——这离维多利亚·伍德哈尔在"船长"范德比尔特的资助下创立经纪公司已有98个年头了。三年之后，约瑟夫·L.瑟尔斯三世成为拥有纽约证券交易所席位的第一位黑人。然而，更为重要的一些变化发生在一些大机构及其经营者身上（基本都是男性），这些人是华尔街的明星。20世纪20年代的明星，如杰西·利弗莫尔和约瑟夫·肯尼迪，他们一心一意只为自己牟利，占据了有关华尔街各类报道的头条。到了20世纪60年代末，弗雷德·卡尔和杰拉尔德·蔡[①]成为华尔街上的焦点人物。1967年，道琼斯指数上涨15%，而弗雷德·卡尔管理的"企业基金"（Enterprise Fund）净值上涨了117%。杰拉尔德·蔡在富达资本公司（Fidelity Capital）负责投资，因善于选股而成名。1966年，他离开富达创办自己的共同基金——曼哈顿基金（Manhattan Fund），最初只期望能募集到2 500万美元启动资金，不料公众投资者蜂拥而入，给了他总共超过2.7亿美元的资金让他管理。

然而，由于越来越多地将资金交给机构投资者管理，个人投资者在华尔街上变得越发不重要了。在20世纪60年代，参与股市的个人投资者数量至少翻了一番，但他们的交易量在华尔街全部交易中

[①] 杰拉尔德·蔡（1929—2008年），美籍华人，1949年获美国波士顿大学经济学硕士学位；1952年进入富达基金工作；1958年，29岁的他创立富达旗下第一只成长基金，该基金的资产规模在8年内从1 200万美元增至3.4亿美元，翻了28倍，杰拉尔德·蔡因其激进灵活的投资风格和对市场变化的迅捷反应而名声远扬，被誉为华尔街的"金融魔术师"。——译者注

杰拉尔德·蔡是华尔街上最早的成功的华裔，生于上海，中文名为蔡至勇。他在20世纪60年代帮助富达资本成长为共同基金中的佼佼者，后来创建了自己的曼哈顿基金，在任美国制罐公司首席执行官期间，他成功地把该公司转型为金融企业Primerica。（译者根据公开资料整理）

的占比却持续下降。1961年，个人投资者的交易量占纽约证券交易所总交易量的51.4%，机构投资者占26.2%，剩下的是交易所会员公司用它们自己的账户所进行的交易。然而，到了1969年，机构投资者交易占比已上升到42.4%，个人投资者占比则下降到了33.4%。

除了个人投资者人数不断增加，以及机构投资者的投资组合越发多样化以外，交易量稳步增加的另一个重要原因是这些机构投资者投资组合的换手率大幅上升。随着人们越来越关注明星基金经理，基金经理的"业绩"压力也越来越大，而用来评估这些业绩的时间段却越来越短。在1955年，共同基金平均年换手率大约为1/6，而到了1960年，50%的换手率已经是稀松平常的事。而机构投资者进行的往往都是大宗交易（即每笔至少买卖1万股证券），交易量自然呈螺旋式上升。在1966年售价仅为27万美元的交易所交易席位，两年之后已价值50万美元，这是自20世纪20年代后期以来从未出现过的高价（忽略通货膨胀效应）。

然而，华尔街显然还没有为如此大规模的新增交易量做好准备，由此引发的后台混乱使纽约证券交易所不得不大幅缩短交易时间，以便让其会员公司能够及时完成各种后台文书工作。1968年的春天，纽

– 第十五章 –
"或许是为贪婪说句好话的时候了"（1968—1987年）

约证券交易所决定每周三闭市。这个规定直到1969年1月才被废止，其后华尔街恢复了每周5天的交易，但缩短了每天的交易时间。直到1970年5月4日，一切才恢复正常。

这个时候，经纪公司开始在计算机技术上进行大量投资，以解决后台工作速度太慢的问题。但是，20世纪60年代末期的计算机体积庞大、操作复杂且价格昂贵。在20世纪60年代早期，证券交易还几乎完全靠喊话与纸笔来完成。证券的买单和卖单指令首先通过电话传给大厅里的记录员，由他们写下来交给经纪人去执行。当买卖订单执行完毕后，经纪人再将交易记录交还给记录员。人们仍旧使用股票自动报价机将最新的报价发往全美各地的经纪公司，随着交易量的急剧上升，自动报价机几乎不断地在"吐出"没有尽头的纸带。

1965年，自动报价机终于能够与电子显示屏连接，整个大厅的人都得以同步看到正在打印的记录单上的股价信息。但是，这次巨大的通信进步也带来了一个有趣的副作用——随着越来越多的经纪公司引进了电子显示屏，自动报价机的纸带越来越少，以至影响到了"纸带游行"的顺利进行。直到今天，这一传统仍然深深地根植于纽约文化的土壤之中，人们舍不得将这个传统抛弃。现在，在每次"纸带游行"前一天，环卫部门都会给各个办公大楼送去很多废纸片，供人们在"纸带游行"时抛撒，过后再不惜花大笔钱财将它们清理干净。

1969年，在经过长达40年的讨论之后，一家中央证券存管机构终于得以成立，来解决越来越严重的华尔街文件周转问题。但是这一努力与实际中遇到的困难相比完全是杯水车薪。所以，尽管交易量在不断上升，但后台工作的混乱和为解决这类混乱而支付的高额成本严重影响了经纪公司的盈利能力，一些小经纪公司开始出现麻烦。然而，此时的纽约证券交易所还无权限制一些经营不善的公司去开展新业务，除非它们没有满足资本金要求或是违反了一些特定规则，交易所能做的只是敦促公司谨慎行事。

1968年1月,一家规模相对较小的公司——皮卡德公司(Pickard & Co.)由于无力应付庞大的交易量而被清盘。调查发现,它涉嫌大量违规操作,包括出售未注册的证券和频密交易(churning accounts,用客户的账户进行频繁交易以获得更多佣金)。这家公司3 500名客户的损失由1903年艾拉·豪普森公司倒闭案之后建立的特别信托基金全部赔偿。皮卡德公司倒闭案几乎没有引起华尔街以外的任何人的注意。但是到了这一年的8月,纽约证券交易所已经将35家公司归于"业务限制"之下,《财富》杂志对此评论道:"这一措施是为了防止像皮卡德公司那样的业务过载现象再次发生。"

即使是一些运营稳健的公司也受到了影响。雷曼兄弟公司(Lehman Brothers)决定不再开设新的分支机构或雇用新的销售员,潘恩韦伯公司(Paine Webber,不在上文所说的35家公司之内)自愿停止其广告宣传,并且提高了其客户保证金账户的最低金额要求。

对资本金的更高需求最终打破了不允许纽约证券交易所会员公司向公

华尔街投行:从合伙制企业走向公众公司

在20世纪70年代以前,美国投资银行大多采用合伙人体制。在金融市场发展平稳、投资银行利润丰厚的情况下,合伙人制有其优越性,既可以最大限度保留利润,避免向外部股东发放股息,又可以保持"神秘感",不用向外界透露财务状况和重要方针,在这种情况下,是没有必要以发行股票的方式从公众手中募集资金的。然而,1969—1970年,美国投行业出现危机,有些投行合伙人为了规避个人风险而退出经营,这进一步加剧了经营困难,影响公司稳定性,合伙人制的局限性开始显现。此外,监管对投行资本金要求的提高,以及取消固定交易佣金限制等政策挤压行业利润,都促使投行选择上市,以增强自身资本实力。1971年,美林率先在纽交所上市,其后所罗门兄弟、摩根士丹利等也纷纷上市。高盛曾于1986年考虑过向公众发行股票,但因合伙人意见不一而被否决。1999年,高盛在纽交所首次公开发行。(译者根据公开资料整理)

第十五章
"或许是为贪婪说句好话的时候了"（1968—1987年）

众出售其股份的传统。传统理论认为，在金融公司破产的时候，其合伙人要以个人全部资产负连带责任，因此直到20世纪40年代，纽约证券交易所的会员公司都必须是合伙人制。后来，它们被允许采用公司制，但是公司的股票必须全部由私人持有。1970年的一项法规变革使得纽约证券交易所的会员公司可以对公众出售股份，也就是说，证券公司上市成为可能——而上市恰恰是18世纪90年代以来，几乎所有其他行业的公司在华尔街筹集资金的方式。1971年，美林公司成为第一家在纽约证券交易所挂牌上市的会员公司。

> 1970年的一项法规变革使得纽约证券交易所的会员公司可以对公众出售股份，也就是说，证券公司上市成为可能——而上市恰恰是自18世纪90年代以来，几乎所有其他行业的公司在华尔街筹集资金的方式。1971年，美林公司成为第一家在纽约证券交易所挂牌上市的会员公司。

1968年的选举使得共和党入主白宫，但这并没使华尔街股市回升多少。面对经济困境，理查德·尼克松[1]别无选择，不得不沿用约翰逊[2]任内就开始实行的紧缩银根政策，以抑制由越南战争及社会大福利方案的"大炮加黄油"[3]政策所引起的日益恶化的通货膨胀。

联邦贴现率（discount rate，即基准利率）在1967年10月还在4%的水平，但到了1969年年初就上升到了5.5%，并在同年4月进一步上升到6%，这是自灾难性的1929年"大萧条"以后从未达到过的高水平。道琼斯指数在1968年年底报收于943.75点，但到了1969年7

---

[1] 理查德·尼克松（Richard Nixon，1913—1994年），美国第37任总统（1969—1974年），他竞选连任成功，但后因卷入"水门事件"丑闻而辞去了总统职务。——译者注
[2] 林登·B.约翰逊（Lyndon B. Johnson，1908—1973年），1963年肯尼迪遇刺后，他以副总统身份继任总统，并于次年连任成功。在任期间，他推行了一系列社会改革方案。——译者注
[3] 意指一面发动战争，一面推行国内福利的政策。——译者注

月末，该指数就下降到了 801.96 点，跌幅 15%，这是近 10 年来的最大跌幅。

那个年代所有的不确定因素，通货膨胀、越南战争、大学校园动乱以及城市的动荡不安，都使得此时华尔街的支柱——机构投资者变得越来越警惕，交易量与以前的狂热时期相比有些轻微的下滑。1969 年 8 月 11 日，纽约证券交易所日交易量仅为 668 万股，为两年内最低。

随着股票价格不断下降，一些经纪公司作为资本金而持有的证券的价值也一路下跌；同时，交易量的萎缩也减少了经纪公司的收入来源。这一切使得华尔街上那些相对弱小的经纪公司面临灭顶之灾。10 月 22 日，一家叫格雷戈里（Gregory & Co.）的小经纪公司被纽约证券交易所取消会员资格，特殊信托基金不得不为它的客户支付了 400 万美元。1970 年，道琼斯指数继续在"尼克松熊市"中不断下跌，威胁着越来越多、越来越大的公司。

> **20 世纪 60 年代的美国：**
> **核战、登月与嬉皮士**
>
> 唯一在实战中使用过核弹的美国深知这种毁灭性武器的可怕，因此 1962 年得知苏联把核导弹部署在了自家门口的古巴之后，美国以不惜核战的强硬态度撵走了苏联的核导弹，其间，许多陷入恐慌的美国民众纷纷抢购食物并逃往山区。
>
> 古巴导弹危机虽然解除了，核战的阴霾却始终笼罩：深陷越战泥潭的美国政府致力于军备和航天竞赛，最终于 1969 年发射"阿波罗-11 号"首次实现人类登月；美国年轻人则在这个时期发出了反战、平权、性解放的声音，开创了以奇装异服、吸毒和同性恋为标志的嬉皮士文化。（译者根据公开资料整理）

麦克唐奈公司（McDonnell）是 20 世纪 60 年代晚期在华尔街上崛起的一颗希望之星。它的规模迅速膨胀，一度有望成为"美林第二"。但到了 1969 年年末，情况急转直下，麦克唐奈公司开始关闭一些分支机构，裁撤部分经纪人。《华尔街日报》报道称，麦克唐奈公司遇到了大麻烦，但该公司矢口否认。然而，《华尔街

第十五章
"或许是为贪婪说句好话的时候了"（1968—1987年）

日报》说得没错。1970年3月，麦克唐奈公司正式倒闭，成为自艾拉·豪普特公司倒闭之后最大的一宗经纪公司倒闭案。美国证监会的调查表明，该公司涉嫌欺诈、交易记录严重缺失、有组织地进行频密交易等违规操作。

麦克唐奈公司的问题是由一家报社揭露出来的，而不是被美国证监会或纽约证券交易所发现的，这一事实很自然地引起了人们的疑虑。人们不禁怀疑，美国证监会和纽约证券交易所究竟有没有尽到职责。纽约证券交易所的总裁罗伯特·哈克（Robert Haack）向公众保证，纽约证券交易所会员中前25家公司全部符合资本金要求。不幸的是，事实证明并非如此，它们中有些公司当时正处在严重的财务危机之中。贝奇公司（Bache & Co.）在1969年亏损了900万美元；拥有9万个客户账户的大型经纪公司海登·斯通也因违反交易规则而被交易所处罚，而且也没有达到资本金要求。

纽约证券交易所将从1959年起就开始辛辛苦苦积攒的用以修建新大楼的3000万美元全部转给了特别信托基金，以应对大型经纪公司可能的倒闭。但是，不止一家大型经纪公司正处在危险的边缘，而纽约证券交易所和其会员资源有限。为了降低大型经纪公司倒闭从而引发恐慌的可能性，美国国会按照联邦存款保险公司的模式建立了证券投资者保护公司（Securities Investor Protection Corporation）[①]，前者建

[①] 证券投资者保护公司（SIPC）是一家非营利的会员制公司，目前近4000家证券经纪公司是其会员。如果一家证券经纪公司倒闭并且是SIPC会员，SIPC会帮助投资者尽快收回在该经纪公司的现金和证券（每个投资者最多恢复50万美元，其中现金不超过25万美元）。——译者注

立于20世纪30年代，旨在解决银行挤兑问题①。

海登·斯通公司，陷入泥潭之中的最大的经纪公司，从偏远的俄克拉何马州的一群投资者那里借到了1 240万美元，勉强熬过了这一年的春天。麦克唐奈公司和其他3家公司则一家接一家地被清算了。一位知名的华尔街人这样评论："如果一年前有人告诉我，我们将有4家纽约证券交易所的会员公司会被同时清算……我怎么都不会相信。"

道琼斯指数继续下跌，并在1970年5月26日跌到631.16点，比前一年年末下跌了整整1/3，甚至比9年前肯尼迪就任总统时的点位还低。这后来被证明是第一轮"尼克松熊市"的底部。事实上，在这一年余下的时间里，市场开始强势反弹，并于年底报收于838.92点。在这个过程中，如果不是机构投资者不得不维护那些市值最大的股票——其中很多是道琼斯指数的成分股，市场可能早就惨不忍睹了。

"漂亮50（nifty fifty）"是指被大型机构投资者持有、有时甚至重仓的市值最大的50只股票。例如，摩根保证信托公司②就曾持有过价值高达20亿美元的IBM股票。对这些大机构来说，将这些股票大量卖出变现会不可避免地给它们的股价带来灾难性的后果，也会使自己的投资组合价值大幅缩水。众多机构持有为数不多的几只股票的大量股份，因而当"漂亮50"中任何一只股票承受抛压时，机构投资者都会尽力维持它们的价格。例如，宝利来公司（Polaroid）尽管在过去

"漂亮50"是指被大型机构投资者持有、有时甚至重仓的市值最大的50只股票……众多机构持有大量为数不多的几只大股票，因而当"漂亮50"中任何一只股票承受抛压时，机构投资者会尽力维持它们的价格。

---

① 联邦存款保险公司（Federal Deposit Insurance Corporation，简称FDIC）成立于1933年6月。——译者注
② 指Morgan Guaranty，由J. P.摩根公司和保证信托基金公司（Guaranty Trust Company）在1959年合并而成。——译者注

- 第十五章 -
"或许是为贪婪说句好话的时候了"（1968—1987年）

的5年盈利平平，股息也不到1%，却长期维持着高达100倍的市盈率。而很多不受机构投资者青睐的股票，即使有稳定的成长和丰厚的股息，也只有6倍的市盈率。

越来越多的经纪公司持续关门或停止交易。海登·斯通公司此时已经花完了那笔从俄克拉荷马州借来的钱，只能在市场中苦苦挣扎，试图说服其他贷款人同意它提出的新的生存计划。拥有22.5万个客户账户的美国第五大经纪商古德巴迪公司（Goodbody & Co.）也被美林公司接管。

当这一切尘埃落定时，纽约证券交易所已经直接干预了200家会员公司的运作，这个数目占全部从事公众经纪业务的公司数目的一半以上。有129家公司要么破产，要么与其他公司合并，要么被完全接管。随着华尔街一些公司关门，另一些公司勒紧腰带并尝到了投资于技术改造的甜头，纽约证券行业的雇员人数也开始下降。1969年1月，共有10.52万人在华尔街工作；到了1974年，这个数字下降了28%，只剩下7.5万人。

1970年年末，报纸和杂志上充斥着认为被通货膨胀、经济停滞和越南战争搞得焦头烂额的尼克松将注定是"一届总统"①的报道。但是，总统拥有调控经济的有力手段，而尼克松把它们全部用上了，包括实施价格管制，以及争取美联储的配合。到1972年，当下一届总统竞选临近的时候，经济形势看上去的确比先前好了一些。道琼斯工业指数再次探到1 000点大关——该指数上一次也是唯一一次触及这个点位还是在1966年的某个交易日。在选举中，尼克松获得了49个州的支持。选举结束后，道琼斯指数终于在1973年1月11日报收于

---

① 美国总统一般会在首个任期结束时竞选连任，如果竞选连任失败，就被称为"一届总统"。——译者注

1 051.10点，突破了1 000点大关。

然而，这一次，作为1972年的标志的繁荣，更确切地说是虚假繁荣的标志，在1973年消失了。随着价格管制被取消，通货膨胀立刻死灰复燃，达到了"二战"后从未有过的高度。结果利率大幅攀升，引发了债券市场的大灾难。1973年4月曝光的"水门事件"使得原本就充满了不确定性的经济变得更加动荡不安。1973年夏天，全美各地都出现了肉类紧缺。10月，埃以战争爆发，石油危机从天而降，阿拉伯国家开始对美国实施禁运，油价飞涨，在美国各地的加油站前，汽车排起了长龙。

道琼斯指数很快又跌回到1 000点以下，到了年底，它已经跌至800点以下，比1月份高峰时下跌了25%。这一次，连"漂亮50"的股价也开始狂跌。1974年，尼克松被迫辞职，道琼斯指数在当年12月跌到了577.60点。实际上，1973—1974年严重的通货膨胀掩饰了这期间市场指数急剧下跌的程度。华尔街作家安德鲁·托拜厄斯在《纽约》（*New York*）杂志中的一篇文章《华尔街的牛市》中写道："如果说贪婪和恐惧是华尔街上仅有的两种心理的话，那么我想，或许是为贪婪说句好话的时候了。"

随着物价飞涨，银行开始提供华尔街投资的替代品——大额定期存款①，并很快为越来越多的人所青睐。在这个前所未有的高利率时代，这种定期存款所支付的利息远远高过大部分的股票与债券的收益，而且没有本金损失的风险。自第二次世界大战后迅猛发展的共同基金此刻也举步维艰，甚至止步不前，在熊市中，这些基金的净值大幅缩水。

---

① 大额定期存款（Certificates of deposit，简称CD），是指由银行业存款类金融机构面向个人、非金融企业、机关团体等发行的一种大额存款凭证。与一般存单不同的是，大额存单在到期之前可以转让，期限不低于7天，投资门槛高，金额为整数。——译者注

- 第十五章 -
"或许是为贪婪说句好话的时候了"（1968—1987 年）

美国共同基金的崛起

共同基金即公募基金，可以公开向大众募集资金并投资于资本市场。美国共同基金业发端于 20 世纪 20 年代，旋即因 1929 年的股灾而遭受重创。1940 年出台的《投资公司法》《投资顾问法》等为共同基金的规范发展奠定了基础。到 20 世纪七八十年代，随着战后社会财富的积累和 401（K）等养老计划的推出，美国共同基金迎来新的繁荣，基金管理规模从 1980 年的 135 亿美元增长至 1990 年的 1 万亿美元，到 2016 年超过 19 万亿美元，占全球共同基金规模的 47%。近年来，因多种因素，主动型基金较难战胜市场，而被动型共同基金却因费率更低和表现良好，其份额从 2001 年的不足 10% 提高到现在的约 25%，相较之下，主动型共同基金不断遭遇净赎回，尤其是金融危机之后，这种趋势越发明显，主推被动基金的先锋、贝莱德因此规模获得很大增长，富达、太平洋投资管理公司等主动型基金公司也增加了被动投资或者试图改良主动投资方法，一些介于主被动投资之间的，如 smart beta 等投资方法也获得了更多关注。（译者根据公开资料整理）

Vanguard　BLACKROCK　Fidelity　P I M C O

20 世纪 60 年代末期的社会动荡、后台危机、大经纪公司倒闭，加上遇到自胡佛总统时期以来最糟糕的熊市，所有这些都使得华尔街在 20 世纪 70 年代早期成为一个很不受人欢迎的地方。它似乎已经过时了，仿佛是过去时代遗留下来的废墟。从 20 世纪 30 年代后无人提起的"华尔街即将灭亡"的论调再一次出现，而且不绝于耳。一个度量华尔街在人们心目中地位（华尔街是否适合投资和工作）的最好尺码是当时纽约证券交易所的席位价格。在 1969 年的时候，一个席位可以卖到近 50 万美元，而一年之后，只能卖到 13 万美元。在 1974 年熊市的谷底，一个席位价格只值 6.5 万美元，仅为纽约市一个出租车许可证价格的 2.5 倍——纽约市的出租车许可证和纽约证券交易所的席位一样，其数量也受到严格控制。

但是，就像在华尔街历史上经常发生的一样，科技（这一次得益于美国证监会的及时推动）又来挽救华尔街了。华尔街不仅没有灭亡，相反，它的最终胜利马上就要来临了。

* * *

随着机构投资者力量的壮大，他们反对固定佣金的呼声也越来越高。固定佣金的历史几乎和华尔街股票交易的历史一样长。事实上，1792年签订的《梧桐树协议》的主要内容就是要设定固定佣金："我们，在此签字者——作为股票买卖的经纪人庄严宣誓，并向彼此承诺：从今天起，我们将以不低于面值0.25%的佣金费率为任何客户买卖任何股票。"

> 固定佣金的历史几乎和华尔街股票交易的历史一样长。

纽约证券交易所一直在交易大公司的股票和债券方面保持着实质上的垄断地位，这种垄断从1869年就开始了，直到第二次世界大战结束后才逐步消失。而它的客户，不论大小，都对这种固定佣金无能为力。不过，华尔街从来都不像它的名字听上去那样是一个利益的整体，事实上，银行、大保险公司、路边交易所、柜台交易市场（over-the-counter market，OTC市场），以及纽约以外的很多地区性交易所，都有自己不同的利益诉求。

甚至纽约证券交易所的会员们也不是铁板一块。那些靠佣金生存的公司（与公众进行交易的经纪公司）有其自己的利益，而那些专门经纪人（他们在交易场所内进行交易）则有不同的利益。对那些收取佣金的公司来说，只要能得到最好的价格，不管在哪个市场买卖都可以；而那些专门经纪人则当然希望交易被

> 对那些收取佣金的公司来说，只要能得到最好的价格，不管在哪个市场买卖都可以；而那些专门经纪人则当然希望交易被限制在纽约证券交易所的交易大厅内进行。

– 第十五章 –
"或许是为贪婪说句好话的时候了"（1968—1987年）

限制在纽约证券交易所的交易大厅内进行。

> **美国的场外市场与多层次资本市场结构**
>
> 　　以美国为代表的成熟市场——股权性市场有明晰的层次，不同的企业有与其相适应的股权融资平台。市场结构呈"金字塔"形，顶端是少数大型的、优质的企业，底部为大量中小企业。纽交所、纳斯达克等交易所主要为前者服务，而场外市场为后者服务。美国的场外市场包括场外电子柜台交易市场（OTCBB）、粉单市场（Pink Sheets）和灰色市场（Grey Market），服务的企业达数万家，几乎比在交易所上市的公司多出一个数量级，为中小企业提供了高效的融资渠道。（译者根据公开资料整理）

　　柜台交易市场是由经纪人组成的一个非正式网络，为那些不在任何证券交易所挂牌的股票提供一个交易市场。经纪人们为客户提供买卖这些股票的机会，并通过买卖之间的差价赚取利润，而这些股票的价格每时每刻都可能变化。柜台交易市场主要依靠电话和电传——在很早以前，这两种通信网络就已经将全美的金融业紧密联系在一起了。他们中的很多人都不是纽约证券交易所的会员，事实上，他们是新的"路边交易者"，只不过他们现在通过电话做生意，而不再是站在马路边了。他们可以完全自由地交易他们想交易的任何股票。并且，因为他们的交易成本更低，也不用向交易所缴费，所以有时候可以提供比交易大厅更好的价格。

　　很多大经纪公司很自然地想利用柜台市场上这一价格优势，而且事实上，法律也要求它们这样做。《联邦证券法》就要求经纪人为客户寻找股票的最好报价。但是，纽约证券交易所的专门经纪人通过交易所的管理委员会在1955年制定了《394条例》（Rule 394），该条例禁止会员公司买卖交易所以外的股票，

> 《联邦证券法》就要求经纪人为客户寻找股票的最好报价。联邦法律要求经纪人去寻找能给出最好价格的市场，而纽约证券交易所却禁止他们这样做。

489

"除非是在交易所特别豁免的情况下"。换句话说,联邦法律要求经纪人去寻找能给出最好价格的市场,而纽约证券交易所却禁止他们这样做。

不过,共同基金和其他机构则不必受交易所条例的限制。本来属于纽约交易所的交易量,现在流向了地区性交易所和柜台交易市场,也就是所谓的第三市场(Third Market)。1955—1962年,柜台交易市场上纽约交易所挂牌股票的交易量比例上升了185%,尽管其总量仍只是这些股票所有交易量的5%。但是,一些柜台交易公司不断成长,渐渐发展得像纽约交易所的主要会员公司一样大了。以前默默无闻的威顿公司(Weeden & Co.)在1961年的交易额高达9亿美元。作为报复,纽约交易所从两家柜台交易市场公司里强行搬走了它们的自动股票报价机——如果没有来自纽约交易所的各种报价作为参照,它们的生意就无法进行。1962年,纽约交易所的这一行为被最高法院裁定为非法。

既然交易大厅的报价被认定是公众财产,那么所有个人和机构就都可以在柜台交易市场上买卖在纽约交易所挂牌的证券了。换句话说,任何一只股票只要有人为它做市,不管这个市场在哪里,他们都可以从那里买卖股票,而不必再通过交易大厅内的专门经纪人购买。

早在一个世纪以前,辛辛那提、费城和旧金山等城市的地区性交易所就已经被华尔街和电报技术的应用压制成了一潭死水,从那时起,它们只能进行一些当地证券的买卖。现在,这些地方性的交易所也开始了对机构业务的争夺,相比之下,它们比纽约交易所更愿意修改规则以招揽生意。除了以证券交易为主营业务的经纪公司以外,纽约交易所禁止任何其他机构或个人拥有席位,但是地区性交易所为了鼓励机构在它们那里进行交易,便在20世纪60年代末期抛弃了这一规则。纽约交易所的经纪公司也开始在这些地区性交易所购买席位,它们可以在那里进行那些在纽约交易所不被允许的交易。

- 第十五章 -
"或许是为贪婪说句好话的时候了"（1968—1987 年）

到了 1967 年，纽约交易所的交易量占全美证券交易总量的份额下降到了 78%，但实际上，交易所严格的规定此前已经开始松动了。在前一年，迫于美国证监会的压力，纽约交易所采用了《394（b）条例》，最终允许其会员在特定条件下和柜台市场的公司交易挂牌证券。交易所也允许对大额交易给予佣金上的折扣，尽管佣金费率表本身还是保持不变。然而交易量从纽约交易所

美国商品期货委员会（CFTC）成立于 1974 年，取代美国农业部承担商品期货监管职责，如今权限已扩展至包括商品和金融衍生品在内的监管领域。（译者根据公开资料整理）

流失的趋势仍在持续，到了 1970 年，时任交易所总裁罗伯特·哈克在一次广受媒体关注的演讲中称，所有 1 万股以上的大额交易中，至少有 35%~45% 发生在纽约证券交易所的交易大厅之外。美国的资本市场面临支离破碎的危险，除非采取有效行动，否则这种趋势还将持续。

哈克是一位由各方妥协选出的纽约交易所总裁，与其前任总裁们的相似之处不多。例如，他的大部分职业生涯都在纽约以外。他于 1917 年出生在密尔沃基，曾经在"二战"结束后就职于一个叫罗伯特·A. 贝尔德公司（Robert A. Baird & Co.）的中西部经纪公司。20 世纪 60 年代，他积极投身于美国证券交易者协会（National Association of Securities Dealer，简称 NASD）的工作，于 1961 年受提名担任协会理事。在该协会重新制定章程，要求协会付薪聘请会长后，哈克被聘请为协会会长。

与前任们的另一个不同之处是，哈克是一个自由派的民主党人，他甚至经常和当时美国证监会的主席曼纽尔·科恩一起打高尔夫球。

在华尔街上，诸如美林公司这样更愿意接受变革的大经纪公司认为，哈克一定能够成为一名出色的交易所总裁。但是，小经纪公司对来自柜台市场的威胁越来越警惕，它们认为聘用哈克就如同聘用一位"敌方的将军"。最终大经纪公司的意见占了上风，哈克拿到了一份为期5年的聘书。那些害怕变革的公司对哈克的惧怕是有道理的，哈克1970年在纽约经济俱乐部（Economic Club of New York）的一次演讲(也是华尔街历史上最重要的政策宣言之一)就证明了这一点。

罗伯特·哈克提出了解决纽约证券交易所困境的方案。"尽管我个人以前强烈支持固定最低佣金制，"他说，"但是我相信，我们行业的领袖们现在应该重新做出判断了……我认为我们的行业应该考虑将浮动佣金制作为最终目标。"

哈克还说："纽约证券交易所一贯奉行的私人俱乐部作风应该被彻底摒弃。"他这么说有点儿像天主教主教建议教会应该考虑改变一下教士们信奉的圣餐变体论①和禁欲主义。最初，这遭到了纽约证券交易所会员们的强烈反对，但要求实施这两项改革的呼声也在不断增强。

很快，当1972年哈克离职的时候，他两年前的演讲被证明是富有远见的。他离开时，交易所最后一点儿私人俱乐部的印迹也已经消失了。纽约证券交易所总裁（一个交易所付薪的雇员）和交易所管理委员会主席（交易所的一名会员）这两个职位合并成了一个。原先由33个成员交易所的会员组成的管理委员会变成了由包括总裁在内的21个成员组成的董事会（Board of Directors），其中10人为证券业的领袖，另外10人是公众代表。为了强调其与以往完全不同的性质，

---

① 圣餐变体论（Transubstantiation），基督教神学圣事论学说之一。耶稣在最后的晚餐上祝圣饼和酒时曾说，"这是我的身体"，"这是我的血"。按照天主教的传统观点，此时饼和酒的质体转变为耶稣的血和肉，原来的饼和酒只剩下五官所能感觉到的外形。

- 第十五章 -
"或许是为贪婪说句好话的时候了"（1968—1987年）

新组建的董事会也开始非定期地在纽约以外的地方召开会议。①

自从1941年起，纽约证券交易所就一直是一个非营利性机构，此时，尽管在严格意义上仍然由其会员公司所拥有，但事实上已成为整个证券业的中心机构，其角色和美联储在银行业中的角色相当。

专门经纪人的势力被击垮了，在美国证监会和机构投资者的领导下，浮动佣金制改革的呼声逐渐壮大，很快变得势不可挡。1975年5月1日，在《梧桐树协议》签订183年之后，固定佣金制在华尔街寿终正寝②，几年之后，它也将从伦敦交易所消失。但是，在世界上很多其他国家的证券交易所中，它仍然存在，其中最出名的是东京证券交易所。浮动佣金制降低了证券交易的成本，作为世界上最大也最有影响力的证券交易所，纽约证券交易所这种大胆变革的先行能力正是它保持并扩大领先优势的强大驱动力。

> 1975年5月1日，在《梧桐树协议》签订183年之后，固定佣金制在华尔街寿终正寝，几年之后，它也将从伦敦交易所消失。

固定佣金制的终结并不是发生在1975年唯一的重大变革。这一年，"水门事件"过后不久选出了一届自由主义者主导的国会，通过了《证券法修正案》（Securities Act Amendments）。这是20世纪30年代后通过的对华尔街影响最大的法案，它强制建立一个全国性的市场体系，该体系将美国的各个证券交易所和第三市场连接起来。

而实际上，这种连接早

> 这是20世纪30年代后通过的对华尔街影响最大的法案，它强制建立一个全国性的市场体系，该体系将美国的各个证券交易所和第三市场连接起来。

---

① 这里意指新的交易所理事会强调，它不再只为纽约的大资本服务。——译者注
② 据美国监管部门的一项研究，1975年5月1日至1980年年底，机构投资者支付的佣金下降了57%，个人投资者支付的佣金下降了20%。仅1976年一年，投资者就节省了大约4.853亿美元。——译者注

> **纳斯达克成为美国高科技企业的摇篮**
>
> 纳斯达克交易所的上市公司中云集着诸如英特尔、微软、谷歌等科技巨头,是美国创新经济链条上最为关键的一环。纳斯达克的上市条件相对宽松,这与其脱胎于柜台交易市场有关,但更为重要的是由于纳斯达克清醒地认识到新兴企业具有与传统企业截然不同的特点。降低上市门槛、鼓励和扶植新兴技术企业上市,是纳斯达克的鲜明特点,也是其成功的根本所在。在资本市场和实体经济的良性互动下,美国在20世纪90年代后期加速进入了以信息产业为先导的新经济时代,并经历了有史以来持续时间最长的一次经济扩张。1994—1996年,高科技产业占美国国内生产总值的比例高达27%,而同期传统经济的领头产业——建筑业和汽车业仅占14%和4%。高科技产业成为美国经济持续增长的主要动力,这背后纳斯达克功不可没。(译者根据公开资料整理)

在20世纪70年代中期前就已经开始了。最早的系统可以追溯到1969年,它被称为奥特斯(AutEx),那时它有140家用户,其中75家是机构投资者而不是经纪人。这个系统旨在处理机构投资者的大宗交易,它通过电话线将各个用户的键盘与显示屏连接起来。据称,到20世纪70年代末期,奥特斯平均每天可以处理15笔大宗交易,总价值达520万美元。

比这个系统更重要的是纳斯达克——"美国证券交易商协会自动报价系统"(National Association of Securities Dealers Automated Quotation System)的缩写。这个系统孕育于20世纪60年代末期,由于从一开始就使用计算机,它比奥特斯和其他类似系统要复杂得多。纳斯达克系统于1971年2月5日正式投入运营,800多家交易商成为其协议用户,以获取它所提供的2 400只未挂牌证券的信息。

纳斯达克集中提供未挂牌[①]证券的信息,并且允许不同的做市商进行竞争,由此缩小了买卖价差,并使得交易者有一个更为便捷和可

---

① 这里指的是未在纽交所或其他交易所挂牌的证券。——译者注

– 第十五章 –
"或许是为贪婪说句好话的时候了"（1968—1987年）

靠的渠道来获取信息。一年之内，纳斯达克的日均交易量就达到了800万股，超过了一向在华尔街排名第二的美国证券交易所，也超过了所有地区性证券交易所交易量的总和。而且，它也开始有选择地提供交易所挂牌证券的信息。当这些证券在纳斯达克系统的交易量迅速增加时，纽约证券交易所开始警觉了。

纳斯达克交易所始于纽交所外路边马车上的交易，即场外交易市场，于1971年由散落于全美的电子报价系统整合而成，并于2006年获得交易所资格。纳斯达克的电子化交易使得交易者有一个更为便捷和可靠的渠道来获取信息，纳斯达克成立时，主要为难以在纽交所融资的美国中小企业和科技公司服务，40多年后的今天，美国前五大市值的公司全部都是在纳斯达克挂牌，包括：苹果、Alphabet（谷歌母公司）、微软、亚马逊、Facebook（脸书）。（译者根据公开资料整理）

在20世纪70年代，第二项革命性的变化是技术上的。数字计算机大约在20世纪40年代就开始出现了，但是直到20世纪60年代，它们的大小还和电冰箱差不多，被放置在恒温的房间里，由穿着白大褂的技术人员悉心照管，这些人通常以外人无法理解的术语行话交流。1971年，英特尔公司推出了第一款微处理器，这种微处理器实际上将计算机微缩到了一块硅片上。一旦一次性的研发工作（毋庸置疑，投入金额极大）取得成功，无数的微处理器就能以极低的单件制造成本进行生产。

这种微处理器使计算机变得越来越便宜，从它问世以来，每单位计算能力的价格就不断下降。没有一个行业像证券业这样迅速而密集地应用计算机了。在微处理器问世 10 年后，纽约证券交易所的交易大厅就彻底改头换面了。这个大厅一直是纽约最大的室内场所之一，从 1903 年开始营业以来在外观上几乎没有什么变化。但是，到了 1981 年，大厅上空安装了一排排钢架和电缆支撑起了密密麻麻的电视屏幕和显示器，在随后的 18 年里[①]，这些仪器变得越来越复杂，它们与全球每一家主要的经纪公司和资本市场连接在一起。

对一个门外汉来说，这些屏幕上涌动的数字洪流只会使他头晕眼花，不知所措。但是，对于交易员来说，它们是宝贵的信息，市场的命脉。"市场的边界不超过信息能够及时到达的范围"，这条 1792 年的古老规律至今仍然适用。

而今天，信息几乎可以同时到达全球每一家经纪公司、银行和保险公司的显示屏。这些信息也被越来越多的"日间交易者"[②]看到并用来投资股票，即使是普通老百姓，在一天之内也可以买卖证券几十次，而这在 20 世纪 20 年代还只有那些大厅交易员才能做到。

而且，这些信息远不只限于纽约证券交易所里的交易信息。自从 1975 年，美国国会下令建立一个真正的跨市场系统后，纽约证券交易所和它的竞争者们开始筹建跨市场交易系统（Intermarket Trading

---

① 这本书写于 1999 年。——译者注
② 即时交易者（day trader），指有互联网以来，一些每天通过互联网交易股票的投资者，他们不再需要通过经纪人交易。——译者注

第十五章
"或许是为贪婪说句好话的时候了"（1968—1987年）

System），简称"ITS"。这个系统于1978年正式投入运营，它将9个市场相互连接在一起——美国证券交易所、波士顿交易所、辛辛那提交易所、中西部证券交易所、纽约证券交易所、太平洋证券交易所、费城证券交易所、芝加哥期权交易所以及纳斯达克交易所，这个系统可以使你及时获得所有纽约证券交易所挂牌证券的交易信息，而不管这些交易发生在哪个市场。

最好的价格出自最大的市场，这一规律依然成立。19世纪40年代，遵循这条金融界的"万有引力定律"，电报的发明使纽约证券交易所不仅成为全美最大的市场，而且成为全美占主导地位的市场。20世纪70年代，ITS和计算机的出现起了同样的作用。在20世纪60年代末和70年代初，由于系统陈旧而无法进行有效的竞争，纽约证券交易所的市场份额曾不断减少，而现在，技术的进步使得那些从华尔街流失的生意又回到了华尔街。到20世纪80年代末期，美国事实上只剩下两个证券交易市场：一个是纽约证券交易所，主要交易市值较大，并被广泛持有的挂牌证券；另一个是纳斯达克市场，主要交易那些市值较小的、未在交易所挂牌的股票。当然，也有明显的例外，例如英特尔和微软这两家大公司都是在纳斯达克交易，而不是"主板"[①]。今天，纳斯达克市场的交易量经常超过"主板"，但是，大部分在纽约交易所交易的股票的市值仍然高于纳斯达克股票的市值。

硅谷是美国高科技产业的中心，实际名为圣克拉拉谷，该山谷从旧金山湾区开始一路向东南方延绵展开。在成为美国高科技产业枢纽之前，圣克拉拉谷主要因果园而闻名，并被冠以"心灵欢乐之谷"。硅谷归属于圣何塞市圣克拉拉县的一部分，而圣何塞市的人口超过100万，是超越旧金山的加利福尼亚州第三大城市，也是美国第十大

---

① 指纽约证券交易所。——译者注

城市。

鸟瞰硅谷的山景城（Mountain View）。这里因为拥有谷歌等著名的高科技公司而成为美国人均最富有的小镇之一。山景城与帕洛阿尔托市（Palo Alto City）和圣何塞市（San Jose）等组成了硅谷的核心区域。（译者根据公开资料整理）

不过，硅谷这个代名词并不仅仅指圣克拉拉谷地区，而是一个包含了旧金山南部湾区的大区概念。例如，戴维·帕卡德和威廉·休利特开发音响振荡器并创立惠普公司的车库（被视为硅谷的发源地）就坐落在圣克拉拉县的帕洛阿尔托，而非圣克拉拉谷。

帕卡德和休利特毕业于同样坐落在帕洛阿尔托的斯坦福大学。他们曾受到被誉为"硅谷之父"的斯坦福大学工程系主任弗里德里克·特曼的鼓励，选择开创自己的公司，而不是就职于诸如RCA（美国无线电公司）、IBM或AT&T这样的美国东部大企业。

特曼教授同样鼓励了其他的斯坦福大学的英才，这使得硅谷在20世纪50年代中期聚拢了一大批在电子领域快速发展的企业。

由于苏联1957年的人造卫星发射引发了美国社会对苏联将在科技领域超越美国的担忧，联邦政府开始将大量资金投向技术教育领域以及高科技企业，诸如仙童半导体公司（Fairchild Semiconductor）、

- 第十五章 -
"或许是为贪婪说句好话的时候了"（1968—1987年）

　　肖克利半导体实验室（Shockley Semiconductor，由晶体管的发明者William Shockley创立）和施乐帕克研究中心（Xerox PARC），而这些公司均位于硅谷地区。斯坦福研究院则是阿帕网的四节点之一，是互联网的先行者。

　　仙童半导体公司的两位创始人，罗伯特·诺伊斯和戈登·摩尔随后又创立英特尔公司——全球最大的电脑芯片制造商。而戈登·摩尔的另一个著名成果则是"摩尔定律"，该定律认为计算能力每18个月翻一番，这推动了计算机行业此后的爆炸性增长。

　　基于硅谷的强大积累，微处理器终于在20世纪60年代开始投入实际应用。硅谷抓住了这一机遇并使科技创新实现了爆发式增长，这反过来也掀起了一轮前所未有的造富运动。现在的硅谷是全球亿万富翁最密集的地区。

　　随着越来越多的公司选择在硅谷创立，该地区的人口数量迅速增长、人口结构也发生了根本性变化。以亚裔群体为例，在从1970—2000年的短短30年里，他们的人口数量迅速由4.3万人增长到了43万人。

　　1976年，史蒂夫·乔布斯和史蒂夫·沃兹尼亚克创立了全球第一家制造实用个人电脑的公司——苹果电脑公司，并由此开启了个人电脑的新时代。这家公司位于硅谷西侧的库比蒂诺，最初只有很少的几个雇员。但今天苹果公司的员工多达12.3万人，2017年，苹果公司总资产为3 450亿美元，全年盈利高达480亿美元。

　　1980年，随着苹果电脑公司成功上市并公开募集资金13亿美元，风险投资机构蜂拥而至，竞相在硅谷设立办公室。目前，风投机构每个季度投向硅谷企业的资金超过50亿美元，2012年硅谷企业得到的风投资本占到全美风投资本的46%。

499

史蒂夫·乔布斯和他的 Apple II 型个人电脑，该电脑的计算能力超过了 20 世纪 60 年代整个美国阿波罗登月计划的计算能力。乔布斯创建并领导苹果公司在沉浮中走向辉煌，后相继推出了 Mac 电脑、iPod（苹果音乐播放器）、iPhone（苹果手机）等重新定义了产业的现象级产品，2019 年市值接近 1 万亿美元。（译者根据公开资料整理）

在发展初期，硅谷专注于包括半导体和集成电路在内的硬件研发，但目前软件研发也已成为硅谷产业的重要组成部分。20 世纪 90 年代，Ebay（易贝网）、谷歌等一批新的硅谷公司抓住了互联网兴起的重要机遇并在商业上取得了极大成功。

当前，硅谷已囊括了超过 39 家全球财富 1 000 强的企业和数以千计的初创公司，也是美国"独角兽"企业最集中的地区。"独角兽"指估值在 10 亿美元以上的但还未上市的创业公司，它们是美国社会财富的主要组成部分之一，也是未来美国经济发展的重要引擎。

迄今为止，硅谷孕育出的著名企业包括：苹果、奈飞、脸书、雅

- 第十五章 -
"或许是为贪婪说句好话的时候了"（1968—1987年）

虎、英特尔、财捷、甲骨文、闪迪、奥多比系统公司（Adobe）和谷歌等。

从左到右依次是：英特尔、甲骨文、思科、微软、脸书的公司商标，它们分别是目前微处理器、数据库、计算机网络、操作系统、网络社交这五大领域的霸主。这些兴起于信息革命的高科技企业迅速成长为庞然大物，并超越了发迹于第二次工业革命的工业托拉斯。微软只用了23年就超过了百年老店通用电气的市值，而脸书仅仅用了11年。（译者根据公开资料整理）

* * *

如果说20世纪70年代中期的华尔街已经为迎接未来做好了准备的话，美国经济却还没有。20世纪70年代中期，通货膨胀略有减轻之后，在卡特政府时期又达到了自南北战争（当时联邦政府大量印钞以支付战争支出）以来的最高水平。利率也越来越高，严重抑制了投资。为了控制脱缰的通货膨胀，政府实行选择性物价管制，导致燃气短缺卷土重来。但是，就像所有和平时期的价格管制一样，这些价格管制再一次被证明是无效的。

在这样的困境中，道琼斯指数始终徘徊在它10年以前的水平。这一时期华尔街又发生了一起贵重金属囤积案，它最后一次唤起人们对那些久远年代[①]的回忆。19世纪屡见不鲜的囤积和逼空案在20世纪变得越来越罕见。交易所挂牌股票的市值越来越大，使得股票逼空的成本高得惊人，所以坐庄变得非常困难。最后一次股票逼空事件是在1923年发生的Piggly Wiggly股票逼空案，它是一家美国南方百货连

---

① 指囤积（逼空）盛行的19世纪。——译者注

尽管自 20 世纪 30 年代开始实施的证券监管没有专门条款禁止股票逼空,但是关于股票持有者披露的监管条例使得股票逼空在纽约和其他资本市场上彻底销声匿迹了。

锁店的股票。尽管自 20 世纪 30 年代开始实施的证券监管没有专门条款禁止股票逼空,但是关于股票持有者披露的监管条例已使得股票逼空在纽约和其他资本市场上彻底销声匿迹了。

比尔·盖茨(右)和大学同宿舍的室友保罗·艾伦(左)于 1975 年创办微软。微软的 DOS 和 Windows 操作系统促进了个人电脑普及,Office 成为办公套件代名词,IE 更在 20 世纪 90 年代著名的浏览器大战中胜出,并几乎垄断了软件行业,比尔·盖茨成为世界首富,保罗·艾伦也成为身家 217 亿美元的巨富。微软于 2000 年遭美国司法部反垄断调查,随后在业务扩张上逐步收敛。尽管比尔·盖茨撰写于 1995 年的《未来之路》(The Road Ahead)预见了互联网时代的到来,但微软在随后的互联网热潮中却表现平平,市值先后被谷歌、苹果、亚马逊等超越。近年,比尔·盖茨致力于慈善事业,其建立的比尔和梅琳达·盖茨基金会已成为全球最大的慈善基金之一。(译者根据公开资料整理)

- 第十五章 -
"或许是为贪婪说句好话的时候了"（1968—1987 年）

然而，在大宗商品市场上，情况就完全不同。1980 年，美国的两大巨富——得克萨斯州的石油大亨纳尔逊·巴克·亨特和他的兄弟威廉·赫伯特·亨特大胆地试图囤积白银，上演了近年来华尔街一段最扣人心弦的投机操作。

与黄金不同，白银有着极广泛的工业用途，特别是在摄影业和电子工业中（白银的电导性优于其他金属）。所以，除了货币用途外，对这种金属还存在着强烈的实际需求。但是，由于白银在过去被用作货币，所以美国政府长期以来一直将银价锁定在每盎司 1.25 美元，就像以前将黄金与它的比价锁定在 16∶1 一样。虽然美国在 1933 年就放弃了金本位制，却仍一直保持着从威廉·詹宁斯·布赖恩时代就开始的银本位制。银币的面值和它作为一种贵金属的本身价值基本相同，财政部曾发行过面值 1 美元的白银券，人们可以用它来兑换白银。但是，到了 20 世纪 60 年代，随着对白银的需求迅猛增加，白银的产量供不应求，联邦政府发现这种政策难以为继。

美国政府最终被迫放弃了银本位制。财政部开始回收白银券，并降低银币中的白银含量，甚至有的银币中完全不含白银。结果，此前一直流通的旧银币，在这种被称为"三明治银币"[①]的新银币出炉后，几乎是一夜之间就从市场上消失了，这成为"劣币驱逐良币"法则的一个经典案例。20 世纪 70 年代初，巴克·亨特兄弟看到了在白银上的机会。1971 年，尼克松总统结束了国际金本位制，从而切断了美元与贵金属的最后联系。此前，在布雷顿森林体系下，外国政府可以按固定比例用美元兑换黄金。随着通货膨胀日益严重，作为后果之一，

---

① 1965 年首次发行的合金硬币里面是全铜，外面包裹着 75% 铜和 25% 镍的合金，就像三明治一样，当时美国总统为林登·约翰逊，因此这套硬币也被称作"约翰逊三明治"。而 1965 年之前，硬币的成分是 90% 银和 10% 铜，银是贵金属，制作成本较高。——译者注

黄金和白银相对于美元的价值也逐渐增加。

在这个时期，对美国公民来说，以金条的形式持有黄金是非法的，于是亨特开始购买白银。他大量收购白银，作为世界上最富有的人之一，他几乎单枪匹马地使银价翻了一番。1974年，银价从每盎司3.27美元上升到了6.70美元。而且，他的做法几乎和所有现代的商品交易商都不一样，他要求实物交割，希望借此使白银从市场上消失。

到1979年，亨特兄弟已经囤积了大量的白银，总量超过2亿盎司，基本上相当于公认的白银流通总量。随着可供交易的白银日渐稀少，白银的价格在1979年全年都在节节攀升。甚至蒂凡尼公司[①]都被迫暂停白银首饰业务，以便将其所有的商品在一个更高的价位上重新标价。

这一年年末，白银市场上的卖空者开始消失了，随着他们购买白银进行平仓，白银市场上因亨特兄弟大量收购而产生的巨大买压进一步加大。1980年1月初，白银价格高达每盎司50.06美元，黄金与铂的价格也飞涨到了前所未见的高度，其中一部分原因是通货膨胀，另一部分原因是当时正在如火如荼进行的白银囤积操作的溢出效应。此时亨特兄弟的白银储量价值（尽管只是账面价值）已高达100亿美元，近60年来华尔街的第一大囤积操作眼看就要得手了。

但是，困扰每一个囤积商的问题也使得亨特兄弟陷入了麻烦。他们用持有的白银作为抵押品，举债数亿美元购买更多白银，而在通货膨胀日益恶化的这些年里，基准利率已经高达19%，巨额的利息支出即使对富有的亨特兄弟来讲也如同噩梦一般。此外，正如110年前黄金囤积投机时的情形一样，美国政府拥有大量以银块或尚未流通的银币形式存在的白银储备，那是可以将囤积者一举击溃的撒手锏。

---

① 蒂凡尼公司（Tiffany），美国著名的珠宝首饰店。——译者注

– 第十五章 –
"或许是为贪婪说句好话的时候了"（1968—1987 年）

最后，随着白银价格上涨到 10 年前的 10 倍，许多因常年亏损而关闭的银矿变得有利可图，又重新开始运转起来了。此外，也有很多收藏在家家户户阁楼和地下室里的银器又回到了市场上，旧银币所含

> **亨特兄弟囤积白银**
>
> 　　1971 年，美国总统尼克松结束了布雷顿森林体系下的国际金本位制，此后外国政府不再能够按固定比例用美元兑换黄金。随着 20 世纪 70 年代以来美国通货膨胀日益加剧，黄金和白银相对于美元的价值也逐渐增加。与此同时，在工业上用途丰富的白银更是需求猛增，产量供不应求。此时，来自得克萨斯州的石油巨富巴克·亨特和威廉·亨特察觉到了投机机会，便开始大胆囤积白银。
>
> 　　作为世界上最富有的人，亨特兄弟开始伺机大量收购白银，几乎单枪匹马地使银价从 1974 年的每盎司 3.27 美元翻了一番达到 6.70 美元。亨特兄弟希望白银从市场上彻底消失，因此他们要求实物交割，而这并非现代商品交易商的通行做法。到 1979 年，亨特兄弟已经囤积了超过 2 亿盎司的白银，相当于当时公认的白银流通总量。亨特兄弟大量收购而产生的巨大买压使得银价节节攀升，1980 年 1 月初银价已经高达每盎司 50.06 美元。
>
> 　　由于囤积规模日渐增大，亨特兄弟开始用现有白银作为抵押品，以支付保证金的方法继续举债购买新的白银。然而，由于通货膨胀高企，基准利率已经高达 19%，巨额的利息支出成了亨特兄弟的最大负担。
>
> 　　与此同时，银价 10 年之内暴涨 10 倍刺激了大量收藏、装饰用银和新产出的矿银进入市场。随着白银供应量逐步上升，白银的价格开始回落，但是由于亨特兄弟几乎是市场上唯一的买家，因此他们只能被迫借债以维持银价。此时，亨特兄弟的贷款已经高达 8 亿美元，占到前两个月内美国所有银行贷出总额的 10%。
>
> 　　1980 年 3 月，银价跌到了每盎司 40 美元，且还在下跌中，筋疲力尽的亨特兄弟无力应付新一轮的保证金要求。此时，他们的经纪人察觉身处危境便开始大肆抛售白银。银价在一天之内下跌了一半，报收于每盎司 10.82 美元，股市随之暴跌。当"白银星期四"（Silver Thursday）结束时，亨特兄弟的损失高达 10 亿美元。
>
> 　　由于美国各大银行和美联储采取紧急措施阻止了这场恐慌的蔓延，没有酿成全美金融系统的大灾难，但是对于曾经富可敌国的亨特兄弟来说已经风光不再，随着银价持续走低，他们终于在 1987 年被迫宣布破产。（译者根据本书及公开资料整理）

白银的价值比它们的面值甚至收藏价值高出许多，很多人决定在银价高涨的时候将它们及时出手。与此同时，数以万计的美国家庭认定，此刻正是将它们祖母辈留下的那些样式丑陋、长久不用的银质茶具变成现金的最好机会。没有人知道这期间有多少吨维多利亚时代的银器被熔化，然后源源不断地流入流通的白银供给之中。

随着市场上白银供应量的逐步增加，而亨特兄弟又几乎是市场上唯一的买家——白银的价格开始回落，亨特兄弟被迫去借越来越多的钱以支持银价，直至耗尽他们原先似乎是无穷无尽的财富。美国的各大银行和经纪公司也弹尽粮绝了，他们给亨特兄弟的贷款已经超过8亿美元，几乎相当于前两个月内美国所有银行贷出总额的10%。

到1980年3月，银价跌破每盎司40美元，而且还在急速下跌。3月27日，亨特兄弟无力应付新一轮的保证金催缴，囤积操作彻底溃败。他们的经纪人自己也已身处危境，于是开始出卖他们，恐慌迅速笼罩了华尔街。银价在一天之内下跌了一半，报收于每盎司10.82美元，股市随之跳水。当"白银星期四"（Silver Thursday）结束时，亨特兄弟已有10亿美元付之东流。

幸而美国主要银行和美联储迅速采取行动，阻止了这场恐慌的蔓延，避免了一场全美元融系统的大灾难。第二天，股市直线回升，华尔街迅速恢复了正常。但是，对于亨特兄弟来说，一切都难以挽回了。银行重组了他们的债务，允许他们在10年之内逐步还清。不过，建立在白银价格至少保持稳定的假设之上。而20世纪80年代，随着通货膨胀的逐步消退、采矿业的兴盛和对白银需求的滞缓，白银价格实际上在不断下降，亨特兄弟的经济状况也随之越发困窘，最终于1987年被迫宣布破产。

此时，华尔街已和过去大不相同了。

第十五章
"或许是为贪婪说句好话的时候了"(1968—1987年)

同一时代的西方和东方

西方	年份	东方
欧洲共同体成立	1967	
芯片制造商英特尔公司成立	1968	
美国民权运动领袖马丁·路德·金遇刺	1968	
美国宇航员阿姆斯特朗和奥尔德林登上月球	1969	
第一个计算机网络——阿帕网（ARPANET）连接建立	1969	
房地美（Freddie Mac）由国会批准成立	1970	
纳斯达克成立，为大量中小企业和科技型企业上市提供了一条便捷的通道	1971	中国恢复联合国合法席位
"水门事件"曝光，尼克松因此被迫辞去美国总统职务	1972	尼克松访华，在上海签署《中美联合公报》
	1972	田中角荣访华，中日建交
第一次石油危机引发全球经济危机	1973	
比尔·盖茨创立微软公司	1975	
越南战争以美军战败告终	1975	
苹果电脑公司创立，第一台苹果电脑问世	1976	
美国"海盗一号"无人宇宙飞船在火星软着陆成功	1976	
世界第一个试管婴儿在美国诞生	1978	中国共产党第十一届三中全会召开，启动经济体制改革，改革开放开始
第二次石油危机爆发	1979	中美建交
	1980	中国建立深圳、珠海、汕头、厦门等经济特区

（续表）

西方	年份	东方
美国总统里根提出"星球大战计划"	1983	
	1984	中英就中国收回香港问题签署联合声明
	1985	城市改革，国有企业改革
	1986	《义务教育法》颁布
	1986	新中国第一只股票发行
世界人口突破50亿	1987	中国共产党第十三次全国代表大会召开
华尔街黑色星期一，道琼斯工业平均指数暴跌22%，美国爆发经济危机	1987	

第十六章
"这种趋势会不会继续下去呢?"
(1987—1999年)

- 译者题注 -

进入20世纪80年代的华尔街,技术的巨大进步使得人类在短短几年之内就实现了全球化,并使得世界金融市场实现了一体化。20世纪90年代的股市更是一路高歌猛进。在资本市场的推动下,微软、英特尔、谷歌、苹果等一大批高科技企业脱颖而出,成为引领美国新经济增长的引擎。在世纪之交的前夕,道琼斯指数首次突破了1万点。人们不禁要问,"这种趋势会不会继续下去呢?"

- 译者导读 -

- 1982 年，道琼斯指数第三次突破 1 000 点，此后，它再也没有跌破过这个数字。
- 1987 年 8 月 25 日，道琼斯指数达到了顶峰，随之而来的股市下跌唤起了人们对 1929 年股市崩盘的记忆。尽管这一次市场崩溃来势凶猛，而且金融市场的全球化使得这一次股灾波及世界其他金融市场，但这一次股灾中人们的命运却并没有那么悲惨，与 60 年前不同，他们已经学会了分散投资。
- 1987 年的股市危机期间，美联储对市场进行了救助，以免股市危机演变成全国性恐慌，这与 1792 年汉密尔顿的做法一脉相承。而在这两次相隔 195 年的政府干预股市危机的行动之间，面对每一次金融危机，杰斐逊主义放任自流的思潮一直占据上风。
- 在挽救此次危机的行动中起到重要作用的是此时刚刚登上历史舞台的格林斯潘。他采取的措施正如 60 年前斯特朗所说的那样："对付任何此类危机，你只需要开闸放水，让金钱充斥市场即可。"市场恐慌很快结束了。
- 这个时代的华尔街有两个著名人物：博斯基和米尔肯。20 世纪 80 年代，杠杆收购进行得如火如荼，博斯基热衷于风险套利——对潜在的被收购公司进行投机。不幸的是，为了增加自己的胜算，他用装满现金的箱子去换取自己所需的内幕消息，最后锒铛入狱。米尔肯则开创了著名的垃圾债券市场，认定这种信用等级很低的债券的潜在回报高于其对应的风险。他对垃圾债券出神入化的操作使他一度被追捧为华尔街的金融天才。米尔肯最终被判入狱，并被处以6亿美元的罚款，这是美国商业史上对个人的最高罚金。

- 20世纪的最后10年，美国股市进入了一个一日千里的时代，截至1999年夏天，道琼斯指数较1990年年初上涨了400%，较1980年年初上涨了1 300%。此时的纽约证券交易所每一天的日交易量比20世纪40年代任何一年的交易量都高。

- 20世纪90年代后期，雅虎、亚马逊、谷歌等一大批互联网公司在资本市场的推动下发展壮大。互联网不仅成为改变经济格局和社会生活的重要推手，也给资本市场带来了巨大的影响。网络股的兴起、网上投资的出现是华尔街所能感受到的最直观的变化。同时，互联网这一新生事物的出现无疑也加速了全球金融一体化进程，一体化后的世界金融市场如何面对跨越国界的金融监管，是一个巨大的未知数。

- 第十六章 -
"这种趋势会不会继续下去呢？"（1987—1999年）

随着罗纳德·里根在 1980 年当选美国总统，华尔街进入了一个新的经济时代。直到现在①，我们还看不出这个经济时代什么时候会结束，因此，过去 20 年更多的是新闻工作者的天下，而历史学家则鲜有作为。虽然华尔街和联邦政府显然已经学会从过去的经济政策失误中吸取教训，但是它们是否能从当前的经济挫折中吸取教训还不是很清楚。事实上，这种教训已经不少。

为了使华尔街更好地迎接 20 世纪 80 年代和 90 年代的经济发展，20 世纪 70 年代，纽约证券交易所开始改革，同时华尔街在通信上也投入巨资。跨市场交易系统和纳斯达克市场开始运营，债券电传系统（Telerate）也于 1969 年建立，它使得银行的债券部门能够随时跟踪债券价格，这个系统迅速成为美国国债的电子交易市场。美国国债不仅拥有大量本国投资者，也越来越多地被其他国家的政府和投资者持有。1973 年，英国路透社开发了全球外汇实时报价系统（Monitor Money Rates），该系统使得全球的外汇交易员可以 24 小时进行不间断交易。

罗纳德·里根的雕像陈列于美国国会大厦中。他是美国第 40 任总统，也被称为过去 100 年最伟大的共和党总统，普遍认为，他倡导的自由经济政策对美国经济 20 世纪 80 年代以后的繁荣起到了重要作用。在他任期的末期，柏林墙倒塌，冷战结束。（译者摄于 2017 年）

---

① 指这本书首次成稿的 1999 年。——译者注

与此同时，参与全球交易的成本也大大降低。1950年从美国本土向其他国家一共打出100万个越洋电话，每一个电话都要通过接线员转接，而且还需要事先预约。到了1970年，随着财富的增加和电话费用的不断下降，这个数字已经攀升到了2 500万个。此后，随着微处理器取代接线员，通信卫星大大提升了远程通信能力，通信成本直线下降，这一数字也呈现出爆炸式增长，到1995年超过了28亿。换句话说，这个数字在45年内增长了近3 000倍。

大多数这种通信已经不再需要人工参与，只要通过计算机联网，大量的数据就可以瞬间传送。在短短的几年时间内，人类就实现了全球化和金融市场的一体化。

然而，世界上很多国家并没有为新的信息化经济时代做好准备。自从金本位制结束以来，弱势货币国家的领导人就一直在努力抵制着外汇投机商们的袭击。1956年苏伊士运河危机时，后来成为英国首相的哈罗德·威尔逊把那些对英镑进行投机的瑞士银行家们斥为"苏黎世的侏儒"（the gnomes of Zurich）。但是，到了20世纪80年代，这些"侏儒"的威力已非昔日可比，在地理上也不仅仅限于苏黎世了。

20世纪80年代的交易大厅。1981年，这里是纽约最大的室内空间，但光线非常昏暗，因为各种显示屏在这里堆积如山——它们上面的信息同时出现在世界各地经纪人办公室的显示屏上，这使得纽约证券交易所成了一体化全球资本市场的中心。

1981年，当有强烈社会主义倾向的弗朗索瓦·密特朗（Francois Mitterrand）就任法国总统后，他试图实施一个偏左倾的

- 第十六章 -
"这种趋势会不会继续下去呢？"（1987—1999 年）

施政纲领，包括银行国有化和增加高收入者的税负等，但他很快发现没有足够的力量将这些纲领变成现实。纽约、东京、香港、伦敦和其他市场的外汇交易员在追逐他们各自利益的同时，通过已经一体化的全球外汇市场给法郎带来了巨大的压力，以至于密特朗不得不放弃原来的主张。从 16 世纪以来就一直是世界强国之一的法国，在这个全球市场面前显得力不从心。到 20 世纪 80 年代末，几乎所有的原社会主义阵营国家都做了适度的调整——它们中有些国家曾一度试图用计划体制代替自由市场，但现在又开始采用一些市场经济的模式。

苏伊士运河危机期间，埃及在位于苏伊士运河北端的塞德港沉船，以阻挠英法和以色列的进攻。英法试图抢夺运河控制权的做法遭到国际社会的反对，美联储公开抛售英镑和法郎，使得英法两国的外汇储备快速下降而且货币贬值，最终英、法在美国的货币攻势和苏联的核威胁之下从埃及撤兵。（译者根据公开资料整理）

自从密特朗政府控制本国货币的尝试失败以来，全球的主要货币已不再由金本位制决定，而是由国际外汇市场决定。因此，我们再也见不到 20 世纪 70 年代那种令人一筹莫展的通货膨胀，尽管这一转变过程也并非一帆风顺。

而在 20 世纪 70 年代末，卡特政府无力应付那场异乎寻常的通货

> 里根和卡特不一样，他愿意采取措施来结束通货膨胀，但他同时也必须接受这种政策的后果：一次经济大衰退……在里根政府的支持下，美联储主席保罗·沃尔克狠狠地踩了一下经济的"刹车"。他大幅提高贴现率，其他利率随之升高。

膨胀（那是美国在和平时期经历的最糟糕的一段时光），美元的购买力每年以12%的速度下降。选民们的真实收入没有增加，但是由于通货膨胀，他们的名义收入增加了，所以又不得不缴纳越来越高的所得税。愤怒的选民使卡特成为自胡佛以来的第一位"一任总统"，并选择里根来接替他。里根和卡特不一样，他愿意采取措施来结束通货膨胀，但他同时也必须接受这种政策的后果：一次经济大衰退。

在里根政府的支持下，美联储主席保罗·沃尔克狠狠地踩了一下经济的"刹车"。他大幅提高贴现率，其他利率随之升高。早在20世纪50年代和60年代，曾以天才的融资能力闻名的纽约地产投资商威廉·泽肯多夫（William Zeckendorf）说过一句名言："即使花20%的利率去举债，我也不愿因花时间等待最优利率（prime rate，即银行为信用等级最高的贷款者提供的贷款利率）而坐失商机。"但是，到了20世纪80年代初期，最优利率本身已经达到了20%。

这一举措将失业率推到了自20世纪30年代"大萧条"以来从未有过的10%，公司盈利锐减，道琼斯指数狂泻20%，跌到了800点以下——道琼斯指数第一次达到800点是在15年前。报纸和电视晚间新闻里充斥着里根也要成为"一任总统"的论调。

但是，随着通货膨胀压力减退，1982年夏天，美联储开始降低贴现率。股市作为经济的先行指标，在这一年8月的一次疯狂买入浪潮之后开始迅速攀升。1982年，道琼斯指数再次突破1 000点，这是道琼斯指数第三次突破1 000点，此后，它就再也没有跌破过这个数字。的确，道琼斯指数从此持续上升，除了有一次短暂的较大例外。1985

第十六章
"这种趋势会不会继续下去呢?"（1987—1999 年）

年 12 月 11 日，道琼斯指数首次达到 1 500 点——在短短三年时间里上涨了 50%；而仅仅一年之后，1987 年 1 月 8 日，达到了 2 000 点；又只过了 6 个月，在 1987 年 7 月 17 日，它达到了 2 500 点——这在 10 年前几乎是难以想象的。

> 1982 年，道琼斯指数再次突破 1 000 点，这是道琼斯指数第三次突破 1 000 点，此后，它就再也没有跌破过这个数字。

很多人看到如此短的时间内股市急速上升，不由想起 20 世纪 20 年代的伤痛记忆，于是，"很快将会有一次大调整甚至崩盘"的论调开始甚嚣尘上。这种悲观情绪的产生不只是由于对 1929 年市场崩盘耿耿于怀，事实上，利率也再一次开始攀升。日本电话电报公司（Nippon Telephone and Telegraph，简称 NTT，日本电信业的垄断者）准备在当年秋天首次公开发行 350 亿美元股票。受到该预期影响，日本投资者为了认购这些股票开始抛售美国证券，特别是美国国债，巨大的卖压将美国国债利率推到了 10% 以上。当最安全的投资工具的收益率都如此之高时，很多人开始怀疑是否应该购买平均市盈率高达 23 倍的股票了。

市场在 1987 年 8 月 25 日达到了顶峰，道琼斯指数为 2722.42 点，随后各种令人担忧的消息开始越来越多［例如，债券利率不断上升，美国财政部部长詹姆斯·贝克威胁将美元贬值，巨额的贸易逆差，一艘挂有美国国旗的油轮在波斯湾被伊朗导弹击中，等等］，市场开始整体下滑。到 10 月 16 日，市场下跌 109 点，创下历史单日下跌幅度的纪录，市场共下跌了 17.5%，降到 2246.74 点。

10 月 19 日，星期一，金融市场全球化的影响完全显现。规模较小的亚洲市场，例如中国香港和新加坡，一开市就开始狂跌，接着是伦敦。然后，最大的市场——华尔街开市了，半小时内，买单与卖单极不平衡，以至于标准普尔 500 指数的 500 只成分股中仅有 25 只可以交易，而大部分股票根本就没有买单。

芝加哥商品交易所的期货市场表现与华尔街如出一辙，对一种期货的恐慌抛售迅速导致对其他期货的抛售。当美国证监会即将关闭市场的谣言出现后，投资者们更是蜂拥而入，抛售所有的一切。到下午4点闭市时，道琼斯指数下跌了22.6%，交易量为6.08亿股，是前一周周五所创纪录的2倍，正常交易量的6倍。两家很有声望的老牌投资银行——E.F. 休顿和 L. F. 洛希尔宣告破产，其他60多家小公司也未能幸免于难。

这种情形不由让人想起可怕的1929年。但是，实际情况并没有那么糟，这一回，"泰坦尼克号"并没有沉没。

这种情形不由让人想起可怕的1929年。那年，市场在9月3日触顶，在随后几周内下跌了21.6%；而1987年，市场在8月25日触顶，随后下跌了17.5%。1929年，市场曾在两天内（10月28日和10月29日）下跌23%，而1987年，它一天就下跌了22.6%。在这两年中，都有很受市场推崇的分析师（虽然他们并不是市场上最德高望重的人物，1929年的罗杰·巴布森和1987年雷曼公司的伊莱恩·嘉莎莉利）对大灾难做过预测。在1929年，是追加保证金的要求和卖空造成了市场大跌，而在1987年，是程序化交易和一些用资产组合保险理论[①]（portfolio insurance，滑稽的是，这一经济理论原本是用来降低风险、保护收益的）管理的基金加剧了市场的下滑。

媒体和很多了解华尔街运作方式的人都预见到了这次大崩溃。詹姆斯·戈德史密斯爵士是一位传奇的英国金融家，他预见到了这次市场崩盘，并已经在不久前将其所有的股票清仓，他称他的预见是"在

[①] 即通过卖空股指期货，对冲持有股票组合的价格风险，起到避险的作用。但在市场快速下跌时，卖出股指期货可能加速市场下跌。——译者注

― 第十六章 ―
"这种趋势会不会继续下去呢？"（1987—1999年）

'泰坦尼克号'的桥牌室里赢了一盘决胜局"。

1987年10月19日，黑色星期一，道琼斯工业股票平均指数下跌22.62%，交易大厅笼罩在愁云惨雾中。图为当时纽约时报的报道。（译者根据公开资料整理）

但是，实际情况并没有那么糟，这一回，"泰坦尼克号"并没有沉没。第二天，虽然市场在上午仍然大幅下跌，但到中午的时候已经稳定下来，接着就迅速反弹了。随后，市场在两年内就回到了原先的高位，并在1991年4月17日攀升到3 000点。距1987年崩盘短短的12年后，我们就几乎把它遗忘了，为什么呢？

原因可能很多，但主要有以下三个。首先，在1929年，市场中大部分个人投资者的绝大部分资产都投资在资本市场，实际上面临着巨大的风险。一旦市场崩盘来临，那些原先因为虚拟资产的膨胀而感觉自己很富有，从而一向花钱大手大脚的人，突然发现自己其实一文不名，他们的消费迅速缩减——由此将整个经济直接拖入泥潭。但是，到了1987年，投资者已经学会分散投资，他们将更大比例的财富投资于证券以外的资产，特别是房地产，因此尽管市场崩盘令人痛心，但还不至于让他们彻底破产。

第二个原因是，两次危机爆发时，当局采取了截然不同的态度。1929年危机发生后，胡佛总统费尽心思一再向公众保证华尔街是个投资的好地方，但结果适得其反，这只能使人们更加担心。而1987年的里根总统却对当时的市场崩盘极少谈论，他这种非常放松的、认为"这种事情司空见惯"的态度反而让投资者增强了信心。与此同时，白宫悄悄地借钱给几家大公司用以回购自己的股票，并且大肆宣扬回购正当其时，这些公司的实际行动比总统所能做出的任何保证都更有影响力。

但是，更重要的一个原因是美联储的态度和对策。与1929年不同，这次美联储采取了一个中央银行在市场恐慌中应该采取的行动。保罗·沃克尔刚刚退休，接替者是艾伦·格林斯潘。格林斯潘此时还不像他后来那么家喻户晓，但他知道该做什么。60年前，本杰明·斯特朗曾一语中的："对付任何此类危机，你只需要开闸放水，让金钱充斥市场即可。"事实上，这也正是格林斯潘所做的。10月20日星期二早晨，美联储在市场上大量购买政府债券，此举的直接效果就是新增了大约120亿美元的银行储备。随之，联邦基金利率（federal funds rate，这个利率决定短期利率）下降了0.75个点——这是一个巨大的单日下降幅度。随着资金流动性得以恢复，市场恐慌也就很快结束了。这是自1792年亚历山大·汉密尔顿成功救市以来，美国中央银行第一次采取措施成功地阻止了市场恐慌演变为一场经济灾难——几乎不可能的事情发生了，托马斯·杰

– 第十六章 –
"这种趋势会不会继续下去呢？"（1987—1999 年）

斐逊的阴影终于被永远逐出了这个国家的市场。

*　　*　　*

和历史上所有的繁荣时代一样，20 世纪 80 年代是一个各种新人和新思想不断涌入华尔街的时代。华尔街上欣欣向荣，工作机会过剩，这在很大程度上掩盖了纽约其他主要行业（如建筑业）就业机会的不足，而且使得纽约的市政税收严重依赖华尔街。纽约证券交易所一个席位的价格在 1974 年曾低至 6.5 万美元，到 20 世纪 80 年代中期，席位价格回升到 100 万美元以上，如果不考虑通货膨胀，这是一个新高。

就像科尼利厄斯·范德比尔特和杰·古尔德代表 19 世纪 60 年代，杰西·利弗莫尔和约瑟夫·肯尼迪代表 20 世纪 20 年代一样，在 20 世纪 80 年代，一些新人物变成了这个时代的象征，其中两个特别人物是伊凡·博斯基（Ivan Boesky）和迈克尔·米尔肯（Michael Milken）。博斯基是底特律酒吧老板的儿子，虽然 1975 年就来到了华尔街，但他的职业生涯到了 1982 年的股市回暖和杠杆收购业务（LBO, Leverage Buy Out）兴起时才真正起飞。投资银行的传统赚钱方式是把私人公司公开上市，即以一定价格买下私人公司的股票，然后以更高的价格在股市上卖给大众投资者。而杠杆收购的做法正好相反，它通过将已公开上市的公司私有化来赚钱。在操作上，杠杆收购通过借债获得的资金买断上市公司的控股权，然后再用未来改善经营后的

而杠杆收购的做法正好相反，它通过将已公开上市的公司私有化来赚钱。在操作上，杠杆收购通过借债获得的资金买断上市公司的控股权，然后再用未来改善公司经营后的现金收入来偿还债务利息。杠杆收购成功的秘诀在于准确预测出目标公司未来的现金流，并由此决定它能借多大规模的债来实施杠杆收购。

现金收入来偿还债务利息。杠杆收购成功的秘诀在于准确预测出目标公司未来的现金流,并由此决定它能借多大规模的债来实施杠杆收购。

博斯基靠风险套利(risk arbitrage)来赚钱,这是华尔街上的一个新现象。他首先买入一家潜在的被收购公司的股票,一旦收购完成,一般来说,被收购公司的股票会上涨,这时他就将股票卖掉,狠赚一笔。在这种操作中,他只有一个风险,那就是:如果收购没有实现的话,他就只好自己兜着了。1982年,当海湾石油公司(Gulf Oil)收购城市服务公司(Cities Service)的企图以失败告终时,博斯基损失了2 400万美元。为了提高成功的概率,博斯基开始编织一张由那些愿意为他提供内部消息的银行家和经纪人组成的网络,其中包括基德·皮博迪公司的马丁·西格尔和德莱克塞尔-伯纳姆-兰伯特公司的丹尼斯·林文(Dennis Levine),这些公司都是受人尊敬的老牌公司。

迈克尔·米尔肯。米尔肯在"垃圾债券"等领域的开创性工作对华尔街的影响毋庸置疑,入狱22个月后他被提前释放,但不久便患上了前列腺癌,于是推动攻克癌症的研究工作,投资医疗、教育等领域获得很大成功。他还创建了经济智库米尔肯研究中心,其每年的年会被称为"美国的达沃斯论坛"。(译者根据公开资料整理)

有一种很流行的观点认为,只要是为客户尽职谋利,利用内部信息就是天经地义的。但是,事实上从20世纪30年代起,尽管没有一个十分明确的办法界定什么是内幕交易,内幕交易一直都是非法的。

有一种很流行的观点认为,只要是为客户尽职谋利,利用内部信息就是天经地义的。但是,事实上,从20世纪30年代起,尽管没

– 第十六章 –
"这种趋势会不会继续下去呢？"（1987—1999年）

有一个十分明确的办法界定什么是内幕交易，内幕交易一直都是非法的。而且，博斯基所做的内幕交易使人几乎无法为他辩护——他用装满现金的箱子去交换他所需要的内部信息。1986年11月14日，美国证监会宣布，博斯基已经承认他的很多行为触犯了《证券法》，并正在接受政府的进一步调查。最后，博斯基被判入狱3年。

迈克尔·米尔肯却是个完全不同的人。他是一位会计师的儿子，有着非凡的分析能力，像100年前的J.P.摩根一样，他只需扫一眼就能掌握一张资产负债表的内容。在洛杉矶长大后，他于1970年加入了德莱克塞尔-伯纳姆-兰伯特公司，事实上，这家公司在历史上曾经一度与J.P.摩根公司联合，成为德莱克塞尔-摩根公司（Drexel, Morgan and Co.）。作为20世纪80年代华尔街金融市场全球化的一个见证人，这个影响市场的最重要人物大部分时间都住在洛杉矶，而不是在纽约。由于时差原因，他每天凌晨4点（相当于纽约时间7点）起床去办公室开始为纽约开市做准备。

米尔肯最擅长的领域有一个不幸的名字，叫作垃圾债券①（junk bond）。这些债券通常有比政府和蓝筹股公司发行的债券更高的收益率，但它们的收益率高是因为它们有更高的风险。一些垃圾债券的信用等级被定得很低，原因是发行这些债券的公司已经陷入困境。但是，米尔肯认为，很多垃圾债券的实际回报率已经超过了补偿其风险所需的回报率，所以是很好的投资。

信用等级被定得很低，原因是发行这些债券的公司已经陷入困境。但是，米尔肯认为，很多垃圾债券的实际回报率已经超过了补偿其风险

---

① 债券按信用级别可分为垃圾债券（又名高收益债券或投机级债券）和投资级债券，其中垃圾债券是指信用级别低于标准普尔公司BBB-级或穆迪公司Baa3级的债券。——译者注

523

所需的回报率[①]，所以是很好的投资。米尔肯还意识到，发行垃圾债券可以为由微处理器出现所引发的一系列新技术产业的发展提供必需的资金。新技术领域的公司当然蕴藏着风险，但是其潜在的回报足以补偿这些风险。米尔肯把这一哲学运用得淋漓尽致，扶持了诸如CNN（美国有线电视新闻网）等公司的起飞，CNN对美国电视新闻行业起了革命性的推动作用；此外，还有麦克格雷（McGraw Cellular）公司，它是一家提供移动电话服务的公司。在20世纪80年代以前，移动电话只出现在科幻小说里，在现实中根本无法想象，而在今天的城市中，移动电话几乎像手表一样随处可见。

随着20世纪80年代中期杠杆收购热潮的兴起，米尔肯和德莱克塞尔公司也开始用垃圾债券为杠杆收购提供融资。1985年，罗恩·佩尔曼就是靠着米尔肯和德莱克塞尔公司为其发行的垃圾债券的帮助，控股了露华浓公司。第二年，当杠杆收购浪潮达到顶峰时，股市也攀升到前所未有的高度。那年米尔肯从德莱克塞尔公司得到了一份高达5.5亿美元的年终奖金，这使他成为美国历史上薪水最高的雇员。即使让米尔肯在1987年1月1日彻底破产的话，仅他1986年的年终奖金就可以使他成为《福布斯》富豪榜400人名单中的前三名。

但是，就在那一年的年底，伊凡·博斯基为了能够减轻罪责，开始指控别人，他指认米尔肯也是他获得非法内部信息的一个来源。迈克尔·米尔肯在多大程度上犯有罪行？也许，他实际上只是博斯基这类为了自救而乱咬人的骗子和那些希望通过一案成名的野心勃勃的公诉人的牺牲品。直到今天，陪审团对这些问题依然意见相左。而在当时，他被控犯有不少于98条重罪，如果这些罪名都成立的话，足以

[①] 米尔肯认为，出于各种因素，一个企业的倒闭是很难的，因此垃圾债券的实际风险比市场认为的要低，这也是他敢于大量购买垃圾债券的根本原因之一。——译者注

第十六章
"这种趋势会不会继续下去呢？"（1987—1999 年）

使他入狱 500 年，同时他被威胁说他的兄弟也将受到指控，于是他只好与法院达成了妥协——对其中少数较轻的指控认了罪。

而在当时，他被控犯有不少于 98 条重罪，如果这些罪名都成立的话，足以使他入狱 500 年。

尽管当时的法官承认，她在米尔肯的账目上发现的问题不超过几十万美元（这个数目还不足米尔肯 1986 年年终奖金的 5‰），但是她依然判处米尔肯入狱 10 年（是博斯基刑期的 3 倍有余），并且处以 6 亿美元的罚款，这无疑是美国商业史上对个人的最高罚金。

其实，米尔肯最大的罪过是狂妄自大。他确信他有能力做成任何他所染指的交易，同时也低估了他的敌人。米尔肯作为一个金融家之所以走向毁灭，是因为他没有 J. P. 摩根那种对事物极

米尔肯作为一个金融家之所以走向毁灭，是因为他没有 J. P. 摩根那种对事物极限的把握能力和对周围敌对势力的敏锐洞察力。因此像很多 20 世纪 80 年代翻云覆雨的华尔街人一样，他认为好光景会永远继续下去，不知不觉中把自己当成了"宇宙的主人"。

垃圾债券与 20 世纪 80 年代的并购浪潮

　　20 世纪 80 年代是美国经济史上并购活动最频繁的时期之一，被称为第四次并购浪潮。与前三次相比，使用杠杆进行收购是其明显的特征，而垃圾债券则是重要的资金来源。在杠杆作用下，单笔收购规模大大提高，20 世纪 80 年代初，单笔收购金额平均为 5 000 万美元，到了 80 年代末则达到了 3 亿美元，且 10 亿美元以上的超级并购频频发生。

　　这波并购浪潮在私募股权基金 KKR 对雷诺兹－纳贝斯科公司的"世纪大收购"时达到顶峰。这起收购 KKR 斥资 250 亿美元，而其中自有资金仅为 20 亿美元，其余大部分资金都来源于"垃圾债大王"米尔肯所在的德莱克塞尔公司和另外几家投资银行的债务融资。德莱克塞尔公司通过本次收购所获佣金高达 2 亿美元。此番"世纪大收购"之后，私募股权基金被《门口的野蛮人》一书打上了"野蛮人"的标签。此后，由于私募股权基金管理层的个人巨额收入被曝光，引发了对资本征税的政治激辩。（译者根据公开资料整理）

限的把握能力和对周围敌对势力的敏锐洞察力，因此，像很多20世纪80年代翻云覆雨的华尔街人一样，他认为好光景会永远继续下去，不知不觉中把自己当成了"宇宙的主人"。

谢尔曼·麦科伊犯了同样的错误，他可能是20世纪80年代华尔街最令人难忘的人物——尽管他只是汤姆·伍尔夫的小说《虚荣的篝火》（*Bonfire of the Vanities*）中一个虚构的角色。这本小说出版于1989年，毫无疑问，它是所有描写华尔街的小说中最伟大的一本，就像另一部伟大的美国文学巨著——《格兰特回忆录》一样，《虚荣的篝火》一经问世就成为经典。它用狄更斯般精确的语言捕捉了历史上一个特定的时间和地点——20世纪80年代的纽约，打开了一个观察里面世界的窗口，就像狄更斯的《荒凉山庄》（*Bleak House*），永远是观察19世纪40年代的伦敦的窗口一样。

* * *

尽管1987年的股市发生了大崩溃，在20世纪80年代，道琼斯指数依然上升了228.3%，仅次于50年代的239.5%，那时的华尔街刚刚从"大萧条"的阴影中恢复过来。事实上，20世纪30年代是道琼斯指数仅有的下跌的10年[1]，那一时期该指数下跌了39.5%。

华尔街的坏年景总是跟随着好年景到来，这个规律却不适用于20世纪80年代。尽管到此时，90年代还没有过完，而华尔街也常常瞬息万变（例如，如果20世纪20年代是截止于1929年的9月3日而不是12月31日的话，道琼斯指数在那10年的涨幅就是225.5%，而不会因为后4个月市场狂跌变为131.7%）。截至1999年夏天，道琼斯

---

[1] 该书首版后，道指在21世纪的第一个十年下跌了9.3%。——译者注

- 第十六章 -
"这种趋势会不会继续下去呢？"（1987—1999年）

指数较 1990 年年初已经上涨了将近 400%。如果从 1980 年算起的话，市场已经大涨了 1 300%。其间，交易量也在大幅上升，1999 年纽约证券交易所的平均日交易量已经超过了 1987 年股市崩盘时的日交易纪录，而该纪录本身已经是前一个纪录的两倍之巨了。如今纽交所的日平均交易量甚至比 20 世纪 40 年代任何一年的年交易量都高。

> 如今纽交所的日平均交易量甚至比 20 世纪 40 年代任何一年的年交易量都高。

这种趋势会不会继续下去呢？没有人知道，历史学家们也不会知道，但是有一件事是确定的：所有的牛市都会结束。不论是 1929 年的大崩盘，还是 1966 年的市场低迷，这些主要取决于那些超过我们控制的力量的相互作用。但另一方面，就像我们看到的 1987 年的情形一样，如果监管当局密切关注事态的发展，而且及时采取强有力的行动的话，股市崩盘的后果并不一定是灾难性的。

这正是华尔街在新千年伊始所面临的困惑。就像因为"泰坦尼克号"的沉没才建立了《国际冰层巡逻制度》（International Ice Patrol）一样，监管的加强往往只有在一些痛苦的经历，尤其是灾难性的事件之后才会来临。只有在饱尝了 19 世纪 60 年代以前放任自流的市场

> 就像因为"泰坦尼克号"的沉没才建立了《国际冰层巡逻制度》一样，监管的加强往往只有在一些痛苦的经历，尤其是灾难性的事件之后才会来临。

中投机者们为所欲为的苦果后，才有了经纪人队伍对市场投机行为的有效抑制。同样，只有当理查德·惠特尼使整个证券业蒙羞之后，美国证监会才开始对经纪人队伍实施监管。

正是美国证监会的有效监管给华尔街带来了 60 年的稳定（虽然中间有熊市的间歇）和巨大的繁荣，而美国得以坐享全球最大的、最

有效率的资本市场所带来的巨大经济红利。随后，情况悄悄地发生了变化，一种全新的通信工具——互联网正迅速地将这个世界联系在一起，其速度远胜于19世纪中叶的电报，其力量也无疑远强于电报。在20世纪20年代，只有大厅交易员（纽约证券交易所席位的拥有者）才能够在一天之内买卖几十次股票。但是，由于有了互联网，现在只要有几千美元、一台电脑和一根能上网的电话线，任何人都可以做到这一点了。这些人被称为日间交易者，他们往往会在一天结束时清仓。目前，大约有500万人通过互联网拥有在线的股票账户，据估计，其中有100万人是日间交易者，而且这一数字还在呈指数级增长。对于拥有在线股票账户的投资者，其买卖股票的速度通常是传统经纪人的13倍，有时甚至每天买卖上千次。在线交易方式迅速在华尔街占据了重要地位，以至于此时华尔街上受此冲击最大的公司——美林公司（它有1.4万名持牌经纪人，他们依靠客户佣金生存的方式直接受到在线交易的威胁），在1999年年中也宣布将向其客户提供互联网在线交易服务。这一举措将在此后数年间给华尔街带来巨大的变化。

　　同时，互联网也被证明是一块为无数快速致富的梦想提供了沃土，就像20世纪20年代大家口口相传的各种秘诀一样，互联网也提供了无数投资论坛供在线投资者讨论股票和交换投资心得。随着20世纪90年代风险投资在硅谷逐渐升温，纳斯达克指数也受一级市场热度传导，开启了一轮历史性的暴涨，造就了互联网泡沫。纳斯达克指数从1995年不到1 000点，涨至2000年3月10日的5 132.52点；但随后的一天，它便开始急剧下跌，一个月内下跌37%至3 227点——再达到3 227点要到15年之后了。

　　在20世纪90年代晚期，与20世纪20年代类似的"过热"开始出现，很多上市公司股票价格的变化受到与该公司的商业前景毫不相关或者关联很小的因素的影响。例如，当Ticketmaster（一家提

第十六章
"这种趋势会不会继续下去呢？"（1987—1999年）

供网上售票服务的公司，股票代码为 TMCS）在上市第一天，股价就上涨了 300%，这时一家与它毫不相关的提供物业管理的公司 Temco Service，因其股票代码 TMCO 与 TMCS 相似，股价也不可思议地上涨了 150%。

其实，这个道理是再简单不过的了，互联网本来就是个传染跟风情绪的最好系统，那么由谁来监管这种正在出现的新交易方式呢？答案是，还没有人。就像 20 年前密特朗所发现的那样，市场正在彻底地全球化和一体化①。华尔街已经超越国界，其影响力也超越了国界，而监管大体上却只能止步于各国的边境之内。

> 华尔街已经超越国界，其影响力也超越了国界，而监管大体上却只能止步于各国的边境之内。也许只有一场像"泰坦尼克号"那样的金融灾难才能带来这样一个统一而有效的全球监管体系。

要改变这一点非常困难，因为，如果要建立一个有效的、世界性市场的监管体系，必然要牵涉世界大国在主权上的实质性让步，但是没有什么是比让一个国家在自由和独立问题上让步更难的事了，人类本性如此。也许只有一场像"泰坦尼克号"那样的金融灾难才能带来这样一个统一而有效的全球监管体系。

因为华尔街和政治家们尚不能建立起这样的监管框架来保证全球化市场的稳定，同时，也因为我们前面所提到的"资本主义的问题在于资本家本身的贪得无厌"，所以，华尔街再次发生如同 1929 年那样规模的股灾也并不是完全没有可能的②。

---

① 这里指前文所述密特朗在保卫法郎时发现不得不面对国际市场和国际投机者。——译者注
② 此书原著出版于 1999 年年底。此书出版后的第 8 年，即 2008 年，华尔街再次爆发了席卷全球的金融危机。危机过后，国际社会为了共同应对危机，推动全球经济复苏，成立了 G20 等国际监管协调机制。——译者注

同一时代的西方和东方

西方	年份	东方
柏林墙倒塌,东西德国结束分裂	1989	
第三次石油危机爆发	1990	上海证券交易所、深圳证券交易所和郑州商品交易所成立
苏联解体	1991	
比尔·克林顿当选美国总统,推出"信息高速公路"战略,美国进入新经济时代	1992	邓小平发表南方谈话,指出"股市、证券,是不是资本主义特有的东西,社会主义能不能用,允许看,但要坚决地试"
美国、加拿大、墨西哥三国达成北美自由贸易区协定	1992	中国证监会成立
欧盟成立	1993	
	1994	中国接入国际互联网
世界上第一只克隆羊诞生	1996	
美国发射的"火星探路者"号成功登上火星	1997	亚洲金融危机爆发
	1997	香港回归中国
道琼斯指数首次突破10 000点大关	1999	中国第一部证券法《中华人民共和国证券法》实施
	1999	澳门回归中国

第十七章

不平静的新世纪（2000—2019 年）

- 译者题注 -

互联网泡沫的破裂远非 21 世纪初华尔街最重要的事件，2001 年发生的"9·11"恐怖袭击事件使得世界意识到恐怖主义时代的来临，2007 年 7 月开始上演的次贷危机成了华尔街最大的噩梦。这场危机不断蔓延，最终演变成波及全球的金融危机，把当今世界复杂交织在一起的金融系统带到了崩溃边缘。时至今日，很多国家和地区的经济仍然受到那场危机阴影的影响，我们甚至无法判断危机是否真的已经结束……

- 译者导读 -

- 20世纪90年代，随着网络技术的突飞猛进，互联网行业呈现爆发式增长，诞生了一批诸如亚马逊、谷歌这样的明星公司。一个又一个互联网传奇激发了人们对行业前景的无限遐想，也点燃了对互联网公司股票极大的投资热情。在这种狂热情绪的推动下，纳斯达克指数从1997年的1 442.1点暴涨至2000年的最高点5 132.52点。盛极必反，随后市场风向骤变，股价急转直下，在此后近两年里，纳斯达克指数跌去77%，互联网泡沫破裂。

- 2001年9月11日，两架被劫持的客机撞击了位于曼哈顿下城的世贸大厦，超过2 500人罹难。"9·11"恐怖袭击事件加深了美国经济衰退的程度，也延长了衰退的时间。2001年11月，美国最大的能源公司安然公司宣布破产，为它提供外部审计的全美最大的会计师事务所安达信因此倒下，次年美国最大的移动电话服务提供商世通公司也深陷财务丑闻。然而，得益于2001年和2003年的两次减税，美国经济在2003年开始复苏，华尔街迎来了一个很好的年景。

- 美国政府在20世纪30年代和70年代成立房利美和房地美的初衷是为了让人们更容易从商业银行获得住房贷款，提高美国人的房屋拥有率。历史上，这两个机构确实令数百万美国人拥有了自己的住房，却因官僚体制和缺乏有效监管，规模不断膨胀，风险高度积聚。越来越多信用状况欠佳的人也能轻松获得住房贷款，加之"9·11"恐怖袭击事件后美联储为了提振经济而不断下调利率，催生了美国房地产市场的非理性繁荣。

- 华尔街当然不会错过这场狂欢，在银行家们设计的各种住房抵押贷款产品及其衍生品的推波助澜下，房价泡沫越吹越大，而标准普尔等评级机构也纷纷给予这些金融产品很高的评级。受高回报和高评级所暗示的低风险诱惑，共同基金、保险公司等金融机构大量购买这些产品，在华尔街的一片繁华景象中，美国金融市场正变得极为脆弱，风险一触即发。

- 盛宴终有散席时。房价的上涨刺激了房屋建设，新增房源使得房价增长停滞，并在2006年开始回落，贷款违约的情况开始增多。随着房价下跌，基于房价的证券价值也开始下跌，多米诺骨牌效应逐步显现。2008年9月，雷曼兄弟轰然倒塌，宣告了美国历史上最大规模的破产，并引爆了华尔街自1929年以来最大的金融危机。

- 在全球化和电子化的时代，华尔街的危机在一瞬间传遍了全世界，远至冰岛的银行都不能幸免。2008年的次贷危机最终演变成全球金融危机，并带来了全球经济的衰退。自此，由20世纪80年代开启的一轮高速增长和自由市场模式因危机而被迫做出修正，渴望变革的美国选民将年轻的奥巴马送入了白宫，奥巴马成为美国历史上第一位非裔总统。

- "只有潮水退去，才知道谁在裸泳。"金融危机的爆发也让一些严重的欺诈行为浮出水面。最令世人震惊的是由曾任纳斯达克董事会主席的麦道夫一手导演的有史以来最大的金融诈骗案。他以高额回报作为诱饵，吸引大量投资者不断注资，再用新资金支付旧资金的投资红利。令人惊奇的是，这个巨大的"庞氏骗局"竟然维持了几十年，直到次贷危机爆发，股市大跌，投资人纷纷要求赎回，麦道夫再也无法撑下去，只能承认这是个彻头彻尾的谎言。

– 第十七章 –
不平静的新世纪（2000—2019年）

2000年早春时节，20世纪90年代华尔街的大牛市终于落下帷幕。正如历史上所有其他的泡沫一样，由于网络股股价异乎寻常的上涨而产生的泡沫也不可避免地破灭了。这些股价的上涨完全建立在人们对网络公司未来盈利的期望之上，而没有太多现实的根据。19世纪20年代和30年代初期的运河概念股、20世纪20年代的航空概念股也经历过同样的命运。在2000年年初，纳斯达克指数曾经突破5 000点，是短短5年前的5倍，但到2000年年底，它下跌了一半。

美国经济也在2000年开始整体降温，这带动了其他股票的下跌。道琼斯指数和标准普尔500指数的跌幅虽然没有纳斯达克指数那么大，但是两者也都从2000年年初的高点开始下滑。

2001年，美国经济继续在衰退之中挣扎，股市进一步下跌。

接着就是"9·11"恐怖袭击事件。在一个美丽而清爽的夏末的早晨，两架被劫持的客机撞上了纽约的世界贸易中心大厦，两座大厦随后轰然坍塌。在短短的一个多小时内，纽约的金融区罹难的人数超过2 500人，而毁掉的办公面积比大部分美国城市整个城市的办公面积还大。附近的许多大楼都受到波及，数月之内无法使用。曼哈顿的下城整个区域被覆盖上了厚达几英寸的水泥尘土。清理工作长达9个月。（位于华尔街街头的三一教堂的庭院有数英亩的面积，它由美国海岸警卫队的志愿者们负责清理，因为海岸警卫队的创始人——亚历山大·汉密尔顿就埋葬于此。）

对于纽约和美国经济而言，这都是一次毁灭性的打击。纽约股票交易所闭市达4天之久，这是自1914年以来时间最长的连续停止交易。而美国所有的民航航班也禁止运营长达数天。

"9·11"恐怖袭击事件加深了美国经济衰退的程度，也延长了

图为"9·11"恐怖袭击事件中,撞击大厦的飞机引擎的残骸,陈列于美国华盛顿的新闻博物馆(Newseum)。(译者摄于 2017 年)

衰退的时间,重新开盘的股市直线下落。在 2002 年,纳斯达克指数一度下跌到 1 300 点的低点,与最高点相比跌幅达 74%。标准普尔指数也下跌了 52%。

2001 年秋天,先是美国经济,随后是华尔街,再次遭到重重的一击。美国最大的一家能源公司——安然公司(Enron)陷于破产。人们发现它的财务报表完全是一套谎言。安然的股价跌到近乎为零,许多投资者和安然公司雇员的希望也随之破灭,这些雇员的大部分退休金都投资在安然股票上。安然公司的外部审计公司,全美最大的会计师事务所——安达信也因此倒下了。不久,另外一家公司——美国最大的移动电话服务提供商,世通公司(World Com),也深陷财务丑闻之中。

在美国经济和华尔街的发展历史上,类似的事情发生过很多次,如 19 世纪 60 年代和 20 世纪 30 年代发生的一切,这种时候需要制定新的规则来惩治这些弊端。以萨班尼斯和奥克利两位提案人命名的《萨班尼斯–奥克斯利法案》(Sarbanes-Oxley Act)为财务会计制度带来了巨大的变化,其中包括禁止会计师事务所为同一家公司同时提供审计和咨询服务。此外,股票期权必须在授予员工之际便计入公司当

第十七章
不平静的新世纪（2000—2019年）

期费用，而不能等到期权执行时再计入公司费用，以便投资者更清楚地了解公司的价值。

得益于2001年和2003年的两次减税，美国经济在2003年开始复苏，华尔街也迎来了一个很好的年景。2003年年初，道琼斯指数只有7 500点，但是年底却再次收于10 000点之上，这是自2002年年初以来的第一次。在2004年里，道指坚守住了这个点位。同样，纳斯达克也艰难地爬升到了2 000点，但是在相当长的一段时期内，没有人相信它能再次回到泡沫时的高位。

美国作家拉尔夫·沃尔多·爱默生曾经有过一句名言："只要你能做出一只更好的捕鼠器，人们就会纷至沓来。"当然，做出一只更好的捕鼠器可以让你变得富有，却不足以改变世界。然而，科技的进步却能做到，它使得经济运行的成本大大降低。15世纪中期，欧洲开始采用活字印刷术，可以快速印制图书，极大地降低了书籍的价格，也降低了信息传播和学习的成本。这使得已日渐衰落的中世纪迅速地退出了历史的舞台。

18世纪末，詹姆斯·瓦特改良了蒸汽机，这是自1 000多年前风车发明以来首个可产生能量用于劳作的新技术。不仅如此，与风车或水轮车不同，蒸汽机不受地域的影响，可以在任何地方建造和使用，小到可以便携使用，大到可以为大规模的经济活动提供取之不尽的动力。在不到一个世纪的时间里，蒸汽机大大加速了工业革命的进程，并改变了世界经济的面貌，并由此改变了政治和社会的形态。

汽车的出现极大地提升了一定范围内的运输速度，同时也大大降低了运输成本，这重塑了美国的经济版图，同时也改变了世界。

微处理器，发明于20世纪60年代并于1972年面市，是一项史无前例的重大技术。在过去的40年里，世界为之焕然一新。人类历史上，信息第一次可以由人之外的其他主体处理、存储和调取。信息处理的成本也大大降低:20世纪50年代需要支付1 000美元才能获得的运算能力,今天只需要花费不到1美分;今天一般中产阶级家庭10岁孩子在书桌上所获得的计算能力,是1970年美国国防部都负担不起的。

正如我们已经看到的,每时每刻都渴求信息与实时价格的华尔街广泛而迅速地应用了微处理器。1981年后,甚至纽交所的地板都重新改造过,纵横交错的悬梁上挂着几百台电视,它们的屏幕上不断滚动刷新着最新的时事和各种信息。

但是微处理器革命的影响不仅仅局限于华尔街,它也深刻地影响了整个世界。没有一门科学不被计算机每秒数十亿次的计算能力所改变,科学的进步也因此显著加速。同时,微处理器也改变了世界大多数人的日常生活。今天,从汽车,到电动牙刷,到手机,微处理机无所不在。

像微处理器这样的基础技术,总是带来一些非常重大的附属性技术,同样能改变世界的面貌。蒸汽机最重要的附属性技术就是铁路,在大幅度提升运输速度的同时,也极大地降低了陆路货运和客运的成本。而对于微处理器而言,其最重要的附属性技术无疑是互联网。

互联网是极为强大的沟通工具,正在迅速取代普通的邮递及其他类似业务。植根于现代社会的互联网诞生于冷战时期。19世纪中期问世的电话和电报线路等通信网络提供的是分级服务,通常个人电话会连接到一个中枢交换站,再连接到其他的个人电话。

这样的模式在受到攻击时会非常脆弱。只要中枢交换机被破坏,

– 第十七章 –
不平静的新世纪（2000—2019 年）

> **互联网浪潮下的成王败寇**
>
> 继电报、电话之后，互联网再一次改变了信息传输方式，人类迎来信息时代。在互联网浪潮之下，谷歌、亚马逊、阿里巴巴、脸书、腾讯等互联网公司在短短数十年间崛起为新的巨头，另一方面，诸如 AT&T、雅虎这样的通信和互联网先驱却被巨浪吞没。
>
> 成立于 1877 年的 AT&T（原美国贝尔电话公司）开创了现代通信并在通信领域长期领先，历史上被政府数次反垄断分拆，其麾下的贝尔实验室更是 Unix 操作系统和 C 语言的诞生地，挺过了"大萧条"，但在 1984 年遭反垄断拆分后经历多次并购重组，早已物是人非。
>
> 成立于 1995 年的雅虎，开创了开放、内容免费的互联网商业模式，雄踞互联网上市公司榜首数年，市值一度超过 1 200 亿美元，2016 年却不得不以 48.3 亿美元"甩卖"了核心业务，并于 2017 年变更为与互联网没有直接联系的投资公司 Altaba 公司。
>
> 时至 2017 年 9 月，全球市值最高的五家公司均为科技公司，分别是苹果、Alphabet（谷歌母公司）、微软、脸书和亚马逊。（译者根据公开资料整理）

整个网络也就瘫痪了。那时，军方希望找到一个即便发生核战争也依然能够正常运行的通信网络。用"包交换"技术[①]取代"电路交换"技术，就是问题的答案。一条信息如果通过某一条路径无法传送，那么它会自动搜索找到其他路径完成任务。

1971 年，未来的"互联网"还只是一个雏形，总共只能连接三台电脑。而到 20 世纪 80 年代，互联网已经连接了数千台电脑，但多数都在高校或军队实验室中。到 20 世纪 90 年代初，英国等欧洲国家开发了万维网（World Wide Web），能让一个网络中的几乎所有的电脑互联，并实现任意两个电脑之间的信息传送，即便它们的

---

① 包交换（packet switch）和电路交换（circuit switch）是两种常见的网络交换技术。前者将用户通信的数据划分成多个更小的等长数据段（packet），再寻找路径分别传输，常用于计算机网络；后者在传输数据前必须先建立专用的通路（circuit），常用于电话网络。——译者注

操作系统并不兼容。随后，界面友好的浏览器软件被开发出来，个人电脑开始接入互联网，联网的人数开始爆炸式增长，平均每年翻一番。

对许多人，包括对华尔街的投资者而言，网络作为销售工具和信息传递工具的商业潜力是显而易见的。但就像林登伯格驾驶飞机飞越大西洋后的航空股票一样，此时互联网的商业价值还只是理论上的，并不真实。也正像1927年还没有正式运营的航空公司一样，20世纪90年代初，除了电子邮件服务商以外，互联网上也看不到任何商品或提供服务的卖家。

尽管如此，金融史上最大的泡沫之一正开始发酵。与很多技术泡沫的案例一样，许多投资者可以看到互联网商业用途近乎无穷的潜力，但在一个全新的商业环境中，互联网公司如何赢利仍然没有人能看清楚。

看到这一潜力的年轻人之一是杰夫·贝索斯，他于1994年创办了亚马逊公司，在互联网上销售图书。创办亚马逊公司时贝索斯年仅30岁，他毕业于普林斯顿大学，并曾因成绩优异应邀加入美国优等生大学协会。① 与许多电子商务的其他创业者一样，贝索斯的计划是先通过引入风险投资和在资本市场IPO发展业务，最初的几年公司不会赢利。亚马逊的基本逻辑是：因为不需要零售店铺，没有相应的租金和人员成本，它最终可以战胜传统书店。同时，得益于像联合包裹服务公司（UPS）和联邦快递（FEDEX）这些蓬勃发展的快递业务（如果没有微处理器，这两者的现代业务模式都将是不可能的），亚马逊得以即时寄送网购的图书。因为亚马逊是一个"虚拟"书店，不受实

---

① 即 Phi Beta Kappa Society，"Phi Beta Kappa"是三个希腊字母 ρ、β、γ 的音读，通常译作美国优等生大学协会，是美国历史最悠久的学术荣誉机构，普林斯顿通常只有成绩前10%的优等生能够入选该协会。——译者注

第十七章
不平静的新世纪（2000—2019年）

体商店大小的限制，它能够比任何普通书店提供更多的品种选择。事实上，亚马逊的库存只受限于一个因素：世界上已经出版和正在印刷的图书总量。

随着互联网泡沫的持续发酵，亚马逊迅速扩张，它也在许多方面成为互联网商业潜力的标志。到1998年，仅在亚马逊卖出第一本书后的第三年，杰夫·贝索斯就登上了"福布斯"400富豪榜，身家达16亿美元。一年之后，他的身价达78亿美元。1999年12月，当互联网泡沫达到顶峰时，贝索斯成为《时代》杂志的年度人物。直到此时，亚马逊仍未能赢利，当时互联网泡沫的夸张程度可见一斑。直到2001年的第四季度，也就是开始营业后的第7个年头，亚马逊才终于开始赢利，而利润水平只有区区500万美元，尽管销售额超过10亿美元。

但是，与其他成千上万个20世纪90年代的互联网初创企业不同的是，随着互联网行业持续爆炸式的增长和人们开始习惯网上购物，亚马逊生存了下来，并日渐成熟，成长为一个盈利丰厚、高度多元化的零售业务公司。到2003年，亚马逊的净收入为3 500万美元。2010年，亚马逊仅在美国的销售额就达342亿美元。亚马逊的市值已经超过了除了沃尔玛以外的所有美国实体连锁店，而贝索斯的身家也从2010年的120亿美元上升到2016年的270亿美元。亚马逊现在已经占到美国零售图书业务总量的10%以上，而近期，美国最大的传统连锁书店之一的博德斯（Borders）宣布破产，并裁员1万多人，已经无法继续竞争和生存。

尽管亚马逊不可能在微处理器和互联网之前就出现，但它从某种角度来说仍然是一门传统的生意。亚马逊和一百多年前的百货商店一样都出售实体货品。而谷歌，另一个互联网时代的传奇，其大部分盈利则来自广告。同样，这与20世纪初的报纸的盈利模式没有

杰夫·贝索斯于1994年离开华尔街并创立亚马逊。他回忆他当时做决定时曾扪心自问："如果到了80岁，我会后悔离开华尔街吗？不会。我会遗憾错失互联网发展初期的机会吗？会。"（译者根据公开资料整理）

什么差别。但承载广告的媒介摇身一变，成了搜索引擎，而这绝对是新兴事物。

随着互联网上的内容越来越多，如何快速地找到你想要的内容日渐成为一个难题。1993年，全世界一共只有130家网站。三年之后，网站数量变成了10万家。到2008年，这一数字已经高达1 620万。如今，在超过20亿人使用的互联网上，网站数量已达数十亿个。第一个搜索引擎，实际上就是一个网站的索引，可以追溯到1990年，当时网站的数量还寥寥无几。

贝索斯与他的亚马逊帝国

2017年，在亚马逊飙升的股价帮助贝索斯问鼎世界首富之际，这家从成立之初就被诉讼和质疑缠身的公司恰好度过了23个年头。华尔街以前所未有的热情赞许并调高对亚马逊的预期，俨然忘记了曾对亚马逊会在实现盈利之前倒下的怀疑——这种怀疑在2000年互联网泡沫破灭后达到顶峰。然而，次年第四季度亚马逊开始盈利，一开始虽然只有区区500万美元（即每股1美分），但在贝索斯的运营和资本运作之下，2016年，其盈利达到23.7亿美元。

贝索斯个人及亚马逊对谷歌、推特、爱彼迎（Airbnb）在内的多项投资已被证明富有远见，而其在2017年以137亿美元现金收购美国最大的有机食品连锁零售商全食超市以更好地实现线上和线下的联动的行为，更是轰动一时，零售巨头沃尔玛、克罗格和塔吉特的股价当天即闻讯重挫7~16个百分点不等。两个月后，美国总统特朗普再次发推特指责亚马逊对零售业造成的巨大损害及其带来的失业。但面对质疑和吹捧，贝索斯和他的亚马逊已经在毁誉参半中成长为传奇和帝国。（译者根据公开资料整理）

- 第十七章 -
不平静的新世纪（2000—2019年）

谷歌是由两个年轻人——谢尔盖·布林与拉里·佩奇在1998年9月4日创建的互联网公司（经2015年重组后成为Alphabet的子公司），后在纳斯达克上市，并在仅仅成立后的7年内市值就达到了1 000亿美元。同样的过程，微软用了22年，通用电气花了103年。在美国高科技产业发展的背后是其强大的资本市场的推动力。图为谷歌分布在全球的数十个数据中心之一，依托这些如同机器森林的数据中心，谷歌平均每秒处理4 000万次搜索请求，强大的数据处理能力正是其保持搜索霸主地位的重要保障。（译者根据公开资料整理）

当然，那时很少有人知道该如何制作搜索引擎。尽管早期开发搜索引擎的公司在互联网泡沫逐步发酵时期就已经做得非常不错了，那些早期的搜索引擎仍然非常原始。但最初，一个简单的网站列表就足够应付用户的搜索需求了。随着互联网上的网站越来越多，对网站列表如何进行排序就变得越来越重要，实际上，这才是搜索引擎的核心。1997年，斯坦福大学的两个研究生拉里·佩奇和谢尔盖·布林开发出一个新的搜索引擎。当时人们使用的搜索引擎基本上是根据所搜词组在互联网上出现的次数为网站排序的。

布林和佩奇想出来一个不同的点子。他们注意到衡量学术论文重要性的一个很有效的方法是看该论文被其他论文引用的次数。他们把同样的原则应用到新生的互联网中，并创建了一个搜索引擎，根据其他网站链接到某一网页的次数对其进行排序。1997年9月，布林和佩奇注册了域名google.com，并在一年之后创办了谷歌公司。谷歌的名字源于数学词汇"古戈尔"（googol）的变体，指的是10的100次方（还有一个词是googolplex，其数学定义是10的googol次方）。

谷歌搜索引擎迅速成为网络上的主流搜索引擎，其界面也成为刊登广告的宝地。谷歌随着互联网一起实现了爆炸式的增长，并在2003年上市，成为21世纪初最为惊人的IPO之一。

该公司是如此成功，以至在成立8年后，"谷歌"作为一个动词，被收录进了《韦氏大学词典》[①]。如今，谷歌创始人的人均财富高达400亿美元。

虽然亚马逊和谷歌是互联网早期两个非常成功的故事，但是还有成百上千个公司，其股票价格一度"冲上云霄"，最终却没能躲过华尔街最大的股市泡沫之一，不幸被砸回原点。

华尔街互联网泡沫的巨大规模和随后的崩盘从纳斯达克指数过山车般的起落中就能看得出来，这一指数主要由那些新生的、交易比较冷清的高科技公司编制而成。1971年4月1日，纳斯达克刚刚问世时的指数为107.8点。到1973—1974年经济衰退期间，该指数短暂下探至55.67点。20世纪末的大牛市来临了，与其他股票指数一样，纳斯达克指数开始了一段长时间的爬升期。20世纪90年代初，人们开始看到互联网的巨大潜力，纳斯达克指数上涨到435.5点。在随后5年

---

① 《韦氏大学词典》（*Merriam-Webster Collegiate Dictionary*），是韦氏字典系列中广受赞誉的一本，其地位相当于中文里的《现代汉语词典》。——译者注

第十七章

不平静的新世纪（2000—2019年）

里，这一指数翻了一番。1997年伊始，该指数已达1 442.1点，而一年之后更是涨到了1 835.7点。

但随后，市场就完全被疯狂的情绪控制了。一年半以后，纳斯达克指数飙升至2 686.1点，6个月后，指数攀升至令人目眩的4 572.8点，较该年年初1月1日上涨了70%。2000年3月10日，巅峰时刻来临，纳斯达克日间触及5 132.52高点，但是在当日收盘时小幅回落到5 048点。诡谲多变的华尔街风向又一次在瞬间陡然转换，由小幅下滑转为彻底崩盘。到2002年7月1日，纳斯达克指数已跌至1 172点，在不到两年的时间里从巅峰足足下跌了77%。甚至在十多年后的2011年，纳斯达克指数也只回升至其鼎盛时期的一半多一点儿。直到2015年，该指数才重回2000年时的高点。

在成千上万家互联网公司中，有许多都只是靠一份商业计划书就上市了，随即又迅速破产。而无数投资者，昙花一现般地短暂实现了纸面富贵，却也迅速从百万富翁回到了原点。

自400多年前荷兰郁金香泡沫以来，类似的泡沫已经在金融市场中上演过多次。只要人性如故，只要华尔街上有贪婪和恐慌两种情绪的存在和转换，我们没有理由相信这种泡沫不会再次发生。

* * *

但是互联网泡沫的破裂远非21世纪初华尔街最重要的事件。

2007年7月，自1929年股灾以来最大的一次危机开始在华尔街上演。一开始只是缓慢下滑，但14个月后，到2008年9月，下滑演变成一场波及世界的危机,把今天复杂交织在一起的全球金融系统带到了崩溃边缘。直至今日,我们仍然生活在那场危机结束后的阴影之中,并且还将持续一段时间。我们甚至无法判断危机是否真的已经结束。

许多股票的价格从它们在2007年秋季时的高点下跌了一半以上。而危机波及的范围已经不再限于美国,而是全球了。近几十年来,没有哪个行业像金融业这样完全地实现了全球化。1977年,全球跨境借款的总额只有6 840亿美元,到2005年,这一数字上升到19.8万亿美元,并于2008年3月上升到了33.7万亿美元,相当于全球国内生产总值的2/3,十分惊人。

> 近几十年来,没有哪个行业像金融业这样完全地实现了全球化。1977年,全球跨境借款的总额只有6 840亿美元,到2005年,这一数字上升到19.8万亿美元,并于2008年3月上升到了33.7万亿美元,相当于全球国内生产总值的2/3,十分惊人。

* * *

要找到2008年全球金融危机的起源,我们需要一直回溯到罗斯福新政。1938年,罗斯福政府成立了联邦国民抵押贷款协会(Federal National Mortgage Association)来增加抵押贷款市场的流动性。在20世纪30年代,要获得抵押贷款十分困难。抵押贷款通常会趴在放款银行的账面上数年,这极大地限制了人们可以获得抵押贷款的数量。

> 要找到2008年全球金融危机的起源,我们需要一直回溯到罗斯福新政。

联邦国民抵押贷款协会,很快更名为房利美(Fannie Mae),从放款银行处购入抵押贷款,或者作为自己的资产组合持有,或者将住

第十七章
不平静的新世纪（2000—2019年）

房抵押贷款打包作为资产证券化产品卖给投资者。这是一个非常聪明的做法。

房利美（左图）和房地美（右图）都是美国政府赞助的企业，这两家房地产抵押贷款巨头在金融危机中濒临破产，最终被美国政府接管。（译者根据公开资料整理）

由于房利美是一个政府机构，因此凭借美国政府的全力支持和信用背书，能够以比民营机构更低的成本获取贷款。

房利美获得了巨大的成功。它与1944年美国通过的《退伍军人权利法》（旨在为退伍军人提供抵押贷款）一起，在随后的几十年里使买房而不再租房的人数比例稳步上升。在20世纪30年代，只有10%~15%的非农业人口拥有自己的房屋。到20世纪70年代，这一比例已经达到60%。而到20世纪80年代，该比例更是高达64%。

这是美国社会的一次革命。数百万家庭拥有了自己的住房并持有大量金融资产，他们开始步入中产阶级的行列。美国也变得更加富裕，财富也更广泛地分配到社会经济的各个阶层。

可以说，房利美诞生时的美国，美国社会可以分为"有产者"和"无产者"。近几十年以来，美国社会在很大程度上变为"有产者"加上"富豪"的天下。今天，美国的穷人是全世界最富裕的穷人，这应该是美国引以为豪的成就。

但是美国社会中有一个族群从一开始就未能成为这次住房革命的受益者，他们就是美国的黑人。种族偏见使黑人不能在许多社区买房，而新政时期的政府机构在无意之中使得黑人即使在黑人社区也很难获得住房抵押贷款。

1934年，罗斯福政府创立了联邦住房管理局（Federal Housing Authority, FHA）[①]为住房抵押贷款提供担保，使得银行更愿意发放贷款。次年，联邦住房管理局要求房主贷款公司（也是一个为实施新政而建立的机构，以禁止房屋止赎）根据不同社区的贷款风险起草一张风险分区图。

富人区用蓝线划出边界，中产阶级区用黄线，穷人区用红线。联邦住房管理局根据这张分区图来决定给哪些社区担保住房贷款。结果，银行纷纷避免给红线区贷款。这样就把即便是富裕的黑人家庭也排斥在抵押贷款市场之外了。

美国的住房抵押贷款、止赎与再融资

在美国，住房抵押贷款(mortgage)是指在住房的买卖过程中，由金融机构向买方提供购买住房的大部分资金，并以买方所购房屋作为抵押，买方需履行按期偿还贷款本息的义务。

由于房屋被贷款方用作抵押，因此房屋归提供贷款的金融机构所有。贷款方按期偿还贷款本息的过程，即"赎回"房屋的过程。

止赎（foreclosure）则是指在贷款人无力还款的情况下，金融机构有权终止贷款人的房屋"赎回"过程，通过公开拍卖等手段将抵押的房屋变现，以补偿剩余贷款数额。

再融资（refinance）是指贷款人申请新贷款以偿还原有贷款的做法，这通常是由于新贷款的利率、期限等条款相比已有贷款更优越，因而通过再融资，贷款人的债务负担得以减轻，例如更低的利率环境将直接减少贷款人按期需付的利息。（译者根据公开资料整理）

[①] 联邦住房管理局是罗斯福新政的产物之一，是美国政府作为国家住房法一部分所创建的管理机构，同时也是世界上最大的抵押贷款保险公司。该机构为美国房地产行业的发展起到了至关重要的历史作用，自1934年建立以来，已经担保超过3 400万的房产。——译者注

第十七章
不平静的新世纪（2000—2019年）

从《吉姆·克劳法》①时代结束到今天已经过去了近半世纪（指20世纪70年代），这种红线区效应仍然存在，但可能更多是出于习惯而非歧视。如同官僚们一样，银行家也往往依赖于随意制定且早已过时的公式或规则来行事，而不会具体情况具体分析。因此，在1977年，国会通过了《社区再投资法》。该法案要求银行向其覆盖的所有社区提供信贷服务，并根据银行执行这一法令的合规程度进行打分。这事实上相当于宣布了原来的分区制度失效，具有讽刺意味的是，那个制度也是联邦政府自己创造出来的。

但到此时，房利美的性质已经发生了改变。1968年，约翰逊政府为了让联邦政府的资产负债表好看一点儿，把房利美划到了预算外，大笔一挥，就把美国的债务在

> 不幸的是，政府资助企业一般都是些经济上的奇美拉怪物，是由多个迥异的怪物组成的怪物。在希腊神话里，奇美拉的出现总是预示着坏消息的来临。显然，这一次也不例外。

表面上降了下来。房利美也不再是政府机构，而成了一个"政府资助企业"。②不幸的是，政府资助企业一般都是些经济上的奇美拉③怪物，

---

① 1876—1965年，美国南部各州以及边境各州对有色人种（主要针对非洲裔美国人，但同时也包含其他族群）实行种族隔离制度的法律。这些法律上的种族隔离强制公共设施必须依照种族的不同而隔离使用，例如，在公共汽车上设有白人区和黑人区，且在隔离但平等的原则下，种族隔离被解释为不违反《宪法》保障的同等保护权，因此得以持续存在。直到美国国会在1964年通过《1964年民权法案》及《1965年投票权法案》，禁止法律上有任何形式的种族隔离和歧视政策，《吉姆·克劳法》在法律层面上正式走入历史。——译者注

② 即Government Sponsored Enterprises，政府赞助企业指由美国国会按照联邦章程设立但私人控股的一类金融服务机构，其设立的目的在于为特定借贷市场，比如农业、家庭住房、教育等提供更加便利和较低成本的信贷支持。美国第一家政府赞助企业是农业信贷系统，设立于1916年。——译者注

③ 奇美拉（Chimera）是希腊神话中狮头、羊身、蛇尾的怪物，此处意指这种企业是非市场化的。——译者注

是由多个迥异的怪物组成的怪物。在希腊神话里，奇美拉的出现总是预示着坏消息的来临。显然，这一次也不例外。

理论上房利美是一家独立的、以营利为宗旨的金融机构，它的股票在纽交所交易，与其他金融股票如美林证券或花旗银行没有任何差别。但是与其他的上市金融机构不同的是，房利美不必遵守那些常见的资本金要求，也不接受同样的监管。实际上，房利美有自己的监管者，即联邦住房企业监督办公室（Office of Federal Housing Enterprise Oversight），简称为OFHEO。

更糟糕的是，尽管将房利美定性为独立企业的有关法律坚决否认，但人们心照不宣的共识是，如果有必要，联邦政府会为房利美的债务背书。这使得房利美能继续以低于市场的利率借款。

1970年，联邦政府创立了联邦住宅贷款抵押公司（Federal Home Loan Mortgage Corporation，即Freddie Mac），亦称房地美，理论上是为了给房利美带来竞争。和房利美一样，房地美也是一头奇美拉怪物，既缺乏政府机构的政治和官僚体制约束，也缺乏独立金融机构的监管约束和资本金要求。

到20世纪末，房利美和房地美（以下简称"两房"）规模巨大。两者的资产和负债加起来比美国之外任何一个国家的国内生产总值还要大。而它们的总部却坐落在华盛顿特区。

一般的金融机构总会把总部放在纽约、伦敦，哪怕是北卡罗来纳州的夏洛特，而不会把总部设在世界最大的"企业城"[①]华盛顿，其存在的所有意义就是为联邦政府提供服务。排在"两房"之后，把总部设

---

① 即company town，又称"工厂镇"，最早出现在英国，是资本家为了就近解决工人的居住问题，从而提高工人的生产能力而由资本家出资建设、管理的小型城镇。这里意指华盛顿作为一个城市的功能完全是服务于坐落在华盛顿的联邦政府的。——译者注

第十七章

不平静的新世纪（2000—2019 年）

在华盛顿特区的第三大非政府金融机构恐怕就是当地的一个信用合作社了。

换句话说，"两房"的每一个毛孔里都是政治①。拥有数十亿的现金流，两房确保那些监管两房的众议员和参议员能够获得慷慨的竞选捐赠。如果华盛顿的政治人物对某个方面有所暗示，"两房"的慈善基金也总是心甘情愿，立刻慷慨解囊。"两房"的高管们大都是职业政客，大多数是民主党人，而非专业的金融家。"两房"的管理层和华盛顿政治圈之间的纽带既广泛又紧密。

如前文所述，到 20 世纪 80 年代时，美国家庭拥有房屋的比例为 64%。可以说，在正常情况下，在一个社会里也就只能达到这么高的比例了。因为许多年轻人还没有条件买房，也有很多年长有条件买房的人倾向于租房。而有些家庭频繁迁徙，买房对他们来说根本就不划算。

此外，一些地区有房租控制法，如果充分利用，就能以大大低于市场的价格租得房屋，因而有些人也就没有什么动力再去买房了。众议员查理·兰赫尔是这一类人的典范，他在纽约市哈莱姆区的一幢豪华公寓楼里至少占据了 4 套房子。

而有些家庭根本就没有足够的信用让银行愿意给他们贷款，哪怕用房产担保。可能是这些家庭的信用历史飘忽不定，或者其收入和净资产达不到银行的标准，抑或其不能缴纳足够的首付。

首付在房产抵押贷款中有两大重要作用。其一是对银行起到了房

---

① 这里的原文是 "Fannie and Freddie were political to their finger tips"，直译为"两房的政治化渗透到指尖"。——译者注

地产市场的下行保护作用，确保在必要时，银行可以通过房屋止赎拿回贷款的全部价值；其二是给借款方避免触发房屋止赎提供了一个有力的激励，否则在房屋止赎下，借款者在房产中的大量已投权益存在严峻的损失风险。首付使得借贷双方风险共担。

正如我曾说过的，政客们所做的生意的本质是争取竞选连任，而确保成功连任的方法之一就是去迎合某些特定选区的选民和他们的领袖。虽然《吉姆·克劳法》已经废除多年，今天美国的公司也极力避免有任何种族偏见的嫌疑，但是大部分美国黑人社区的领袖依然深信，包括黑人的住房拥有率低等所有黑人社区的问题都可以归咎于种族主义。

所以在1995年，克林顿政府修订了《社区再投资法》的相关规定。新规定实际上（就差明文规定了）为某些特定的社区、特定的收入阶层和特定的种族制定了配额，积极地迫使银行主动地寻找黑人客户并在黑人社区开展住房抵押贷款业务。

大家可能会想，银行可能会因为这样被迫向它们认为不够条件的人群发放贷款而大骂这是要了它们的命。可事实上，随后"两房"所做的事将产生巨大的道德风险。只要"两房"愿意购买这些可能有问题的抵押贷款，银行当然也就很愿意发放这些贷款并转卖给两房。

更糟糕的是，新规定甚至允许"两房"可购买或投资40倍于其资本金规模的抵押贷款。而商业银行只允许投资于其资本金10倍规模的贷款。换句话说，联邦政府为了帮助"两房"向越来越多信用存疑的人发放抵押贷款，变相地造就了房利美和房地美的严重的资本金不足。

但房屋拥有率真的就开始攀升了。从20世纪80年代以来一直稳居在64%的美国住房拥有率在2004年达到69.2%的历史新高。

到2007年，全美12万亿美元的未偿抵押贷款中，约一半由"两房"持有，这也意味着债务和风险前所未有地集中。

第十七章

不平静的新世纪（2000—2019年）

很多人士不断切中时弊地指出灾难即将来临，最出名的恐怕是《华尔街日报》的社论了。从2003年开始，时任总统小布什就要求国会对"两房"实施更严格的监管和监督，持同样立场的还有时任美联储主席的格林斯潘。

这些努力却只换来一场空。"两房"在政治游戏中表现得游刃有余，其高层多经过多年的政坛历练，却从未涉足金融，他们擅长的是游说而不是风险评估。只要有利可图，他们不惜藐视法律。2006年，房地美因从事不当选举活动而被罚款380万美元。

"两房"的高层不止一次做假账为自己谋取巨额奖金。克林顿任期内的前司法部部长助理杰米·戈雷利克在担任房利美副主席5年期间，其薪水和奖金总额高达2 640万美元。时任房利美主席的富兰克林·雷恩斯也是华盛顿的政治老手，他的薪酬比戈雷利克还要再多出几千万美元。

一些国会成员为"两房"逃避正常的监管提供了保护伞。这些成员包括参议员克里斯·多德、众议员巴尼·弗兰克以及参众两院银行委员会的民主党主席和高层。他们似乎认定让人们能够轻松获取抵押贷款是一件绝对的好事，完全无视经济学的基本法而一味纵容其毫无节制地发展下去。

政府对"两房"的隐性担保带来了更大的道德风险。世界上最大的保险公司之一——美国国际集团（American International Group，简称AIG）显然非常乐意为这些来自"两房"的住房抵押贷款证券提供违约保险。保险公司收取保费，而违约对它

政府对"两房"的隐性担保带来了更大的道德风险。世界上最大的保险公司之一——美国国际集团显然非常乐意为这些来自"两房"的住房抵押贷款证券提供违约保险。保险公司收取保费，而违约对它们来说就跟某一天早上太阳将从西边升起来一样不可能发生，这种买卖简直就是坐收渔利。

们来说就跟某一天早上太阳将从西边升起来一样不可能发生，这种买卖简直就是坐收渔利。

住房拥有率的攀升，加之经济总体显现出繁荣景象，给房价带来了上行压力。而上行的房价，结合上低利率——当时美联储正在努力消除"9.11"恐怖袭击事件给经济带来的负面影响而大幅调低利率，使得越来越多的家庭开始更换大房子或替换原先的抵押贷款。1997—2004年，美国平均房价上涨幅度达到惊人的128%，千万美国家庭的净资产也因此得以膨胀。

有人开始相信房价会永远上涨，家庭债务与收入之比也随之

谁制造了美国经济的"冰山"

华尔街历史上曾一次又一次爆发危机，2008年发端于此的次贷危机，看似毫无征兆，实质上源于此前美国经济和股市狂欢时已经悄然形成的海面下的三座"冰山"，并最终使得华尔街遭遇了"泰坦尼克号"式的触礁。

第一座冰山是投资银行的过度投机和高杠杆。随着监管的放松和竞争白热化，投行开始大量从事次贷市场和复杂产品的投资，悄然成为变相的对冲基金，为了追逐高利润而无视随之而来的高风险，走上了一条不归之路。

第二座冰山是美国金融市场的高度自由化及与监管的博弈。金融危机前，美国金融市场衍生品泛滥，结构化产品日益复杂，监管趋于宽松，华尔街一向被称为全世界最自由的金融市场，所谓"阳光下的任何东西都可以证券化"，带来了华尔街巨大的繁荣，同时也孕育了巨大的风险。

第三座冰山是美国信用体系的失灵和过于廉价的信用。本应代表投资者利益并保持中立的评级机构，却被利益过度驱动，客观上助推了金融危机的发生；而在美国经济和股市一片繁荣的背景下，任何人都可以轻易获取信贷，信用审批形同虚设，这也为危机埋下祸端。

事实上，与历史上所有的金融危机相似，次贷危机是在过度繁荣和投机的背景下，全社会集体参与并推动的从过度繁荣到崩溃的一个过程，有其必然性。

华尔街的历史是一部危机不断的历史，也是随之带来制度变迁和进步的历史。正如"泰坦尼克号"因撞到冰山而沉没所带来了北大西洋航海制度的改革，华尔街的危机也推动了金融监管和金融市场的变革。（根据译者2008年在中央电视台《对话》节目中的观点整理）

第十七章
不平静的新世纪（2000—2019年）

上升。

人群中，嗅到了疯狂的气息。

与此同时，华尔街开始意识到其完全可以复制"两房"将抵押贷款证券化的盈利模式。"两房"独占市场靠的是"标准类抵押贷款"（conforming mortgages），即符合"两房"规定的抵押贷款。而远低于其他金融机构的低利率借款成本使得它们在该市场所向披靡。

但"两房"不能购买所谓的次级抵押贷款①，以及大于一定数额的巨额抵押贷款（即珍宝按揭②）。众多银行意识到将这类抵押贷款打包成证券化资产即可转嫁风险，因此大举转向这块业务。这类抵押贷款的数量和种类均有所增长，出现了可调利率抵押贷款③、诱惑利率抵押贷款（诱惑期后利率上调）、零首付抵押贷款、无本金抵押贷款，甚至无须证明偿还能力的抵押贷款。

这让美国经典老片《生活多美好》（*It's A Wonderful Life*）④中性情乖戾的银行家波特先生都大吃一惊！

房价上涨按理可保证抵押贷款安全，因为房屋价值只要一直高于

---

① 为信用评级较差、无法从正常渠道借贷的人所提供的贷款。次级贷款的利率一般较正常贷款要高，而且常常是可以随时间推移而大幅上调的浮动利率，因而对借款人有较大风险。由于次级贷款的违约率较高，贷款商也有较正常贷款更高的信用风险。——译者注

② 即 Jumbo mortgage，指贷款超过一定限额的按揭贷款，这一限额主要由房利美和房地美规定。此类按揭的风险不在于其信用，而在于其数额较高，多为豪宅，一旦违约，资产较难处理。——译者注

③ 可调利率抵押贷款（Adjustable-Rate Mortgages, 简称 ARMs）也被称为可变利率抵押贷款，是指在贷款期限内，允许根据一些事先选定的参考利率指数的变化，对合同利率进行定期调整的抵押贷款。——译者注

④ 《生活多美好》（又译作《风云人物》），是1946年法兰克·卡普拉导演的美国电影，2006年被美国电影学会评选为百年来最伟大的励志电影。片中的反派人物，银行家波特先生是镇上的大财阀，专向穷人放高利贷，还试图以卑鄙手段掠夺主人公父亲过世后留下的公司。——译者注

抵押贷款，银行的利益就能得到保障。这种逻辑被越来越多的人接受，其中不乏略懂金融之士。电视上开始大量出现提供便捷房贷的广告。

这些次级抵押贷款被打包成证券出售。诸如标准普尔、穆迪之类的评级机构给它们打出了投资级的高分。现在看来，这些机构显然并不知晓这些证券背后的风险。

甚至发起的银行方有时也对风险浑然不觉。受此类证券高回报和高评级所暗示的低风险诱惑，银行在各自投资组合中包含了大量证券化的次级抵押贷款，甚至将旗下共同基金的资金也用于投资次级抵押贷款。与它们仰赖的评级机构一样，银行忽视了又一经济学铁定律：现行趋势不可能永远持续，风险必定永远与回报相匹配。

高收益、低风险证券在经济学上是个自相矛盾的概念，它在现实世界中是不可能存在的，因为会由于套利而迅速消失。

次级抵押贷款在1994年发行的抵押贷款中占比5%，价值350亿美元。这一比例在2006年达到了20%，价值6 000亿美元。

此时，民众已彻底疯狂。

当然，盛宴终有落幕时。房价的上涨刺激了房屋建设，新增房源使得房价增长停滞并在2006年开始回落。持有可调利率或诱惑利率的抵押贷款人越发意识到，他们无法在利率重置前再融资。贷款违约的情况开始增多。

2008年3月，华尔街五大投行中规模最小的贝尔斯登因深陷次贷危机而崩盘。尽管其股票交易价格早前高于130美元，但是美联储还是不得不承诺为其大多是抵押贷款证券的不良资产提供300亿美元，因为此时已经没有市场在交易抵押贷款证券了。在这之后，摩根大通才最终同意以每股10美元收购贝尔斯登。

此时，10.8%的美国家庭都持有水下的按揭贷款，即作为抵押的房屋市场价值低于贷款额。截至2008年5月，25%的可调利率抵押

第十七章
不平静的新世纪（2000—2019年）

金融危机大事记

2007年2月22日，汇丰银行宣布北美住房贷款按揭业务巨亏，随后减计资产108亿美元，拉开危机序幕。

2007年4月2日，全美第二大次级抵押贷款机构——新世纪金融公司申请破产保护，标志着次贷危机正式浮出水面。随后，400多家经营次级贷款和相关住房抵押贷款业务的金融机构纷纷倒闭。

2008年3月，华尔街第五大投行贝尔斯登因严重的流动性危机濒临破产，随后被摩根大通按每股10美元收购，远远低于其2017年1月的股价172美元。

2008年7月13日，美国住房抵押贷款市场的两大巨头"房利美"和"房地美"宣布巨额亏损。9月7日，美国政府向"两房"分别出资1 000亿美元并接管了它们，这成为美国历史上规模最大的金融救助和金融机构国有化事件。

2008年9月15日，美国第四大投行、有着158年历史的雷曼兄弟集团申请破产保护，成为美国历史上最大规模的企业破产案，其投行等部门后来被巴克莱银行、野村证券收购。同日，美国第三大投行、第一大股票经纪公司——美林证券告急，6小时内它被美国银行以440亿美元收购。

2008年9月16日，美国政府注资850亿美元向美国保险巨头——美国国际集团提供紧急贷款，并以控股79.9%的方式接管该集团。

2008年9月21日，美联储宣布批准仅存的两大投行——高盛和摩根士丹利转型成为银行控股公司，受美联储监管。自此，华尔街独立投行模式全面终结。

2008年9月15日至21日，全球股市创"大萧条"以来最大跌幅，多国央行罕见地宣布联手救市。

2008年12月11日，世界金融史上最大的"庞氏骗局"主犯伯纳德·麦道夫被捕。

2008年12月19日，金融危机向实体经济蔓延，美国政府宣布向汽车业提供174亿美元的紧急贷款。

2009年2月27日，全球最大商业银行美国花旗集团濒临破产，美国财政部以36%的持股比例成为第一大股东，也成为本次危机中第一家被国有化的商业银行。

2009年5月2日，美国克莱斯勒汽车公司申请破产保护，一个多月后，美国通用汽车公司宣布破产。

2009年10月，美国失业率达到10.1%，创1983年以来最高水平。同

> 月，希腊主权信用评级被下调，随后欧洲主权债务危机蔓延至爱尔兰、葡萄牙、西班牙等国。
> 　　2010年7月21日，《多德—弗兰克华尔街改革与消费者保护法》得以通过，被视为"大萧条"之后和《格拉斯—斯蒂格尔法案》颁布以来对美国金融业影响最大的金融监管改革。（译者根据公开资料整理）

贷款未能按时付款甚至违约。

　　与此同时，未售新房库存指标达到了9.8个月，创25年来新高。此外，400万处二手房待售，其中290万处空置。

　　随着房价的大跌，基于房价的证券价值跳水。还算健康的银行在资产迅速缩水的情况下不得不收紧银根，不太健康的则开始崩盘。高杠杆的私募基金被迫清盘变现，投资人撤资，从而引发进一步清盘。

　　尽管"两房"与银行享有同等的美联储贷款渠道，其股价还是开始猛跌，现金流越发受到质疑。这两家政府赞助企业的债券面值高达6万亿美元，持有人包括货币市场基金、外国政府（中国政府持有大量此类债券）、涉及上百万人的401（K）退休储蓄项目。若"两房"倒闭，接踵而来的全球恐慌必将是灾难性的。联邦政府通过一场大张

> **雷曼兄弟公司的倒闭**
> 　　在2008年金融危机中破产的雷曼兄弟公司，曾是世界上最知名的金融服务公司之一。在它破产前，雷曼兄弟公司是美国第四大投资银行，仅仅排在高盛、摩根士丹利和美林之后。雷曼兄弟公司于1850年创建的时候，是一家家族企业，从事贸易活动，后转为金融活动。直到1969年，其最后一个家族合伙人罗伯特·雷曼去世，皮特·皮特森作为外部合伙人接手了这家公司。1975年，雷曼兄弟公司在与库勒公司合并后，成为美国第四大投资银行，还在1984—1994年这10年中，短暂地与美国运通公司合并。2008年9月15日，雷曼兄弟因持有大量房屋抵押贷款的金融衍生品并损失过大而宣告破产，引爆了金融危机，其剩余资产后被英国的巴克莱银行收购。（译者根据公开资料整理）

- 第十七章 -
不平静的新世纪（2000—2019年）

旗鼓的公关秀力图证明"两房"基本稳健，但向来对血腥味极其敏感的市场并不买账。

随着阴云逐渐笼罩华尔街的主要银行，深知"两房"政治影响力的亨利·保尔森[①]秘而不宣地迅速采取了行动。"他们听到的第一声巨响，"保尔森在向小布什总统谈及公司管理层时指

图中倒下的"多米诺骨牌"依次是次级贷款、房贷公司（中介机构）、放款银行、房地产商、金融市场、美国经济和世界经济，其寓意为这场由"两房"倒塌所引发的危机不断蔓延，最终演变成波及全球的金融危机。（译者根据公开资料整理）

出，"会是自己一头栽地的声音。"2008年9月7日，联邦住房金融局宣布接管"两房"。"两房"的高管和董事会被解雇，美国财政部则将收购相当于总股本79.5%的优先股权。股东持有的"两房"股票实际上一文不值。2010年6月，"两房"从纽交所退市。美国财政部至今用于维持"两房"运营的花费达1 500亿美元，最终成本很有可能还会翻倍。

"两房"的轰然倒塌也抹去了华尔街对金融系统所剩无几的信心。恐惧取代了贪婪。货币市场基金遭遇大量撤资，商业票据市场几近崩溃。因为公司常利用后者来获取短期融资以支付工资和日常运营费用，所以联邦政府被迫向货币市场账户提供等同于银行存款账户的担保。银行间甚至开始拒绝隔夜拆借这种业内通行的做法，以避免出现隔天还款逾期。随着隔夜贷款利率（简称LIBOR，即伦敦银行同业拆借利率）的飙升，其他利率也水涨船高。信贷市场的失灵波及众多贷

---

① 指小亨利·梅里特·"汉克"·保尔森，曾担任投资银行高盛集团的主席和首席执行官，2006—2009年担任美国财政部部长。——译者注

有关次贷危机的讽刺漫画，画中悬崖上的单词意为"次级贷款"，而悬崖尖顶所托起的是"证券""银行""经纪商""华尔街"等。图下方的句子意为"我以为我们只是在买一套房子"。（译者根据公开资料整理）

款依赖度高的行业，比如汽车销售量就出现了急剧下滑。

2008年9月15日，雷曼兄弟申请破产。这是美国历史上规模最大的破产，涉及资产金额高达6 000亿美元。史无前例的最大的系统性金融危机爆发。第二天，美国政府即向股票从70美元高位缩水95%的美国国际集团提供了850亿的信用额度，以保障其正常开支。作为世界上最大的抵押贷款证券保险商，一旦美国国际集团倒下，势必引发全球各大金融机构接连崩溃的连锁反应。

世界股市继续哀鸿遍野，政府出资救助美国国际集团后全球各大金融机构巨头仍在倒闭边缘挣扎，为此美国政府继续向市场注入流动性资金。9月18日，布什政府向国会申请7 000亿美元以除去银行账下的"有毒资产"，即无人问津的抵押贷款证券，在当时已分文不值。纽交所应声上涨3个百分点，全球股市也出现反弹。

雷曼公司的牌子被摘下。（译者根据公开资料整理）

- 第十七章 -
不平静的新世纪（2000—2019 年）

但 9 月 29 日，众议院以 205 票支持、228 票反对的结果否决了救市方案，道琼斯指数大跌 777 点，跌幅 8%，创下 20 多年来单日最大跌幅。但是参议院在 10 月 3 号通过了一项类似的方案，众议院随后通过此版本。

美国财政部没有将这些不良资产移到各银行表外，而是决定用 TARP（不良资产救助计划）资金①向它们注资。这一做法的问题在于主要银行若接受了这些资金（以优先股权作为交换），市场毫无疑问会认定它们有问题，而这些主要银行也会出现挤兑现象。

美国媒体上的一幅漫画。讲述了 2008 年 9 月 25 日下午，布什总统、两党候选人及国会领袖召开白宫会议，讨论能否接受 7 000 亿美元救市计划。会议以失败告终，这对时任美国财长的保尔森来说无疑是个巨大的打击。据三名与会人士透露，当时保尔森恳请民主党领袖不要将会谈内幕向外透露，但众议院议长佩洛西气愤难平，脸色不豫，为了缓和气氛，保尔森做了一个单腿跪地的动作。（译者根据公开资料整理）

亨利·保尔森因此决定召集全美各大主要银行的首席执行官开个会。在华盛顿财政部大楼的一个会议室内，他们被告知必须接受 TARP 资金以及政府对高管薪酬、分红等的限制。运营健康的银行自然反对，而身处水深火热之中的银行则双手赞成。最后，所有人都签字同意，虽然他们其实并没有选择的空间。

在随后的一年内，多数 TARP 资金已被偿还，财政部最终投入不

---

① 即 Troubled Asset Relief Program（简称 TARP），不良资产救助计划，脱胎于 2008 年 10 月美国国会通过的《紧急经济稳定法》，其主要内容是授予美国财政部 7 000 亿美元资金额度，用于购买和担保金融机构问题资产，以救助当时处于危机中的金融机构，恢复金融市场稳定。——译者注

超过250亿美元,远小于初期担忧的数额。

道琼斯工业平均指数在2009年3月跌至谷底,较2007年10月高位缩水超过一半,后随美经济走出衰退迈开艰难的复苏步伐才开始上涨。但华尔街身上却留下了永远的烙痕。在2008年金融危机中,五大主要投行无一幸免:贝尔斯登被摩根大通收购;美林证券成为美国银行旗下机构;雷曼兄弟宣布破产;摩根士丹利和高盛则采用了商业银行章程,接受来自银行监管部门更为严格的监督。

* * *

在这场金融危机之后,美国政府开始着眼于重振经济,并试图防患下一轮危机。在2008年的总统大选中,民主党获胜,巴拉克·奥巴马入主白宫,且民主党取得了参众两院的多数席位。而民主党一直以来都主张"大政府"①,对自由市场持警惕态度,因而可以料想,经济复苏将十分乏力。

重振经济的举措之一是降息。美联储将利率维持在零附近以刺激信贷,并购买大量国债向银行系统注入资金,作为银行发放信贷的资金来源。同时,奥巴马政府提高了富人以及资本利得的税率,并出台多部联邦法规,这导致了企业经营成本的上升。根据就业数据,要做到合规,大型企业需要为每位员工支付约20 000美元;而中小型企业(推动经济增长、创造就业机会的主要引擎)由于不具备大公司的规

---

① 大政府(big government),指奉行干预主义政策的政府,一般可理解为政府对经济与社会的管理和控制,源于凯恩斯的理论。——译者注

第十七章
不平静的新世纪（2000—2019年）

模效应，需要为每名员工支付的成本估计超过 30 000 美元。

此外，民主党和奥巴马总统受到环境保护主义影响，对碳基能源持有敌意，限制了水力压裂（简称压裂）① 这个页岩气开采手段的发展，甚至可以说是使其倒退了。这是美国地缘政治地位多年来所发生的最为巨大的逆转之一。美国的石油、天然气产量几十年来持续下降，而归功于页岩气，国内供给显著增加，进口量大大降低。截至 2015 年，美国已超过俄罗斯和沙特阿拉伯成为世界上最大的油气生产国。这不仅大大有助于贸易平衡，也为美国在全球油气市场上赢得了巨大的话语权；可以灵活地控制产量，从而管理全球油气价格，取代了沙特阿拉伯及其 OPEC（石油输出国组织）同盟国的地位。

在金融政策方面，奥巴马政府所推行的一部重要法规即所谓的《多德–弗兰克法案》，以两院的两位主要提议人——康涅狄格州的参议员克里斯·多德和马萨诸塞州的众议员巴尼·弗兰克命名。

很少有国会议员研读过这部长达 2 600 页的法案；它在很大程度上是领导层秘密开展的一项工作。民主党当时主导着参议两院，因此该法案几乎不反映任何共和党的意见。果不其然，这部暗箱操作下出台的法案非常糟糕；它并没有稳定美国的金融系统，反而造成了极大的伤害。

其中一个例子是该法案项下成立的消费者金融保护局（CFPB），这个机构旨在保护消费者免受掠夺性贷款② 的伤害。但它成立的方式和过程是否符合《宪法》精神，则十分值得商榷。例如，所有其他联邦机构都是由国会拨款资助的，唯独 CFPB 仅需知会美联储其运营需要多少资金，美联储就开出一张支票给它。此外，不同于其他经过政

---

① 水力压裂，即开采页岩气时所用的方法，用水压将岩石层压裂，释放出其中的天然气或石油。——译者注
② 掠夺性贷款，即以不了解信贷市场且信用记录较低的借款者为目标、误导性或欺诈性的贷款行为。——译者注

治任命、总统首肯的行政部门官员，CFPB 的局长除非自身有过失，否则不能被总统解雇。法院近期废除了这项规定，但奥巴马总统所任命的那位局长已然出台了大量新条例，将触角伸向了此前不被管制的领域，造成了很大的损害。

医疗服务行业占美国经济总量的 1/6，而 2010 年出台的平价医疗法案［俗称奥巴马医保（Obamacare）］对医疗系统产生了巨大的、不利的影响。它增加了数百万美元的政府项目支出，本应通过医疗补助计划（Medicaid）帮助穷人获得医保，但实际上严重扰乱了保险市场，使得上百万人都不得不转而寻找新的医生，且本应降低的保费反而急剧上涨。在各个州，越来越多的保险公司都相继退出了奥巴马医保的市场。

美国民众不满意奥巴马政府的政策，于是 2010 年选举后，众议院变成共和党占多数，且参议院的民主党人数大大减少。到了 2014 年，参议院也由共和党占主导地位了。而在 2016 年，美国历史上发生了一场颠覆性的选举，共和党候选人唐纳德·特朗普击败了备受青睐的民主党候选人希拉里·克林顿成为总统。各州政府和立法机构也改由共和党所主导。尽管奥巴马总统在 2012 年连任，但其各项政策广受

尽管奥巴马总统在 2012 年连任，但其各项政策广受诟病，导致当下联邦政府和州政府的民主党官员数量是 20 世纪 20 年代以来最少的。

诟病，导致当下联邦政府和州政府的民主党官员数量是 20 世纪 20 年代以来最少的。

这种情况不难解释。由于上述种种政策，本应稳健的经济复苏（因为历史上每一次严重的衰退之后，随之而来的都是强劲的复苏），最多也只能称之为"疲弱"。诚然，失业率在 2009 年 6 月达到高峰后呈缓慢下降的态势，最低达到过 4.3%；但是，失业率的下降很大程度上不是由于就业机会增加，而是因为有大量的劳动人口离开了劳动力

第十七章

不平静的新世纪（2000—2019 年）

市场。劳动参与率，即劳动人口占劳动力市场的百分比，在整个奥巴马执政时期都持续下降，并达到 1970 年经济衰退以来前所未见的低位。

不过，经济复苏缓慢挡不住华尔街的再度繁荣。道琼斯工业平均指数在 2009 年 3 月触底后，于 2012 年年中回涨 50% 至 21 000 点，重新达到经济衰退前的高点；而纳斯达克在 2016 年迎来了新一轮互联网泡沫，距上一轮已 15 年。其中部分增长应归功于进行得如火如荼的数字革命，我们看到了像脸书和亚马逊这样了不起的成功案例。（假设某人在亚马逊 1997 年上市时投资了 100 美元，这 100 美元今天的市值则为 49 000 美元。）

脸书于 2012 年 5 月 18 日在纳斯达克首次公开发行上市，市值超过 1 000 亿美元，成为当时美国历史上规模最大的互联网公司 IPO。图为脸书总部入口的路标，路标上的点赞（Like）功能已经在社交媒体中广泛应用。值得一提的是，脸书总部位于 IT 巨头 Sun 公司旧址，然而后者已在落魄之中被甲骨文公司收购。这一起一落，恰好是这个飞速发展时代的有趣注脚。2018 年 3 月，随着美国总统大选"通俄门"调查的深入，脸书被迫承认泄露用户数据，随即股价大跌，市值跌破 5 000 亿美元，一度被阿里巴巴超过。（译者根据公开资料整理）

然而从另一个角度讲，股票价格大幅上涨也说明投资者除了股票之外没有太多资产可选。美联储将利率维持在低位，所以债券的收益率非常低。寻求回报的投资者别无选择，只能投资股票。而随着美联储终于进入加息周期并开始出售大量国债，利率可能会回升，这样一来股票外的其他资产类别会更具吸引力，这在短期内对股票价格来讲是利空。

当下的美国政局难以预测的程度真是前所未见。一方面，民主党在各个层面上受到打击，正在探索重获民心的道路；而如果民主党不改变其执政哲学，将无限期地成为少数党。另一方面，目前掌权的共和党由一位本不被预期会当选的人（指特朗普）所领导。他奇特的执政方式，比如发一些让敌友均感困惑、恼火的推特，使人难以判断他是否会成为一名有所作为的总统。

＊　＊　＊

金融危机不只冲击了华尔街金融机构，还波及个人投资者，许多人的梦想因此破灭。

华尔街上有句名言："淤泥仅在退潮后才会出现。"资本不足的机构崩盘，过度依赖杠杆的投机者破产，欺诈和挪用行为也浮出水面。8、9月的灾难将之前长达25年的牛市推入暴跌旋涡，2008年的金融危机无疑揭露了大片淤泥。

位于康涅狄格州格林尼治的WG交易公司在2009年2月宣布倒闭，之前其主要负责非营利性组织的投资，诸如工会和政府养老基金。其主要负责人被控涉嫌高达5亿美元的债券和通信欺诈。其中一人对多项指控认罪并配合针对拒绝认罪的高管调查。最终前者被判有期徒刑10年，随后减为5年，后者被判20年。

2009年9月，总部位于休斯敦的斯坦福金融集团创始人艾伦因证券欺诈和操纵涉及款项高达80亿美元的庞氏骗局而遭逮捕。2012年他被定罪，获刑110年。

随着2008年12月11日伯纳德·麦道夫的被捕，最大的一片淤泥才露出真容。作为伯纳德·麦道夫[①]投资证券公司创始人，麦道夫1938

---

① 即伯纳德·L.麦道夫（bernard L. Madoff，1938年4月29日—），美国著名金融界经纪人，前纳斯达克主席，美国历史上最大的诈骗案制造者，其操作的"庞氏骗局"诈骗金额超过600亿美元。2009年6月29日，麦道夫因诈骗案在纽约被判处150年监禁。——译者注

第十七章
不平静的新世纪（2000—2019年）

年出生于一个犹太中产家庭，1960年从霍夫斯特拉大学毕业，随后很快靠着自己5 000美元的存款和来自岳父5万美元的贷款成立了自己的公司。他起初通过粉红单交易分值股票[1]，但很快就开始依靠创新的电脑技术传播报价。这项技术直接促成了纳斯达克的成立。麦道夫曾一度担任纳斯达克董事会主席兼理事会成员，其公司是华尔街近期内最大的市场做市商[2]之一。

麦道夫公司在所谓的"第三市场"交易，标的是纽交所的挂牌证券，其单日交易量有时可高达7.4亿美元，几乎为纽交所证券总量的10%。

麦道夫公司还发展出一些不为人知的分支，负责投资管理和咨询，主要服务于多有犹太背景的富人群体和慈善组织。这些组织包括肯塔基大学、美国妇女犹太复国组织、埃利维瑟尔基金会、史蒂夫·斯皮尔伯格的天才儿童基金会。正是其庞大经纪帝国中的这一分支滋生了麦道夫的惊天骗局。

麦道夫案件属于"亲情欺诈"，即肇事方针对最可能信任他的人群下手，受害者包括亲戚、朋友、同一种族背景的人。麦道夫联系了长岛和佛罗里达州的各犹太俱乐部，他可以如鱼得水般地穿梭于这样的环境之中。

他对宣传自己的投资管理业务也有一手。通过拒绝很多人，他营造了"天鹅绒绳"（velvet rope）效应[3]，使被接受的客户感觉受到了优

---

[1] 即penny stock，指价格范围一般在0.001~0.5美元，市值相对比较小的公司的股票。——译者注
[2] 做市商(market maker)，为证券交易所指定的买卖中间商，主要业务是为买方及卖方进行报价，并且为双方寻找最佳价格撮合交易，本身则从买卖差价中获利。这些做法使得市场的流动性大大增强，增加了交易的深度和广度。——译者注
[3] 用于区分贵宾和普通人的绒绳往往用天鹅羽毛制成，这里意指区别化对待策略使得一部分客户感觉得到了特殊待遇。——译者注

待。投资者要求赎回后，总是在几天内就能收到相应金额的支票。他最大的卖点在于稳固的投资回报率，年均 10.2% 左右。这样的回报率较高，但又不至于高到引起投资者怀疑。许多庞氏骗局鼓吹惊人的回报率，却在数月内就露馅儿。

他还慷慨地向将自己的投资人资金交给麦道夫公司打理的基金支付手续费。这些基金不亲自参与研究和投资，而是将其客户数十亿的资金投入麦道夫的公司，而许多客户对此并不知情。

麦道夫提供的回报率最不寻常的一点是其惊人的稳定性，多年以来月均回报率固定在比 1% 略低的位置上。在 14 年间，麦道夫基金仅有过 7 个亏损月，每次损失微乎其微。正是这种回报的稳定性引起了部分华尔街业内人士的质疑。早在 2001 年，为金融业界广泛传阅的《巴伦周刊》就提到了麦道夫极其难得的稳定性。一篇文章如此说道："麦道夫的投资人对其表现赞不绝口，尽管他们并不清楚他是如何做到的。"一位非常满意的投资人对《巴伦周刊》表示："懂行人士也讲不清他的投资策略。"

麦道夫的客户自然不愿意去质疑这只似乎永远只下金蛋的鹅，但其他人士注意到了一些事后看来很明显的危险信号。比方说，这家华尔街巨头的审计方并非任何一家知名会计师事务所，而是罗克兰（Rockland）[①] 郊外仅靠两人打理的一家临街小公司。

来自波士顿的期货交易员哈里·马科普洛斯不相信麦道夫用他声称的方法能够达到如此稳定的收益率。马科普洛斯尝试复制麦道夫的结果，并很快得出结论，其中必涉及非法活动。有两种可能性：一种是庞氏骗局，即新投资者的钱被作为盈利支付给之前的投资者；另一

---

① 罗克兰县位于哈德逊河西岸，距曼哈顿岛约 24 公里，是纽约州面积最小的郡县之一，被规划为美国自然文化保护区。

第十七章
不平静的新世纪（2000—2019年）

种是抢先交易，即交易商根据其客户证券交易的信息用自己的账户进行交易获取利润，抢先交易属于内幕交易。

马科普洛斯多次希望美国证监会调查麦道夫的公司，但一直未果。2005年，他递交了一份长达17页的备忘录详细阐述他的质疑，美国证监会并未采取任何行动。

> 马科普洛斯多次希望美国证监会调查麦道夫的公司，但一直未果。

2008年秋季的股灾才最终揭开麦道夫的骗局。投资人起初不愿意从账户中撤资，但随着市场普遍下跌，赎回的要求如雪崩一般涌入麦道夫的办公室，总金额达70亿美元。他尝试说服老朋友投资以维持体系运转，其中就包括卡尔·夏皮罗这位波士顿金融家和慈善家。他是麦道夫几十年来的老客户，就在麦道夫骗局暴露前不到两周，还曾将2.5亿美元转至麦道夫账户中。

一切在12月10日水落石出，麦道夫当日向他的两个儿子承认整个基金不但已无偿还能力，而且是个彻头彻尾的谎言，是一场前所未有的庞氏骗局。所谓的投资并不存在，而只是每月发给客户的三言两语。客户的投资资金只是存放在摩根大通的多个账户内。两个儿子的律师向有关部门做了汇报，次日一位美国联邦调查局探员到麦道夫位于东64街133号的住所登门拜访，询问他能否自证清白。麦道夫回答，"无法做无罪申辩"，旋即被捕。

媒体炸开了锅，在麦道夫被软禁家中等待保释结果的数星期内，东64街被摄像车堵得水泄不通。2009年3月，麦道夫对所有指控

> 2009年3月，麦道夫对所有指控认罪，被正式逮捕并判150年监禁。如果表现良好，那么他预计2139年出狱，届时将202岁。

认罪，被正式逮捕并判150年监禁。如果表现良好，那么他可于2139

麦道夫一手导演的庞氏骗局令无数人倾家荡产，最后被判 150 年监禁。（译者根据公开资料整理）

年出狱，届时将 202 岁。

这场惊天欺诈的后续清理工作将持续多年。首先，申报的损失总额超过 500 亿美元，但这包含了报告给客户的虚拟盈利。实际投资损失本金加利息可能更接近 150 亿美元。那些直接交给麦道夫投资的客户至多可获得 SIPC（美国证券投资保护公司）56 万美元的投资损失补偿。SIPC 与针对银行的 FDIC（美国联邦存款保险公司）性质类似，担保经纪公司投资。但大多数客户是通过支线基金①做的投资，因而只能控告这些基金，而它们中许多已无偿还能力。卡尔·夏皮罗应该是最大的受害者，损失金额累计达 4 亿美元，其中包括他在麦道夫被捕前 10 天投入的 2.5 亿美元。

麦道夫骗局使得之前的华尔街骗局显得相形见绌，其中包括 20 世纪 30 年代的理查德·惠特尼案和 19 世纪 50 年代的罗伯特·斯凯勒案。事实上，就欺诈金额占国民经济的比例而言，自 18 世纪早期破坏了皇家财政的法国密西西比泡沫以来，这是最高的一次金融欺诈案。

---

① 支线基金（feeder fund），是一种联接型基金，主要投资其他基金。此处是指很多受害者没有直接投资麦道夫的基金，而是通过支线基金这个渠道把资金间接投给了麦道夫的基金。

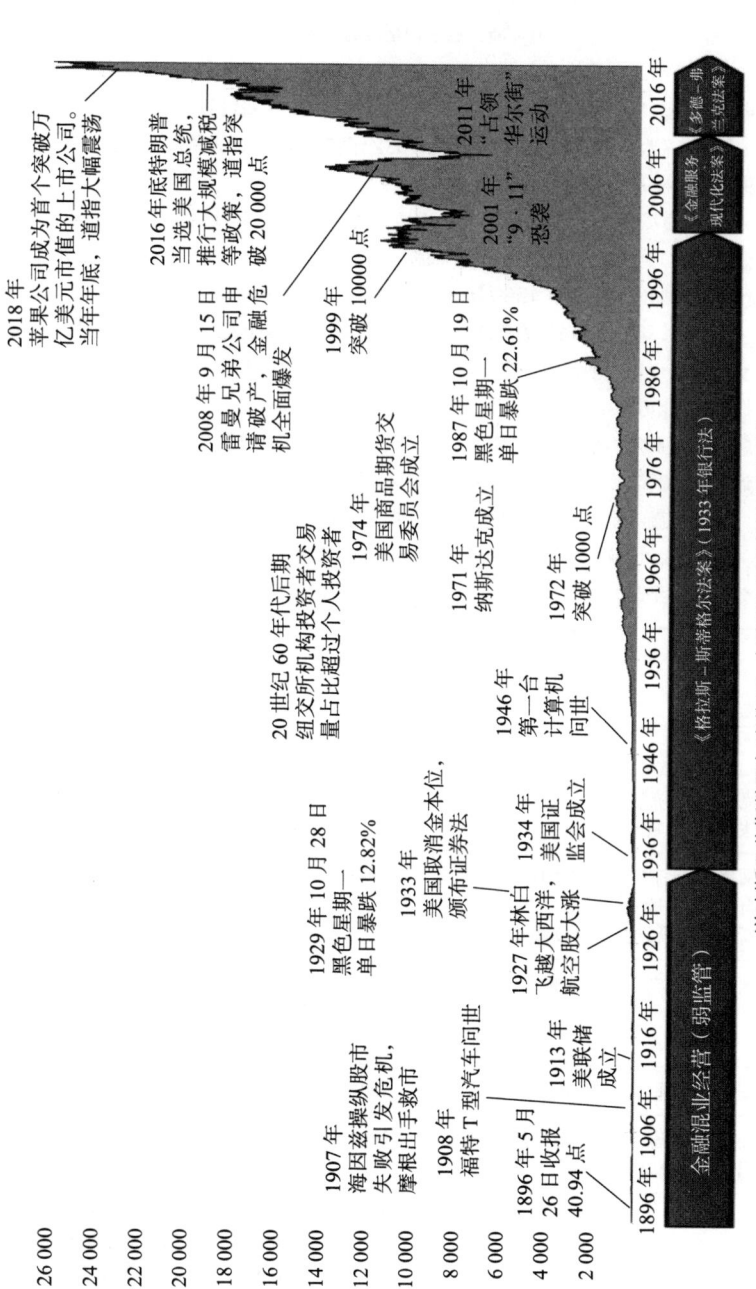

第十七章
不平静的新世纪（2000—2019年）

道琼斯工业指数百年走势图。（译者根据公开资料整理）

主要标注事件：

- 1896年5月26日收报40.94点
- 1896年 金融混业经营（弱监管）
- 1907年 海因兹操纵股市失败引发危机，摩根出手救市
- 1908年 福特T型车问世
- 1913年 美联储成立
- 1927年 跨大西洋飞航空股大涨
- 1929年10月28日 黑色星期一，单日暴跌12.82%
- 1933年 美国取消金本位，颁布证券法
- 1934年 美国证监会成立
- 《格拉斯—斯蒂格尔法案》（1933年银行法）
- 1946年 第一台计算机问世
- 20世纪60年代后期 纽交所机构投资者交易量占比超过个人投资者
- 1971年 纳斯达克成立
- 1972年 突破1000点
- 1974年 美国商品期货交易委员会成立
- 1987年10月19日 黑色星期一 单日暴跌22.61%
- 1999年 突破10000点
- 2001年 "9·11"恐袭
- 2008年9月15日 雷曼兄弟公司申请破产，金融危机全面爆发
- 2011年 占领"华尔街"运动
- 2016年底特朗普当选美国总统，推行大规模减税等政策，道指突破20 000点
- 2018年 苹果公司成为首个突破万亿美元市值的上市公司，当年年底，道指大幅震荡
- 《金融服务现代化法案》
- 《多德—弗兰克法案》

571

道琼斯工业平均指数的百年走势

道琼斯工业平均指数（以下简称道指）在 1896 年 5 月 26 日发布时为 40.94 点，1906 年首次突破 100 点。1929 年 10 月 28 日从接近 400 点高位暴跌 13%、次日再跌 12%，直到 1932 年收于 43 点，"大萧条"几乎"吃"掉了道指发布以来的全部涨幅。

在 1972 年 11 月首次突破 1 000 点之后，在 1987 年 1 月突破 2 000 点，但同年 10 月 19 日暴跌 22.6%，被称为"黑色星期一"。进入 20 世纪 90 年代，道指加速上行，于 1999 年 3 月 29 日首次收于 10 000 点上方。

2001 年"9·11"恐怖袭击后，道指在数日内累计大跌 17.5%，但很快反弹并在半年后创新高。在 2008 年 10 月—2009 年 3 月金融危机期间，道指从 14 000 点上方跌破 6 800 点，累计跌幅超过 50%。2017 年 1 月 25 日，唐纳德·特朗普就任美国总统后的第三天，道指首次突破两万点，甚至一度逼近 27 000 点，但 2018 年以来遭遇市场大跌，于当年年底收于 23 327 点。

正如查尔斯·道所设想的，道琼斯指数像温度计一样，反映了美国股市整体的涨落，也就相当于记录了美国资本市场乃至国力的发展演变。（译者根据公开资料整理）

同一时代的西方和东方

西方	年份	东方
克林顿总统签署《金融服务现代化法案》，次贷产品问世	1999	
网络股泡沫破裂，美国股市出现了自 1987 年股灾以来最大的震荡，纳斯达克综合指数累计跌幅达 34.2%	2000	"基金黑幕"事件
美国发生"9·11"恐怖袭击事件	2001	中国加入世界贸易组织，银行业、保险业和证券业扩大了对外开放程度
安然、世通等接连爆发财务丑闻	2001	
美国《萨班尼斯—奥克斯利法案》出台，美国上市企业监管更严	2002	
	2003	QFII（合格的境外机构投资者）制度实施。次年，瑞士银行成为中国首家获批的 QFII

第十七章
不平静的新世纪（2000—2019年）

西方	年份	东方
	2003	中国银监会成立
	2003	《中华人民共和国证券投资基金法》实施
	2004	国务院发布《关于推进资本市场改革开放和稳定发展的若干意见》（简称"国九条"）
	2004	深交所获准设立中小企业板块
	2005	中国的利率市场化和货币市场取得突破
	2005	中国股权分置改革开启
	2006	中国金融期货交易所成立
	2007	中国投资有限责任公司成立，它是全球最大的主权财富基金之一
华尔街第五大投资银行贝尔斯登破产，开启了次贷危机的序幕，后演变成全球金融危机	2008	中国证监会发布《中国资本市场发展报告》
美国住房抵押贷款市场两大巨头"房利美"和"房地美"陷入巨额亏损，美国财政部和美联储联合救助	2008	北京成功举办第29届夏季奥林匹克运动会
全美第四大投资银行雷曼兄弟公司破产，第三大投资银行美林证券被美国银行收购。金融危机在华尔街全面爆发	2008	
美国相继出台三轮量化宽松政策以应对金融危机	2008	
世界上第一种数字加密货币——比特币诞生	2009	深交所创业板开市，首批28只股票同时发行
希腊债务危机爆发，席卷欧洲	2009	
	2010	中国经济总量超越日本，通用汽车在中国市场销售的汽车量超过美国

（续表）

西方	年份	东方
	2012	中国共产党十八大召开
	2012	国务院批准扩大"新三板"试点，次年将试点推向全国
欧洲央行开始施行负利率政策	2014	"沪港通"启动，首次实现A股和H股市场的互联互通
美国退出资产购买计划	2014	
欧洲央行启动全面量化宽松政策	2015	《亚洲基础设施投资银行协定》签署生效，共有57个意向创始成员国
人工智能AlphaGo击败韩国棋手李世石	2016	
英国全民公投结果为赞成脱离欧盟	2016	人民币被正式纳入国际货币基金组织特别提款权（SDR）货币篮子
苹果、Alphabet（谷歌母公司）、微软、亚马逊和脸书成为全球市值最高的5家公司，均为科技公司	2016	"深港通"正式启动
	2017	中国共产党十九大召开
	2017	中国A股加入MSCI（摩根士丹利资本国际公司）新兴市场指数
特朗普访华期间，中美签署价值超过2 500亿美元的商业合约	2017	
	2018	中兴公司遭美国司法调查后，中美贸易摩擦不断升级，同时两国也在磋商中寻求共识，并于当年年底阿根廷G20峰会期间发出了握手言和的积极信号
苹果公司成为美国首个市值突破一万亿美元的上市公司	2018	中国原油期货正式在上海国际能源交易中心挂牌交易
	2018	中国庆祝改革开放四十周年

尾 声

- 译者题注 -

随着金融危机的可怕记忆慢慢淡去，华尔街在游说政府放松监管方面的努力似乎在特朗普当选之后开始得到回报。与此同时，在意识到数字化浪潮不可逆转之后，金融业已成为走在数字化前列的行业之一，随之带来了实体交易大厅的没落和从业人数的减少，这些正在彻底改变华尔街的形态。但是作为实体经济和投资者之间的纽带和社会资源配置的平台，华尔街的重要性并不会减弱。正如华尔街在过去两三百年推动美国崛起并成就了自身全球金融中心的地位，中国资本市场也正在以前所未有的速度发展并推动着中国经济的崛起……

- 译者导读 -

- 没有什么比全球股票、商品和期货交易所的整合、电子交易的普及以及实体交易大厅交易量的锐减更能标志华尔街在数字化时代的狂飙突进了。许多实体交易大厅,譬如纽约商品交易所的交易大厅,甚至已不复存在。

- 2016年11月,让无数人大跌眼镜的特朗普当选,对华尔街产生了立竿见影的深远影响。事实上,在接下来的4个月里,道琼斯工业平均指数上涨了13%。近期,道琼斯指数已经突破了24 000点。特朗普的胜利大大增加了企业税率大幅下降的机会,他组建的政府也被认为比奥巴马政府对商业更为友好。

- 随着人类加快进入数字时代,世界对于一个在物理上高度集中的金融中心的需求将会减弱,而且这个趋势无疑会延续下去。由于互联网和自动化的发展,美国金融行业的从业者的人数正在减少,金融业的整体薪酬已不像往日那么丰厚。

- 华尔街现在已经不仅仅是曼哈顿下城的一条短短的、弯弯曲曲的小街,今天的华尔街遍布世界,它无处不在。而且,即便华尔街再次发生危机,它也不会就此止步,至少从长远来看不会。

没有什么比全球股票、商品和期货交易所的整合、电子交易的普及以及实体交易大厅交易量的锐减更能标志华尔街在数字化时代的狂飙突进了。许多实体交易大厅，譬如纽约商品交易所的交易大厅，甚至已不复存在。

2005年，纽约证券交易所的组织架构发生了自1938年新交易所章程①颁布以来最彻底的一次变化。在此之前，纽交所属于非营利组织，被席位持有人所拥有，但以公共利益为出发点。交易所主席不是交易所成员，而是一名雇员。

但在2005年与Archipelago合并后，纽交所变成了营利性公司。1 366名席位持有人得到了合并后新公司"NYSE Arca"的80 177股股票、30万美元现金和70 571美元股息。这家新公司的股票就是在其拥有的交易所挂牌交易的。

瑞银（UBS）位于斯坦福德城的交易大厅，足有23个篮球场那么大。2008年的繁忙景象（左图）与2016年的萧条（右图）形成鲜明对比。科技的发展最终造就了实体交易大厅的没落。（译者根据公开资料整理）

---

① 1938年3月，纽约证券交易所通过了一部旨在简化交易所组织架构的章程修正案。新章程规定，交易所主席应为受薪雇员、董事长须由董事会成员选出、缩小理事会的规模、减少常务委员人数并增加交易所执行人员的责任等。——译者注

- 尾 声 -

  Archipelago 是一家成立于 1994 年的电子证券交易所，于 1997 年开始运行。作为一种依托电子通信网络的交易平台，它使得交易商和做市商之间的交易以及交易单的匹配异常便捷，且费用非常低廉，通常每股交易不到一分钱。2005 年，Archipelago 交易所与旧金山的太平洋证券交易所合并，2006 年与纽约证券交易所合并。

  2006 年发生了一件标志性的事情，自 1898 年以来一直活跃在华尔街 11 号 7 楼的"交易所午餐俱乐部"关门了。这家会员制俱乐部的墙壁上挂满了被填充的野生动物头颅，其中很多都是俱乐部会员远至非洲打猎后带回来的。俱乐部的入口处立着那尊著名的牛熊互搏的铜像，公牛的睾丸已经被摸得亮晶晶的，无数俱乐部会员在午餐后路过时都要摸摸它以求好运。这家俱乐部经营了一个多世纪，无数交易都在这里达成；但是到了 21 世纪，会员们已经很少有时间进行那种旧日悠闲的午餐了。华尔街的步伐加快了太多。

华尔街原"交易所午餐俱乐部"的牛熊互搏铜像，现陈列于美国金融历史博物馆内。（译者摄于 2017 年）

  一年后，纽约证券交易所集团与泛欧交易所合并，后者在几个欧洲国家的首都运营交易所 [2013 年，NYSE Euronext 与洲际交易所（ICE）合并后，泛欧交易所被再次剥离成一个独立运营公司]。洲际交易所是 2000 年才成立的，总部位于佐治亚州亚特兰大，提供能源类大宗商品如天然气、原油和精炼油以及电力的交易平台。洲际交易所迅速成长，很快收购了纽约期货交易所和国际石油交易所等多家商品交易所。2006 年其尝试与芝加哥商品交易所合并未获成功。

> **洲际交易所的快速崛起**
>
> 美国洲际交易所（Intercontinental Exchange, ICE）成立于2000年5月，总部位于美国佐治亚州亚特兰大。依托于网上电子交易，洲际交易所迅速崛起。2001年，其通过收购伦敦国际石油交易所（IPE）进入期货市场，2007年1月收购纽约期货交易所（NYBOT），8月收购温尼伯商品交易所（即现在的加拿大期货交易所），2009年收购清算公司（TCC）。2005年登陆纽交所，完成首次公开发售，是罗素1000和标普500的成分股之一，服务范围超过全世界50个国家。（译者根据公开资料整理）

2008年，NYSE Euronext收购了美国证券交易所。美国证券交易所起源于曼哈顿宽街街头发生的那些不受监管的交易，也被称为"路边交易所"或"场外交易所"，并于1923年最终从街头搬到了室内，正式成为纽约场外证券交易所，又于1953年更名为更正式的美国证券交易所。它覆盖了那些市值不足以在主板上市的股票，NYSE Euronext宣布计划将其与Alternet欧洲小盘股交易所合并，并更名为NYSE Alternet。

不过，尽管风云变幻，时代变迁，全球金融市场的格局在不断变化，加速整合，纽约证券交易所仍然是世界上最大的资本市场；截至2016年6月，在纽交所挂牌的上市公司总市值为19.6万亿美元。

* * *

2016年11月，让无数人大跌眼镜的特朗普当选，对华尔街产生了立竿见影的深远影响。事实上，在接下来的4个月里，道琼斯工业平均指数上涨了13%。

个中的原因有很多。其中一个直接的原因是因为特朗普竞选时曾承诺"让美国再次伟大"，而在美国，"伟大"一直与经济繁荣和经济增长联系在一起的。另一方面，特朗普还承诺要对美国已经僵化的，

— 尾 声 —

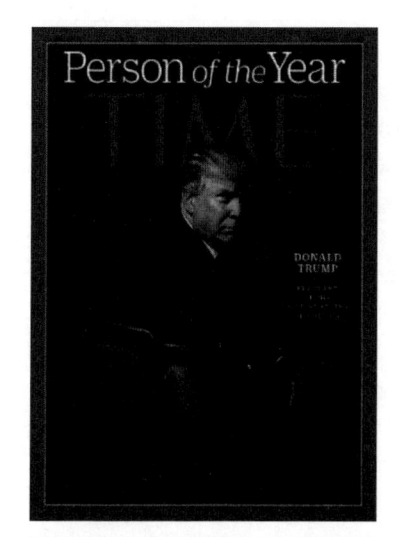

《时代周刊》与《经济学人》对特朗普当选的报道,分别将他称为"美利坚分裂国总统"和"白宫的叛乱者",意指美国社会分裂和对立状态及特朗普的反建制特征。(译者根据公开资料整理)

而且从根本上说已经腐化的税收制度,特别是企业所得税进行改革。希拉里的竞选纲领不愿意降低企业所得税,这一点非常引人注目,所以特朗普的胜利大大增加了企业税率大幅下降的机会,而华尔街的指数立刻反映了这个预期。

美国35%的企业所得税是全世界发达国家中最高的,在许多方面对美国经济产生了不利影响。一方面,这造就了华盛顿游说活动的增加和泛滥,大家都希望获得减税并将减免的政策写入税法。另一方面,它导致许多公司"翻转",也就是将公司总部合法地搬去他国,从而减轻税收负担。注册在境外意味着只有公司发生在美国境内的那部分业务和利润才须按35%的税率缴税。

美国是世界上主要国家当中唯一对美国公司[①]在全球范围的收入

---

① 即注册在美国的公司。——译者注

> **华尔街的"新常态"**
>
> 美国股市自金融危机以来走出了长达9年的牛市,屡创历史新高。2016年11月特朗普胜选后,其迅速突破20 000点并一度逼近27 000点,但在2018年以来遭遇市场大跌,最终在当年年底收于23 327点,以苹果等为代表的科技股也未能独善其身。各方对于美股后续走势的预期产生了较大分歧,并在2019年年初延续了跌宕起伏的市场行情。作为美国经济晴雨表并对世界经济格局有深刻影响的华尔街似乎进入了一个前所未有的巨幅震荡的"新常态"。特朗普反建制和反传统思维的施政宗旨,及由此带来的政治不确定因素和国际贸易纷争对股市产生了巨大扰动,高位运行的美国股市面临着美联储加息预期的不确定性,同时大量机构采用量化交易强化了投资行为的一致性等现象或许能帮助我们理解华尔街的"新常态"。(译者根据公开资料整理)

进行征税的国家,而不仅仅是对其在美国境内创造的利润课税。虽然外国企业①在母国的所得税可以抵扣,但由于这些国家的税收比例总是低于美国,因此,如果注册在境外的美国企业把利润汇回美国的话,其利润也将被征税。因此,迄今有超过2.5万亿美元的美国公司的利润滞留于境外。

如果美国的企业所得税税率能够得以降低乃至完全消除,那么会有一大笔境外美国企业的利润因免予征税而汇回美国并参与美国经济,用于投资或用于回购股票,并由此提振股市。

特朗普新政府被认为比奥巴马政府对商业更为友好。特朗普的内阁任命已经证明了这一点,其中很多都是职业生涯非常成功的商界人士。

但影响最大的是,如果企业所得税税率降低,那么自然就会增加企业的税后利润。如果一家公司的税前利润为10亿美元,在35%的税率下,税后其利润为6.5亿美元;然而在15%的税率下,税后利润则为8.5亿美元,瞬间暴增30%。

---

① 即注册在境外的美国公司。——译者注

— 尾 声 —

而股票价格当然是以公司未来收益为基础进行预测的。如果这些公司的未来收益预期上涨 30%，股价当然就会随之抬升。

同样重要的是，特朗普新政府被认为比奥巴马政府对商业更为友好。特朗普的内阁任命已经证明了这一点，其中很多都是职业生涯非常成功的商界人士。

奥巴马政府在其任内的 8 年间极大地增加了公司监管方面的负担。这对股价来说自然是利空。这些监管规定不仅大大加重了企业向监管机构报送各种文件的负担，而且限制了企业获取利益的业务来源和方法。许多联邦政府的土地和近海水域都被封锁，禁止用于商业开发、养殖、捕捞和矿物开采，而这种状况多半会被新政府扭转。

奥巴马任期内发布的最繁重的监管条例就是《多德－弗兰克法案》（以其在国会的两位主要提议者的名字命名），这项法案让联邦政府的金融监管机构增添了很多监管权限，以防止华尔街再次遭遇 2008 年那样的危机。虽然其中一些监管条例是合理的，但很多内容只是试图将 2008 年金融危机归罪于华尔街，从而推卸政府自身应负的责任。

此前，《多德－弗兰克法案》

时代广场的繁华与中国元素。虽然特朗普当政刚刚开始，但华尔街已经对新政府的政策做出了积极的回应，道琼斯指数连创新高，失业率已降至温和水平，通胀持续处于低位，纽约时代广场的繁华尤胜于 20 世纪 90 年代末期，经济复苏的迹象已非常明显。在时代广场广告牌的最高处，清晰可见的是中国新华社的广告。（译者 2017 年 6 月摄于纽约时代广场）

中的一些条例已因违背《宪法》精神而被法院废除，而特朗普已经表示他将废除更多的条例。对此当然华尔街也给予了正面的回应。

监管的负担对小企业来说总是最重的，而往往是这些企业在经济增长和创造就业方面做出了最大的贡献。即使在2009年6月经济衰退结束之后，美国的经济增长在随后的奥巴马政府任期中也没有大的改变。经济增长未曾在任何一年达到过3%的水平，而这是美国经济长期增长的基准水平。如果特朗普政府能够将经济增长达到这个水平并保持住，那么经济必将繁荣，而华尔街的牛市当然也会随之而来。

奥巴马政府还有一个显著的特色，就是非常亲劳工。奥巴马对劳工部和国家劳动关系委员会的任命都强烈倾向于劳工，并倾向于从有利于劳工的角度对法律进行阐释。这当然增大了企业提高利润的难度。特朗普政府在劳资关系方面则表现出更有利于商业发展的倾向。这当然也对股价是一种利好。

过去20年来，美国经济中最重要的变化是页岩气的出现和水平开采的发展。毋庸置疑，这对华尔街已经产生了很大的影响，而特朗普的新政府很可能会强化这种影响。美国石油产量几十年来一直在下降，而从国外进口石油的成本越来越高，这对美国的贸易平衡和地缘政治地位产生了负面影响。但是，水力压裂开采页岩气的方法已经扭转了这种局势，美国油气产量迅速增加。这使得美国再次成为世界领先的石油和天然气生产国，并一举超过了俄罗斯。

譬如北达科他州，得益于巴肯油田区①大量的页岩气储存量，已经

---

① 指北达科他州的巴肯盆地区域，是美国四大页岩气产区之一。其他三个产区分别为鹰滩（EagleFord）、二叠纪（Permian）以及奈厄布拉勒（Niobrara）。——译者注

– 尾 声 –

中美贸易纷争的前身后世

2018年3月以来，中美贸易争端经历多轮起伏。三轮磋商后，在2018年12月1日的G20峰会上，习近平主席与特朗普总统达成共识，同意进行为期90天的谈判，并在谈判期内暂停新增贸易措施。

关税问题具有复杂的历史渊源。在1929年美国股灾后，胡佛政府为保护美国产业，对当时美国的主要贸易对手欧洲施加高关税，后者报复，将世界两大经济体同时带入了冰河期。美国进入了"大萧条"时代，陷入经济社会困境的德国选择希特勒来领导国家，后者带来了人类历史上最大的灾难。这一惨痛教训使得美国和国际社会认识到高关税的高昂成本，美国从此走上了逐步下调关税的百年历程。伴随这一过程的是美国产业竞争力的不断提高、美国消费者的福利大幅度增加和全球自由贸易体系初步建立。

中美贸易纷争可以分为贸易争端、科技竞争和大国博弈三个层次，涉及短期和中长期等多重因素，其出现有一定的偶然性和必然性，也说明中美关系进入了合作与竞争共存的新阶段，具有长期性和高度的复杂性。我们应该积极引导中美关系进入良性竞争状态，强化经济互动，形成"你中有我、我中有你"的交融格局，跨越修昔底德陷阱，建设人类命运共同体。（根据译者2018年7月《中美贸易战：动因、展望和策略》一文及公开资料整理）

从20年前的一个小型石油生产州转变为全国仅次于得克萨斯州的大型油气产地（而得克萨斯州也得益于大量的页岩气存储而油气产量剧增）。

深受环境保护主义的影响，奥巴马政府限制对土地的压裂开采，尤其是对联邦所属的土地。而且奥巴马政府延缓甚至否决修建石油管线，使得北部地区开采的页岩油气不能很快运送到南部的炼油厂。特朗普已经推翻了很多奥巴马政府的监管规定，美国的石油和天然气生产在未来几年很有可能会实现持续惊人的增长。我们怎么评估这对地缘政治的影响都不为过，但这也确实有助于美国国内的能源价格保持低位。

由于能源是经济运行的基础元素之一，这无疑将对美国经济产生积极的影响，因而长远来看也会推动股市上行。

虽然特朗普当政刚刚开始，但华尔街已经对新政府的政策和实施次序做出了积极的回应。这种情形看来会延续下去，至少从短期来看如此。

政策和实施次序做出了积极的回应。这种情形看来会延续下去,至少从短期来看如此。

* * *

至少从19世纪50年代起,华尔街就一直是美国的金融中心。它也雄踞世界金融中心的地位长达一个多世纪了。但这种情况能够延续多久呢?

倒不是说会有另外一个金融中心在规模或重要性上超过它。在全球范围内,仅有伦敦、上海和东京能够勉强接近纽约在世界金融体系中的核心地位。但随着人类加快进入数字时代,世界对于一个在物理上高度集中的金融中心的需求将会减弱,而且这个趋势无疑

重建后的世界贸易中心建筑群,共六座新的摩天大楼。中央高楼为一号楼,下方低层建筑为9·11纪念馆(即原世贸中心双塔所在位置)。(译者摄于2017年)

会延续下去。

一个市场的边界受限于信息能够瞬间传达的范围,这就是为什么早期华尔街的信使现已所剩无几(即跑步者)[①]。在早年的华尔街,他们折返于经纪人办公室和交易所大厅。当时的纽约金融市场最多

[①] 这里原文为 runner,前文译为跑腿者,这里译为跑步者,意为信使是跑步送信的,以节省传递信息所需的时间。——译者注

– 尾 声 –

只有 1 平方英里的大小。

但电报和电话的出现使其范围大大增加了。报价器能够将当前股价传递到全国各地，电话可将订单瞬间发送到交易所大厅。但纽约证券交易所和商品交易所大厅的撮合对价格的形成仍然至关重要。此外，还需要有成群的文员对各种订单进行处理，这使得华尔街在交易日总是熙熙攘攘，人声鼎沸。

而计算机和互联网已经改变了这一切。现在大部分交易根本不需要任何人工操作，许多交易所已经关闭了它们的交易大厅，而通过互联网进行一切操作。

而华尔街周围的街区也已经从根本上改变了。50 年前，华尔街从星期一到星期五都是人来人往的，而在晚上和周末则几乎无人问津。然而，20 世纪 80 年代和 90 年代在曼哈顿市中心西岸的一个垃圾填埋场上建立起来的巴特雷公园城①，形成了华尔街周围一个新的主要住宅公寓区。

随着许多银行和金融机构搬迁到新区或纽约中城，很多旧办公楼已经转为公寓。如今，华尔街作为商业中心的属性逐渐褪色，而以一个充满活力的新住宅公寓区的角色蓬勃发展起来。

由于互联网和自动化的发展，美国金融行业从业者的人数正在减少。2006 年有 840 万人从事金融工作，从银行职员到金融机构的首席执行官。从那时到现在，虽然美国全国人口增长了 8%，但今天全美只有 830 万人在从事金融工作。失去的这些工作有近 1/4 是纽约的职位。

---

① 紧邻华尔街的一个街头公园。——译者注

受电子化交易影响,纽交所大厅不再像从前那样人声鼎沸,而更多地变成了游客参观的景点。从图中可见,如今的电视屏幕和计算机终端依然围绕着当初的交易柱。(译者摄于2017年)

执行官。从那时到现在,虽然美国全国人口增长了8%,但今天全美只有830万人在从事金融工作。失去的这些工作有近1/4是纽约的职位。

2008年金融危机之前,纽约金融从业人员有188 900名,今天少了11 900人。

其中一个原因是,一部分工作机会转移到了劳动力成本和税率较低的地区,如南达科他州。同时,在印度的美国金融机构工作的人员数量也急剧增加;美国最大的四家银行目前已在印度雇用了12 500人,比2008年增加了50%。

虽然金融业的整体薪酬仍然不错,但它已不像往日那么丰厚了。考虑到通货膨胀因素,华尔街的年底奖金与15年前相比下降了约5%。

随着彭博终端这些技术的进步,信息事实上已经可以在全球范围内瞬间得以传播。不过即便如此,人和人之间当面互动的需求永远也不会消失,即便在全球范围内各个城市的商业中心越来越分散。

因此,这个世界上总会有一个华尔街存在,虽然大部分情况下华尔街是作为美国金融业的代名词出现的。只要人们需要寻求资本来发展经济,为世界创造更多的繁荣,他们总会到华尔街来。但是,华尔街现在已经不仅仅是曼哈顿下城的一条

但是,华尔街现在已经不仅仅是曼哈顿下城的一条短短的、弯弯曲曲的小街,今天的华尔街的触角已伸向全世界,它无处不在。

— 尾 声 —

> **人工智能与现代金融业的再造**
>
> 　　数十年前，程序化交易和电子交易平台开始取代一部分证券交易员的工作；近年来，移动支付和区块链等金融科技快速蚕食商业银行的地盘；今天，人工智能的兴起开始影响到金融业的几乎各个方面，理财顾问、信贷审核、保险精算、清算结算等。从金融机构到金融监管部门，对人工智能的态度已经从观望逐渐转为主动拥抱。
>
> 　　报道称，高盛位于纽约的股票现金交易部门从600个交易员锐减到2人，纽约梅隆银行已投放了超过220名"机器人"处理业务，全球最大的资管公司贝莱德用量化投资策略代替约40名主动型基金部门员工，摩根大通新上线的合同解析软件可以在数秒内完成律师和贷款人员每年需要数十万小时的工作，Fintech（金融科技）成了一个常用词并正式成为一个产业……预计到2025年，全球金融机构将裁员10%，影响到近23万人。
>
> 　　除了IT业本身，金融业是应用人工智能最多的行业，或许因为金融本质上也是关于数字的行业。无疑，华尔街将再次被新技术革新和改造。（译者根据公开资料整理）

　　短短的、弯弯曲曲的小街，今天的华尔街的触角已伸向全世界，它无处不在。

　　而且，即便华尔街再次发生危机，它也不会就此止步，至少从长远来看不会。

　　尽管有数不清的海难，人类依然扬帆出海。同样的道理，尽管有无数次金融危机，人们依然会进入这个市场，辛勤地低买高卖，怀着对美好未来的憧憬，将手里的资金投入股市，去参与这场伟大的博弈。这和人们去探险——去看看地平线以外的未知世界，是一个道理，它们都是我们人性无法分割的一部分。事实上，在资本市场上博弈和到未知世界去探险都源于我们人类的同一种冲动，因为市场的边界就是充满未知的未来。

上图为美国纽约曼哈顿，下图为中国上海浦东。

正是通过这样一个过程——通过人们参与这场伟大的博弈，并在游戏规则内不断追逐他们各自的利益，人类不停地推动着"看不见的手"，使这个世界变得更加富足，更加丰富多彩。

附 录

本书译者专栏索引

1. 荷兰鲜花市场与资源配置　　　　　　　　p11
2. 阿姆斯特丹金融中心与荷兰的兴衰　　　　p13
3. 荷兰的东印度公司和西印度公司　　　　　p14
4. 汉密尔顿与杰斐逊之争及美国政党的演进　p29
5. 华尔街上的三一教堂　　　　　　　　　　p40
6. 《梧桐树协议》与美国资本市场的演进　　p47
7. 有限责任制　　　　　　　　　　　　　　p56
8. 从复本位到金本位　　　　　　　　　　　p93
9. 美国金融中心的转移：从费城到纽约　　　p97
10. 掺水股　　　　　　　　　　　　　　　p128
11. 西进运动与加州淘金热　　　　　　　　p133
12. 南北战争的爆发　　　　　　　　　　　p148
13. 劣币驱逐良币　　　　　　　　　　　　p150

14. 买方与卖方选择权　　　　　　　　　　　p174

15. 美国史上最富有的人　　　　　　　　　　p188

16. 范德比尔特与德鲁的伊利铁路股票之战　　p204

17. 美国《证券法》的由来　　　　　　　　　p209

18. 电力的对决：特斯拉与爱迪生　　　　　　p255

19. 卡特尔、辛迪加与托拉斯　　　　　　　　p258

20. 海蒂·格林与美国的重工业化　　　　　　p264

21. 美国快餐文化的标志：麦当劳　　　　　　p280

22. 1873年的罪恶　　　　　　　　　　　　　p283

23. "白银派"与"黄金派"之争　　　　　　　p288

24. 犹太人与美国金融　　　　　　　　　　　p301

25. 并购浪潮下崛起的美国产业巨头　　　　　p319

26. 海因兹铜矿操纵战　　　　　　　　　　　p328

27. 摩根银行、摩根大通与摩根士丹利　　　　p334

28. 美联储是否为私人机构？　　　　　　　　p336

29. 家族基金——商业巨贾的遗赠　　　　　　p339

30. 巴尔干问题与第一次世界大战的爆发　　　p348

31. 虚卖与对敲　　　　　　　　　　　　　　p379

32. 斯图兹Bearcat汽车　　　　　　　　　　 p382

33. 美国三大汽车巨头的百年兴衰　　　　　　p390

34. 信用卡的起源　　　　　　　　　　　　　p398

35. 高杠杆：1929年股灾催化剂　　　　　　　p399

36. "大萧条"时期的贸易战对全球经济的影响　p418

37. 从《格拉斯-斯蒂格尔法案》到《多德-弗兰克法案》p423

38. 监守自盗：从惠特尼到麦道夫　　　　　　p435

39. 历史上曾经的庞氏骗局　　　　　　　　　p436

- 附 录 -

40. 格雷厄姆与巴菲特　　　　　　　　　　　p457

41. 更多的人成了"资本家"　　　　　　　　　p461

42. 百年老店通用电气的变迁　　　　　　　　p465

43. 华尔街投行：从合伙制企业走向公众公司　p480

44. 20世纪60年代的美国：核战、登月与嬉皮士　p482

45. 美国共同基金的崛起　　　　　　　　　　p487

46. 美国的场外市场与多层次资本市场结构　　p489

47. 纳斯达克成为美国高科技企业的摇篮　　　p494

48. 亨特兄弟囤积白银　　　　　　　　　　　p505

49. 垃圾债券与20世纪80年代的并购浪潮　　　p525

50. 互联网浪潮下的成王败寇　　　　　　　　p539

51. 贝索斯与他的亚马逊帝国　　　　　　　　p542

52. 美国的住房抵押贷款、止赎与再融资　　　p548

53. 谁制造了美国经济的"冰山"　　　　　　p554

54. 金融危机大事记　　　　　　　　　　　　p557

55. 雷曼兄弟公司的倒闭　　　　　　　　　　p558

56. 道琼斯工业平均指数的百年走势　　　　　p572

57. 洲际交易所的快速崛起　　　　　　　　　p580

58. 华尔街的"新常态"　　　　　　　　　　p582

59. 中美贸易纷争的前身后世　　　　　　　　p585

60. 人工智能与现代金融业的再造　　　　　　p589